中华内丹学典籍丛书

# 银道源集

## 合宗明道集
## 明道语录 合刊

银道源 编著

盛克琦 点校

华龄出版社

HUALING PRESS

**图书在版编目（CIP）数据**

银道源集 / 银道源编著； 盛克琦点校 . -- 北京：
华龄出版社，2025.7. -- ISBN 978-7-5169-3029-8

Ⅰ. B958-53

中国国家版本馆 CIP 数据核字第 20257EB427号

| | | | |
|---|---|---|---|
| **策划编辑** | 南川一滴 | **责任印制** | 李未圻 |
| **责任编辑** | 梅　剑 | **装帧设计** | 世纪锐腾 |

| | | | |
|---|---|---|---|
| 书　　名 | 银道源集 | 作　　者 | 银道源　编著 |
| | | | 盛克琦　点校 |
| 出　　版 | 华龄出版社 HUALING PRESS | | |
| 发　　行 | | | |
| 社　　址 | 北京市东城区安定门外大街甲 57 号 | 邮　编 | 100011 |
| 发　　行 | （010）58122255 | 传　真 | （010）84049572 |
| 承　　印 | 文畅阁印刷有限公司 | | |
| 版　　次 | 2025 年 7 月第 1 版 | 印　次 | 2025 年 7 月第 1 次印刷 |
| 规　　格 | 710mm×1000mm | 开　本 | 1/16 |
| 印　　张 | 32.5 | 字　数 | 530 千字 |
| 书　　号 | ISBN 978-7-5169-3029-8 | | |
| 定　　价 | 135.00 元 | | |

# 《中华内丹学典籍丛书》
# 编 委 会

# 序一①

予从合宗道源老师学北宗及西派丹诀。银公正合宗道源老师，铜梁首富也。自幼好道，广参宿学，得异人授《三车秘旨》。至后复得上海丹道刻经会之《道窍谈》，因合印成编。又刻自著《合宗明道集》三册，编纂《明道语录》三册，并其他扬善之书十余种，无偿流通，广结道缘。抗战期间，复旦迁北碚对岸之黄桷镇，校中经济系主任兼教授之卫挺生先生，雅好中国气功强身之术，聘请涪陵黄克刚先生教《易筋经真传》。1937年腊月寒假期间，卫请黄先生住其北碚附近之天生桥寄寓中，余每日往从，费了约二十日，将《易筋经》三十二式全部学完，并整理成册。适黄师有事不能续教，因请银剑尘先生前来代理，银即道源老师晚年之独子也。相处既熟，言及其父之道德，剑岚先生遂先往受教，回校之后，极赞其学识渊博，功力湛深。我在十三岁时，已见到《参同契》《悟真篇》《金丹真传》《试金石》（合称《四注悟真篇》），苦不能解。十四岁见《性命圭旨》，大喜过望，又后见《天仙正理》《丹道九篇》《仙佛合宗》《金仙证论》《慧命经》，心益豁然，但于层次转换、周天度数与象言比喻之间仍有未彻者。因吴师之激发，遂纂《丹经质疑录》一册，于1938年春往谒银师，列入门墙，反复请益，质疑诸问，涣然冰释，归来作《丹诀归一论》与《九层炼心一贯编》（现俱已不存）。理法既已明彻，惟待入室之印证矣。余之于身内阴阳清静丹法之事得贯通无惑者，实银师之赐也。

师授我以寻息入定，调药采微阳之法。凡阳生，采取烹炼（以息摄之，武火烹之），喻之以网兜取鱼。俟其平静，摄入虚无窍内（文火养之），喻之

---

① 本篇系辑录张义尚先生文稿而成。《丹道薪传》，张义尚编著，178页、408页，社会科学文献出版社，2012年2月第1版。

以笆篓盛鱼。如是日积月累，直至小药发生，展窍开关，周天运转（筑基），火足候至，采大药（阳光二现而止火，三现而采药），温养脱胎，还虚合道等。同时密示《三车秘旨》，谓系李真化身传授，前此只准心记默熟，不许形于纸笔云。余受教以后，如获至宝，什袭以藏之者，已有年矣。后来默识揣摩，觉与李真《后天串述》及《九层炼心》，互为表里。此种丹法，显示李真本人之造诣，且不惜泄露天机，欲人人成道，其慈悲度人之心，殊堪敬佩。惟内多光影之谈，初学妄心不靖，虽能引人入胜，亦能令人着相着想，违背道法自然之旨，不可不特别留意者。愚意道宗上品丹法，要以闵真人之《天仙心传》为最高最密而无流弊。世有上根善智，当深思余言，故有志入道者，希全力以参之。至于读李真之书，则当别具只眼，于功夫下手，调息入静，致虚极，钻杳冥等处，身体力行，其他一切证验，听之而已，万不可识神用事，妄起欲求也。

戊申（1968 年）古四月中浣张义尚识

（作者生前为忠县政协委员、忠县中医医院中医师、著名丹道学家）

# 序二

    内丹学亦称丹道性命之学，是中华民族传统文化之最精华的核心，也是中华文明的火种。故不懂丹道，则无法真正弄清道教；不明道教，则无法真正理解道家；而不知道学文化，则不可能真正洞察中华文明。当年王重阳在国土沦入异族之手，出于对汉族文明泯灭的担心，集儒、道、释三教之精华创立全真道，教人读《道德经》《孝经》《心经》，将三教的功夫境界融入内丹学之中，使道派和丹派合一，以丹道法诀布教度人。如此内丹学不失传，全真道不灭，则中华文明之火种犹在，中华民族则不会衰亡。近世以来，中华文明遭到自阉式的破坏，丹道在道教中也成绝响。历史进入二十一世纪，中华文明又呈复兴之势，不仅国学热兴起，内丹学的研究也蓬勃开展。近几年，国内外道教养生学的会议不断召开，给人们留下强烈印象，那就是人民群众爱好内丹学。

    我接受钱学森教授的委托在海内外寻访丹道法诀和藏传佛教密宗，奔走江湖，跋涉山林，亲赴康藏，出入禅密，历时30年，于2009年9月将调研的最终成果《丹道法诀十二讲》交到钱学森院士手上，以自己艰苦卓绝的劳动完成了钱学森老师交代的人体科学调研任务，也为中华民族保存下一份珍贵的非物质文化遗产。20世纪70年代末，我在广州中山大学读书期间结识内丹学家无忧子师，知其丹道之师承属孙教鸾一系，兼习密法，从之得南宗同类阴阳丹道法诀之传。1981年春访道崂山太清宫曾师事匡常修道长，匡师早年在崂山白云洞出家，承金山派，他建议我到中国道教协会跟王沐先生学习丹道。1985年初我来到北京，和王沐老师朝夕相处，给他整理出版了《内丹养生功法指要》，并说他曾在济南从一郝姓道长受龙门律师戒，是"宗"字辈。1995年访得忠州张义尚师，乃张三丰、孙碧云、李春芳（明之状元）、陈莲溪、周一三之丹法传人，又曾得西派之传。其学涉及金家拳、太极拳，丹道三元丹法，佛教密宗大圆满、大手印、那洛六法，中医学、药学、针灸学，及周易占卜星相、地理、奇门遁甲、太乙、六壬诸术数，无不该通。

尚师 1910 年 5 月 6 日生于重庆市忠县，1940 年毕业于上海复旦大学经济系，生前为忠县政协委员、忠县中医医院中医师。14 岁习武，1928 年师从周之德学金家功夫，从黄克刚学真传易筋经，并得李雅轩亲授杨式太极拳，此皆武林之绝技。还师从吴剑岚、梁少甫学习中医，广览医籍，民国年间以张虚一的名字参加全国中医资格考试，在蜀中名列第七，竟成当地名医，后终生行医为业。1940 年，尚师又皈依贝马布达上师学佛法密宗，继之由根桑上师和贡嘎活佛灌顶授法，俱有成就。1938 年，又拜大江西派宗师李涵虚嫡传弟子银道源为师，得丹道西派之传。为寻觅同类阴阳丹法以破解《参同契》《悟真篇》之秘，1945 年在成都幸遇周一三先生，得龙虎丹法之传，至此人元大丹之学已大备。尚师多才多艺，于丹道、佛密、中医、武功四门绝学，皆有过人之处。1949 年后，尚师在乡间行医为业，并和光同俗，潜心著述，喜摘取前贤成说，重要著作经多次改写、反复锤炼而成，其遗著《丹道薪传》《武功薪传》《中医薪传》《禅密薪传》皆具有国宝级的学术价值。尚师之著述，60 年来多有散失，今面世者，不过十分之六而已！吾自 1980 年起在海内外潜心寻访三家四派丹法传人，阅人多矣，近世丹师自李涵虚而后，其精研丰博无人能出张义尚先生之右者。

李涵虚之西派开山最晚，实则综合了南、北、中、东、伍柳、三丰诸派之长，三家四派丹法皆有传承。李涵虚曾师事孙教鸾之高足郑朴山先生，得"孙、陶一派"之龙虎丹法殆无疑义。李涵虚云在峨眉山遇吕洞宾、张三丰于禅院，则三家四派丹法必兼而通之，并读其《道窍谈》等可知矣。先师王沐先生曾云东派丹法简而洁，西派丹法繁而琐。后来我发现大陆之陈撄宁，台湾的周绍贤、萧天石皆有此论，此判断不知起自何人，竟被近代内丹学家认可，遂成对西派丹法之定评。因之我于 20 世纪 90 年代初研读李涵虚的丹书，亦认为其丹法步骤繁琐复杂，未暇深思。直至 2002 年吾完成三家四派丹法之参访，重读王重阳之《五篇灵文注》、李涵虚之《道窍谈》，倍感亲切，知其皆成就金液大还丹之过来人也。而后我又得密宗恒河大手印无上瑜伽智慧灌顶之秘密，参之以李涵虚之《道窍谈》《三车秘旨》《后天串述》《九层炼心》，不禁拍案叫绝："真吾师也！"原来丹道修持之繁简，不在丹经，而在自己的见地。丹道之步骤，无论如何繁杂，其关键处，无非是两步，一是采药，二是炼丹。吾人研读古今丹家之著述，亦要抓住三点，其一看他何时采药，怎样采药，其采药的景象、要诀为何；其二看他怎样炼丹，何时得丹，炼什么丹，是玉液还是金液；其三看其丹经道书中有没有论及火候，火候真不真，全不全。丹家云"圣人传药不传火，自古火候少人知"，盖丹经有火候的可以照书而修，无火候的无论讲得怎么好也无法修持。李涵虚真人之著述，之所以被人感觉繁琐复杂，恰恰是因为他详述了火候。王重阳、李涵虚皆丹道法门之开山祖师，其修持皆是得金液还丹的大成就者，其著述蕴含着内丹学原创性的思想，岂可小觑也哉！至于丹道宗师驻世长短，更不足以断定其修为之高低，当世凡夫俗子享百龄之寿者比比皆是，而宗喀巴祖师修龄亦短，释迦文佛不过中寿，丹家"不与人争一时，直与人争万古"。事实证明，内丹学之北宗与西派，恰恰是丹家驻世享高龄最多的两派。李涵虚祖师云："至人得道，生亦仙，死亦仙，如留形驻世、尸解登真之类是也。仁者能静，生亦寿，死亦寿，如曾子全身、颜渊短命之类是也。"丹道之修持，并非时间愈久愈好，"赫赫金丹一日成，何用三年九载功"，学者得诀之后，火候把握得好，进展很快，一得永得。王重阳、李涵虚驻世时间较短，吾是以知其丹法可以速成也。

　　自 2012 年春至 12 月底在家中辟谷 320 日并同时辟水 8 天，探索丹道修炼奥秘，在实证中发现了很多秘密。然吾之未敢早务归隐山林修持者，因平生有五件大事尚未及完成。其一为全国老子道学文化研究会已从中国社会科学院转到教育部，挂靠南京大学。需筹集资金将其重新启动起来，并创建老子文化基金会，把老子学院推向全世界。现全国道学文化爱好者不下 7000 万人，欧美等国家亦甚风行，此文化战略关系着中华民族的命运，也关系着人类的和平大业。其二是我以 30 年心血调研丹道和佛密著成《丹道法诀十二讲》，有两种版本，一为 80 万字版的三卷本，一为 120 万字版的八卷礼品珍藏本，需有胆略善于发行书籍的企业家投资，并和出版社合作重新启动起来，我仅为保存中华民族的一项非物质文化遗产而已。其三是整理出版先师陈国符先生的《道藏源流考》（再增订版）和张义尚老师的全部遗著，以为中华民族道学的研究开拓进展，我则仅为兑现承诺报答师恩而已。其四是重新修订《中华道教大辞典》，使其成为道学领域一部经典的工具书，留传后世，在此基础上选编一部小型的《中华道教辞典》，以备普及和实用。其五为倾我毕生学力，取古今中外文化之精华，创立有时代精神的新道学，著成《新道学引论》一书。目前新儒学已传了四代，新道学还没创立起来，这一学术工程终归是要人做的。

尚师之遗著《丹道薪传》《武功薪传》《禅密薪传》《中医薪传》等付梓，是我当年拜师时对他的承诺，亦是五大心愿之一部。按原定计划，尚师等人的著述排在我的《丹道法诀十二讲》之后，由社会科学文献出版社统一出版。谁知几经波折，我的《丹道法诀十二讲》至 2009 年 9 月才问世，当调集尚师著述的电脑软盘资料时，又发现由于电脑的更新换代发生残缺。其中安徽余兆祖，上海张懿明、林锋，西安终南书院朱文革（沐尘），昆明张宏，北京广安门医院中医师李游，及唐山盛克琦等为尚师遗著的出版，整理校对书稿均不同程度付出了心血和劳动，这些书终于在全国最高学术殿堂中国社会科学院直属的社会科学文献出版社赫然付梓出版，则先师之遗愿完成矣。

盛克琦君，雅好丹道修持，曾四处拜师求道，和我交往多年，随我研修丹道，20 世纪 90 年代初曾师从于浙江宁海内丹学家陈毓照老先生。陈毓照先生青年时有志多才，人生道路十分坎坷，"文革"前在上海得汪东亭之徒蔡潜谷先生内丹法诀口传心授，亦为大江西派丹道之传人。陈毓照先生与我诗文相交，书信往还，知其饱受磨难，晚年为弘扬丹道著述不辍，生性天真直率，乃性情中人，实丹道耆宿中之"老顽童"也。吾少年入学，蒙师起名"孚琛"，字"中孚"，直至 1980 年拜师学道，先师无忧子谓"孚琛"二字命途多舛，须在逆境中拼搏，刚入顺境即会平地起波，终生无安定之日，"中孚"二字却好，遂赐号"中孚子"，是号以字行。后又求师于尚师门下，尚师早年师事李涵虚之徒银道源，得西派之传，为"通"字辈，又赐吾名"大中"，为"大"字辈，故吾亦以"大中道者"为号。吾遇陈毓照先生，知其为汪东亭再传弟子，主自身阴阳之清净丹法。凡汪东亭先生所传之弟子，皆为清净丹法之传人，其传承多学界英隽，著述亦丰。

盛君正值壮年，对内丹学由诚入道，其福慧双全，文字功夫甚佳，故因之将《丹道薪传》《武功薪传》《中医薪传》等文稿托付他继续整理校对也。2008 年以来，点校出版有《圆峤内篇》《方壶外史》等多部文献典籍，其中受盛君之请为陈毓照先生《西派丹诀》和《参同契注解集成》撰写了序言。

今盛君又将银道源《合宗明道集》《明道语录》等予以整理合刊，列入出版计划。银道源师是张义尚先生之入门丹师，尚师于清净丹法贯通无惑多拜银师之赐。读者了解此师承关系，则可对大江西派别传之丹道推本溯源，于理解尚师之《丹道薪传》等遗著颇有裨益焉！

胡孚琛

识于中国社会科学院

2013 年 1 月腊八日

（作者系中国社会科学院研究员、博士生导师、全国老子道学文化研究会创会会长）

# 整理说明

西蜀合宗银道源，近代著名内丹学家，接承李涵虚大江西派法脉，融汇北宗伍柳一派丹道秘要，著《合宗明道集》，编纂问道信函为《明道语录》。此二书，平实无华，浅显通俗，极具特色，将玉液还丹阶段讲解无遗，为丹道研修者开辟一条光明之路。

刘明通《合宗明道集序》载："闻吾师（银道源）少时，因病得卫生术而愈。自是矢志仙道，及壮益坚，寻师访侣，备经跋涉险阻，蒙师授固多，得友助不少。继以力行慈善事，感应仙师，获受《三车秘旨》，参悟《九层炼心》，因于玉液了性，金液了命，性命双修，始终全旨，一旦豁然贯通焉。尝以参修余暇，捡拾列仙秘籍，撮其要而钩其元，训释丹诀奥旨；观其妙而阐其微，积卷盈帖。""而嘉惠后学之意，明道救世之心，每不能自已。复念丁斯浩劫，生灵涂炭，敌国外患，糜烂无以加矣！而战云迷漫世界，危如一发千钧。知外道旁门之教义，实不能济此末世之倾危，舍斯道其何以纲维全宇，救人类之灭绝耶？因是乃循门人之请求，录出旧日撰述，选印九卷，名曰《合宗明道集》。是集也，括道藏之要，尽丹经之旨，诚登天之灵梯，到岸之宝筏也。"卿希泰主编的《中国道教史》（修订本）第四卷赞《合宗明道集》："撰述之修仙救世功用，突出表明道教界人士在祖国遭受日本帝国主义侵略，世界处于战云迷漫之际，立志以道纲全宇、拯救人类的博大胸怀。"指出，"该书以道教为主而倡三教合宗的大道修炼说，反映民国时期西派丹法思想。"[①]传人有当代著名内丹学家张义尚先生（1910—2000），派名"通悟"。

---

① 卿希泰主编.《中国道教史》（修订本）：第4卷.成都：四川人民出版社，1996：452-453.

1.《合宗明道集》，署名"大江西派后学合宗冉道源集录"，1940年刊印。冉道源，即是银道源。《合宗明道集》以原刊本为底本整理，见《三洞拾遗》[①]第十册。

2.《明道语录》，分"初集""续集""三集"三册，1941—1942年刊印，署"洗心子原稿"。洗心子，疑系银道源同门周道成的道号。本次整理，以《明道语录》原刊本为底本点校，参校台湾真善美出版社1956年初版、1981年三版的重印本。

3.《道窍谈、三车秘旨》合刊，1941年银道源刊印，封面题"无价宝"，内署"涵虚李真人著"，以"四川省铜梁县城内永春山房"版为底本点校，参校1938年上海"丹道刻经会"陈撄宁校订版《道窍谈、三车秘旨》。《道窍谈、三车秘旨》的出版流通，颇具传奇色彩。邓雨苍在致银道源信函中称："曾于梦中蒙仙人授书一本，问其姓名，则曰善教真人，醒后不知善教真人是诚何仙。不久弟至道友毛君家，果得《三车秘旨》（并《道窍谈》）抄本，阅到《收心法题词》，始知善教真人，乃涵虚李祖师也。余感此特恩，故决心刊印，公布于世，以报祖德。"收附录二则：一是成都二仙庵住持张永亮《来鹤亭诗稿》，摘录涉及李涵虚和西派相关的诗作；二是四川广元苍溪寻乐书岩资料，该岩刻于清咸丰至光绪间，摘录与西派相关的资料收入本书。

4.《连城碧》，乃《丹诀辨正》与《坤维秘旨》合刊。《连城碧》与《无价宝》，从书名看，当是一起联袂刊印之书，与《合宗明道集》《明道语录》有脉络关系，故收入本编。本资料系哈尔滨闫晓飞先生提供，在此表示真挚的感谢。

5.《天仙正理》《金仙证论》，在《合宗明道集》《明道语录》中多次强调是必读的丹书，故附录收入本编，方便读者研读。明伍冲虚著《天仙正理》、清柳华阳著《金仙证论》，后人将之与《仙佛合宗》《慧命经》合刊，名《伍柳仙宗》，是晚清以来最具影响力的内丹学著作。因篇幅所限，本编仅收录两书的正文部分，删节注解，以利提纲挈领。

6.《谭仙传全集》，1930年四川德阳全善堂刊印。此书是以清道光年间李

---

[①] 周燮藩主编.三洞拾遗//中国宗教历史文献集成.合肥：黄山书社，2005.

涵虚编纂的《海山仙迹》卷六《示冷生》为原型，演绎而成的一部话本，围绕明朝万历年间冷生立愿转世创立"西派"展开，对于探寻"西派"在民间的传播有一定的研究价值，故收入本编。

本书汇录的丹道文献，具有通俗易懂、平实简易的特点，读者通过认真研读这些珍贵资料，实修下手口诀，是不难参悟到的。丹道修炼如人饮水，冷暖自知，读者需以自己的智慧参悟。勉之以《周易参同契》云："思之务令熟兮，反复视上下；千周灿彬彬兮，万遍将可睹；神明或告人兮，心灵乍自悟；探端索其绪兮，必得其门户。"

附记：7月间，赴成都参加《中华续道藏》编审工作，暇间游简阳，拜会蒋延松、蒋理惠道长，乃"青城西派正宗"传承，《三星区志》（简阳县《三星区志》编写组，1985年印刷）有载。该传承法脉为：李全安→李宗元→周泽之→彭志成→胡启贤→蒋延松→蒋理惠。

盛克琦

2024年8月于寓所

# 目　录

## 上编　合宗明道集

## 下编　明道语录

# 附　编

# 上编　合宗明道集

银道源　著

## 合宗明道集

（凡例说明列后）

大江西派后学合宗冉道源　集录

巴川金艮山人端阳翁　捐资刊板

古渝学道同人合时荣道周

合真荣道本　同校字

合灵江道敏

时届中华上章执徐岁重阳后又九月端阳生　捐资校印

# 《合宗明道集》凡例说明

### 后学教义刘圆通　撰

本书凡九卷，分初、中、上三集，每集三卷，俱集显明简要之论，未录幽深玄远之文。虽《三字经》《百句章》，语简意浑，但有白话浅解以明之，则读是书者，不费时劳神。每卷集录用意，分说如后。

1.修道本是出世法，然欲出世，必先由入世，须人事尽，然后天心可合。否则无入世，而人道先绝矣，焉有世界，焉有出世乎？此《初集》卷一，所以首录先哲治家处世格言也。

2.国际门户开放，信教自由，异说声牙，显若敌国。推其源，皆不知吾国三教真旨之故耳。先贤有见于此，不惜舌敝唇焦，指示三圣一源本体妙用，以维世教，正人心。此《初集》卷二，所以次列三教合论等文也。

3.强国必先强种，尤资育种者之身体先强，此初关要则。《女丹秘旨》，虽为破体中年人，修行下手说法。然成仙成佛，强身强种，只在顺逆之分。强身者，除此别无捷径；修仙者，舍此便入旁门。此《初集》卷三所录，实根本强民之要术也。

4.《中集》卷一。《白仙语录》，直论修持事理。凡入道者，必先明此大旨，然后可谈进步。且白仙以晚年闻道，终得行道成道。可见有志者事竟成，不得以年龄限也。伍真人说："百二十岁尚可还丹，且说有一口气在，亦可还丹。"盖以气为先天元精所化，有一口气在，则元气尚存，便可由此积累以接命，事属可能，有志者读《白仙语录》曷鉴诸。

5.《中集》卷二。集录《三字经》《百句章》《文终经》《循途录》，乃崔公、吕祖、涵虚一派真传之简要次序丹诀。末附《劝勉词调》，统名《玉京法程》，实上玉京之法程也。涵虚祖师说："金丹之道，虽曰易知难行，然不可不求其知以为行之地。知苟不正，行于何往？知苟不精，行安所入？知苟不熟，奚云口诀？"此法程之所以不可不集录，亦修士之决不可不熟读者也。

6.《中集》卷三。浅解《三字经》《百句章》，虽未尽丹诀之奥妙，然而大致不差。修士之未得全旨者，有此一解，潜心参究，一旦豁然贯通，则全体大用，无不明矣。

7.《玄机直讲》原载《三丰全集》，似不必赘录。然而道破御女、采补之非道，说透三才、三教之真元，指点玉液、金液之大丹。得此《直讲》，细心披览，胜读万卷琅函，不为群书所眩惑矣。此《上集》卷一，所以必录《直讲》也。

8.《道言浅近说》，直示修道真言，不作深远譬喻，令人猜度。且深入显出，说尽下手工法，虽载在《三丰全集》中，恐卷帖浩繁，修士难窥全豹。此《上集》卷二，所以集录于此以便披阅，印证师传之真伪也。

9.《三字经》浅解，因正文简单，故解亦从略，但指出丹经名目，令阅者自行参解，而丹旨可明。兹特备述《仙佛合宗语录》九章，以补足未能详解之意，则浅解亦庶乎其不差矣。此《上集》卷三之说明也。

# 《合宗明道集》初集

## 中华道教会宣言

粤自崆峒演教，轩辕执弟子之仪；柱下传经，仲尼兴犹龙之叹。道教渊源，由来久矣！盖以天无道则不运，国无道则不治，人无道则不立，万物无道则不生。道岂可须臾离乎？

夫道有入世，必有出世，有通别亦有旁支。若彼磻溪垂钓，吕尚扶周；圯桥授书，子房佐汉。三分排八阵之图，名成诸葛；一统定中原之鼎，策仗青田，此入世之道也。又若积精累气，《黄庭经》显示真修；抽坎填离，《参同契》隐藏口诀；勾漏丹砂，谈稚川之韵事；松风庭院，慕宏景之闲情，此出世之道也。

况复由道而通于政，则有洪范九畴、周官六部；由道而通于兵，则有阴符韬略、孙武权谋；由道而通于儒，则有仲舒杨雄、濂溪康节；由道而通于法，则有商鞅李悝、申子韩非；由道而通于医，则有《素问》《灵枢》《千金》《肘后》；由道而通于术，则有五行八卦、太乙九宫，此道家之通别也。

以言炼养，则南方五祖、北地七真，双延绪脉；以言醮箓，则句容茅山、江西龙虎，咸擅威仪，道教之支派也。至于小道之巫医，则辰州祝由，救急屡惊奇效；卫道之拳技，则武当太极，功夫授自明师，诚可谓道海汪洋，莫测高深之量；道功神秘，难觅玄妙之门矣！

再论及《道藏》全书，阅四千余年之历史，拥五千余卷之缥缃。三洞四辅之归宗，一十二部之释例。尊之者，称为云篆天章、赤文紫字；美之者，比喻琅函琼札、玉版金绳。姑勿辩其是非，要可据为考证。历代佚亡典籍，犹多附此而存。岂惟道教门庭之光辉，亦是中华文化之遗产。虽嫌杂而多端，小儒咋舌；所幸博而能约，志士关怀。请慢嗤迷信，须知乃昔贤抵抗外教侵略之前锋；切莫轻笑空谈，应恃做今日团结民族精神之工具。

嗟乎！世变已亟，来日大难；强敌狼吞，群夷鸱顾，此何时耶？倡本位文化救国说者，固一致推崇孔教矣。然孔教始于儒家，儒家出于道家，有道家遂有道教。试以历史眼光，观察上下五千年本位文化，则知儒家得其局部，道家竟其全功；儒教善于守成，道教长于应变。事实具在，毋庸自谦。故尝谓："吾国一日无黄帝之教，则民族无中心；一日无老子之教，则国家无远虑。"先武功，后文治，雄飞奋励，乃古圣创业之宏规；以柔弱，胜刚强，雌守待时，亦大智争存之手段。积极与消极，道原一贯，而用在知几；出世与入世，道本不同，但士各有志。

他教每厌弃世间，妄希身后福报，遂令国家事业，尽堕悲观；道教倡唯生学说，首贵肉体健康，可使现实人生，相当安慰。他教多讲大同，然弱国与强国同教，后患伊于胡底；道教基于民族，苟民族肯埋头建设，眼前即是天堂。

呜呼！笕百家之总钥，济儒术之穷途；揽国学之结晶，正新潮之思想。捨吾道教，其谁堪负此使命哉！今夫有道自不能无教，无教则道何以弘？有教自不能无会，无会则道何以整？同人等忝属黄帝子孙，生在中华国土，大好河山，慨念先民之遗烈；异端角逐，忍看国教之沦亡？爱集同志，组织此会。根据现行法律，拟定规条，呈请党政机关，准许成立。从兹大道偕八德同流，道儒何妨合作；达变与经常并重，奇正相辅而行。将见禹域风披，具身使臂、臂使指之效；天人感应，徵危转安、凶化吉之祥。民族精神，庶有赖焉！

> 黄帝纪元四千六百三十三年，即中华民国二十有五年
> 中华道教会同人谨布

国战未开，成即列名中华道教会，遍阅各教月刊，略悉入仙道者，非外教旁门之小术，即采战烧炼之歧途，良深慨叹。成久欲明正道以整饬宗风，奈同志乏人，大厦难支。今幸合宗道源兄，本成己成人之素志，辑为明道明真之丹书。付梓之际，嘱为跋。成不文，不能另赞一词，特录《道教宣言》于篇首以塞责，伏望读是书者，感奋兴起，同入正道，光大法门，是所盼祷。

> 巴川合天周道成识于密溪洗心洞

# 序

班氏《汉·志》曰："神仙者，所以保性命之真，同生死之域。"① 夫遗俗得意之徒，山林养性②之家，理其神，全其形，吹煦呼吸，吐故纳新，运精运气，结丹成道，羽化而登仙，与天地同久者，载籍相属也。然而流俗庸众，根性浅薄。或闻至道之言，而如醉似痴；或睹大道之论，而嗤笑呶喋。此膏肓沉没，不可救药者矣！往古达士，志道如嵇叔夜乃谓："神仙特受异气，禀之自然，非积学所能致也。"博洽如颜之推亦云："神仙之事，未可全诬，但性命在天，或难种植。"如斯之流，盖志在立言、立功，中情狐疑于仙道，故不能割弃荣愿耳。至于励操致志，蠲耳目之欲，绝妻孥之爱，超然尘滓，遁迹山林，而惟道是求，乃亦学如牛毛，成如兔角。若然者，乃先进抱道自重，秘窍隐诀，不肯轻以救世度人，大道由此不昌。后进欲学无从，徒深怅惘，良可慨叹！此吾合宗道源师《明道集》所由撰述也。

闻吾师少时，因病得卫生术而愈。自是矢志仙道，及壮益坚，寻师访侣，备经跋涉险阻，蒙师授固多，得友助不少。继以力行慈善事，感应仙师，获受《三车秘旨》，参悟《九层炼心》，因于玉液了性，金液了命，性命双修，始终全旨，一旦豁然贯通焉。尝以参修余暇，捡拾列仙秘籍，撮其要而钩其元，训释丹诀奥旨；观其妙而阐其微，积卷盈帖。已弥年载，恐涉务谷之嫌，雅不欲镂板问世。而嘉惠后学之意，明道救世之心，每不能自已。复念丁斯浩劫，生灵涂炭，敌国外患，糜烂无以加矣！而战云迷漫世界，危如一发千钧。知外道旁门之教义，实不能济此末世之倾危，舍斯道其何以纲维全宇，救人类之灭绝耶？因是乃循门人之请求，录出旧日撰述，选印九卷，名曰《合宗明道集》。是集也，括道藏之要，尽丹经之旨，诚登天之灵梯，到岸之宝筏也。下走朴陋不文，甫识道津，岂足以探抉是集之精微，仅初具厓略云尔。

壁山抱蜀居士教礼刘明通敬序

---

① 班固《汉书·艺文志》："神仙者，所以保性命之真，而游求于其外者也。聊以荡意平心，同死生之域，而无怵惕于胸中。"

② 养性，《淮南子·俶真训》："静漠恬澹，所以养性也。"道家主张淡泊无为，涵养自然本性。可参考《备急千金要方》卷第二十七《道林养性》。

# 《合宗明道集》初集　卷一

（先哲格言①）

## 处家要言

欲振家声，必修家政。勤为无价之宝，忍乃众妙之门。

杜渐防危，出入起居须检点；深谋远虑，衣食财用要安排。

现在之福，积自祖宗者，不可不惜；将来之福，贻于子孙者，不可不培。

创垂之难如登天，覆败之易如燎毛。

心术无得罪于天地，言行要留好样与儿孙。

为人要学高莫学低，品行坏则成立无自；作家要学小莫学大，门面阔则继后实难。

兴废有何常，凡事切勿苟且；顺逆总由命，此心先要放平。

蠹家莫甚于冗食，当各勤职业；理财莫良于节用，勿徒好观瞻。

自奉宜从薄，而待人不得不厚；应酬无妨简，而祭祀不可不丰。

费千金以给客，不若倾一粟以济贫人；构广厦以招宾，不如葺数椽以庇寒士。

富不好施，富难长保；贫不自奋，贫无了期。

在伦纪上用心机，旋当自败；于世情中无体贴，动辄多乖。

事父兄勿论报施，须肫诚一片；处骨肉休较长短，要聋哑几分。

勿以小嫌而疏至戚，勿以新怨而忘旧恩。勿薄前人而变更任意，勿执偏见而好恶拂情。

---

① 丹道修炼，修心累德为第一要务，立愿之高，累德之厚，必得高真护持，证果难限其量也。故先哲之格言，不可不遵循焉！本编首要先陈古哲格言，用心良苦矣，焉能不熟读精思而恪守？

作贱五谷，无奇祸必有奇穷；讲究八端，养恒心以立恒产。

忠厚为传家之本，耕读乃裕后之谋。

量宽方能容众，身先自可率人。

教子婴孩，质全而易化；教妇初来，志一而可约。

宽严并济，庭户间亦有经纶；教养失宜，骄纵家必多乖子。

书声织声孩儿声，三声决不可少；冠礼婚礼丧祭礼，四礼在所必遵。

座右多书名语格言，其志趣可想；门内罕闻嬉笑怒骂，其家范可知。

一室同心，兴隆可致；满门戾气，灾害必生。

世上几百年名家，无非积德；天下第一件好事，还是读书。

亲仁善邻，数世之所赖也；敬宗睦族，一本可不敦乎！

## 处世要言

物不经寒暑者，必不坚凝；人不历酸辛者，必不谙练。

世路崎岖，只宜省言省事；人心反覆，还须慎始慎终。

谦退是保身要诀，安详是处事良方；聪明人宜学宽，富贵家宜学厚。

莫做心上过不去之事，莫萌世上行不去之心。

莫为无用之身，耗衣耗食；莫听无稽之口，弄是弄非。

勿以己之长而形人之短，勿因己之拙而忌人之能。

勿毁众人之名，以成一己之善；勿役天下之理，以护一己之愆。

礼尤不报，不可开多事之端；怨无不仇，不可种难言之恨。

恶莫甚于纵己之欲，祸莫大于谈人之非。

事易败而难成，切勿任气；境多逆而少顺，总要随缘。

勤俭两端，造就多少好汉；体面二字，误了无数能人。

未老而享既老之福，终难到老；未贵而享既贵之荣，终不可得贵。

贫不足羞，可羞在贫而无志；贱不足耻，可耻在贱而无能。

做人无成心，便是福气；做事有结果，乃是寿征。

心气和平，能令仇家忘其怨，况在平人；性情乖戾，能使骨肉不相亲，况在远者。

捱不过之事，不如早行；取不着之利，切莫妄想。

好便宜者，不可与之交财；多狐疑者，不可与之谋事。

图未就之功，不如守已成之业；悔既往之失，不如防将来之非。

事到放得心下，再慎何妨；话若来到口边，三思更好。

万般善事，说为终日不为；百种贪心，要足何时才足？

萤之见获也以光，要养此拙；玉之成器也必琢，要吃些亏。

惜衣惜食，非为惜财，缘惜福；求名求利，但须求己，莫求人。

天下无难处之人，只要三个必自反；天下无难处之事，只要两个如之何。

君子固当亲，然不可曲为附和；小人固当远，然不可显为敌仇。

与世无争，难乎其忍；觉人之诈，妙在不言。

荣与辱不过片时，何须介意；是与非只争一间，最宜留心。

处事让一着为高，退步即进步之本；待人宽一分是福，利人即利己之基。

休怨境遇不如人，不如我者甚众；休夸德业能胜人，能胜我者尤多。

人欺未必是辱，人怕未必是福。

善尊己者不侮人，善报仇者必种德。

闹热场中，脚跟要立得稳；烟花队里，眼界要放得高。

常回头认自己非，化去许多骄态；肯当面称人家好，息了无限争端。

才有短长，勿求全责备；事无大小，须情顺理安。

接物接人，要养得满腔和气；对天对地，全凭着一点良心。

此身在君父恩中，问何报答；凡事看儿孙份上，急早栽培。

天不可欺，人不可欺，何处瞒藏些子；性分当尽，职分当尽，莫教歉缺分毫。

总之要为好人，须寻好友；欲行好事，要读好书。

看尽人情，善恶到头终有报；饱谙世故，富贵转眼便成空。

勉之哉！立身行道，扬名于后世；夙兴夜寐，无忝尔所生！

# 朱子家范

一曰妻妾无妒，则家和。

二曰嫡庶无偏，则家兴。

三曰奴仆无纵，则家尊。

四曰嫁娶无奢，则家足。

五曰农桑无休，则家温。

六曰宾祭无惰，则家良。

## 敦本堂家训

人生勤俭为上，第一要重纲常。

父母尤当孝顺，手足切勿参商。

居家宽宏忍让，持身淳朴端方。

和穆宗族乡党，恪守祖业田房。

处世忠厚谨慎，待人谦逊温良。

最戒邪淫妄语，酗酒争讼赌场。

各自勤安生理，须知世态炎凉。

先哲格言可法，五种遗规莫忘。

## 王阳明家训

劝儿曹，听教诲。勤读书，要孝悌。

学谦恭，循礼义。节饮食，戒游戏。

勿说诳，勿贪利。勿任惰，勿使气。

勿责人，但自治。能下人，是有志。

能容人，是大器。凡做人，在心地。

心地好，是良士。心地恶，是凶类。

譬树果，心是蒂。蒂若坏，果必坠。

吾教汝，全在是。汝谛听，勿轻弃。

## 格言连璧

今日为孝子为悌弟，他日必能为良吏为纯臣；未有不孝不悌，而能标名竹帛，流芳百世者。

人莫不爱子，何不以爱子之心事其父；人莫不爱妻，何不以爱妻之心事其母。

人当为子孙造福，不当为子孙求福。积金以遗子孙，子孙未必能守；积书以遗子孙，子孙未必能读。不如积德以遗子孙，能使子孙受福。

养而不教，是不爱其子也；教而不严，是亦不爱其子也。学则庶人之子为公卿，不学则公卿之子为庶人。谨小慎微，则终身无失；轻举妄动，则一事无成。

凡人当亲密时，不可以私密语告之，恐一朝失欢，则前言难悔；而人当失欢时，亦不可以过头语加之，恐一朝复好，则前言可愧。

显亲扬名，即是敬宗尊祖；安分守己，便为孝子顺孙。

严以律己，己有不是，痛自刻责；宽以待人，人有不是，无庸苛求。

律己者，当于无过中求有过，非徒进德，亦且以免愆；待人者，当于有过中求无过，非独存仁，亦且以免怨。

门内有君子，门外君子至；门内有小人，门外小人至。

君子择而后交，故寡过；小人交而后择，故多怨。

君子固当亲，亦不可曲为附和；小人固当远，亦不可显为仇敌。

待小人且宽，防小人宜严。

施恩时不望人报，受怨时不与人较，无恩无怨，宽却多少怀抱。

忍不过，着力便好；受不过，耐心便了；能忍能受，省却多少烦恼。

精神者，事业之根，不荒于色，则精神固；志气者，功名之本，不湎于酒，则志气清。

小忍受小益，大忍受大益。大事化为小事，小事化为无事。刻薄事不可行，便宜话不可说。

子弟须知礼法，冠婚丧祭无失其仪；子弟须习事业，士农工商各循其职。

福不可享尽，话不可说尽；利不可占尽，财不可用尽。

若要好儿孙，须方寸中时时放宽一着；能成大事业，于世务上件件吃亏三分。

富时不俭贫时悔，少时不学老时悔；闲时不做忙时悔，醉时失言醒时悔。

居贫不节省，则贫无了期；处富好奢华，则富难永保。耐贫贱不作寒酸语，耐患难不作忿激语；耐是非不作辩白语，耐烦恼不作愁苦语。

贫者入一钱，出不及一钱，虽贫亦富；富者入千钱，出不止千钱，虽富亦贫。故开财之源，不如节财之流。百日省，一日不省，则一日之费，与百日不省同；百事节，一事不节，则一事之耗，与百事不节同。

勤而不俭，譬如漏卮，虽满积而一无所存；俭而不勤，譬如石田，虽谨守而一无所获。能勤能俭，创家者也；不勤不俭，败家者也。

想到没得穿时，便是破衣也好，到了穿破衣时，要穿好的没了。想到没得吃时，便是饘粥也好，到了吃饘粥时，要吃好的没了。

只如此已为过分，要怎样才是称心。

富贵福寿之应，不必当时知之，早于其居家行事之合理决之；贫贱祸夭之应，亦不必当时知之，早于其居家行事之不合理卜之。

必待有余而后济人，恐终身无济人之日；必待有暇而后读书，恐终身无读书之时。

小心忙里错，谨防顺口言。静思自己过，爱惜有时钱。

存心要公平，行事要忠厚。居必择邻，交必择友。

治家以勤俭为先，待众以谦和为首。

远不义之财，戒过量之酒。官粮须当早完，祖业务要保守。

常思以往之愆，时防未来之咎。若能行之终身，必为天地所佑。

宁让人，勿使人让我；宁容人，勿使人容我。宁吃人亏，莫使人吃我亏；宁受人气，勿使人受我气。

见人之善，则称扬不已；见人之过，则绝口不言。

自谦则人愈服，自夸则人愈憎。

我恭可以平人之怒气，我贪必致启人之争端。

我本薄福人，宜行厚德事；我本薄德人，宜行厚福事。

人皆言人心难测，不知己心更难测；人皆言人心不平，不知己心更不平，故君子必自反。

不交财帛，看不出人心好歹；不遇患难，显不出人品高低。

面谀之词，知之者未必感情；背后之语，怨之者常至刻骨。

凡一事而关人名节，纵亲见确闻，不可出口；凡一语而伤我忠厚，虽闲谈戏谑，切勿轻言。

不谈人过，厚道也；不辩己非，高见也。

妇人之言，不可听信；婢妾之言，更不可听信。

能知足，便不辱；能读书，便不愚；能孝亲，感神明；能教子，延宗祀；能勤俭，灾殃免；能谦和，吉祥多。

凡议婚姻，当先察其婿与妇之性行及家法如何，勿苟慕其富贵。婿苟贤矣，今虽贫贱，安知异日不富贵；婿苟不贤，今虽富贵，安知异日不贫贱？

至于娶妇，慕一时之富贵而娶之，彼挟其富贵，鲜有不轻其夫而傲其翁姑者，为患庸有极乎！

赌之一事，为害甚矣，虽有万金家产，不难一夕而空。即幸而获胜，而悖入悖出，终归乌有，何迷而不悟耶！

鸦片烟不可吸，损精神，废事业，一时高兴，便尔成僻，受累终身，悔之无及。

# 《合宗明道集》初集　卷二

## 三教同源解

### （录《心传韵语》<sup>①</sup>）

《心传韵语》，所以言道也，所以言先天大道也。而不知者，每以为笑，曰："此释老之寂灭虚无也，非儒者之道也，儒者大道，《学》《庸》尽之，是安得与佛老同源耶！"噫！为此说者，莫论不知道，且不知《学》《庸》之为《学》《庸》，乌足以语先天大道哉！夫寂灭者，佛教也；虚无者，仙教也；明德者，儒教也。此其所以为教，非兹之所谓大道也。道之本源出于天，若大道则先天地而已具，非大道且无以为天地万物，而何于有三教？学者不知道之所由大，而浑以道名之，遂有儒、仙、佛之分。而不知徒以道名，则道亦多矣！曰天道、曰地道、曰人道、曰君道、臣道、父子等道，道岂可胜举哉！

儒者之言曰："中庸也，至诚也，明德也，明命也，知止至善也。"吾得以一字概之曰"中"。佛家之言曰："无人相也，无我相也，无众生寿者相也。"吾得以一字概之曰"空"。仙家之言曰："守中也，抱一也，无形无名也。"吾得以一字概之曰"一"。

夫一者，中也；中者，空也。一、中、空者，道也。盖以凡物有二，而惟夫道则一；凡物有偏，而惟夫道则中；凡物皆实，而惟夫道则空。《易》曰："乾以易知，坤以简能。"一也、中也、空也，非易简之至极者乎？则大道之为大道，不已先天而天弗违乎！天且弗违，而况于圣人乎！世儒动曰："此非圣人之言也。"夫一、中、空之所以为一、中、空，圣人固不言，然独

---

①《心传韵语》，清人何谦著。

不曰"明德"耶？"明命"耶？"止至善"耶？"喜怒哀乐之未发"耶？今试执世儒而问之，彼亦不过曰："明德明命，如《集注》所云焉"已耳。彼能穷究圣人之所谓何者为明命？当如何顾？何者为至善？当如何止？止者何处？未发者何处耶？是安足以知大道？

子贡曰："夫子之言性与天道，不可得而闻也。"以得一贯之子贡，且以为不可得闻，况后儒乎？后儒不能贯穿道原，遂漫为斥曰："释也，老也，非圣人之道也。"吾以为释之老之则可，而谓大道为释老之道则不可。夫以大道为释老之道，是小孔子也。孔子曰："吾道一以贯之。"吾不知一者何物，遂能贯夫万事万物也。

《中庸》曰："语大莫载，语小莫破。"所语何物，而莫载莫破？又曰："无声无臭。"是何物事而无声臭？今诚取《中庸》而细绎之，然后知至诚、不二、无息，皆实有其物，非托诸空言也。但未闻道者，不能知其何在何为耳。子罕言命、性，意以为大道操造化之大权，非寻常所可得闻，故不常言耳。何尝谓"天地无大道哉"！且即释老论，亦非后人所可轻议者。孔子曰："西方有圣人，无为而自治。"又曰："老子犹龙。"夫以至圣之孔子，且圣之龙之，而俗儒何得释之老之哉！今是书不曰佛也仙也儒也，而直揭其言曰"大道"，盖寻其流则有儒、有仙、有佛，而溯其源则第曰"道"而已矣！先天大道而已矣，何三教之异之有？世人见世之学仙、学佛者，流弊无穷，遂非仙、非佛。则夫今之冠儒冠，服儒服，口仁义而腹诗书，其贻害国家，为万世唾骂者，正复不少，不将亦从而非孔子耶？然则世人只当从源头上做起，以臻于无物不空，无事不中，无理不一。仙佛勿庸非儒，儒亦无庸非仙佛也。何也？儒、仙、佛字面相配，三教渊源，同一先天大道而已矣。何粘粘畛域为？

六吉先生，慨大道久湮，故于源头一一指明，更将功夫层次点出，使是书出而人人皆能学斯道，则物欲不蔽于心，义理了然于目。以为学问，则豁然而贯通；以为经济，则廓然而晓畅。将道明而天地亨，道行而国家治矣。《心传韵语》一书，其功直与天地参，岂小辅云尔哉！

# 三教和宗大道论

## （录自《三丰全集》）

夫道者，统生天生地、生人生物而名，含阴阳动静之机，具造化玄微之理，统无极，生太极。无极为无名，无名者天地之始，有名者万物之母。因无名而有名，则天生、地生、人生、物生矣。今专以人生言之，父母未生以前，一片太虚，托诸于穆，此无极时也。无极为阴静，阴静阳亦静。父母施生之始，一片灵气，投入胎中，此太极时也。太极为阳动，阳动而阴亦动也。自是而阴阳相推，刚柔相摩，八卦相荡，则乾道成男，坤道成女矣。故男女交媾之初，男精女气，结成一物，此即生人之本也。嗣后而父精藏于肾，母血藏于心，心肾脉连，随母呼吸，十月形全，脱离母腹。斯时也，性浑于无识，又以无极伏其神，命资于有生，复以太极育其气，气脉舒而内蕴元神，则曰真性。神思静而中长元气，则曰真命。浑浑沦沦，孩子之体，正此谓也。性，天命也。人能率此天性以复其天命，此即可谓之道。又何修道之不可成道哉？

奈何灵明日著，知觉日深，血气滋养，岁渐长成。则七情六欲，万绪千端，昼夜无休息矣。心久动而神渐疲，精多耗而气益惫，生老迫而病死之患成。并且无所滋补，则瘵病频生，而欲长有其身，难矣！观此生死之道，人以为常，诚为可惜。然其疾病临身，亦有求医调治，望起沉疴，图延岁月者，此时即有求生之心，又何益乎！予观恶死之常情，即觅长生之妙术，辛苦数年，得闻大道。

大道者，长生之道也，而世人多以异端目之，废弃人伦置之。夫黄老所传，亦正心修身，齐家、治国、平天下之理也。彼释迦罗睺，亦有室家之别，父子之恩；鸠摩罗什，亦生二子；老子之子宗，为魏相；黄帝四妃，二十五子；天师张道陵，子孙相传，至今世世不绝，而何有异端，废弃人伦哉！况人能修正身心，则真精、真神聚其中，大才、大德出其中。圣经曰："安而后能虑"，富哉言乎！吾尝论之矣。有如子房公之安居下邳，而后能用汉报韩；诸葛君之安卧南阳，而后能辅蜀伐魏；李邺侯之安养衡山，而后能兴唐灭虏。他若葛雅川之令勾漏，赵清源之刺嘉州，许真君之治旌阳，是皆道成住世，出仕安民者。又若枣食安期，桃献方朔，飞王乔之岛，噢乐巴之酒，彼岂无君父仁义之心哉？孔子鄙隐怪，孟子拒杨、墨。隐也者，乃识谶纬说、封禅书之类；怪也者，乃微生高、陈仲子之类。

仙家不然也，长春朝对，皆仁民爱物之言；希夷归山，怀耿介清高之致。而且圣贤之治世，治在有形、有迹，人人得而见之；仙佛之治世，治在人心隐微之地，使人默移潜化，受其治而人不知不觉，又何隐怪之有哉？杨子为我，墨子薄亲，仙家不尔也。三千功行，济世救人为先资。二十四孝，丁兰吴猛皆仙客。老莱之孝行堪羡，戏彩娱亲；苏耽之孝迹颇奇，鹤柜养母。又何杨、墨之可同哉？

孔曰"求志"，孟曰"尚志"。问为何志？曰："仁义而已矣。"仁属木，木中藏火，大抵是化育光明之用乃曰仁；义属金，金中生水，大抵是裁制流通之用乃曰义。仙家汞铅，即仁义之种子也。金木交并，水火交养，故尝隐居求志，高尚其志，而后汞铅生，丹道凝。志包仁义而兼金木水火之四象，求之尚之者，诚意为之，意土合而五行全，大人之事备矣。故孔孟当日，只辟隐怪杨墨，而未闻攘斥佛老。

唐宋以来，乃有韩、朱二子①，力辟二氏，诸大儒和之，群小儒拾其唾余以求附尾。究竟辟着何处？反令世尊含笑，太上长叹。小儒辈不过徒吹滥竽，未必有韩、朱之识见也。何言之？韩、朱之辟二氏者，辟其非佛非老之流，非辟真学佛、老者也。不然《昌黎诗集》中，来往赠答，又何以极多二氏之人，如送张道士有诗、送大颠有诗、送惠师灵师皆有诗。或以为借人发议，故于惠师云："吾疾游惰者，怜子愚且淳。"于灵师亦云："方将敛之道，且欲冠其颠。"似讥之矣。然何以于张道士尽无贬词，于大颠师全无诮语？盖此二师者，乃真仙、真佛之徒。张仙以尚书不用而归真，颠师以聪明般若而通禅，虽昌黎亦不能下手排之，肆口毁之也。且其家又生韩湘仙，雪拥蓝关，盖已知远来者之非凡人也。朱子少年，亦尝出入二氏，

---

① 韩、朱二子，韩系韩愈，朱指朱熹。韩愈（768—824），字退之，河南河阳（今河南孟州南）人。自谓郡望昌黎，世称韩昌黎，著有《韩昌黎集》四十卷、《外集》十卷。朱熹（1130—1200），字元晦，号晦庵，祖居徽州婺源（今属江西），生于南剑州尤溪（今属福建），定居建阳（今属福建），著有《四书章句集注》《四书或问》《太极图说解》《通书解》《西铭解》《周易本义》《易学启蒙》《诗集传》等。

盖因不得其门而入，为二氏之匪徒所迷，故疑其虚无荒诞，空寂渺茫，回头抵牾耳。迨其晚年学博，则又爱读《参同契》。并云："《参同》之书，本不为明《易》，盖借此以寓其进退行持之候耳。"更与人书云："近者道间，不挟他书，始得熟玩《参同》。"是更津津然以仙道为有味也。然则韩、朱二贤，特辟非佛非仙之流，非辟真学仙佛者也。否则前后一身，自相矛盾，则二贤亦可笑也。

予也不才，窃尝学览百家，理综三教，并知三教之同此一道也。儒离此道不成儒，佛离此道不成佛，仙离此道不成仙。而仙家特称为道门，是更以道自任也。复何言哉？平允论之曰：儒也者，行道济时者也；佛也者，悟道觉世者也；仙也者，藏道度人者也。各讲各的好处，合讲合的好处，何必口舌是非哉？夫道者，无非穷理尽性，以至于命而已矣。孔子隐诸罕言，仙家畅言之、喻言之，字样多而道义微，故人不知耳。人由天地而育，亦由父母而生，顺而用之，则鼻祖耳孙，嗣续而成；逆而用之，则真仙上圣，亦接踵而出，同其理也。

《悟真篇》云："修身之事，不拘男女。此金丹大药，虽愚昧野人得之，立登仙位。"亦不拘贵贱贫富，老衰少壮，只要素行阴德，仁慈悲悯，忠孝信诚，全于人道，仙道自然不远也。又须洞晓阴阳，深参造化，察其真伪，得阴阳之正气，觅铅汞之真宗，方能换骨长生，居不夜之天，玩长春之景，与天地同久，日月同明，此正大丈夫分内事也。至于旁门邪径，御女采阳、服炼三黄、烧饵八石，是旁门无功也。又有以按摩道引、吐纳呵嘘、修服药草，为养身之方者，虽能暂去其疾，难逃老衰命尽，而被达人耻笑也。

伯端翁云："闭息一法，若能忘机绝念，亦可入定出神。"奈何精气神属阴，宅舍难固，不免有迁徙之苦。更有进气补血，名为抽添接命之术者，亦能避疾延年，保身健体，若欲服食养就胎仙，必不能也。或者谓："人之生死，皆有定数，岂有违天数而逃死者。"独不思福自我求，命由我造，阴骘可以延年。学长生者，只要以阴功为体，金丹为用，则天数亦可逃也。且人为功名富贵，亦备尝辛苦而后可成者。若以劳苦之心，易为修炼之心，将见九还到手，万劫存神，以比功名富贵，孰短孰长耶？予论虽俗，义理甚美，较诸行世丹经，悉合一辙，实苦海之慈航，指迷之智烛，所谓真实不虚也。倘得者无所猜疑，即下手行持，不遇明师好友，即如师友在前，自能顿悟无上也。虽曰行之维艰，然无畏难而苟安也。

再有进者，学道以丹基为本，丹基既凝，即可回家躬耕养亲，做几年高士醇儒，然后入山，全其大道。自身抱金丹之后，即宜高隐洞天，深藏福地，隐显度人，济世利物。或救灾救旱，护国护道，以待天符，白日飞升，不露圭角，此方为无上上品真人，历万劫而不坏者也。慎勿以黄白卖弄朝廷，为方士之先导，致为后世史册之摒斥。后来同志，玩之鉴之。

## 养真子劝学道论

今夫人要做天地间第一等美事，莫如读书；要做读书中第一等高人，莫如学道。朱子曰："读书将以求道，不然，读他何用？至于学业，乃分外事，可惜坏了多少人。"《道德经》有云："立天子，置三公，虽有拱璧以先驷马，不如坐进此道。"古者帝王，皆以君道而兼师道者也。

至于孔子，斯道不在于君而在于士。今非无士也，孰是见而知之者？孰是闻而知之者？夫道若大路然，岂难知哉！人病不求耳，求则得之。天子得道，能保其天下；诸侯得道，能保其国；卿大夫得道，能保其家；士庶人得道，能保其身。才为人用而鲜终，德为己修而有名。道则无名而用之无穷，是故君子惟道是学。功名富贵，皆视如浮云，任其去来，而漠然无所动于其中矣。

或问：君子惟道是学，有所取益而然欤？曰：有。愿闻焉。学道之人，是学其在我者也，心可广，身可润，病可却，死可免，如是之益，益莫大焉。既是有益，今日知道，今日该早下手。若姑待异日，恐生死莫测，悔之无及矣。昔有三老曰："今年酒席筵前会，不知明年又少谁。"又一老曰："你说太远了，今晚脱了鞋和袜，不知明日穿不穿。"又一老曰："你说太远了，这口气既然出去，不知进来不进来。"故智者不失时，勇者不再计，学者犹敢虚度乎？

## 先贤内外阴德说

上阳子曰："修道先须积阴德。"紫阳真人曰："若非积行修阴德，动有群魔作障缘。"

何谓阴德？施与不求报，积善无人知，不迫人于险者，阴德也。《心学》曰："行时时之方便，作种种之阴功。万恶淫为首，百善孝居先。戒淫尽孝，凡事在父母面上用功，用力省而积累多，此外阴德也。"

《悟真注》云："行须八百，功满三千。似乎累世莫殚，不知八百三千，一切惟心所造。倘能一念回机，全身放下，广大高明与太虚同体，如吕祖之不学点石成金术，贻害五百年后众生，具此度量，自然三千功、八百行，当下立即圆满矣！此内阴德也。"

内外如此交积，照祖师丹诀，一直做到成功，决无障碍。

# 《合宗明道集》初集　卷三

## 祖师守阳伍真人宝诰

大夫哲嗣，大明逸贤。梦兆榴花于仙母，派接龙门之正宗。安贫乐道，七十年孺慕依依，孝思不匮；立志亲师，二十载质问切切，仙道宏通。直论九章，明合宗于古佛；玄机七日，示正理于天仙。分三关之顺逆，指人大路；辨五龙之真伪，辟他旁门。说法宗师，泄道始祖，大慈大悲，大仁大孝，祖师守阳伍大真人。

## 禅师华阳柳真人宝诰

南昌故郡，洪都仙籍，柳氏英贤，清代高僧。三十年励志江湖，五千藏留心内典。本冲虚真人之秘旨，论证金仙，开悟后学；得壶云老师之真传，经垂慧命，接引来贤。炼精造化用风火，启千古之迷蒙；周天度数疑有无，得一言以断定。古仙代表，后进恩师，大慈大悲，大仁大义，度人无量，禅师华阳柳大真人。

## 炼己还虚论

伍冲虚曰：炼者，苦行其当行之事曰炼，精进励志而求其必成曰炼，禁止其不当为之事曰炼，割绝贪爱而不留余爱亦曰炼。

凡富贵功名、妻子、琛财田宅，及一切事之已知者、已行者、已能者，皆属贪爱。惟割舍尽绝，不留丝毫，方名万缘不挂。若有一件挂心，便入此一件，不入于道。故必割而又割，绝而又绝，事与念割绝尽净，而后可称真炼。己者，元神也，真意也，即我本来虚空性体也。纷扰为念，静者为性，动者为意，妙用则为神也。四者未发之前，浑然如太虚。因机萌而言，故有意、念①、性、神之分。还虚者，复还无极鸿蒙未判之初，其功惟在"对境无心"而已。所谓万象皆空，一尘不染，一念不起，六根大定，此即本来之性体完全也。若不炼己还虚，则临时熟境难忘，神驰气散，安能夺得造化之机，还我神室，而为金丹发生之本耶。②

## 下手调药采微阳法

华阳曰：欲修大道，理无别诀，无非先天元神、元炁而已。神乃心中之神，炁即肾中之炁。何以谓之先天？当虚寂恍惚时是也。何以谓之元神？以其从先天中出，既知恍惚是谁恍惚，此即先天之元神也。恍惚之时，不觉真机自动，阳物勃然而举，此即先天之元气也。

吕祖曰："纯阴之下，须是用火煅炼，方得阳气发生，神明自来。"

华阳曰："中年人药少，不能采取，须是用火煅炼，方得有药可采，此机先一着以采微阳也。"

梁靖阳曰："虚耗者用筑基之功，平日既已炼己，入手即当调药，偶逢时至，未可遽行四字诀，只是凝神气穴，息息归根而已。"

夫调药有时、有地、有法。

时者何？觅元子曰："外肾欲举之时，即是身中活子时。"华阳曰："外肾举者，非有念而举，乃自无而生，生而或速或缓，皆由活动之机。若有念而举，炼之即成幻丹。"

浑然问曰："若睡浓之时，不觉而自举，及偶然觉之，此时下手，亦成幻丹否？"

---

① 念，底本刊漏，据《明道语录》增补。
② 西派丹法心传，有"外炼己"和"内炼己"两段功夫，并助之以"养己"，可参考《道窍谈》之所论。"内炼己"是烹汞成砂，"外炼己"是对境忘情。吾师传有"诚信、宽容、忏悔、感恩"八字心法以清理、净化心灵，亦是炼己之关键，是进入丹道修持的重要门径。"内以养己，安静虚无。"李涵虚诀曰："我家丹法出瀛洲，提个虚无便起头。""大道者，先要清净身心，调理神气。其甚者，要能一切放下，钻入杳冥。必有此等真功夫，然后有真效验。""必有真杳冥，乃有真虚无。""以虚空为藏心之所，以昏默为息神之乡。三番两次，澄之又澄，忽然心息相忘，神气融合，不觉恍然而阳生矣。"

答曰："正睡浓时，自己身心俱已不觉，念从何有乎？"尝闻吕祖云："动则施功静则眠。"夏云峰曰："忙里偷闲调外药，无中生有采先天。"俞玉吾曰："修炼日久，更无梦觉之异，虽当寝寐，神亦不寐。"精生之时，不待唤醒亦自觉悟，此即调药时也。

地者何？华阳曰："其脉在脐后肾前稍下，前七后三，中空一穴，古曰内肾，又名炁穴，正是调药炼精之所，即元气之融动处也。其真实在处，又在学者临机审察耳。"

法者何？《黄庭经》曰："呼吸元气以求仙。"华阳曰："呼吸者，后天之气也；元炁者，先天之炁也。先后原有兼用之法，若不兼用，元炁顺流而出，不能成丹矣。必假呼吸之气，留归以炼之。当呼吸之机，我则从阴跷迎归炉，或十迎，或数十迎，外形倒则止矣。"如冲虚所谓："以后天呼吸气，留恋神气是也。"栖云先生曰："人吃五谷，化为阴精，此物在里面作怪。只用丹田自然呼吸之气，吹动其中真火，水在上，火在下，水得火自然化而为炁，其炁上腾熏蒸，传透一身之关窍，流通百脉。"觉元子曰："阴精者，五谷饮食之精，苟非巽风坤火，猛烹极炼，此精必在身中思想淫欲，搅乱心君。务要凝神调息，使橐籥鼓风，而风吹火烹，炼阴精化而为炁。"俞玉吾曰："内炼之道，至简至易，惟欲降心火入于丹田耳。"此即微阳初动，凝神入气穴，息息归根，风火同用之法也。[①]

## 火候次序论

华阳曰：夫道从炼己起手，次下手调药。既了手行周天，三事非一也。

---

① 调药采阳之法，是承上"炼己还虚"中来。若无炼己功夫，心神不清，混炼混采，必扰乱心君，大伤元和，不能养身，反损精神。张义尚《丹道薪传·中国道家传统高级养生功法的"人体工程"研究》中指出："清净功法，移阴阳于身内，……其初关小周天功法，据云以神定息，合先后二气而返为一炁，百日筑基，可以复还童体。然后来有志之士，依之修习，百无一验，纵有所得，亦是依稀仿佛，虚幻不实，是何故乎？反复思考，始知一缘未得师指，不能尽合仙机，一则昧于穷理尽性之功，忽略最初还虚之论，直以识神为元神，于阴阳未交，微阳未产之际，即强行搬运，空转法轮，等同儿戏，此系学者自己盲昧，非古哲立言之有谬也。须知身内阴阳交媾之功，西派曰"钻杳冥"，以李涵虚之资禀，犹言在洞天中学"钻杳冥"七八年，然后稍有把柄。……可知决非一蹴而能就者。因地不真，则果招迂曲，动言周天已通，筑基已成者，自欺欺人耳。"点睛之笔，不可走眼忽过。

己熟，或坐或卧，不觉忽然阳起，即回光返照，凝神入炁穴，息息归根。此神炁欲交未交之时，存神用息，绵绵若存，念兹在兹，此即谓之武火矣。神炁既交，阳炁已定，又当忘息忘意，用文火以养之，不息而嘘，不存而照，方得药产。但忘息，即不能以火熏之。但用息，即是不忘。息无不泯之谓嘘，欲嘘不觉之谓忘。但用意即是不忘，但忘即不能以意照之。古云："心无不存之谓照，欲无不泯之谓忘。"忘与照，一而二，二而一也。当忘之时，其心湛然，未尝不照；当照之时，纤毫不立，未尝不忘，是谓真忘、真照也。此即谓之文火矣。文火即足，夜半忽然阳生，药产神知，光透帘帷，阳光一现，阳物勃然而举，则当采封运行。

采运之时，存神用息，逆吹炁穴，此即谓之武火也。封固、沐浴、归根，即用上文文火之法，照顾温养之，此即谓之文火矣。但不在交媾与周天之时，俱是用文火之法，以时刻温养之。而炼己之功，亦是用此法，不然不能还虚。然候者，亦非一说，不论阳生药产，但有炁动者即为一候，以神驭炁，又为一候，此乃神炁会合之二候也。故曰"二候采牟尼"者，即此也。药炁即产，往外采归炉为一候；而炉中封固，又为一候，亦谓之二候采牟尼。升降沐浴为四候，总谓之六候。此乃周天一十二法，所用之六候也。①

## 小周天始终总论

柳华阳曰：夫金丹之道，从静而入，至动而取。静者大道之体，造化之根。若不静，则识性夹杂，神不灵而气亦不真，于此妄炼，即属后天，

---

① 白玉蟾《玄关显秘论》云："神则火也，气则药也，以火炼药而成丹者，即是以神御气而成道也。"烹汞成砂，采炼温养，运之以风火之功，而必准之以火候。陈虚白《规中指南》云："火候口诀之要，尤当于真息中求之。"张义尚《武功薪传·心气秘旨修习口诀》："火候乃修炼中之逐节事条与变化，故自下手以至了手，无处非火，即无处无候。然总括言之，不外'动静'二字。所谓交媾，即是由动入静；所谓采取、烹炼、升降、周天等等，即是由静入动；最后神入混沌，气归虚无，即是动极仍归于静耳。此动静循环，即是阴阳叠更，要必以虚静为体，清和为用，法于自然，准于无间，火候虽繁，岂能外此？此乃提纲挈领，穷源竟委之论，智者须具慧眼以观之，方知此乃火候秘中之秘，诀中之诀。"此种关键处，必须得真师指授，抉破个中机密，才能贯通无疑。以张义尚先生之资质尚需执礼银道源老师，"反复请益，质疑诸问，焕然冰释"，方得"贯通无惑"。

与先天虚无之道不相契也。故幻丹走泄而道不成者，皆由未静而夹于识之过也。夫静者，静其性也。性能虚静，则尘念不生，真机自动。动者，非心动，是炁之动也。气机既然发动，则当以静应之，一动一静，不失机缄，是谓调药，是谓交媾。行乎造化，性命双熔，即性命双修矣。苟或专守清净，而不识动机，或专取动机，而不复清净，皆非正理也。次当明其药产老嫩，老则气散不升，嫩则气微不升，务在静候动旺始采，是谓当令。故曰"时至神知"。以顺行之时候，即逆行之时候。故曰："药炁驰外，则外别有景。"如此调之日久，自有药产景到，然亦特为虚耗之躯言之耳。若壮旺之体，只候药产景到，调其老嫩，以运周天。若调之日久，而不用周天，则阳极精满，满而又溢矣。故童真只用大周天，不必用小周天，是诀则一而法则活也。

故调药者，元炁一动，伺阳之长旺，即当采封，运行周天。运而复静，动而复运，循还不已，是谓进退行火，是谓采取周天也。勤行不惰，道有何难哉！故曰："丹田直至泥丸顶，自在河车已百遭。"又云："以虚危穴起，以虚危穴止。"盖虚危穴，即任督二脉之交处，立斗柄，运河车，皆由此而起止。故冲虚师曰："起于是，亦止于是。"且运必假呼吸，若不以呼吸吹嘘，则神炁不能如法。必似有似无，合乎自然相依之运行。盖行以神为之主宰，不见有炁之形迹，元气乃无形之行，随元神之运行，听呼吸之催逼，故曰："夹脊尾间空寄信。"而呼吸乃采运元气之法则，逆吹微缓，谓之文火，紧重谓之武火。数息运元气者，为爻、为时、为度、为位，而周天之造化，以此为规模，非真三百六十有余也。故曰"每时四揲"。所以然者，使其水火不致太过、不及也，是范围元炁而成度数，为造化之总序耳。故曰："以息数定时数也。"

或又问："鼎炉、道路、药物、火候？"曰："能此虚危任督运用，即鼎炉道路；明此阳动升降，即药物火候，而道即在是也。除此皆非正理，尽属筌蹄惑人矣。借筌蹄获鱼兔，谓筌蹄为鱼兔，误也。去筌蹄专鱼兔，朝采暮炼，自然精化炁足，丹成景至，再行向上功夫，炼炁化神，超凡入圣，出定千百亿化身，皆可由此书而上达矣。"①

## 小周天河车纲领论

俞玉吾曰："其法潜神于内，驭呼吸之往来，上至泥丸，下至命门，使五行颠倒运于其中，此即周天内外机动是也。"

冲虚曰："以意主中宫，以神驭炁，其炁至尾闾夹脊，上昆仑，复下丹田，周流运转。"

觅元子曰："乾坤阖辟，阴阳运行之机，一吸则自下而上，子升；一呼则自上而下，午降，此一息之升降也。"

华阳曰："乾者，首也；坤者，腹也。阖辟者，乃内外呼吸之玄机。盖外面之气降，里面之炁则过我而升；外面之气升，则里面之炁过我而降。"

曹还阳曰："六阳火专于进升，而退后随之而已；六阴符专于退降，而进又后随之而已。"曰后随者，顺带之义，以其呼吸往来之不可无，亦不可专主并重也。

冲虚曰："当机在吸，则顺吸机而升乾，升不降，非全不降，以灭阖辟，乃不重于降而专重于升，只见升不见降也。当机在呼，则顺呼机而降坤，降不升，非全不升，但轻其升若无，而专重于降，只见降，不见升也。此乃周天先后二炁消息之机也。"

华阳曰："大凡临机之时，必须畅明其神，勇猛其志，外除耳目，内绝思虑，一点真神，领炁循环，切忌昏迷散乱，稍有他见，炁则散于别络，空转无益。"

---

① 纯坤之下，一阳来复。虚极静笃之中，阳生药产，始有"采药归炉"之秘诀。李涵虚《三车秘旨》云："谁晓得无知、无识之际，才有一阳来复，恰如冬之生春，夜之间曙。蓦地一惊，尤烟似有烟，无气似有气，由下丹田薰至心阙，使人如梦初醒。初醒之候，名曰活子时。急起第一河车，采此运行，迟则无形之气变为有形。……学人把初醒之心，陡地拨转，移过下鹊桥，即天罡前一位，誓愿不传之真诀也。……移至尾闾，守而不乱。霎时间，真气温温，从尾闾骨尖两孔中，透过腰脊，升至玉枕，钻入泥丸。古仙云：'夹脊双关透顶门，修行路径此为尊。'即指此也。"张三丰《大道论》云："学者下手之初，必须知一阳初动之候，真铅始生之时，其气迅速如电，而不能久居于先天，霎时而生癸水，顷刻而变经流，迨至生形化质，已属后天而不可用矣。"采药之顷，切要猛醒，不等动心起念，即刻下手采取，归于炉内，起风火之功，炼成灵质。

邱祖曰："采二炁升降之际，若不以意守中宫，药物如何运得转？务宜立定天心之主宰，斗柄外移，而天心不离当处，六时进火，六时退符，而天心亦不以进退而离当处。天心，真意也。当处，中宫炁穴也。"

浑然问曰："老师言意要主宰中宫，以为斗柄斡运之主，其神要随先天之炁升降，又闻后天之气，要在息上升降，如此则三处皆有动静知觉之意，不知其神其意，重在何处？又如何分别用度？丹经曰：行则神炁同行，住则神炁同住。今如此分别何也？"

答曰："内外皆主乎机也。云何为机？譬如世人安消息以制物，如若投机，一扣即应，无处不动。今既有先天之炁，则我之经络，自能通应，况又有后天之气鼓舞，安有上下中间不应之理乎？又如世人织布然，临机之时，手足头目，上下左右，照顾接送，初学其法甚难，至于熟，则临机而上下左右，照顾接送，亦不知从何而主宰。大道亦然。可见先天后天，上下中间，皆主乎自然消息之机也。总之，行火之时，心若不诚则不灵，或昏迷十二之时，或迷失刻漏之数，或忘沐浴之候，或不知以何数周于天，或周已而犹不止，是皆失于火而药亦消。夫火所以炼药，古云：火药一处居。行火之法，愈久而愈密，愈密而愈精，则大药必成矣。"

## 任督二脉图说

华阳曰：此图直泄元机，实愿得药之士，不失运行之路。丹道最秘，非余之敢妄泄也。古圣虽无图，却有言存留，奈何不全之过耳。又因旧说督脉在脊骨外，而任督止于上下唇。此二说皆俗医之妄指，岂知仙家说任督，实亲自在脉中行过以为证验。非但行一回也，金丹神炁之元妙，必要在脉中行过数百回方得成就。谬妄不但俗医乱指，今之修玄者亦妄指，愈加纷纷。苟不亲自领会境遇，妄意猜指，浅学信受，误丧厥志，岂不痛哉！故余将师所授之诀，以亲自领会之熟境，绘图以证其非。然而此图一出，游方之士，与假道学，则无容身之地矣。

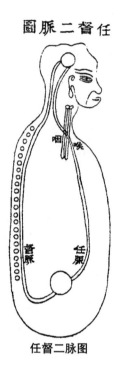

任督二脉图

## 法轮六候图说

华阳曰：道之妙用，莫如法轮；玄妙行持，莫如呼吸；运行不蹊，莫如道路；不外道路，莫如真意；消息往来，莫如阖辟；有所起止，莫如界地。斯图也，窍妙全备。阳生在此，调药在此，鼓巽风在此，药产在此，采取在此，归炉在此，驾河车在此，还本复位在此，金丹造化之全功莫不在此。然其穴本无形，炁发则成窍，机息则渺茫。其炁之行，后通乎督脉，前通乎任脉，中通乎冲脉，横通乎带脉，上通乎心，下通乎阳关，上后通乎肾，上前通乎脐。静则集氤氲而栖真养息，宰化化生生之源，动则引精华而向外发散。每活子时二候之许，其窍旋发旋无。故曰：玄关难言也。

## 图候六轮法

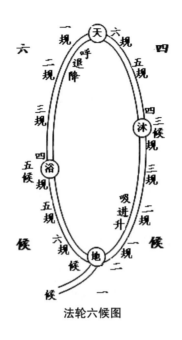

法轮六候图

## 采取封固说

浑然子曰："时至炁化，机动籁鸣，火从脐下发。"

华阳曰："时至者，乃药产之时也。籁鸣者，即玄关之机动也。火者，炁也。脐下者，丹田也。"古人曰"时至神知"者，此也。

学者知此时之机，不可惊怪，亦不可起太明觉。药分老嫩，老则炁散不升，嫩则炁微不升，务在静候动旺始采，是谓当令。以顺行之时候，即逆行之时候也。

《二炁直论》曰："此炁虽动，不得神宰之而顺，则不成精；不得神宰之而逆，亦不得返炁。逆修者，不令出阳关，即用后天之真呼吸，寻真人呼吸处，一意规中，以神宰炁，收藏于内，是谓采取。药即归炉，又当封固停息以伏神炁。此入中宫沐浴，即运周天子时之头也。封固者，温养之义。停息者，非闭息也。乃用文火将神炁俱伏于炁穴也。随后火逼金行，有行动之机，则周天武火自此运起矣。"

## 阳火阴符解

伍冲虚曰："小周天用于化精时，其①中奥妙，有子午二时之阳火阴符，卯酉二时之沐浴也。"

曹还阳云："凡进则曰进阳火，凡退则曰退阴符。亦以阳用者曰火，以阴用者曰符。"

华阳曰："运火之时，后天气进，则谓之阳火；后天气退，则谓之阴符。凡阳火阴符、沐浴归根，皆是借后天呼吸之气，以为周天度数之法则。若无其呼吸，则无其阳火阴符、沐浴归根矣。"

《三皇玉诀》云："阴符者，暗合也。暗合天地之机，采运长生之本，故曰阴符。"即以此知阳用者曰火，阳符其火候，故曰阳火也。

## 呼吸度数说

古云："圣人传药不传火。"冲虚曰："谁云火候不可传，随机默运入玄玄。达观往昔千千圣，呼吸分明了却仙。"明明言火候是呼吸也。

萧紫虚曰："乾坤橐籥鼓有数。"华阳曰："数者，乃阴阳升降之度数，假呼吸之息数，而定卦爻之揲数也。若言不用息数，则万万不能成丹矣。且数者，每步四揲。升为阳，阳为乾，乾用九，四九三十六，乾策总六爻之四揲，共二百一十有六；降为阴，阴为坤，坤用六，四六二十四，坤策总六爻之四揲，共一百四十有四，合成三百六十数，成其法轮一转之途步限度。但其中有沐浴不用九六四揲，不满三百六十之义。然而阖辟无数，六十在其中矣。此乃恐其太过、不及之弊，故必依周天，以为行住起止多少之限法也。三百数者，实非三百息，皆譬喻言也。"

## 子时进火说

守阳曰："起火炼药。"混然子曰："火逼金行，当起火之初，受气宜柔。"

---

① 其，底本作"真"，从《明道语录答·周昌茂四二问》改。

华阳曰："火者，呼吸之气也。金者，元炁也。盖金不能自升，必假火以逼之，使朝于乾宫。然炉中药物未旋，不可即行武火，须以温柔之火逼之，金有动机，则火当长矣。若药未动，炁伏而缓，先起武火，则内之炁不顺，堕于蹊径，欲归正路，不亦难乎！故曰宜柔也。"

紫清翁曰："此时以灵觉为用，如线抽傀儡，机动气流，微微逼过尾闾，又是一关。"

冲虚曰："尾闾关，名下鹊桥，取心神朱雀之义，凭心神领炁度过此处，故有鹊桥之名，上鹊桥亦然。"

## 卯酉沐浴说

《悟真注》曰："子进阳火，息火谓之沐浴；午退阴符，停符谓之沐浴。"

华阳曰："息火停符者，停住有作而行自然之妙运，非是停住先天而不行，是停住后天之武火也。"故履道云："十二时中，毋令间断。"

俞玉吾曰："天道无一息不运，丹道无一息间断。"

冲虚云："世称沐浴不行火，且道呼吸寄向谁。要将四正融抽补，才得金丹一粒归。"

子野云："卯酉不进火，但以真炁熏蒸而为沐浴，万古不移。"

白紫清曰："卯酉之息，乃'柔'字而已。"

陈希夷曰："卯时沐浴酉时同。"

## 午时退符说

冲虚曰："印堂、鼻窍，一实一虚，名上鹊桥，宜防危险。"

陆潜虚《河车论》曰："上风府而直至泥丸，神与炁交会于此，则其流畅融洽，不言可知。少焉降为新美之津，则自重楼而下，由绛宫入紫庭，欲归其所藏之处而休焉。如此循环灌注，久久纯熟，炁满三田，上下交泰，所谓炁冲关节透，自然精满谷神存。造化至此，内炼之征见矣。"

## 归根闰余说

冲虚曰：归根还于下丹田之处为闰余，有温养沐浴之候，知有闰则知天之实周矣。静而一动，则一炼而周，使机之动而复动者，则炼而复炼，周而复周。盖炁之动，必须炼之，则周天之火容易止。若不炼，则火不能速止，而大药亦不能发生。古云："运罢河车君再睡，明朝依旧接天根。"正此也。

## 丹熟止火说

华阳曰："止者，不行升降也。"然虽不行升降，时刻不可须臾离火，常常温火熏蒸，离则亦自走矣。

紫阳曰："未炼还丹须速炼，炼了还须知止足。若也持盈未已心，不免一朝遭殆辱。"盖言必知止也。

冲虚曰："止火有龟缩不举之景，有阳光二现之景，皆真候也。盖当炼精之时，两眉间号曰明堂，恍如掣电，即有阳光一现之景。斯时也，火候未全，淫根未缩，一遇阳生，即当采炼运一周天。务须采炼多番，圆满三百妙周限数，则精尽成炁，无精可炼，阳关已闭，无窍可通，方得淫根如龟之缩。所积阳气，尽伏炁根，方得阳光二现。光既二现，纵有动机，亦去其火更宜入定，以培养其真阳，静听阳光之三现可也。阳光三现，大药纯乾可采矣。若行火至于四现，则大药之可定者，必随火之不定者，溢出而化为有形之精也。可不戒哉！"

## 附：女丹秘旨

### 真字铭

天地正气，惟人克全。中立不倚，乃无愧天。

守正则贞，至哉坤元。坤柔而刚，顺应乎乾。

妄言不字，大伦失焉。视听言动，礼为之闲。

周旋规矩，勿颇勿偏。束身归洁，勿为物牵。

端庄严肃，大节凛然。浩然刚大，为道仔肩。

从兹入道，希圣希贤。守贞女子，其各勉旃。

## 静字铭

人生而静，浑然太极。心命性情，统无区别。

后天主动，理欲并立。欲胜理危，理胜欲灭。

去欲存理，灵台宜洁。圣人心法，洗心宥密。

如镜磨垢，如居面壁。五蕴空忘，万缘湛寂。

不睹不闻，性真萌蘖。种兹胚胎，长生学业。

维彼女流，体合静翕。主静存诚，仙佛同列。

## 纯字铭

圣贤仙佛，始终至诚。浑然天理，自在流行。

凡夫俗念，杂而不纯。暂焉偶息，至道不凝。

日月久照，四时久成。修真养性，期诸有恒。

造次颠沛，刻不违仁。悠久无息，斩断七情。

熟极妙来，缉熙光明。稍涉间断，学不能成。

纯亦不已，乃守道心。有缘女子，无误终身。

## 一字铭

道不远人，人自离道。其德二三，必无成效。

凡物皆然，矧兹玄妙。主一无适，乃得其要。

勿堕旁门，勿入外教。不二法门，显留诀窍。

太空浑然，虚无朕兆。坚守寸心，默窥丹奥。

维彼女流，勿自弃暴。内而性命，外而节操。

一心一德，自得深造。道果圆明，仙阶可到。

# 丹诀总录

《坤缘觉路》云："未修斯道，先守五戒：一不杀生，仁也；二不偷盗，义也；三不邪淫，礼也；四不酒肉，智也；五不妄言，信也。五戒既守，当屏六欲。眼不妄视，耳不妄听，鼻不妄臭，舌不妄言，身不妄动。六欲既屏，又何喜怒哀惧爱恶欲，七情之不去乎？七情既去，然后入室下手。"

《坤宁经》曰："若无炼己真功，总难下手。"又曰："必先绝欲忘情，然后入室打坐，炼己同乎男修，调息绵绵勿吐。"又云："一身四大，结中宫灵台之缘，二气交结，中黄应玄，五行相生，惟土斯全。"又云："一痕晓月东方露，穷取生身未有时。"譬之盖屋，当用辟土为先；喻乎烧炉，宜以种火为法。《修真辩难》曰："男子下手，以炼炁为要，名太阳炼炁，炼气炁回而白虎降，则变为童体，而后天之精，自不泄漏，可以延年，可以结丹；女子下手，以炼形为要，名太阴炼形，炼形形灭而赤龙斩，则变为男体，而阴浊之血，自不下行，可以出死，可以入生。此后用男子之功修之，一年可得大丹。然亦有窍、有时、有法。"

《上药灵镜三命篇》曰："人之脐曰'命门'，上有元关，中有黄庭，下有气海。"懒道人曰："女命有三，谓上中下也。上者阳穴，中者黄房，下者丹田。少则从下，衰则从中，成方从上耳。"《修真辩难》曰："男子之命在丹田，女子之命在乳房。乳房者，血元也，在中一寸二分，非两乳也。女子以血为肾，乃空窍焉。血元生血，丹田生丹，工夫在子午二时，存心看乳房之空窍，呼吸绵绵，出少入多，候月信至时，从丹田运上乳房。"

或云："信至，亦如男子之活子时。"即《坤宁经》所谓"晓日东升，光痕逗露，运汞配铅，神炁俱住。积炁本生炁之乡，存神为炼神之路。一阳动处，行子午卯酉之功。百脉通时，定乾坤坎离之位"，是也。然月信者，非以经至为月信也。《三命篇》云："如人在外未归，而信先至焉。信至之日，彼自知之，或腰腿疼痛，或头目不安，不思饮食，此信至将成血，乃炁也。当在两日半之前，专心用功。若经行，则赤龙阴精不可把持，乱行妄运，杀人不少。须待其经后两日半，以白绫试之，其色黄金，乃经罢符也。照前用功，运上以斩之。如此数月，则经变黄，黄变白，白化而无矣，此以有还无之道也。若过四十九岁，腰干血涸，亦无生机。养而久之，又生血元，仍似处女，此又无中生有之妙也。见其有之，一斩即化，而命又生矣。"懒道人亦曰："返照调息之久，自然真息往来，一开一阖，养成鄞鄂。神炁充足，真阳自旺，经水自绝，乳缩如男子，是谓斩赤龙。赤龙既斩，以后七日大还大周，概与男子无彼此之分也。"

## 活子时辨

夫天地生物，絪缊乐育，人物皆然，男女何异？此造化自然之理，亦无思无为之道也。况丹经明言："女子以血为肾。"《内经》亦云："男子八岁肾气实，发长齿更；女子七岁肾气盛，齿更发长。"明明男女皆有肾，而何独子时之不同乎？且尝考之《种子方书》云："女子阴内有莲蕊形，名曰子宫。一月经行一度，经净后，无论何日，必有絪缊乐育之候。气蒸而热，昏而闷，其中经脉微动，莲蕊有欲开之情。此时生机勃发，顺而用之，可以种子。"[①]兹则逆而用之，所谓活子时者，可无疑矣。但非身心清净，断难默会体察，是在学者神而明之。

## 女丹下手活子时说

乾道活子，丹经所载；坤身活子，古人未言。然据《易·系辞》："天地絪缊，万物化醇。男女媾精，万物化生。"《礼》云："饮食男女，人之大欲存焉。"大抵乾坤动静，专直翕辟之机[②]，两无异致。且观物类，牝豕牛羊，每值絪缊乐育之候，必高声狂叫，为时机使然。天生物，人最灵，亦正不无此一候。活子时至，不过人灵于物，隐忍不可言耳。民可使由之，顺行也；不可使知之，逆行也。修持者，仰观月轮盈虚之象，知反身修德，静定以为功，则翕聚先天真炁，不令化血，即斩赤龙下手时也。

---

① 明·岳甫嘉《种子篇》："夫天地生物，必有絪缊之时；万物化生，必有乐育之时。如猫犬至微，将受妊也，其雌必狂呼而奔跳，以絪缊乐育之气，触之而不能自止耳。此天然之节候，生化之真机也。世人种子，有云'三十时辰两日半，二十八九君须算'，此特言其大概耳，非的论也。《丹经》云：一月止有一日，一日止有一时。凡妇人月经行一度，必有一日絪缊之候于一时辰间，气蒸而热，昏而闷，有欲交接不可忍之状，此的候也。于此时逆而取之则成丹，顺而施之则成胎矣。其曰'三日月出庚'，又曰'温温铅鼎，光透帘帏'，皆言其景象也。当其欲情浓动之时，子宫内有如莲蕊初开，内人洗下体以手探之自知也，但含羞不肯言耳。男子预密告之，令其自言，一举即中，必多成男。何也？阳以静胜阴之动，阴动必先靡，阳静必后动，此《易》坤求乎乾，地天泰之义也。"

② 《易经·系辞上》："夫乾，其静也专，其动也直，是以大生焉；夫坤，其静也翕，其动也辟，是以广生焉。"

# 《合宗明道集》中集

## （统名《玉京法程》）

## 《玉京法程》绪言

玉京，本属天宫名。儒云"天不可阶而升"，仙家竟言"有程可上"者，岂臆说哉？盖以天地人三才一贯，得其一贯之道，修其天爵，则无论富贵贫贱，男女老少，俱得而上，此凭天理以定天事也。虽然，天又讵可一蹴而上哉！故吕祖示人以《百句章》，为玉京之法程也久矣。

兹有二三道侣，习静深山，体验仙师法程，默诵《文终经》《循途录》《百句章》《入药境》而外，同参各种丹经，觉他书正喻权实互见，首尾错陈，入门初步，寻途最难，安望玉京前程耶！故蒲团大坐之余，特选崔公、吕祖、涵虚一派真传之简要次序丹诀，并劝勉之词调，集为一书。即用《百句》中"玉京法程"四字名之，刊板印刷。俾有志学仙者，得此要法，真参实悟，身体力行，以免泛览群书，虚劳岁月，有误鹏程远志，是则集书者之区区微意也夫。

痴道人识

## 《玉京法程》序

道本虚无一炁耳，生天、生地者此炁；生人、生物者，亦无非此炁，气炁同符，则人与天固一气相感通也。天岂果高远不可几及哉？彼以天为不可阶而升者，不特未闻性与天道，实未得窍妙之法程耳！苟得其法，则飞升玉京，不难计程而待。子思子所谓："譬如行远必自迩，譬如登高必自卑。"至圣所谓：由下学而上达，知我其天，非欺人语也。巴川端阳老先生，早年参悟，其于修炼玉液了性之道，金液了命之功，靡不先知先觉，曲窥其奥，而又本成己成物之宏愿，恐后之来学，循程不易，爰将《崔公入药境》《吕祖百句章》，及涵虚先生《文终经》《九层循途录》等，一派真传之简要丹诀，集为一书，以示入门初步要法。问序于予，予本老病余生，素昧大道，不得其门而入。今获睹斯编，窃幸有程可寻，不能不勉强而行。后之有志学道者，务须照此功法，身体力行，以免自误前程可也。

古渝叱石子合中黄道堃谨序

# 《合宗明道集》中集　卷一

## 《玉蟾白仙翁行略语录》原起

玉蟾白仙翁，宋时富贵家子也。昆玉数人，翁行列季。自幼聪敏过人，通术数星相学。年十四，即离家访道，混迹江湖。或论星定命，导人为善；或剃发学佛，苦行炼心。至六十岁，始遇真师陈泥丸，然又侍师数载，乃得闻道行道。距前四十余年中，历尽迍遭艰难，无不忍受。至六十四岁后，金丹炼就，面壁洞天中，化石留迹，仙隐而去。曾著《辨惑论》一篇，指引后学。此编语录，乃仙隐后显灵度世之作也。

痴道人闻而知之特记

## 白仙语录

凡参玄宗，不难得手，惟从性宗参入。如从此入，便得渊源，倘错行径路，如蹈空寻迹，拔水觅路矣。

天之生人，人之所以生而不死者，于穆不已也。人若无此不已，则气绝矣。故天地以气机存，人亦以气机生，能炼住炁机。便与天地齐寿，便不息了。不息则久，《中庸》言之矣。

修道原从苦中逃出来，故学道是乐事，苦则非道。但此乐不比俗人乐耳，得清闲处便清闲，即是乐道。更须忙里偷闲，故人能偷闲便有闲，不然，恐终身无宁晷矣。何乐之有？

昔人教人寻孔颜乐处，此乐非章句可能寻，在天命也。心静则神清，神清则炁合，始可得之。

·38·

今之文人，只因理障，难以入道，不知"道"即孔孟之道，濂溪、尧夫非此乎？不可专作仙家看。要知儒与仙是合一宗旨的，周、邵二子，何尝出家修行耶？今人将仙教，作出世一派而畏之，何其误也。

初入玄门者，不用他求，首在绝欲，先天必须后天足。自今日始，要不漏精液，便是登天梯航，结婴种子。

修道功夫，如剥笋抽蕉，层层求进，必至头方止。

修玄之理，可以意会，不可以言传。古人章句之中，隐隐存焉。天不言而四时行，人身阴阳消息，人不能使之然也。

大道之妙，全在凝神处。凡闻道者，宜领此意求之。凝神得窍，则势如破竹，节节应手。否则面墙而立，一步不能进。

学道者，须要海阔天空，方可进德。心不处空，神不安定，未可遽言丹基。故学道先以养心为主，心动神疲，心定神闲。疲则道隐，闲则道生。胸次浩浩，乃可载道。邪说乱道久矣！采战、烧汞、搬运，皆邪道也。年少者、不笃信者、皇皇趋利者，皆未易言此道。故学者，先宗一"淡"字。

仙凡界，人鬼关，全在用功夫。然用功夫者，如擒狡兔然，稍懈则兔纵，稍紧则兔死。须于空虚中觅之，否则何足言功夫哉！

人心不内守，则气自散。若能时时内观，则气自敛，调养脏腑，久之神充炁足。古云："常使气通关节透，自然精满谷神存。"静时炼炁，动时炼心，下学之功毕矣。

动时茫茫，不知此心久不在腔子里。学道先要知收心法，再言静功。

欲学玄功，须先时时冥目，一日间静坐几刻，再来问道。聪明智慧不如愚，学人只因"伶俐"二字，生出意见，做出许多坏事。今欲收拾身心，先从一个"愚"字起。

学道者，首以清心寡欲为主。高枕茅檐，肆志竹窗，方是仙家逸品。若纷纷逐逐，何异流俗？陶养性情，变化气质，二语乃入门之始事也。

定其心神，方可言道。要入玄关，须用定力。定则静，静则生。不但静中能静，必须动中能静，方见功夫之力。

神定，内一着也。事来心应，事去心止。气定，外一着也。下学要紧处，全在正气安神，忘心守口而已。

心乃一身之主，故主人要时时在家。一时不在，则官骸乱矣。所以学道贵有恒。若始勤终怠，或作或辍，则自废也。

老来修持，"四大威仪皆是假，一点灵光才是真。晚藏灵明无多照，方见真如不二身。"则此一点，如剑上锋、石中火，一现即去。故修养家要早养圣胎，如孕婴儿者此也。功夫如不早做，及至精干血枯，屈曲蒲团，有何益哉！

今人慕道者多矣，俗网牵人，是以道心不进。至人非不悯世，奈世人自胶葛何？今为学子脱此苦恼，略敷数言。夫心之动，非心也，意也；神之驰，非神也，识也。意多欲，识多爱，去此二贼，真性圆明。不欲何贪，不爱何求？无贪无求，性如虚空。烦恼妄想，皆不为累。再加炼焉，金丹可成，神仙可冀。

养气只在收心，心在腔子里，则气存矣。居尘不染尘，乃上品也。其次避之，"清静"二字是换骨法。

凡人能治心，便是道中人。若全消俗障，何患乎不成？虚之又虚，与天同体。

空空空，空中有实功。若还纯寂灭，终是落顽空。

静坐者，不在坐时静，要在常时静。

灵台不灭，慧觉常存，此道之至宝也。然无形无影，莫可明言。默以心会，不在外求。

下手功夫，疏不可得，因循无益，得一刻便做一刻。念头须时时返照此处，神到则炁到，炁到则命坚。

"敬慎"二字，通天彻地。再无放心之人，能仙能佛。

人生做事业传千古，不过此一点神光耳。然神非精不能生，而精非静不能养。欲至极虚极灵地位，须炼此能生能养工夫。

道心常现，则凡念自退。一时忘道，则起一时之凡念；一念忘道，则起一念之凡情，须要时时提醒。

人生若幻，须要寻着真身。天下无一件是实，连此身也不是自家的。只这一点灵光，若无所依，到灭度时，何所附着，岂不哀哉！

焚香煮茶，是道也。即看山水云霞，亦是道。胸中只要浩浩落落，不必定在蒲团上求道。

居尘世中应酬，最是防道。人能于尘事少一分，道力即进一分。幻缘不破，终无着处。

人当以圣贤自待，不可小视自己，则上达矣。故天下未有不圣贤的神仙。

世人当知俭之道，俭于目，可以养神；俭于言，可以养气；俭于事，可以养心；俭于欲，可以养精；俭于心，可以出生死。是"俭"为万化之柄。若不知俭之道，惟以刻薄悭吝是趋，则于俭之道失之远矣。

无上妙道，原从沉潜幽静中得来。若是一念纷纭，则万缘蔚起，身心性命，何日得了。一己尚不可能照应，何暇及他事哉？人须亟亟回头，早登彼岸。

玄功不但要养气足精，仍宜运髓补脑。家私趱聚到十分，方称富足。倘身中少有缺乏，便是空体面的穷汉子。分明一条好路，如何不走？可惜一个神仙阙，夜间难道也匆忙。

烦恼是伐性之斧，人当于难制处下功。若不将气质变化过，怎成得善士。

凡学道人，言语行事，必较世俗人要超脱些。若仍走俗人行径，何贵乎学道？

学道先以变化气质为主，再到与人接物上浑厚些，方是道器。

修道总是炼得一个性，有天命之性，有气质之性。本来虚灵，是天命之性；日用寻常，是气质之性。今一个天命之性，都为气质之性所掩。若炼去气质之性，自现出天命之性来，而道得矣。

春桃多艳，是三冬蕴藏之真阳也；秋菊多黄，是三伏聚养之真阴也。此中玄理，意会者得之。

人为气质所累，年纪一到，则百节风生，四体皆痛，何必地狱，即此便是。平日倘少有静功，就可免此一段苦楚。故形为我所爱，我亦为形所累。将此一段灵性，做到把握得住时，出生入死，总由我使唤。

修道之人，未有不静默者。粗心浮气，一毫用不得。

有问前知者，答曰："至诚之道，可以前知。机从心生，事以理断。以理断事，人即神也。弃理问神，神亦不告。"

凡入玄门，只以静性为主。如目前春庭新雨，四壁寂然，草木含芳，暗藏长养。理会此中，就有个究竟，不必定以谈玄为道。人心如目也。纤尘入目，目必不安；小事入心，此心即乱。故学道只在定心，若心不定，即纸窗之微，为人扯破，必生忿怒；一针之细，被人取去，便生吝惜。又不定以富贵乱心，得失分念。烦邪乱想，随觉即除；毁誉善恶，闻即拔去。莫将心受，心受则满，心满则道无所居。要令闻见是非，不入于心，是心不外受，名曰虚心。使心不逐外，是名安心。安而虚，道自来居。

仙经云：专精养神，不为物杂，谓之清；反神复气，安而不动，谓之静。清心以定志，静心以安神，保气以存精。思虑兼忘，冥想内观，身心并一，则近真矣。

垢渐去而镜明，心渐息而性澄。养成一泓秋水，我不求镜物，而物自入我镜中。

有诸内必形诸外，一毫也假不得。前贤云："山有美玉，则草木为之不凋；身有妙道，则形骸为之不败。"故心有真功夫者，貌必有好颜色。

人心犹火也，弗戢将自焚也。防微杜渐，总在一心。

天下人不难立志，最怕转念。"富贵"二字，是钩人转念的香饵。所以每每得道者，非贫寒，即大患难之后，何也？割绝尘累，回头皆空。故孙真人注《恶疾论》曰："神仙数十人，皆因恶疾而得仙道，是尘缘都尽，物我俱忘，毫无转念，因祸得福也。"

凡修道之人，一手握定此物，行住坐卧，不为外动，安如泰山，不动不摇。谨闭四门，使十三贼人，不得外入；身中之宝，不使内出。日日如此，何必顶礼求真仙，便是蓬莱第一座。

佛家呼此身为臭皮囊，知四大为假合，非真也。仙家入门，先要保此形体者，以形为载道之车，形坏神即去，车败马即奔。

大道之传，原自不难。是世人错走路头，做得如此费力，岂不闻："大道不远在身中，万物皆空性不空。性若空时和气注，气归元海寿无穷。"又曰："欲得身中神不出，莫向灵台留一物。物在身中神不清，耗散真精道难笃。"

"一念动时皆是火，万缘寂处即生真。"此守中之规也。进道之要，无如问心。故云："学道先从识自心，自心深处最难寻。若还寻到无寻处，始信凡心即道心。"

学道性要顽钝，毋用乖巧。其要，总在将心放在何思何虑之地，不识不知之天，此大道之总纲也。

捷径之法，惟守此一心。阳气不走，相聚于元海。

夫道未有不探讨而得者，即三教圣人语录，无非发天地之秘密，接引后学阶梯，细心玩味，便知端的。

有问静功拿不住者，答曰：万缘寂处，即是仙界。此时诚一不二，龙可拿，虎可捉。若云无拿处，仍是未空。

光景倏忽，鲁戈难留，那还禁得执着。自一身推之，吾一身即天地，天地即吾一身。天下之人即吾，吾即天下之人。不分人我，方是入道之器。倘稍分芥蒂，即差失本来。

凡有志修道者，趁得一刻时间光阴，便进步用功夫去，将精气神做到混合。而为一刻的时节，以待事机之来。不可望事全方下手，是自虚时日也。悠悠忽忽，日复一日，白驹易过，几见挥戈。

三界之中，以心为主，心能内观，即一时为尘垢所染，终久必悟大道。若心不能内观，究竟必落沉沦。故《道德经》首章曰"常有欲以观其窍"者，观此窍也；"常无欲以观其妙"者，观此窍中之妙也。太上曰："吾从无量劫中以来，存心内观，以至虚无妙道。"学者能潜心先去内观，待心中如秋潭浸明月，再谈进步。

先天一炁，本属无形，妙能生诸有形，所以为生天生地、生人生物之根本也。而道之源头在是矣。

捷要丹诀，语不在多。但能凝然静定，念中无念，功夫纯粹，打成一片，终日默然如鸡抱卵，则神归气复，自然见玄关一窍，其大无外，其小无内。由是采取，先天一炁，以为金丹之母，勤而行之，指日可与钟吕并驾矣。

真言数段，性体性源，将历来圣贤未泄之天机，不惜一口道尽。然理虽载于书，法仍传于口，必待圣师口诀真传，下手方有着落，学人切勿自作聪明可也。

# 《合宗明道集》中集　卷二

## 崔公入药镜三字经
### （言大丹全旨）

先天炁，后天气，得之者，常似醉。
日有合，月有合，穷戊己，定庚甲。
上鹊桥，下鹊桥，天应星，地应潮。
起巽风，运坤火，入黄房，成至宝。
水怕干，火怕寒，差毫发，不成丹。
铅龙升，汞虎降，驱二物，勿纵放。
产在坤，种在乾，但至诚，法自然。
盗天地，夺造化，攒五行，会八卦。
水真水，火真火，水火交，永不老。
水能流，火能焰，在身中，自可验。
是性命，非神气，水乡铅，只一味。
归根窍，复命关，贯尾闾，通泥丸。
真橐籥，真鼎炉，无中有，有中无。
托黄婆，媒姹女，轻轻运，默然举。
一日内，十二时，意所到，皆可为。
饮刀圭，窥天巧，辨朔望，知昏晓。
识浮沉，明主客，要聚会，莫间隔。
采药时，调火功，受气急，防成凶。
火候足，莫伤丹，天地灵，造化悭。

初结胎，看本命，终脱胎，看四正。
密密行，句句应。

## 吕祖百句章

（并引，言初中上三关大旨。）

指玄二篇，缤纷烂漫。汞铅真诀，参差互见。
复吟百句，金钱一串。首尾条陈，井井可玩。
有缘得此，幸勿轻慢。身体力行，同升云汉。

无念方能静，静中气自平。气平息乃住，息住自归根。
归根见本性，见性始为真。万有无一臭，地下听雷鸣。
升到昆仑顶，后路要分明。下山接鹊桥，送下至黄庭。
庭中演易卦，五十五堪均。气卷施四大，坐卧看君行。
此是筑基理，孤阴难上升。更要铸神剑，三年炼己成。
念止情忘极，临炉不动神。觅买丹房器，五千四八春。
先看初三夜，蛾眉始见庚。要见庚花现，返向蛾眉寻。
如此采真铅，口口要知音。火候从初一，一两渐渐生。
十六退阴符，两两不见增。沐浴逢鸡兔，防失防险倾。
霎时风云会，金气自熏蒸。龙吟并虎啸[1]，体上汗淋淋。
十月胎方就，顶门要出神。还须面壁九，飞升上玉京。
三段功夫诀，明明说与君。我今亲手释，成书体诀行。
传与修行子，玉京之法程。丹诀真师诀，须与神仙论。
更有妙丹法，予恐太泄轻。弹琴并鼓瑟，夫妻和平情。
霞光照曲水，红日出昆仑。恍恍并惚惚，杳杳与冥冥。
此中真有信，信到君必惊。一点如朱橘，要使水银迎。
绝不用器械，颠倒法乾坤。世人不悟理，山峰采战行。

---

[1]《明道语录三集》尾页《吕祖百句章欠句》："道书字句错落，关系后贤匪浅。《吕祖百句章》，查占本只九十八句，疑成板时刊误，流行已久，尚且阙如。道源先生因收入《明道集》中浅解，特补出'霎时风云会'与'龙吟并虎啸'二句，完成百句。未识当否？记之以请证高明。"

也有说三关，也有入炉临。又以口对口，丑秽不堪听。

一切有为法，俱是地狱人。有等执着者，信死清静因。

发黄并齿落，鹊体似鹤形。他未知吾道，分明假做真。

观天之大道，执天之运行。月挂西川上，霞临南楚滨。

三日前为晦，阳中之纯阴。三日后为朔，阴中之阳精。

一如逢冬至，和景好阳春。八日是上弦，一向卯兔门。

十六方为姤，廿三是酉门。以此参易卦，方知大道情。

百句章中字，字字要寻文。此书雷将守，得者慎勿轻。

## 涵虚李真人宝诰

蓬山俊秀，大罗高真。初化炁于东吴，再分神于西蜀；投母胎而金书入梦，阐玄教而仙李蟠根。遇三丰讲明性理，逢吕叟开示命功。运丁甲于坛社，掌握风雷；驱龙虎于海山，胸藏星斗。才追倚马，道绍犹龙；三隐之师，十洲之筏。大悲大愿，大慈大仁，至玄至妙，至清至灵，圆峤外史，文终广智先生，大江西派祖师。

## 后天串述文终经

#### 涵虚先生　著

予著《道德》《黄庭》《大洞》《无根》诸注，皆言先天之用，而非初学法门也。夫行远自迩，登高自卑。若不明后天次序，譬诸世上功名，未举茂才、孝廉，空想进士、翰林也。因作《后天串述》一篇，为入门之路焉。

一、收心。二、寻气。三、凝神。四、展窍。五、开关。六、筑基。七、得药。八、结丹。九、炼己。

太上有言："贵以贱为本，高以下为基。"后天资补，贱下之道也。贱也者，师所谓"说着丑"也；下也者，《经》所谓"下而取"也。

培养丹基，纯以精气为宝。其行功法也，要先收心入内，以中为极，以和为则。以神为体，定也；以意为用，慧也。中是活活泼泼、不见不闻之处；和是专气致柔、抱神以静之功。定中生慧，坐照如如，媾元精而生元气，展窍开关不难也。

寻气在阴跷为先。元精者，在阴跷一脉，逐日生人之元气也。学人采取元精，必寻气之活动处，而以静合之，此之谓神气交。神气交，则男女媾精，真种化生。真种者，后天鼎之真气也。后天鼎者，即元神、元炁交合之所也。一名灵父、灵母。

此气从鼎中炼出，即宜凝其神，柔其意，以柔制刚，自然入我内鼎调之和之，煅之炼之，潜伏于丹田之中，呼吸乎虚无之内，是名命蒂，又号胎息。

忽然而内鼎之间，冲出一物，跳跳跃跃，嘘嘘喷喷，直由冲脉，上至心府，即展窍时也。

候其冲突有力时，乃变神为意，引出尾闾，一撞三关，飞上泥丸，即开关也。关窍既开，乃行养己之功，而谈筑基之道。

筑基者，采彼气血，补我精神。精神虽壮，又恐动摇，于是以壬铅制之。壬铅者，二气媾而生者也。

原夫坎宫之气，地气也；离宫之气，天气也。天地交合之时，混混沌沌、纲纲缊缊，结为虚无窟子。虚无窟中，旋产一气，即以此气为壬铅，此得药时也。

铅之体，有气无质，以故清而上浮。至昆仑时，要以目光上视，神气相息于顶中，凝住一时。阳极阴生，始以舌倒抵上腭，鼻息要匀，抵腭久之，乃有美津降下，寒泉滴滴。虽不甚多，然一吞下重楼，以意送回黄庭，却又奇怪，发声如澎湃一般，始知大士甘露，原不可多得也。降入黄庭，结为内丹。

以后则在欲无欲，在尘出尘，对境忘情，炼铅伏汞，赶退三尸五贼，消磨六欲七情。骨气俱是金精，肌肤皆成玉质。盖又是炼己功纯，方有此效，未可越等而至也。

# 九层炼心循途录

（尽言小大周天始末）

列圣群真　评阅

紫霞洞主人涵虚　手著

## 九层炼心

初层炼心者，是炼未纯之心也。未纯之心，多妄想，多游思。妄想生于贪欲，游思起于不觉。学人打坐之际，非不欲屏去尘情，无如妄想才除，游思忽起。法在止观，乃可渐渐消镕。止则止于脐堂之后，命门之前，其中稍下，有个虚无窟子。吾心止于是而内观之，心照空中，与气相守。维系乎规矩之间，来往乎方圆之内。息息归根，合自然之造化；巍巍不动，立清静之元基。从此一线心光，与一缕真气相接，浑浑灏灏，安安闲闲。此炼心养气之初功也。

二层炼心者，是炼入定之心也。前此一线心光，与一缕真气相接，若能直造窈冥，自当透出玄窍。奈何定心不固，每为识神所迁，心与气离，仍不能见本来面目。法在心息相依之时，即把知觉泯去，心在气中而不知，气包心外而不晓。氤氤氲氲，打成一片。此炼心合气之功也。

三层炼心者，是炼来复之心也。前此氤氤氲氲，打成一片，重阴之下，一阳来复，是名天地之心，即是玄关一窍。此刻精气神都在先天，鸿蒙初判，并不分真精、真气、真神，即此是真精、真气、真神。若能一心不动，便可当下采取运行。无奈见所未见，闻所未闻，美景现前，忙无措手。心一动而落在后天，遂分为精气神矣。法在玄关初现之时，即刻踏住火云，走到尾闾，坚其心，柔其息，敲铁鼓而过三关，休息于昆仑焉。此炼心进气之功也。

四层炼心者，是炼退藏之心也。前此踏火云，过三关，心与气随，固已入于泥丸矣。然在泥丸宫内，或有识神引动，则气寒而凝，必不能化为真水，洒濯三宫，前功尽弃矣。法在昆仑顶上，息心主静，与气交融，气乃化为美液，从上腭落下，卷舌承露，吞而送之。注心于绛宫，注心于黄庭，注心于元海，一路响声，直送到底，又待玄关之现焉。此炼心得气之功也。

五层炼心者，是炼筑基之心也。前此入泥丸而归气穴，已有河车路径，从此一心做去，日夜不休，基成何待百日乎！然或有懈心、有欲心、作辍相，仍丹基难固。夫筑基所以聚精会神也，功夫不勤，精神仍然散乱，何以延年奉道？法在行凭子午，逐日抽添，取坎填离，积金实腹。此炼心累气之功也。

六层炼心者，是炼了性之心也。前此河车转动，聚精会神，则灵根充实矣。从此心液下降，肾气上升，是为坎离交。杳冥中有信，浩浩如潮，一半水气；濛濛如雾，一半云气，是名金水初生，方修玉液还丹。倘用心不专，则尽性之事难了。法在金水初生之日，由丹田分下涌泉，霎时而合到尾闾，调停真息，鼓之舞之，乃能滔滔逆上。至于天谷，涓涓咽下，落于黄庭。如此则朝朝灌溉，心地清凉，血化为膏，意凝为土，土中生汞，汞性圆明，遇物不迁，灵剑在手。孟子谓："尽其心者，知其性也"。仙家名为阴丹、内丹。此炼心明性之功也。

七层炼心者，是炼已明之性也。前此金水河车，仙师名为内炼。到此还有外炼功夫，以外合内，真心乃聚而不散。盖内体虽明，好飞者汞性；内修虽具，易坏者阴丹。设或保养不纯，则心性复灭矣。法在以虚明之心，妙有之性，和砂拌土，种在彼家。彼家虚而由我实之，彼家无而自我有之。以有投无，以实入虚，死心不动。霎时间，先天一气，从虚无中来。一候为一阳，有如震；二候为二阳，有如兑。时值二候，正宜合丹。那边吐出一弦真气，其喻为虎向水中生；这边落下一点玄光，其喻为龙从火里出。两边龙虎会合，性情交感，一场大战，宛如天地晦冥，身心两静矣。俄而三阳发动，有如乾卦，如潮如火，如雾如烟，如雷如电，如雪如花，身中阳铅晃耀。我即持剑掌印，踏罡步斗，鼓动元和，猛烹极炼，透三关而上泥丸，一身毛窍皆开，比前玉液河车，更不同也。吞而服之，以先天制后天，性命合而为一，即大还丹也。性属火，其数七；命属金，其数九。返本还元，故名七返九还金液大丹。从此铅来制汞，其心长明，永不动摇矣。此炼心存神之功也。

八层炼心者，是炼已伏之心，而使之通神也。前此七返九还，以铅制汞，心已定矣。但要温之养之，务使身中之气，尽化为神。身中之神，能游于外。于是取一年十二月气候，除卯酉二月为沐浴，余十月为进退，故名十月温养。非言要十个月功夫也，否则心虽定而不灵。煅之炼之，灵心日见。灵则动，动则变，变则化，故有出神之事，而不为物情所迷。此炼心成神之功也。

九层炼心者，是炼已灵之心，而使之归空也。前此温养功深，神已出而不惑，随心所欲，无往不宜，高踏云霄，遍游海岛，致足乐矣。但灵心不虚，则不能包涵万有，此所以有炼虚一着也。炼虚者，心胸浩荡，众有皆无，清空一气，盘旋天地间。是我非我，是空不空。世界有毁，惟空不毁；乾坤有碍，惟空无碍。此所以神满虚空，法周沙界也。此炼心之始末也，无以加矣。

## 吕祖《沁园春》三首

（当日在巴陵旅邸，和崔进士新声，以示元慧之作。）

### 其一①

火宅牵缠，夜去明来，早晚无休。奈今日不知，明日何事。波波劫劫，有甚来由。人世风灯，草头珠露，我见伤心泪眼流。不坚久，似石中迸火，水上浮沤。

休休，即早回头，把往日风流一笔勾。只粗衣淡饭，随缘度日。任人笑我，我又何求。限到头来，不论贫富，着甚干忙日夜忧。趁年少，把家园离了，海上来游。

### 其二

诗词文章，任汝空留，数万千篇。奈日推一日，月推一月。今年不了，又待来年。有限光阴，无涯火院，只恐蹉跎老却贤。贪痴汉，望成家学道，两事双全。

凡间只恋尘缘，又谁信壶中别有天。这道本无情，不亲富贵。不疏贫

---

① 底本无序号，系校者所加，下同。

贱，只要心坚。不在劳神，不须苦行，息虑忘机合自然。长生事，待明公放下，方可相传。

### 其三

七返还丹，先须在人，炼己待时。正一阳初动，中宵漏永。温温铅鼎，光透帘帏。造化争驰，虎龙交媾，进火工夫牛斗危。曲江上，看月华莹净，有个乌飞。

当时自饮刀圭，又谁信无中养就儿。辨水源清浊，木金间隔。不因师指，此事难知。道要玄微，天机深远，下手速修犹太迟。蓬莱路，仗三千行满，独步云归。

## 吕祖涵三宫示人西江月三首

### 其一

笑逐雪花飞舞，喜随风影团圞。任教马劣与猿顽，守我黄房自叹。
叹彼尘劳梦梦，争求执着成贪。为儿为女不清闲，几度光阴虚诞。

### 其二

人事几回扰扰，俗情无数纠缠。看来世事许多般，总被心猿羁绊。
利锁名缰不断，坟茔风水求安。病来不识保真铅，屡向仙翁祝算。

### 其三

我欲寻仙作侣，茫茫四海无真。今朝得遇有缘人，好把龙沙相赠。
洵属道缘深厚，将来不让诸生。西南演典得逢君，正是吾门深幸。

# 《合宗明道集》中集　卷三

## 崔公《入药镜三字经》浅解序

崔公名希范，汉代老仙也。作《入药镜》，言大丹事理，以三字四句转韵为文，世称《三字经》。文笔苍古，非公学遂功成，不能道只字。全经大旨，总冒八句，结尾两句，中分三段。首段得药结丹，中段玉液河车、炼己还丹，末段大药服食、结胎脱胎。但字句简单，语意浑含，读者未必咸能详尽。愚承师授，略识梗概，自愧躬行未逮，又恐忘师恩指，因不揣简陋，聊抒管见，引证丹经，浅浅一书，以期学仙同志者之共为研究云耳。

痴道人记

## 三字经

**先天炁，后天气，得之者，常似醉。**

浅解：先后二气，即内外呼吸也。醉，恍惚渺冥之象。言静坐，先后二气一合，得到恍惚渺冥，如痴如醉之境，此乃真消息，玄关发现时也。似醉而曰常者，又即《清静经》"真常应物，真常得性，常应常静"之义。仙师云："若得明师指示一身内外阴阳消息，下手速修，势如破竹矣。"故此特举为修道之首务。

**日有合，月有合，穷戊己，定庚甲。**

浅解：《易》云："悬象著明，莫大乎日月。"日为太阳，月为太阴，天地亦阴阳也。天地之阴阳不可见，以日月显之。吕祖云："丹经部部言阴阳，二字名为万法王。"崔公举此，为修丹者阴阳升降、盈虚消长之实证。合日者，合其一日一周也；合月者，合其一月一周也。又无论合日、合月，穷其源，

·52·

必以戊己为中宫主宰而运行。定其时，必以庚甲为盈虚进退之火候。然而戊己又可统乎身中真日月，盖戊为阳土，己为阴土。丹士用功，静极而动，是为戊土。炼戊土者，得坎月之铅。动极而静，是为己土。炼己土者，得离日之汞。所以穷尽此中事理，令日月交合不失庚甲，方道金丹自结。再说日月，贯彻丹道始终，始则法运行之度，继则借照耀之力，终则成化形之功。亦如中宫戊己，主斡运于庚甲，媒娉婴姹团圆，直至食脉俱绝，无声无臭，乃归勿用。故均首提，示人以注意。（以上总旨）

**上鹊桥，下鹊桥，天应星，地应潮。起巽风，运坤火，入黄房，成至宝。**

浅解：马跳潭溪，因无桥也。人身任督二脉，上交脑顶，有气食二管隔之；下交会阴，有前后二阴间之。修士欲通此脉，非桥则不能迳度。然桥以鹊名者何哉？盖取心神为朱雀，领气过关之义，非必以捲舌为一定法桥也。且上桥用舌，下桥又用何物乎？此理易明，不必深究。天应星者，即二十八宿，一年一周；地应潮者，是海水潮汐，一月一周。应星，则有过宫度数；应潮，则有晦朔弦望。皆喻任督交通之事理也。起巽风，运坤火者，是又升降之法则。巽风，即先后天呼吸之气。火借风而愈焰，故运火必起巽风。仙经云"鼓动巽风，煽开炉焰"，是也。黄房，中宫也。宝，即身中丹药升降炼成。宝之为贵，无论牟尼黍米，皆以黄房为宝藏。故必入藏，乃成至宝也。

**水怕干，火怕寒，差毫发，不成丹。**

浅解：此言温养至宝，功归内息。水干则火炎，火寒则水冷，均不匀称。务必勿助勿忘，绵绵不绝，固蒂深根，乃尽养丹之妙。否则差之毫厘，丹不成矣。

**铅龙升，汞虎降，驱二物，勿纵放。**

浅解：汞铅龙虎，皆玉液之比喻。铅易沉，汞易飞。龙虎猛烈难驯，岂能任意而升降？然功夫一到，肾气上升，心液下降，自有龙虎归伏之时，即得铅汞相制之性，二物升降，似有驱之者然。夫驱则有为渊驱鱼，为丛驱雀，自然就范之意。如其纵放，则尽性之事难了，故以"勿"字警之。此即六层炼心，坎离交媾，金水初生也。

**产在坤，种在乾，但至诚，法自然。**

浅解：承上而言，金水生于丹田，产在坤也。运上泥丸，种在乾也。其中调停真息鼓舞之功，务要专心一志，法天地日月自然之升降，毫不容于勉强。古仙所谓"自然升降自抽添"者，此也。

**盗天地，夺造化，攒五行，会八卦。水真水，火真火，水火交，永不老。**

浅解：盗夺攒会，即他丹经所谓"五行四相会中宫"也，暗盗天地之精华，明夺造化之功能，五行生克，八卦摩荡，攒会黄房，纽结一团，至此无所用其生克摩荡矣，此所以为盗、为夺、为攒、为会也。其言真水火交而不老者，以玉液为坎水、离火交合而成，坎得乾之一阳，离得坤之一阴，乾坤为先天真阴阳，得此即得内丹，所以能收不老之效果。然而天地为一阴一阳之道之化身，能盗天地，则造化五行八卦，都总括其中。何也？由阴阳而生水火，由水火而成五行，由五行生克而有造化，因有造化而分布八卦。但能握要以图，总不出天地之一阴一阳而已。《阴符》云："其盗机也，天下莫能见莫能知。"《系辞》亦以作《易》者为知"盗"，故盗机逆用。仙家以为丹道始终，是此一"盗"之功能，而夺、攒、会胥在其中矣。再想方诸取水于月，阳燧取火于日，其中之妙，日月欤？水火欤？方诸、阳燧欤？盖亦形色中自有个盗、夺、攒、会者在也。知此，则真水火交而永不老之义，愈明矣。（以上得药结丹）

**水能流，火能焰，在身中，自可验。是性命，非神气，水乡铅，只一味。**

浅解：水流火焰，在身可验之景。即《秘旨》所云"玉液来时，忽化热气，流至涌泉，忽化热汤，透出尾闾"，是也。神气有识神谷气、元神元气之分。识神谷气，为后天；元神元气，为先天。若性命，则性根元神、命蒂元气，乃先天中先天，为神气之本源，天命之性也。故曰："是性命，非神气。"何为水乡？以产自坤宫，乃后天坎位，故曰"水乡"。何为一味？以铅乃乾中真阳，无他可比，故曰"一味"。

**归根窍，复命关，贯尾闾，通泥丸。真橐籥，真鼎炉，无中有，有中无。**

浅解：归根复命，乃神归气复之关窍。《玄机直讲》，即指为胎息处。合上之泥丸，下之尾闾，皆玉液能贯通之。六层炼心，由丹田分下涌泉一段，全身大路更明。究之要得橐天籥地、乾坤炉鼎之真，还在功夫到时，机动则有，机息则无，有无中方见真相，非揣摩拟议可得也。

**托黄婆，媒姹女，轻轻运，默默举。一日内，十二时，意所到，皆可为。**

浅解：姹女是玉液内丹之元神。黄婆之名，丹士皆知，但少有实指为谁者。兹直道破，即中宫胎息也。古仙云"中宫胎息号黄婆，运转能教骨不枯"，可为明证。轻运默举，意到可为，皆黄婆媒娉之功。故一日内机动籥鸣，有不可遏抑之势。即《秘旨》所谓"玉液长来"也。要炼到骨气俱是金精，肌肤皆成玉质，登峰造极，方算炼己功纯。（以上玉液河车，炼己还丹。）

**饮刀圭，窥天巧，辨朔望，知昏晓。**

浅解：刀圭喻金液大丹，解见涵虚先生《戊己二土篇》。文长不赘述。饮，服食也。饮刀圭，即《百字碑》"自饮长生酒"也。窥天巧，即《百句章》"观天道，执运行"，亦即下文"朔望昏晓"也。朔望有出庚圆甲，盈虚消长之宜辨；昏晓有朝屯暮蒙，进退温养之当知。皆服食金液大丹，当务之急。解见《百句章》第三段，并本集《八层炼心》，亦可参悟。

**识浮沉，明主客，要聚会，莫间隔。**

浅解：此四句，亦为上文"饮刀圭"之要义。金沉木浮，物理本性；客先主后，人情常礼。乃还丹事理之喻则不然，务要浮者不浮，沉者不沉，反客为主，反主作宾，所以《百句章》云"颠倒法乾坤"也。但非识透他轻浮沉重之性，明白这反主作宾之理，则东西间隔，聚会最难。今则识之明之，依法将刀圭入腹，名之曰铅投汞，金并木，后天返先天，婴儿会姹女，自无间隔之虞，即收聚会之果也。法详《上集》卷三《仙佛合宗语录》，并本集卷一《九层炼心》，故不赘述。

**采药时，调火功，受气急，防成凶。火候足，莫伤丹，天地灵，造化悭。**

浅解：采药时，即七日采大药之时。天机深远，务要虑险防危，调停火候。盖采药有采药之正功，火足有止火之凭证，伍真人《直论》甚明。丹士详悉谨慎，焉有伤丹之凶？否则，炉残鼎败，在所不免。嗟乎！金丹大药，天地灵宝，造化所悭，万劫难遇，绝不轻以予人者，乌可伤乎？崔公故提醒以勉之。

**初结胎，看本命，终脱胎，看四正。密密行，句句应。**

浅解：本命，虚无元窍也。看者，机在目也。胎初结时，看在虚无玄窍，有终日绵绵，如鸡抱卵、如龙养珠之情。终至脱胎，虽是移神内院，却又不可久拘狭隘之顶，所以要看四正，即子北、午南、卯东、酉西之四体，将全体化作一虚空真境，方无阻滞神灵之弊。法详《上集》卷三《仙佛合宗语录》，正宜详玩。（以上大药服食脱胎）

结尾两句，是崔公勉人之意。果能知行并进，则句句皆应，决然不爽。

## 吕祖《百句章》白话解

### 吕祖《百句章》白话说明

汉儒传通经史，训诂精详，句注字疏，或以为咬文嚼字。痴谓不然，注疏家非字斟句酌，不足以昭慎重。吕祖吟丹道百句，自谓"百句章中字，字字要寻文"。盖以字有来历，非同杜撰，讵得以咬文嚼字非之。再据"我今亲手释，成书体诀行"二句，想已自为注释久矣，但不知三十六洞天、七十二福地，现存何处？痴泛览群书，虚劳岁月，已历六十春秋，幸蒙涵虚先生，暗里提携得受《三车秘旨》，参悟《九层炼心》，略识丹道层次。今因未得《百句》真解，聊作一解，以解人颐，亦以自为宽解，是为不解之解，虽解亦犹未解。尤望同人披解，如庖丁解牛，迎刃而解；如春笋解箨，东风冻解，则庶乎瓦解天见。前后三段，清静三思，自然了解，而为我之解人也，幸甚幸甚！

痴道人记

## 见性章第一段

无念方能静，静中气自平。气平息乃住，息住自归根。归根见本性，见性始为真。

解：修行人，首重这方寸的心理，不要去东思西想。概无一点念头，就是真正清净了。心能清净，那虚无一窍之中，呼吸往来之气，自然就不大不小、不缓不急，和平如水之无波。由是口鼻后天呼吸既调，乃能引起那在母腹时的呼吸，此名先天真息。亦于此凝住其中而不散，是为真息一住。息住则神息相忘、神气融和，自然不出不入，归我生身的本根发源地。息气既归根，即《丹经》上说的"玄关一窍""本来面目"，《中庸》所谓"天命之性"，由此就得显然看见了。然亦必要看见这个性，始算是真性，不仅清清静静之所谓性也。果能照此一步赶步的工夫继续做去，时常得见此性，"筑基"的功程，自有长进，自能念固。

## 筑基章第二段

　　万有无一臭，地下听雷鸣。升到昆仑顶，后路要分明。下山接鹊桥，送下至黄庭。庭中演易卦，五十五堪均。气卷施四大，坐卧看君行。此是筑基理，孤阴难上升。

　　解：修行人，既见了性，神抱住气，气系住息，在丹田中宛转悠扬，聚而不散，外面万有的大地山河、人相、众生相，于我心神，无知无识，毫没一声臭之沾染，可谓清静之极了。不觉我腹地下，忽然听到，有声如雷鸣一样，这是甚么事？就是身中久积的真阳发动，要往下走，就要把他收回，用真心真意的鹊桥，度过尾闾骨尖两孔中。从此四步四步的，持剑踏罡，升到夹脊，至脑后玉枕，直至昆仑顶上，方才休息一下。又要分明后路，把阳气送下昆仑山，用真心真意的鹊桥，捲舌接这阳气，送下脐中黄庭。庭中又要真心真意，引阳气左旋右转，右旋左转，演天地两数，均平五十五术，以成其变化。此时的阳气，卷收则退藏于密，施放则弥满四大，无论或坐或卧，看君的行为勤惰如何耳。这就是交通任督二脉，为丹道下手筑基事理。但是孤阴寡阳，不能上升玉京的。

## 真铅章第三段

　　更要铸神剑，三年炼己成。念止情忘极，临炉不动神。觅买丹房器，五千四八春。先看初三夜，蛾眉始见庚。要见庚花现，反向蛾眉寻。如此采真铅，口口要知音。火候从初一，一两渐渐生。十六退阴符，两两不见增。沐浴逢鸡兔，防失防险倾。霎时风云会，金气自熏蒸。龙吟并虎啸，体上汗淋淋。十月胎方就，顶门要出神。还须面壁九，飞升上玉京。三段功夫诀，明明说与君。我今亲手释，成书体诀行。传与修行子，玉京之法程。丹诀真师诀，需与神仙论。

　　解：铸剑炼己功法，祖师未言，间尝窃取其意以补之。所谓己就是自己心中元神，剑就是元神的灵慧。铸之炼之者，就是由筑基补漏的功夫，做到那灵根充实的地位，那坎中一阳的肾气，从此上升。离中一阴的心液，从此下降，是为坎水离火交媾，炼成玉液，发运四肢，流通百脉，赶退三尸五贼，消灭六欲七情，这就是神剑了。还要逆挽漕溪水，磨砺灵剑的锋芒；倒捲黄河水,洗涤用剑的手眼。又将神剑化作雌雄两口,插入真土,雌剑用以辅正除邪,雄剑用以斩妖诛邪。功夫到此,以铅伏汞,对境忘情,在欲无欲,居尘出尘,骨气俱是精金,肌肤皆成玉质,这就是铸剑功成,炼己功纯了。所谓"三年者",不过指其大致程限耳。如念止情忘以后,采铅的功法,口口相传,必要知音,谓真正丹诀,非神仙难与讨论,故以比喻示之。

(一)以十四岁女子,潮信初来,比金液丹成的定候,要五千四十八日归黄道,恰合一部大藏真经之数。非然者,若未到十四便来,就是不及;已逾十四才来,就是太过。过、不及,俱非坤元固体,就像金液大丹,三年炼己,做到三全时,天地灵宝,不易得手。不待峨眉圆光,透出三现的时候,药未纯乾,就是不及;已逾三现、四现,亢龙有悔,就是太过。过、不及,均不合返还生成之数,决不能成大丹。(今人误信女鼎者众,故特详之。)

(二)以天上月轮,阴阳升降,盈虚消长,比金液运行火候。自初一朔日,阳中纯阴的子半起,好比冬至节,一阳在此复生,就是那邵子诗"地逢雷处",正当进阳火。所谓"时之子妙在心传"者,此也。由是三日出于庚方,峨眉阳光现相,在身中自有可验之景。由八日上弦,至十五圆甲,金水盈满,就如身中金液腾腾壮盛,正当采药之时,所谓"月之圆存乎口诀"者,此也。

又自十六阳渐消而阴渐长,就是那邵子诗"乾遇巽时",正当退阴符。又由廿三下弦,以至三十入地为晦,纯阴,坤卦主事,也是温养之时。

其中圆半缺半,犹如乌肝八两、兔髓半斤,虽阴阳平均,却是春秋二分,阴阳争,死生分。故卯酉沐浴,正是防危虑险的时候。

明此事理,虽未直示,却已显露,故曰"三段功夫诀,明明说与君"也。以后出神面壁法,当日亲释成书,已传修行之子。《仙佛合宗》《直论》等书,言之最明。至阴阳升降、盈虚消长,图详初集《法轮六候》,并本集末《易卦图》中。

### 妙法章后一段

更有妙丹法,予恐太浅轻。弹琴并鼓瑟,夫妻和平情。霞光照曲水,红日出昆仑。恍恍并惚惚,渺渺与冥冥。此中真有信,信到君必惊。一点如朱橘,要使水银迎。绝不用器械,颠倒法乾坤。

解:修行至炼己还丹、怀胎出神的时候,更要重立性命,再造乾坤,有个神仙复做神仙的妙法。其法为何？就是弹无弦琴，鼓好合瑟，把那一阴一阳的夫妻，倡随不离一刻，静定到恍恍惚惚，渺渺冥冥，忽有一轮金光皓月，如车轮大，由曲江上升于昆仑。这个信，惊不惊人呀！就要收摄性中，留而待之，以为化形之本。又待一轮红日升于月中，就是日月合璧。急将法身跃入光中，吞吸中藏，静极而动，有个物件，像朱橘一般，要使水银朱里汞，迎他上合于道胎，则河车重转，自然合乾坤颠倒之妙用，而绝无所谓器械也。

## 假道章后二段

世人不悟理，山峰采战行。也有说三关，也有入炉临。又以口对口，丑秽不堪听。一切有为法，都是地狱人。有等执着者，信死清静因。发黄并齿落，鹊体似鹤形。他未知吾道，分明假作真。

解：自三教鼎立以来，异说声牙，隐若敌国，邪法不少，旁门颇多。即如此章所指，有为采战，亦有几种；无为清静，教门各别，固不特渔色之子，艳语彼家；好货之徒，喜谈炉火已也。世说三千六百旁门，九十六种外道，或者有之。兹除此章指示外，不妨以耳闻目见者，再一推广。如视顶门、守印堂、运双睛、摇夹脊、兜外肾，以及常坐不卧、休粮辟谷，甚至忍寒食秽、晒背卧冰、打七炼魔，一切等等，指不胜屈。彼自盲修瞎炼，不肯自思己过，反将错路教人，良可慨也。故祖师略指假道之非，以救错行之失。然而大道有真，特患人不肯细心观书参访耳。

## 易卦章后三段

观天之大道，执天之运行。月挂西川上，霞临南楚滨。三日前为晦，阳中之纯阴。三日后为朔，阴中之阳精。亦如逢冬至，和景好阳春。八日是上弦，一向卯兔门。十六方为姤，廿三是酉门。以此参易卦，方知大道情。百句章中字，字字要寻文。此书雷将守，得者慎勿轻。

解：易卦以复、临、泰、大壮、夬、乾，六卦为阳升；姤、遁、否、观、剥、坤，六卦为阴降。修丹者，观天道，执运行，参考易卦，才晓得身中阴阳消长，恰合这十二卦爻。身中阴阳升降，恰合这太阴运行。故康节邵先生诗云："耳目聪明男子身，鸿钧赋予不为贫。因探月窟方知物，未蹑天根岂识人。乾遇巽时观月窟，地逢雷处看天根。天根月窟闲来往，三十六宫都是春。"又云:"冬至子之半，天心无改移。一阳初动处，万物未生时。玄酒味方淡，太音声正稀。此言如不信，更请问庖義。"二诗固可为天道之一证。然而晦朔弦望，盈虚消长，概实包涵于十二卦中。能将卦图融会贯通，则大道之情，无不咸知矣。祖师不惜一字一珠，教人寻文悟道，慈悲至矣。又恐人轻视亵渎此书，故所在之处，特遣雷将护守，以昭珍重。有志学仙者，曷共勉诸!

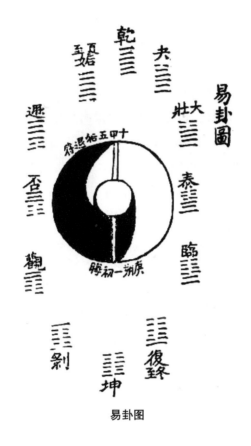

易卦图

# 《合宗明道集》上集

## 序

道为天地之本，万物之母。道不明，则天地晦冥，群伦失序，遑问修齐治平，与超凡入圣之事哉？古之至人，入世而能经世宰物，出世而能成佛登仙，亦惟明此道而已。时值末世，大道既隐，而管窥之士，不能穷流溯源。在儒则诋排释老，谓道只在儒；治释老者，亦谓儒虽有治世之功，而无超升了死之道。执是说也，不惟不知释老，并且不知孔子。孔子曰："天命之谓性。"又曰："不知命无以为君子也。"道观窍妙，清静恍惚中，求取真精以还乾元面目；佛开心地法门，必求牟尼宝珠于北海。其为用也，儒以忠恕，仙明感应，佛本慈悲，是治身同，而治世之功亦无不同矣。

合宗老人，巴川之隐君子也。性既孝友，酷嗜于道，三教经传，百氏典籍，靡不精研实证。年逾虚龄，貌似壮强，慨大道之不明也久矣。翻刻各种善书而外，复将生平心得于修己立人之学，辑为一书。颜曰《合宗明道集》，书凡九卷，分初中上三集。初集先明入世，而递言养生之要术；中集指明出世，而绪谈修持之程途；上集发明金丹，而备述返还之全功。虽夫妇之愚，可以与知、与能。得是集者，能详说密契，豁然贯通，入而处世，必为循良君子；退而修身，必能升仙证果。斯集也，诚暗室之慧灯，迷津之宝筏。质之三教圣人，亦将曰："吾道可以明矣。"

岁己卯季春及门教一子恭序

# 《合宗明道集》上集　卷一

## 《玄机直讲》

### 登天指迷说

　　道也者，生天地，育万物，放之则包罗虚空，敛之则退藏于密，两仪日月五行，都是道中之造化耳。物物各具一太极，即道也。人人心上有先天，亦道也。五行顺而生人生物，五行逆而成仙成佛，故云："五行顺则法界火坑，五行逆则大地七宝。"这五行之精，秘于四大形山、不内不外之密处，只是百姓日用而不知耳。民可使由之，顺行也；不可使知之，逆行也。夫鱼在水中，不知其为水；人居于气内，不知其为气。此譬喻当潜心究竟。回光返照，明心见性，果证仙佛，复何难哉？

　　今人学道，个个自卖聪明，自夸伶俐，自称会家，终无了悟。又有一等小根盲人，见先圣所言外阴阳、外炉鼎、外药物，执迷女子为鼎器，则又可哀已也。某见酷好炉火者，百无一成。又以轩辕铸九鼎而成道，以为必用鼎器九人，谬之甚矣。尝见有进过五七鼎，亦无成就者。且人念头一动，先天淳朴即散，先天既丧，后天虽存，究何益于身心？不过聊存其四大而已。这样下愚，岂知天不言而四时行、百物生之妙哉！夫人身造化同乎天地，但不知天何得一以清？地何得一以宁？且又不知主张造化者是谁？若能以清静为体，镇定为基，天心为主，元神为用，巧使盗机，返还天真，归根复命，岂患不至天地圣位。至用女鼎一节事，万无此理。

　　假使有缘之士，得遇真师，先行玉液还丹，炼己和光，操持涵养，回光返照，此即见性明心之事也。既见其性，更求向上之事，乃金液还丹，情来归性，直到真空地位，大用现前，龙女献一宝珠，金光发现，至此方为一得永得。亥子之交，剥复之间，于太阳初动兴功时，手探月窟，足蹑天根，回风混合，从此有百日功灵之妙。此金液还丹，乃阴阳五行之大道也。除此玉液、金液，性命双修，清静自然之道，余皆旁门小法。

某于一身内外，安炉立鼎，攒簇口诀，药物火候细微，已得虚空法度，便去入室，行外药入腹大事。发火行功到秘密处，有虚空万神朝礼，仙音戏顶，此事鬼神难明。怎奈自己不能炼己于尘俗，未得积铅于市廛，气脉又未甚大定，基址也未得三全，理虽融而性未见，故万物发现凶险，心神恍惚，不能做主。又因外边无知音道侣，护持看守，触其声色，惊散元神，激鼎翻炉，劣了心猿，走了意马，神不守舍，气不归元，遭其阴魔。何为阴魔？我不细言，后学不知。皆因真阳一散，阴气用事，昼夜身中，鬼神为害，不论睁眼合眼，看见鬼神来往，即耳中亦听得鬼神吵闹。白日间觉犹可，到晚来最难过，不敢静定一时。我身彼家，海底命主，兑金之戊土，冲返五脏，气血皆随上腾，身提不着地，杀生丧命，真乃鬼家活计也。

某乃暂弃前功，遵师训指，大隐市廛，积铅尘俗，摄情归性，杀机返覆，自幼至老，被天地人物盗去的天真，今于虚无中、尘色内，却要夺盗返还于我天性之中，方得元精、元气、元神之三全，至是乃心明理融，理融性见，身心大定，五行攒簇，才去行上等事而了大道。想前代贤哲，多有中道而废，皆因未曾炼己持心，金来归性。以至二候得药，于四候进火之时，不知虚空法度，粗心大意，是以白玉蟾有"再砍秋筠节"之叹焉！谁知虚空消息，至微、至凶、至恶，若是擒提不住，定不饶人。若是学人，知一身内外两个真消息，了然无碍，方去操持涵养，克去己私，复还天理，则还丹工夫，至简至易，终日采吾身外之黄芽，以候先天之琼浆，此正是"饮酒戴花悟长生"之妙也。若混元一事，则毋意、毋必、毋固、毋我，恁生恁死，忘人忘物。如游手好闲，不务生理，终日穿街过巷，玩景怡情，淫房酒肆，兀坐忘言，岂不动世人之惊疑哉？是以必资通都大邑有力之家，以为外护，目击道存，韬光晦迹。

仙云："要贪天上宝，须用世间财。"夫天上宝，非指青天之上而言也，乃吾身上九阳鼎之宝也，故轩辕铸九鼎而飞升。世之迷徒，一闻"天上宝"三字，遂执天上日月为水火，乃于月出庚方，用两目行度数以采之，为真水真铅；于日出卯时，亦运两目采之，为真火真汞。夫天上地下、乾坤坎离、男女内外炉鼎，喻吾一身内外阴阳而言，并无男女等相。仙云："凡所有相，皆是虚妄。"还丹本无质，至哉斯言，尽矣！世间学好的人，必不为损人利己之事。宇宙间男女，所赖以生而不死者，惟此一点阳精而已，岂有学仙的采女人之精而利己之身哉？此与世之杀人者，何异焉？又先圣言彼家男女、两家两国，及内外炉鼎等说，若人不得正传，其不错认者几希矣。

某曾遇明师，耳提面命，抉破虚空内外两个真消息，不敢私于一己，冒禁相传，把一身天地人之造化，三教经书，药物火候，日月交合，盈满度数，尽都抉破，不立文字，但说真言，使学者无错认迷修之误。是书在处，有神物护持。若无缘下流见之，不过謷唱之文词耳。是金丹大道，万劫难遇，正是踏破芒鞋无觅处，得来全不费功夫。学者果能涵养，于造次颠沛流离之际，保此方寸不失，是天理复矣。天理既复，然后求向上外药入腹事，顷刻湛然，脱胎换骨，浑然化一道金光，大地成宝，身外生身，阳神脱体，持空养虚，此是五龙大蛰法。受诸逍遥，超出风、水、火之三劫，不在生、老、病、死、苦中矣！今人不去修行，有贪图炉火、外丹、服食者，此又迷之甚矣！

## 服食大丹说

三清俸禄，玉皇廪给，非先圣贤哲，焉能受得。如许旌阳、葛仙翁、殷真君等，八百余家，俱是成道之后，方炼服食以度群迷。仙云："内丹成，外丹就。"此言人得正传，先积精累气，收积内外法财，养得气满神全，金光出现，昼夜常明，如是则吾身内丹成，而吾身外丹亦发相矣。

凡看书不可按图索骏，学者于昼夜常明之时，药苗已生，方可采吾身外之药，配吾身中之雌雄，以得金丹入口，周天火候发现，顷刻湛然，撒手无碍，才是金蟾脱壳，默朝上帝，中遇仙举，受其天禄，万神朝礼，能折天补地，摘星握月，驱雷转斗，呼风唤雨，举意万神使觑，天地如手掌相似。这福德胜三辈天子，智慧胜七辈状元，到这般时候，方可炼服食金丹。此丹如黍米一粒，落于地则金光烛天，方名神丹。若不通神，敢说是外丹服食。此理奥妙，天机深远。金种金，银种银，外边无有别灵神。此黄白之术，不是凡间金银，为母遏气。果得正传，能产先天大药，认得黄芽白雪，此为黄白，方可为母遏气以炼神丹。但是金银水药，都属后天，且又不知真阳同类，万万无成。慨世学者，真假不分，不遇正人，都是盲修瞎炼。实修性命之士，若未遇真师，且潜心看书。夫古圣丹经，不空说一字，妄言一句。只是后人不识邪正，又不知圣贤书中，都是隐语譬喻。遭遇庸师，执认旁门，毒药入心，又无通变，似是而非，自高自大，声音颜色，拒人千里之外，则高人望望然去之，况仙圣乎？

学者未遇正人时，当小心低意，积功累行，遇魔勿退，遭谤勿嗔，重道轻财。一遇正人，笃志苦求，抉破一身内外两个真消息，忽然醒悟诸书，才不为人迷惑。若是志人君子，实心为性命，扫尽旁门，重正心猿，重立志气，低心下意，经魔历难，苦求明师，穷取生身受气初。初者，是元始祖气，此气含着一点真阳、真阴。夫真阳、真阴，产于天地之先，混元之始。这颗灵明黍米宝珠，悬在虚空，明明丽丽。但未有明师指破的人，如在醉梦相似。离此一着，都是旁门。此灵明宝珠，于虚空之中，包含万象，潜藏万有，发生万物，都是这个。

## 一粒黍米说

此物在仙门中，喻真铅、真汞，一得真得。不可着于乾坤、日月、男女上，只于己身内外，安炉立鼎，炼己持心，明理见性之时，攒簇发火，不出半刻时辰，立得黍米玄珠，现于曲江之上。刀圭入口，顷刻一窍开，白脉齐开，浑身筋骨，五脏血肉，都化成气，与外水银相似。到此时候，用百日火功，方有灵妙，一得永得，无有返还，住世留形，炼神还虚，与道为一矣。

此物在佛门中，说是真空妙有、真妙觉性。下手端的，炼魔见性，片晌功夫，发起三昧真火，返本还元，谓之舍利子、地涌金莲、牟尼宝珠、天女献花、龙女献珠。一体同观，大地成宝，霞光万道，五眼六通，炼金刚不坏之身，了鬼神不测之妙。

此物在儒门中，说是无极而太极。依外天地而论，无极是天地周围，日月未判之前，四维上下，混混沌沌，如阴雾水气，直到时至气满相激，才是太极。

是时也，日月既生，清浊自分。在上为天，在下为地，天之清气为纯阳，地之浊气为纯阴。雨露从天降，是阳能生阴；万物从地生，是阴能生阳。天地是个虚无包藏，无穷尽，无边际。天之星宿神祇，动静转轮，各有方位；地下万物，按四时八节，自然发生，总论只是虚空。夫日月是天地之精，上照三十三天，下照九极万泰，东西运转，上下升降，寒暑往来。日是纯阳之体，内含一点真阴之精，属青龙姹女，甲木水银，金乌三魂，即是外；月是纯阴之体，内含着一点真阳之气，属白虎婴儿，庚金朱砂，玉兔七魄，即是内。人身造化同天地，故人身亦有真日月，道在迩而人何求之远也？三魂属性，性在天边；七魄属命，命在海底。内外通来，"性命"两个字，了却万卷丹书。性属神，是阴；命属气，是阳。故曰"一阴一阳之谓道"，千经万卷，皆是异名。然真性命，及幻法象，若不得真传，则又不可知耳。

仙云："四大一身皆属阴，不知何物是阳精。"又云："涕唾精津气血液，七般灵物皆属阴。"乃后天渣质之浊阴，非真阴也。真阴与真阳相对，真阴既不知，焉知真阳乎？今之学者，不惟不知真阳，亦且不知真阴。若知真阴，亦必知真阳矣。不遇明师，焉能猜度！学者穷取一身中天地人三才之妙，穷一身内外真炉鼎之端的，及一身内外阴阳之真消息。如不得旨，一见诸书异名，心无定见，执诸旁门，无有辨理。既不知穷理，则心不明。心既不明，则不能见性。既不见性，焉能至命？古人云："只为金丹无口诀，教君何处结灵胎。"

## 炼丹火候说

夫静功在一刻，一刻之中，亦有炼精化气、炼气化神、炼神还虚之功夫在内，不独十月然也。即一时一日，一月一年皆然。坐下闭目存神，使心静息调，即是炼精化气之功也。回光返照，凝神丹穴，使真息往来，内中静极而动，动极而静，无限天机，即是炼气化神之功也。如此真气朝元，阴阳反覆，交媾一番，自然风恬浪静，我于此时，将正念止于丹田，即是封固火候，亦即是炼神还虚之功也。年月日时，久久行此三部功夫，不但十月入圜也。故曰运之一刻，有一刻之周天；运之一时一日、一月一年，即有一时一日、一月一年之周天也。然一刻中，上半刻，为温、为进火、为望、为上弦、为朝屯、为春夏；下半刻为凉、为退符、为晦、为下弦、为暮蒙、为秋冬。一时则有上四刻、下四刻之分，即一日一月一年皆同，此之谓攒簇阴阳五行，一刻之功夫，夺一年之气候也。到此乃是真空真静，或一二年至十年百年，打破虚空，与太虚同体，此为真正炼神还虚之功也。前功十月既满，须时时照顾婴儿，十步百步，千里万里，以渐而出，倘或放纵不禁，必致迷而不返。仙经曰："神入气成胎，气归神结丹。"所谓"一点落黄庭"是也。但人杂念少者得丹早，杂念多者得丹迟。此法简易，奈人不肯勇猛耳。若能恒久行持，必然透金贯石，入水蹈火，通天达地，再行积功累行，服炼神丹大药，必然形神俱妙，白昼飞升，全家拔宅。此又在功德之深浅如何耳。设或不服神丹，只顾阳神冲举，回视旧骸，一堆尘土，夫亦白日羽翰，万劫长存，可与宇宙同泰者矣。

## 生人生仙顺逆三关说

《集录》曰："夫人一身，有三次变化，而人道始全。一次变化者，是父母初交，二炁合为一炁而成胎之时也。二次变化者，是胎完十月，有神为性，有炁为命，胎圆将产之时也。三次变化者，是产后长大成人，精炁旺盛，年过十六之时也。是之谓顺生三关。若夫修炼，亦有三次变化而仙道乃成，初关炼精化炁，人仙之果，即是从顺生三变，逆返到二变时也。中关炼炁化神，地仙之果，即是从顺生二变，逆返到一变时也。上关炼神还虚，神仙之果，即是从顺生一变，逆返到虚无父母初交时也。是之谓逆还三关。"历来古仙，少有如此透发者，惟伍真人论之特直，故附录之。

# 《合宗明道集》上集　卷二

## 《道言浅近说》摘录

### 涵虚李先生摘说

大道功夫下手，不可执于有为，有为都是后天；亦不可着于无为，无为又落顽空。其全功层次，须知三候三关，大抵不外四言，无为之后，继以有为；有为之后，复返无为而已。

内丹功夫，亦有小三候，积精累气为初候，展窍开关为中候，筑基炼己为三候。下手于初候求之，大抵清心寡欲，先闭外三宝，养其内三宝而已。

《系辞》"穷理尽性，以至于命"，即是仙家层次，一步赶步功夫。何谓穷理？读真函，访真诀，观造化，参河洛。趁清闲而保气，守精神以至筑基。一面穷理，一面尽性，乃有不坏之形躯，以图不死之妙药。性者，内也；命者，外也。以内接外，合而为一，则大道成矣。"以至于"三字，明明有将性立命，后天返先天口诀在内。特无诚心人，再求诀中诀以了之也。

凝神调息，调息凝神，八个字就是下手工夫。须一片做去，分层次而不断乃可。凝神者，收已清之心而入其内也。心未清时，眼勿乱闭，先要自劝自勉，劝得回来，清凉恬淡，始行收入气穴，乃曰凝神。凝起神了，然后如坐高山，而视众山众水；如燃天灯，而照九幽九昧。所谓"凝神于虚"者，此也。调息不难，心神一静，随息自然，我只守其自然，加以神光下照，即调息也。调息者，调度阴跷之息，与吾心中之神，相会于气穴中也。

心止于脐下，曰凝神；气归于脐下，曰调息。神息相依，守其清净自然，曰勿忘；顺其清静自然，曰勿助。勿忘勿助，以默以柔，息活泼而心自在，即用"钻"字诀。以虚空为藏心之所，以昏默为息神之乡，三番两次，澄之又澄，忽然神息相忘，神气融合，不觉恍然阳生，而人如醉矣。此即真消息，玄关发现时也。凡丹旨中有"先天"字、"真"字、"元"字，皆是阴阳鼎中生出来的，皆是杳冥昏默后产出来的，就如混沌初开诸圣真一般。以后看丹经，可类推矣。

学道甚难，传道亦不易。传道者甚勤，学者可懒乎？传道者耐烦，学道者可不耐烦乎？学不精，功不勤；心不清，神不真。以此入道，万无一成。孔子曰："知几其神乎。"不曰其念、其意，而曰其神，可见微动之息，非神不知也。今为分之曰：微动者几，大动者直。欲知其几，使心、使念、使意，终不可见也。神乎神乎！

神要真神，方算先天。真神者，真念是他，真心是他，真意是他。如何辨得真？诀曰：玄关火发，杳冥冲醒，一灵独觉者是也。丹家云："一念从规中起。"即真神、即真念也。又云："微茫之中，心光发现。"即真神、即真心也。又云："定中生慧，一意斡旋。"即真神、即真意也。真神从不神中炼出，学者知之。

学道人原有常格宜破，乃能引心入理，热心去则冷心来，人心绝则道心见。此吾所以别儿女、离家园，抛功名势利也。顶真学道，要把道当作奇货可居，乃有效验。

金丹之道，虽曰易知难行，然不可不求其知，以为行之地也。知苟不正，行于何往？知苟不精，行安所入？知且不熟，奚云口诀？

潜心于渊，神不外游。心牵于事，火动于中。火动于中，必摇其精。心静则息自调，静久则心自定。死心以养气，息几以纯心。精气神为内三宝，耳目口为外三宝。常使内三宝不逐物而游，外三宝不透中而扰。呼吸绵绵，深入丹田，使呼吸为夫妇，神气为子母，子母夫妇，聚而不离。故心不外驰，意不外想，神不外游，精不妄动，常熏蒸于四肢，此金丹大道之正宗也。

大道从"中"字入门，所谓中字者，一在身中，一不在身中。功夫须两层做，第一寻身中之中。朱子云："守中制外。"夫守中者，须要回光返照，注意规中，于脐下一寸三分处，不即不离，此寻身中之中也。第二求不在身中之中。《中庸》云："喜怒哀乐之未发。"此未发时，不闻不见，戒慎幽独，自然性定神清，神清气慧，到此方见本来面目，此求不在身中之中也。以在身中之中，求不在身中之中，然后人欲易净，天理复明，千古圣贤仙佛，皆以此为第一步功夫。

凝神调息，只要心平气和。心平则神凝，气和则息调。心平"平"字最妙，心不起波之谓平，心执其中之谓平，平即在此中也。心在此中，乃不起波，此"中"即丹经之玄关一窍也。

修炼不知玄关，无论其它，只此便如入暗室一般，从何下手？玄关者，气穴也。气穴者，神入气中，如在深穴之中也。神气相恋，则玄关之体已立。

初学必从内呼吸下手，此个呼吸，乃离父母重立胞胎之地。人能从此处立功，便如母呼亦呼，母吸亦吸之时，好像重生之身一般。

调息须以后天呼吸，寻真人呼吸之处。古云："后天呼吸起微风，引起真人呼吸功。"然调后天呼吸，须任他自调，方能调得起先天呼吸，我惟致虚守静而已。真息一动，玄关即不远矣。照此进功，筑基可翘足而至，不必百日也。

凡人养神养气之际，神即为收气主宰。收得一分气，便得一分宝；收得十分气，便得十分宝。气之贵重，世上凡金凡玉，虽百两不换一分，道人何必与世上争利息乎！利多生忿恚。忿恚属火，气亦火种，忿恚一生，气随之走，欲留而不能留。又其甚者，连母带子，一齐飞散。故养气以戒忿恚为切。欲戒忿恚，仍以养心养神为切。

紫清翁《玄关诀》云：玄关者，求玄之关道，玄妙之机关也。有体有用。何谓体？寂然不动。何谓用？感而遂通。不动有时候，神气交媾之初，细细缊缊，混混沌沌，是为一关，所谓"四大五行不着处'是也；神气交媾之际，昏昏默默，杳杳冥冥，是又一关，所谓"无声无臭，无内无外"是也；乃至静极生动，而用乃出焉，混混续续，兀兀腾腾，真气从规中起，是又一关，所谓"念头起处为玄牝"是也；念头起处，醉而复苏，有一个灵觉，当下觉悟，是又一关，所谓"时至神知"者是也；此时以灵觉为用，如线抽傀儡，机动气流，微微逼过尾闾，是又一关，所谓"斡转魁罡运斗柄"，正此时也；沐浴卯门，又一关；飞上泥丸，又一关；归根复命，沐浴酉户，又一关；大清静，大休歇，空空忘忘，还于至静，又一关。玄关之体用如此，千经万论，皆在是也。

陆潜虚者，明嘉靖间回翁度之。其《论调息法》云：如何是勿忘？曰：守自然。如何是勿助？曰：顺自然。如何守？曰：依息。如何顺？曰：平息。依息则息能通息矣，平息则息能匀息矣。问：守与顺是一乎？是二乎？曰：知所以守，则知顺之矣。知所以顺，则知守之矣。是二是一，原是不错，由博返约，惟在凝神，切勿用意。用意则非真意，真意从静中生。鸿蒙初判，无有染着，乃克用之，故要死过来，乃知生。不知生，亦不知死，生死是动静深机。

潜虚翁《又论调息法》云：凡调息以引息者，只在凝神入气穴。神在气穴中，默注阴跷不交而自交，不接而自接，所谓"隔体神交理最详"，古仙已言之确矣。所谓"离形交气，别有口传"也。所谓男不宽衣，女不解带，敬如神明，爱如父母，皆此凝神聚气而已。故曰：道归自然。《参同》曰："自然之所为兮，非有邪伪道。"此之谓也。

紫清翁《动几论》云：孔子曰："几者，动之微。"又曰："夫乾，其动者也直。"孟子以直养，是以微动之直，养而至大，塞乎天地之间也。直，刚气也，即乾爻之一也，即初九也，即颜子得一之一也。直与一，一也。动在人之窍中，十二时皆有。总要静以存之，方能动以察之耳。无味之中寻有味，无事之中寻有事，其在斯乎！

《道德经》："致虚极，守静笃。"二句可浑讲，亦可拆讲。浑言之，只是教人以入定之功耳；拆言之，则虚是虚无，极是中极，静是安静，笃是专笃。犹言致吾神于虚无之间，而准其中极之地，守其神于安静之内，必尽其专笃之功。

游方枯坐，非道也。然不游行于城市云山，当以气游行于通身关窍内乃可；不打坐于枯木寒堂，须以神打坐于此身妙窍中乃可。

功名多出于意外，不可存干禄之心。孔子曰："学也，禄在其中矣。"修道亦然，不可预贪效验。每逢打坐，必要心静神凝，一毫不起忖度希冀之心，只要抱住内呼吸做功夫。

炼心之法，自小及大。如今三伏大炎，一盏饭可也，再求饱不可也；一片凉可也，再求大凉不可也；数点蚊不足畏也，必求无蚊不能也。自微及巨，当前即炼心之境。惟苦中求甘，死里求生，此修道之格论也。

学道以丹基为本。丹基既凝，即可回家躬耕养亲，做几年高士醇儒，然后入山寻师，了全大道。彼梦然无知，抛家绝妻、诵经焚香者，不过混日之徒耳，乌足道！

# 《合宗明道集》上集　卷三

## 备述《仙佛合宗》语录

## 序言

冲虚真人著《天仙正理》，谓："尽精微于直论，致广大于浅说。"广大之不废详，精微之不废捷，道之全体，已无不著明矣。而真人启迪后来之心，有加无已，复以门人平日讲习语录，集而成帖，名曰《仙佛合宗》。欲后之读《正理》未贯通者，参之《合宗》而益备。且以仙佛之名虽殊，而功法纤细，无不相合，正以见只此一事实，余二即非真，庶后世知仙佛无二致，而一切旁门异术，无容惑其意见，舍正道不由，而自趋于邪慝焉。夫儒者存心养性以合天，佛氏明心见性以大觉，仙家清心炼性以了道，三教之所以为教，无非此身心性命而已。仙佛之道，即儒家圣贤之道也。虽修炼精微，古圣真惧违天戒，借炉鼎、铅汞以罕譬而喻，名固纷歧，其实不外性与命，而别有所谓炉鼎道路、铅汞药物也。仙可合于佛，不即合于儒耶？宗二氏者，岂容分道扬镳，矜尚新奇，以惑世而诬民？是真人《合宗》一书，不特阐发渊微，而其维持斯道者，益深切著明矣。读真人之书，其抑识真人之意也夫。

光绪二十三年丁酉中秋日古云安云笠道人邓徽绩谨叙于自然自在之轩

# 《仙佛合宗语录》

大明万历中睿帝阁下、吉王国师、维摩大夫季子、三教逸民、南昌县辟邪里人冲虚子伍守阳撰

## 最初还虚第一

太和问曰:《直论》中言:"炼己先务,有当禁止杜绝之端。"又曰:"不炼己有难成玄功之弊。"可谓详言炼己之要矣。昨又蒙老师言:最初炼己,不过初入其门,仍要还虚,方入阃奥。敢请还虚之理何谓也?

伍子曰:儒家有执中之心法,仙家有还虚之修持。盖中即虚空之性体,执中即还虚之功用也。惟仙佛种子,始能还虚了性,以纯于精一之至诣。若夫人心,则戾其虚空之性体,冲冲不安,流浪生死,无有出期。故欲修仙体者,先须成载道之器;欲成载道之器,必须先尽还虚之功。虚也者,鸿蒙未判之前,无极之初。斯时也,无天也,无地也,无山也,无川也,亦无人我与昆虫草木也。万象空空,杳无朕兆,此即本来之性体也。还虚者,复归无极之初,以完本来之性体也。

问曰:然则何所修持,始尽还虚之功也?

答曰:"还虚之功,惟在对境无心而已。于是见天地,无天地之形也;见山川,无山川之迹也;见人我,无人我之相也;见昆虫草木,无昆虫草木之影也。万象空空,一念不起;六根大定,一尘不染,此即本来之性体完全也。如是还虚,则过去心不可得,现在心不可得,未来心不可得,顿证最上一乘,又何必修炼己之渐法也哉!

佛宗云:"无相光中常自在。"又云:"一念不生全体现,六根才动被云遮。"合此宗也。

## 真意第二

太和问曰:《直论》中所谓"返观内照,凝神入于气穴",敢求详示返观内照之旨?

伍子曰：返观内照，即真意之妙用也。盖元神不动为体，真意感通为用，元神、真意本一物也。言元神可也，言真意亦可也。故真意即虚无中之正觉，所谓"相知之微意"是也。返观内照者，返回其驰外之真意，以观照于内也。炼精之时，真意观照于炼精之百日；炼炁之时，真意观照于炼炁之十月；炼神之时，真意观照于炼神之三年。此返观内照之大旨也。

问曰：凝神入炁穴之大旨，又何谓也？

答曰：炼精之时，有行住起止之功。行则采取如是〇，即运息以合神炁之真意也；住则封固如是〇，即停息以伏神炁之真意也；起则采封之后，真意运息，合神炁于十二时中，子时而起火也；止则象闰之候，真意停息，合神炁于本根，还虚而止火也。可见行住起止，悉皆元神凝合于虚无中，不谓之"凝神入炁穴"，亦不可也。犹未已也，当大药服食之后，务宜定觉黄庭之虚境，虽周三千六百时之天，未尝一瞬息离于结胎之所，不谓之"凝神入炁穴"，亦不可也。然真意有动静兼用之功，有专静不动之功，尤不可不知也。

问曰：何谓动静兼用之功？

答曰：初关炼精，真意采炼属动，封固属静；三年乳哺，真意出收属动，归宫还虚属静。此动静兼用之功也。

问曰：何谓专静不动之功？

答曰：中关炼炁化神，惟真意定觉于黄庭穴之虚境，为结胎之主。但任督二炁自然之有无，而不着意于二炁之有无，可见十月常静，未尝易毫发许也。此专静不动之功也。更进而论之，三年哺乳，已造还虚之极，虽真意一出一收，而实不着意于出收，则是出亦静，收亦静，谓之专静不动之功也。

问曰：动静适宜，自合妙机，倘失真意，其弊云何？

答曰：炼精之时，若失真意，则无以招摄二炁，合神归定于玄根，以妙元阳之用；炼炁之时，若失真意，则无以保护二气，归定于胎中，以证纯阳之果；炼神之时，若失真意，则无以迁神，归定于泥丸，复戒慎出入于天门，以施乳哺之功。故予向有一颂云："阳气生来尘梦醒，摄情合性归金鼎。运筹三百足周天，伏气四时归静定。七日天心阳复来，五龙捧上昆仑顶。黄庭十月足灵童，顶门出入三年整。屈指从前那六功，般般真意为纲领。九年打破太虚空，乘鸾跨鹤任游骋。"此予总颂阳关三叠，咸不离夫真意，真意之用大矣哉！然须知真意不涉较量，一涉较量，即非真意矣。

佛宗云："拟议即乖，较量即错。"合此宗也。

## 水源清浊真丹幻丹第三

太和问曰：《直论》中有不知先后清浊之辨，不可以采取真气，何谓也？

伍子曰：先后清浊，水源之辨，真丹、幻丹之所由别也。

问曰：既云丹，均是阳精所成，何有真幻之别也？

答曰：水源既有清浊之殊，则成丹不无真幻之别。若筑基昧此，则违真从幻，往往有之矣。今为尔详言之。凡有念虑存想，知见睹闻，皆属后天，所谓浊源也。阳精从此浊源中生，因而采封炼止，纵合玄妙天机，终成幻丹，以其水源不清也。若夫无念无虑，不识不知，虚极静笃时，即属先天，所谓清源也。阳精从此清源中生，则采封炼止，兼合玄妙天机，遂成真丹，以其水源不浊也。凡阳精从清源中生，即须采而炼之。倘阳精从浊源中生，弃之不可采也。诚能最初还虚，则采炼阳精，悉就真丹，自无幻丹之谬矣。古云"炼药先须学炼心"，诚有鉴于水源之宜清也。

佛宗云："心浊不清，障菩提种。"合此宗也。

## 火足候止火景采大药天机第四

太和严整衣冠，拜敬膝下，西立问曰：《直论》中所谓三百周天，犹有分余象闰数，一候玄妙机，同于三百候，义旨云何？

伍子曰：此言火足之候也。所谓三百周天者，三百妙周之限数也。欲人知火足之候，在得玄机之周天，满三百候之限数也。凡行小周天之火，有善于行火者，有不善于行火者。善于行火者，水源清真，采封如法，炼止合度，心不散乱，意不昏沉，以至三百息数。若断而复连，神炁不均，时离时合，此一周天，乃失玄妙之周天也。除失玄妙机之周天不计外，独计得玄妙机之周天，要满三百候之限数，方为火足之候、止火之候，此积于内者也；犹有龟缩不举之景，并阳光二现之景，皆为火足之候、止火之候，此形于外者也。故佛宗有"倒却门前刹竿着"之句，又有成就"如来马阴藏相"之句，皆为缩龟不举之明证也。又有"宝胜如来放光动地"之句，亦为阳光发现之明证也。

问曰：阳光发现之时，从何处而现？

答曰：两眉间，号曰明堂，阳光发现之处也。阳光发现之时，恍如掣电，虚室生白是也。当炼精之时，即有阳光一现之景。斯时也，火候未全，淫根未缩，一遇阳生，即当采炼运一周天。以至采炼多番，周而复周，静而复静，务期圆满三百妙周之限数而后已。限数既满，惟宜入定，以培养其真阳，静听阳光之二现可也。由是于静定之中，忽见眉间又掣电光，虚室生白，此阳光二现也。正是止火之景、止火之候也。是时三百妙周之数，恰恰圆满，龟缩不举之外景，次第呈验矣。此内外三事，次第而到者也。

问曰：三事既次第而到，彼又谬自行火，是何故也？

答曰：此时动炁虽不妄驰于肾窍，而生机却动于炁根，故炁机发动，或一动二动，亦所有事。彼昏不知，觉其二动，以为可采，辄行采炼者有之，是以有倾危之害也。

问曰：欲免倾危，须究其显验所以然之理，祈老师更为历历言之？

答曰：筑基已成，精尽成炁，恰好限数圆满。限数既满，则火之已足，足征矣。摄此动炁，凝成丹药，方得淫根如龟之缩。既已龟缩，则药之已成，又足征矣。阳关已闭，无窍可通，方得淫根绝无举动，既绝不动，无精可炼，则火之当止，又足征矣。所积阳炁，尽伏气根，方得阳光二现，光既二现，则阳炁之可定于炁，又足征矣。故阳光二现，纵有动机，亦去其火，更宜入定，以培养其真阳，静听阳光之三现可也。由是于静定之中，忽有眉间又掣电光，虚室生白，此阳光之三现，真阳团聚，大药纯乾，方得阳光三现。光既三现，则炁根之内，已有大药可采，又足征矣。要之止火，当自阳光二现为始，止至三现为终。故二现、三现，皆名止火之景、止火之候。由是阳光三现，方名采大药之景、采大药之候也。

问曰：行火至于阳光四现，遂至倾危，其何故也？

答曰：此由不依止法，妄自行火之过也。不知阳光三现，大药可采，若行火至四现，则大药可定者，必随火之不定者而溢出于外，化为后天有形之精矣。可不戒哉！

佛宗云："如来善护宝珠，自然放光有节。"合此宗矣。

# 七日采大药天机第五

太和作礼曲膝问曰：《直论》中所谓七日口授天机，采其大药，未审大药何以必须采于七日也？

伍子曰：阳光三现之时，纯阳真炁，已凝聚于鼎中，但隐而不出耳。必用七日采工，始见鼎中火珠呈象，只内动内生，不复外驰，故名真铅内药，又名金液大丹，又名金丹大药。异名虽多，只一真阳，即七日来复之义也。

问曰：采大药天机，求老师垂慈详训？

答曰：以初采言之，其呼吸之火，自能内运。任火自运，绝不着意于火，亦不驰意于火，方合玄妙机之火也。此时用火，尤当入定，而单用眸光之功，时以日间用双眸之光，专视中田；夜间用双眸之光，守留不怠。如是以采之，大药自生。《阴符经》所谓"机在目"者，此也。

问曰：天机已明，但采之而所以得生之理，尚求教益。

答曰：采之而所以得生之理，有四说焉。盖以交媾而后生，勾引而后生，静定而后生，息定而后生也。

问曰：何为交媾而后生？

答曰：心中元神，属无形之火；肾中元炁，属无形之水。心中无形之火神，因眸光专视而得凝于上，则肾中无形之水炁，自然熏蒸上腾，与元神交媾，而无上下之间隔矣。无形之水火，既以交媾于上，则久积纯阳之炁，自然团成大药，如火珠之形，发露于下矣。如天地氤氲，万物化生者然。盖无形能生有形，自然之理也。古云："玄黄若也无交媾，怎得阳从坎下飞。"即此义也。

问曰：何为勾引而后生？

答曰：双眸之光，乃神中真意之所寄，眸光之所至，真意至焉。真意属土，土乃中宫之黄婆，黄婆即勾引之媒妁也。黄婆勾引于上，则大药自相随，而出现于下矣。古云"中宫胎息号黄婆"，即此义也。

问曰：何为静定而后生？

答曰：元神因眸光专视，归凝于上之本位而得定机，则元炁亦归凝于下之本位而得定机。神炁俱得定机，由是元炁成形，因定而生动，只动于内，生于内矣。古云："采真铅于不动之中。"又云"不定而阳不生"，即此义也。

问曰：何为息定而后生？

答曰：此后天自运之火，亦因神炁之定机而有所归依，自然伏定于炁根，而无上下之运行矣。真息一定，大药自生。真息不定，大药必不生也。古云"定息采真铅"，即此义也。此四说者，皆以眸光为招摄，故其至意乃尔也。昔本宗邱祖相传一偈云："金丹大药不难求，目视中田夜守留。水火自交无上下，一团生意在双眸。"旨哉此偈也！须知大药生时，六根先自震动，只知丹田火炽，两肾汤煎，眼吐金光，耳后风生，脑后鹫鸣，身涌鼻搐之类，皆得药之景也。大率采药至于三四日间，真意将定未定之时，得药六景，即次第而现。若采药至于五六日间，则真意一定，而大药已生矣。故七日之期，亦大概之言耳。

佛宗云："天女献花。"又云："龙女献珠。"合此宗也。

## 大药过关服食天机第六

太和歃血盟天，作礼四拜，长跪问曰：七日采药天机，业已蒙恩传授，但《直论》中所谓大药过关，有五龙捧圣之秘机，未审是何取义？个中玄妙，恭望大慈，俯垂详剖？

伍子曰：前辈仙师，欲明过关秘旨，故借玄帝舍身得道之事以喻言之。所以喻言之者，以五乃土数，真意属土，龙乃元神，元神为真意之体，真意乃元神之用，体用原不相离，故云五龙。捧圣，即大药之喻。用意引大药过关，故云五龙捧圣也。其间有过关服食之正功，向以详言于三次口传之内矣，兹不复赘。盖以童真与夫漏精二度之人，则过关服食之助功，自当应用。若漏精多度，则此助功不复可用，即当行过关服食之正功矣。

问曰：正功天机，求老师详示？

答曰：天机示汝，汝当珍重。今且以大药初生言之，因其多精积累，始得形如火珠，此先天纯阳之炁，能生后天真息之火，火药同根而生，故言药不言火，而火即在其中矣。大药发生，不附外体，只内动于炁穴。须知炁穴之下，尾闾界地，有四道歧路，上通心位，前通阳关，后通尾闾，下通谷道。前三窍髓实，呼吸不通。惟谷道一窍，虚而且通，乃气液皆通之熟路，又气液皆通，乃平日所有之旧事。故《直论》注中有"熟路旧事"四字，即指此言也。尾闾、谷道，一实一虚，故名下鹊桥。尾闾关往上夹脊三窍，至玉枕三窍，与夫鼻上印堂，皆髓实填塞，呼吸不通。鼻下二窍，虚而且通，乃呼吸往来之径路，印堂、鼻窍，一实一虚，故名上鹊桥。关窍既明，则防危虑险之功，尤不可不知也。盖大药将生之时，先有六根震动之景。六根既已震动，即当六根不漏，以遂其生机。大药既生之后，六根即当迁入中田，以化阴神。务先逆运河车而超脱之，尤当六根不漏以襄其转轴。故下用木座抵住谷道，所以使身根不漏也；上用木夹牢封鼻窍，所以使鼻根不漏也；含两眼之光，勿令外视，所以使眼根不漏也；凝两耳之韵，勿令外听，所以使耳根不漏也；唇齿相合，舌抵上颚，所以使舌根不漏也；一念不生，六尘不染，所以使意根不漏也。既能六根不漏，可谓防备之至密矣。犹未已也，方大药之生于炁穴也，流动活泼，自能飞升而上腾于心位。心位不贮，自转向下田界地，而前触夫阳关。阳关已闭，自转动中田界地，而冲夫尾闾。尾闾不通，必自转动，由尾闾而下奔走谷道。谷道易开，大药泄去，前工尽废矣。此下鹊桥之危险也，即曹、邱二真人走丹之处。预用木座，状入馒首，覆棉取软，座抵谷道，其势上耸，不使大药下奔。既为外固之有具矣，又有内固之法焉。大药冲尾闾不透，自转动而有下奔谷道之势，才见其下奔，即微微轻撮谷道以禁之，斯为内固之至严矣。内外如此固严，自能保全大药，不致下奔于谷道，只附尾闾，遇阻而不动矣。斯时也，若用真意导引，则失唱随之机，纵导引频频，终难过关，故有善引之正功焉。才见其遇阻不动，即一意不动，凝神不动，动而后引，不可引而使动也。忽又自动冲关，即随其动机，而有两相知之微意，轻轻引上，自然度过尾闾，而至夹脊关矣。关前三窍，髓阻不通，大药遇阻不动。惟是一念不生，凝神不动，以待其动。忽又自动冲关，即随其动机，而有两相知之微意，轻轻引上，自然度过夹脊，而至玉枕关矣。关前三窍，髓阻不通，大药遇阻不动。惟是一意不生，凝神不动，以待其动。忽又自动冲关，即随其动机，而有两相知之微意，轻轻引上，自然度过玉枕，直贯顶门，向前引下，至于印堂。印堂髓阻不通，自转动而妄行于鼻下便道之虚窍矣。若非木夹为之关锁，几何而不沦于泄也？泄则前工废矣。此上鹊桥之大危险也。故木夹之用，不可不预为防也。预防有具，则大药不致下驰于鼻窍，只附于印堂，遇阻而不动矣。惟是一意不生，凝神不动，以待其动。忽又自动冲关，即随其动机，而有两相知之微意，轻轻引下，自然度过印堂，降下十二重楼，犹如服食而入于丹田神室之中，点化阴神，为乾坤交媾。盖通中下二田，合而为一者也。此过关服食之正功也。昔本宗邱祖偈曰："金丹冲上斡天罡，何患阻桥又阻关。一意不生神不动，六根不动引循环。"旨哉此偈也。盖天罡居天之正中，一名为中黄星，一名天心，一名斗柄，在天为天心，在人为真意。大药凭真意之转旋而升降，犹天轮藉天心之斡运而循环，皆一理也。须知初用木座抵住谷道之时，因其势已上纵，不使大药下奔，故大药冲尾闾不透，亦有不下奔谷道者，即不必行轻撮谷道之事，惟用过关之正功而已。然过关正功，其行住之机，惟在顺其自然为要也。

佛宗云："未有常行而不住，亦未有常住而不行。"合此宗也。

# 守中第七

太和问曰：《直论》中谓："欲将此炁炼而化神，必将此炁合神为炼。"何为必将此炁合神为炼也？

伍子曰：既采得金丹大药，逆运河车，入于神室之中矣。倘其神光失照，则大药失其配偶而旋倾，故必以元神为大药之归依，以大药为元神之点化，相与寂照不离，则阳炁自能勤勤发生，乃与真意相运于神室，而元神得其培养以相炼也。

问曰：何为将此炁炼而化神也？

答曰：大药得火炁相运于神室，既能点化神中之阴，阴神赖以降伏，而念虑不起。又能培补神中之阳，阳神愈益阳明，而昏睡全无，不谓之炼炁化神，不可也。

又问曰：《直论》注中既言，"伏炁于丹田炁穴中而结胎"。其后正文又言，"大药转归黄庭结胎之所"。盖炁穴属下田，黄庭属中田，何以言结胎之所有二田之别也？

答曰：初行大周天之火，元神虽居于中田，却连合下田二炁以为妙用，必元神寂照于中下二田，相与混融，化为一虚空之大境，使二炁助神结胎，故二田皆实落处。若拘守于一田，则神有滞碍，而失大圆境之智用矣，乌乎可？

问曰：《直论》中所谓守中之理，敢请详训。

答曰：中也者，非中间之中，乃虚空之谓中也。守也者，非拘守之谓守，乃致虚之谓守也。守中也者，不着意于二田，亦不纵意于二田，即所谓元神寂照二田，成一虚境是也。故能保中之体者，一念不生，寂然不动，直守到食脉两绝，昏睡全无，亦须臾不离于寂照也。能尽中之用者，灵光不昧，迥脱尘根。直守到二炁俱无，念无生灭，亦须臾不离于照也。从来体用不分，寂照同用。所以全十月养胎之要务者，盖如此。

问曰：《直论》中言胎，又言胎息，又言真胎息，请一一言之？

答曰：十月之关，有元神之寂照，以为二炁之主持，故云胎。有二炁之运行，以为元神之助养，故云胎息。忘二炁运行助养之迹，而胎神终归大定，故云真胎息也。

问曰：大周天火候，请更详言之？

答曰：自服食大药之后，三关九窍，阻塞之处，尽已开通。须知此后二炁勤生，自能运转于已通之正路，服食于二田之虚境，以培养夫元神，故其一升一降，循环不已，亦自然而然者也。可见此时之火，自不用意引之火，火既不用意引，又岂可着意于火，而滞碍夫元神之大定也哉？惟是不见有火相，方合不有不无之文火，为大周天之火候也。然非元神寂照于二田之虚境，又安得二炁之勤勤发生，运养不绝有如斯也。

问曰：十月关中，历月自有景验，愿闻其详？

答曰：初入定时，守定三月，则二炁之动机甚微，但微动于脐轮之虚境而已。若守至四五月间，则二炁因元神之寂照，以至服食已尽，而皆归定灭。元神因元炁之培育，以致阳明不昧，而得证真空。二炁俱停，食性已绝，独存一寂照之元神，以为胎仙之主矣。更守至六七月间，不但心不生灭，亦且昏睡全无。更守至八九月间，寂照已久，百脉俱住；更守至十月，则候足纯阳，神归大定，于是定能生慧，自有六通之验矣。六通者，漏尽通、天眼通、天耳通、宿命通、他心通、神境通是也。前炼精时已有漏尽一通，至此方有后五通之验也。盖天眼通，则能见天上之事；天耳通，则能闻天上之言；宿命通，则能晓前世之因；他心通，则能知未来之事。惟神境一通，乃识神用事。若不能保扶心君，即为识神所转，却自喜其能修、能证，而欢喜魔已入于心矣。由是喜言人间之祸福，喜言未来之事机，祸不旋踵而至矣。惟是慧而不用，则能转识成智，始得证胎圆之果也。古云："三万刻中无间断，行行坐坐转分明。"正所以发明十月养胎，只在绵密寂照之功而已全也。

问曰：《直论》注中谓："卯酉子午之位，是沐浴之位。"故初关活子时有沐浴用，何以中关十月亦有沐浴之用，并防危虑险之机，乞师详示？

答曰：五行各有长生之位，如长生、沐浴、冠带、临官、帝旺、衰、病、死、墓、绝、胎、养也。寅申巳亥，为长生之位。火长生在寅，沐浴在卯，死在酉；水土长生在申，沐浴在酉，死在卯；金长生在巳，沐浴在午，死在子；木长生在亥，沐浴在子，死在午。故卯酉子午之位，是沐浴之位，亦是死而不动之位也。当知洗心涤虑，为沐浴之首务；二炁不动，为沐浴之正功。又当知真炁熏蒸，亦是沐浴之义也。防危虑险，防其不洗心涤虑也。若不洗心涤虑，则难得真炁熏蒸，以臻二炁不动之效。故沐浴义之用，只在绵密寂照之功而已。《直论》注中有"欲知沐浴之义之用"，可自查《语录》以考其全机者此也。所谓"一年沐浴防危险"者，亦此也。

问曰：慧而不用，始证胎圆。胎圆确证，尚冀详明？

答曰：数月以前，二炁俱无，食脉两绝，已有明征矣。是以无论在十月关内，十月关外，但有一毫昏沉之意，余阴尚在；有一毫散乱之念，神未纯阳。必须守到昏沉尽绝，散乱俱无之诣，方为纯阳果满之胎神，而已入于神仙之域矣。

佛宗云："初禅念住，二禅息住，三禅脉住，四禅灭尽定。"合此宗也。

## 出神景出神收神法第八

太和问曰：《直论》中所谓"神已纯全，胎已满足，必不可久留于胎，再用迁法，自中下而迁于上丹田，以加三年乳哺之法"，伏望指示？

答曰：上丹田，一名泥丸宫，阳神归伏之本宫也。归伏本宫，阳神未壮健，如婴儿幼小，必凭乳哺，故有乳哺之名焉。倘拘神于上丹田之小境，则失还丹之义旨，大悖乳哺之法矣。其法兼存养之全体，出收之大用而言者也。盖存养之功，不着意于上丹田，亦不纵意于上田。惟一阳神寂照于上丹田，相与混融，化成一虚空之大境，斯为存养之全体，乃为乳哺之首务也。存养功纯，自有出神之景焉。出神景现，神可出矣。当出而不出，则不脱不超，难入圣阶。故出神之景，在所当知也。当其存养功纯，忽于定中，见空中六出纷纷，即出神之景也。斯时也，即当调神出壳，一出天门而旋即收，出则以太虚为超脱之境，收则以上丹田为存养之所。须知出收之时少，而存养之时多。又出宜暂而不宜久，宜近而不宜远。始则出一步而旋收焉，或出多步而旋收焉。久之或出一里而旋收焉，或出多里而旋收焉，乃至百千里以渐次而至，不可躐等而至也。所以然者，以婴儿幼小，迷失难归，或有天魔来试，乱我心君，故须出入谨慎，方能保全虚空之全体，于往来之中，以完夫乳哺之大用也。古云："道高一尺，魔高一丈。"不但天魔来试道行，抑且识神变化使然，总要保扶心君为上。若乃仙佛种子，最初还虚功纯，则灵台湛寂，不染一尘，永无一物，魔自何来？此又越度等夷者矣。故修士当以最初还虚为急务也。若夫乳哺谨慎，还虚于三年，则阳神始得老成，自可达地通天，入金石而无碍矣。

佛宗云："始成正觉，如来出现。"又云："形成出胎，亲为佛子。"合此宗也。

## 末后还虚第九

太和问曰：《直论》中有上关炼神，九年面壁之名，末后还虚，未审炼神义旨，求师详示？

伍子曰：炼神也者，无神可凝之谓也。缘守中乳哺时，尚有寂照之神，此后神不自神，复归无极，体证虚空，虽历亿劫，只以完其恒性，岂特九年面壁而已哉！九年云者，不过欲使初证神仙者，知还虚为证天仙之先务也。故于九年之中，不见有大道之可修也，亦不见有仙佛之可证也。于焉心与俱化，法与俱忘，寂之无所寂也，照之无所照也，又何神之可云乎？虽曰无神，岂不可以强名，故强名以立法，名为末后还虚云耳。

佛宗云："欲证虚空体，示等虚空法。证得虚空时，无是无非法。"合此宗也。

## 《合宗明道集》后跋语

本书共九卷，分初、中、上三集为一部，涵三关九层之意。颜曰《合宗明道》者，合儒仙佛大道宗旨而发明之也。封面盖"专度有缘"心印，诸君各有题词。予亦附骥而题曰："外圆兮象天，真性藏里；内方兮象地，命功所止。蒙蒙波谷兮，水火既济；玄之又玄兮，心印特寄；有缘得遇兮，慎勿轻弃。"惜乎中原鼎沸，神州陆沉，敌机轰炸，尸山血海，虽欲修养性命，恐不可得。然而世有治乱，道有隆污，究竟三界惟心，万法惟识。故昔日五祖七真，皆遭患难困苦，卒能成道。佛祖云："吾于五浊恶世修行得道。"《中庸》曰："国无道，至死不变，强哉矫！"综观三教，皆有志竟成，不因世运迍遭而阻其进步也。况有缘得遇此书，朝披夕览，得其要领，又不须寻师访友，跋涉险阻之劳，而漕溪觉路，桃源乐境，可坐而定。异日功成上升，乘鸾跨鹤，又岂让古人独步哉！但道成之后，非仅抱个人主义，必靖妖氛，弭戎寇，驱旱魃，降甘霖，济世安民，功垂宇宙，驾钟、吕、张、许而上之，尤予之所拭目而望焉者。

铜梁后学胡燮阳撰

## 《合宗明道集》再跋
### （详说专度有缘心印）

或曰"专度有缘"四字，未免狭隘。余谓不然，自古得道，皆各有因

缘，然缘之发生，只在印中一心耳。若人心不信行，虽如集中讲论人事，阐扬三教，及指点强身、强种、强国诸义理，本极广大精微，而乃滑眼看过，不生信心，是蔑受度之缘，礼无往教，非门户自私也。盖普度众生，乃仙佛发誓之宏愿，而随缘应化，则其施行普度之手续。故道人游行度世，直揭示化缘、结缘口号。是"缘"之一字，包涵古今中外天时人事，一切结合机构，莫不各有缘在其中。余久欲立缘学一科，而研究未果。兹以缘而论，度人传道，特其一端耳。愿同人均为信徒，早结福缘善果，以免错过此门，开方便之机缘也。

后学银公铨镜堂谨志

# 下编　明道语录

# 重刊《明道语录》之经过 ①

　　《明道语录》，为洗心子答复各方问道之函札所汇集而成之书，原书虽仅数万言，已将道之初乘筑基、玉液还丹功法，泄尽无余。学道诸君，手此一编，无异亲炙。惟此书初为印赠同好，国内道友，获此书者，固属无多。至于台湾，吉光片羽，尤罕觏矣。兹幸朱士箴先生，珍藏一部，同人等如获至宝，因商得朱先生之同意，集资重刊，以广流传，而于简端且增印《前中华道教会宣言》，俾各位道友，知我中国道家之兼弘体用，总笼百家，岂云谈玄，足资实证。并于书尾，附录《仙道必先广修功德》一文，使知功德，实为修道之基石，并附《内功实况报告》，仙真示现事迹等，用作本书之印证，而以《健身静坐须知》殿其后，俾初学者，无师可以自习，此则同人等，重刊本《语录》区区之意也。又《语录》中，经删去无关宏旨之书札数通，尚祈读者谅之。

　　　　　　　　　　丙申（1956年）夏午月武昌徐伯英谨识于台北

---

① 本篇据1956年台湾真善美出版社《明道语录》重刊本增补，该书后所收附录，概不收录。

# 明道语录初集

（民国卅年 [①]　洗心子题）

## 附则

一、自古迄今，仙佛慈悲，垂训教人，语录最多，难于手抄。兹特节略古仙要语数条，以冠篇首。

二、此篇语录，乃现今寄赠《明道》一集，往来问难之答覆，以便同志参考校正之意。

三、来函最多，不能尽录。文内如有双括符号者，即原函语也。阅者须知。

抄录者述意

## 上阳真人陈致虚论道三传 [②]

一、上者，文人善士，寡言好善，能弃富贵，唯急于身，是云上士，宜传道焉。

二、中者，质而不文，闻道笃信，能割恩爱，力行精进，不顾是非，是曰中士，乃有上士之志，宜传道焉。

三、下者，愚而信实，乐善弃恶，舍己从人，勇于敢为，是云下士，其志可尚，宜传道焉。故道非勇敢坚定之士，不能成就。

---

① 民国卅年，即 1941 年。
② 此摘录自陈致虚《金丹大要·须知七事章第八》。

## 又论道有三戒

一、凡学道者，心虽慕向，而乃骄其富贵，不肯下问，不立盟誓，是谓奸谲，戒而莫与。

二、学道者，略闻旁门小法，惟事强辩，以逞乾慧，是为夸眩，戒而莫与。

三、学道者，疑信相半，不以生死为忧，重财轻身，是不知命，戒而莫与。

## 又论道有三去

一者，虽智人才士，而好论无状告人，是谓无德，宜去之。

二者，虽善人胜士，而好诋排是非，妄议今古，是谓不广，宜去之。

三者，虽好道向善，而口是心非，背真就伪，是谓无实，宜去之。

## 密溪语录 ①

洗心子原稿

### 覆郑梦髯函

（劝舍弃旁门，速修正道。②）

来函敬悉，各节照覆，浮文不叙，冒渎之处，尚希原谅！

函称已得阅本书，可为"入道指南"云，其信然欤！先生慕道有年，喜读撄宁 ③ 巨著。若兹《明道》一集，无甚奇特，平易之谈，不识可当意否？

---

① 密溪，或系为密溪乡（现名真龙镇），在四川省泸州市合江县城西隅，因乡境内溪流密布而得名。

② 本条底本无，据 1956 年台湾真善美出版社《明道语录》重刊本增补，下同。

③ 撄宁，盖指陈撄宁，1933—1941 年曾主笔《扬善半月刊》和《仙道月报》。

查人之恒情，每因贪欲习气，舍近求远，厌故喜新，以致忘重计轻，去真务假，岂知"道不远人"，去贪欲、除习气而已。更能博学、审问、慎思、明辨、笃行，则近道矣。

又谓："此身须向今生度，俟人事完后了之。"夫人事方面，重要者，固当尽。如待万事已完，然后始下手行道，即喉中气断时，尚有许多未了因缘。试思人身难得，中土难生；大道难闻，正法难遇。如遇之不度，轮回一迷，何生得了？光阴催人，转瞬白头；生死事重，当务之急。但度之之法，吾人首当明辨邪正，知其纲要；其次笃实行去，猛勇精进，方能有成。经曰："知之真，行之真，然后证果得其真。"是学道，又以"知"为"行"先也明矣。

又谓"首先延命，以求达到一切志愿。第一访师求诀，修至'我命由我不由天'，后学得剑术，再造大成"云。论延命一层，无真师口诀，何能做到？既经造到"我命由我"时，大道已将成矣，学剑术何益？剑术，为符箓一派①。三丰祖师云："修仙有二，其上乘，自静功入门，首戒妄念，次学胎息，再演降龙伏虎之法。此皆易事，惟金丹难炼耳，丹成便可飞升，来往自如矣。若符箓一派，静则云霞，动则霹雳，然必传授正，蕴秘深，真师来度，亦成南宫列仙，否则五百年后，难免雷劫矣。"故曰："大道将成，剑术无益。"

又云："不欲成仙作佛，上升天界，愿于浊世苦海中济人利物。"此种取法，亦不失为贤人，种德福因，在轮回中享受，但须劫劫勿迷，否则一旦坠入恶道，靡有出期。

又谓："化世界为极乐。"往昔孔、老、释三圣，尚犹不能，更有过于三圣者乎？既叹岁月无多，不必焦思万状，还须即时下手，立起大志，虽白头老叟，亦能有成。若是托诸空谈，犹如叹饭不饱，大劫临头，时不及待，自度可也。

观来函，知慕陈撄宁先生，至深且切，是必另有心传。兹据来函辨答，尚希原谅原谅。

---

① 吕洞宾《江州望江亭自记》有云："世多称吾能飞剑戮人者。吾闻之，笑曰：'慈悲者，佛也。仙犹佛耳，安有取人命乎？'吾固有剑，盖异于彼。一断贪瞋，二断爱欲，三断烦恼，此其三剑也。"

## 覆曹昌祺函

### （论性命双修）

顷悉来函，收到本书，曷堪谢忱，不识值得一瞥否？兹跟速寄上二部，不日定能收到。

所致周道成①道友函，现难转到，已同二三道友，往青城、峨眉去矣。行踪无定，归期亦无定。敝同人非集团性质，既无会社组织，亦无地址在县，再无名利贪图，更无招生希望，各友散处各山，注重实践，不履尘市。

印赠道书一举，原因每见刊载同志种情，颇有造就，肫诚之心可嘉，惜不闻正道，恐无良好结果，是以不揣冒昧，特为介绍，然亦听其因②缘之如何耳。黄元吉所谓："道关乎天命，非无根、无德、无福、无缘者，可以受得。又非坚、恒、勤、笃者，不能成功。"

曩者读《扬善③刊》上先生大作，知富于学识，博览群书。又读《学道宜从清静说》《修道宜广积阴德说》，颇知见解高人一着矣。函称"开示"，实属客气。敝同人皆一知半解，尚希不时赐教，以匡不逮。承询姓名、年龄、道派等，现下请就学理上着眼，将学理之是非，讨论到真实不虚时，再问其他。来函仅及籍贯、年龄，未详学理事实，已知先生南通北达矣。孔子曰："君子以文会友。"余不文，愚者也，喜友文士，兹借先生《刊》上文中《学道宜分阴阳清静两说》，作初次纸上之晤谈。

夫阴阳、清静者，为道中之两名词，无派别之可分。或谓南派主阴阳，北派主清静，此邪师之瞎说妄分，敢一语断定。大道独一无二，千真万圣，皆凭此修证。何谓道？《易》曰"一阴一阳"是也。修道者，修此阴阳也。吕祖云："丹经部部言阴阳，二字名为万法王。"此个总名，为天地人物，生生化化之根源，横遍竖穷，莫非此也。且人类无论男女，皆各全阴阳二气。

---

① "成"字，底本无，校者增补。周道成，即洗心子（天成）。

② "因"字，底本无，据台湾真善美出版社《明道语录》重刊本增补。

③ "扬善"二字，据台湾真善美出版社《明道语录》重刊本增补。《扬善刊》，即《扬善半月刊》，1933 年 7 月创刊，1937 年 8 月停刊，上海翼化堂善书局出版发行，陈撄宁任主笔。

《易》曰"各正性命"，是也。不假外求。不过一落后天，性在天边，命沉海底，性命各宿耳。故当养其二气，均则生，偏则病，尽则死矣。修道者，将各宿之二气，益之累之，以清静功夫，合和凝集，以复其初，故有栽接之喻，犹果木之栽根接枝也。虽说栽接为命功，清静为性功，但是无清静不足以成栽接，无栽接不足以了清静。即是以神宰气，以性制命，二者相需而行，故为性命双修。①旁门不达此奥义，一闻"阴阳栽接"之名，便以丹经之鼎炉、牝牡、彼我、内外等名词，证明的是男女采补。谓："男子以河车路通，女子以斩赤龙后，方可行此一时半刻之功，始无铅走汞飞之危。"吁！可笑甚愚。行功既到河车路通，已得初基人仙之果矣，由此渐进，功到大还，始有"猛火内栽莲，逆水滩头撑船"之喻，岂邪说之所谓"一时半刻"者乎？且一人身内自运，尚有危险，况男女交接乎？苟念头稍动，先天淳朴即散，究何益于身心？设或漏泄春光，敢说仙胎无望，凡胎定成，纵不成胎，究其极，不过逐欲久战而已，岂大道乎？正张祖所叹"下愚之又下愚"者也。如是污浊，则"大"字、"真"字、"金仙"、"上圣"等字，当然加不上，反不如乡贤逸士，尤有懿行堪述之为愈也。但世亦有棒打不醒者，甘受愚弄，还在津津有味的唱高调，我辈当然不照。

谚曰："修道的修道，造孽的造孽。"如果人人觉悟，世界必无众生。古仙云："若教愚辈皆成道，天下神仙似水流。"又云："知易行难。"我则曰："行固难，知亦不易。知之真，行之始真。知尚不清，行于何往？"故吾人研究学说，首先于种种名词彻底、意义辨真，方有结果。否则，弄得自己糊糊涂涂，莫名其妙，以致受人欺骗，罔此一生，倘坠沉沦，无有出期，则又苦矣。古仙云："学道须学正道，道即不成，不失人皮。"《心印经》云："丹在身中。"《黄庭经》曰："仙人道士非有神，积精累气以成真。"三复此经，可以明道矣。

管见如斯，遗笑方家，是否有当，尚希教正。

---

① 张三丰《无根树》云："无根树，花正微，树老重新接嫩枝。梅寄柳，桑接梨，传与修真作样儿。自古神仙栽接法，人老原来有药医。访明师，问方儿，下手速修犹太迟。"李涵虚解曰："人老则元气衰微，不可不急急栽补，观之梅寄柳、桑接梨，则有式样矣。寄者，比丹法寄居兑户、寄体西邻之意；接，比丹法以性接命、以我接彼之意。故梅寄柳、桑接梨，正是今人修真样子、古仙栽接方儿。栽接者，医老之方也。接树有良方，而言梅柳桑梨者，同类也。夫以老枝劈开而以嫩枝插入，夹之捆之，好土合之，牝牡相衔，此接树法也。医老之方，亦必以类入类，妙土打合，而后返老还元。是法也，明师知之，在人访求耳。"

## 又覆曹昌祺

（《唱道真言》中炼心法，即玄关正轨。）

承赠《唱道真言》，敝同人敬申谢忱。是书敝地，早已刻板行世。如能熟玩，而炼心法则，玄关正轨，已于书中思过半矣。

昨奉来示，密密子已具答覆，并续寄《明道集》二部，谅已收到。

## 张道初[①] 原函

（求赐列门墙）

承赐《明道集》，当即盥诵一过，得悉书中所录，多系古训古籍，大半已曾读过，温故知新，获益孔多，且选择精要，殊便初学。《三字经》《百句章》二注，更觉简明，读之受惠尤深。后学根钝器劣，虽年方十八，即已好道，读书数百种，卒不悉法诀，对于仙道学理，如盲人摸象，不知究竟，言之愧怍无地。且以凤业深重，自幼多病，七岁时即患咯血，及长复病梦遗，二疾缠绵，几无宁日。初犹可以带病读书，带病工作，继以病势日剧。于民国二十七年（1938 年）十二月十二日，大咯血后，竟怔忡失眠，神经衰弱，咳痰潮热，渐至体疲，不能出外治生。虽经多方医治，息心调养，然以病在本源，非药石可以奏效。迄今养病在家，但以素究仙道，深知贱疾，非仙家妙法之先天一炁攻之，恐难痊愈。

昔李涵虚真人，亦曾患伤血之症，后遇郑朴山先生，授以修养口诀，依之修炼而愈。兹读《明道集》卷首，序中云："冉道源先生少时，亦因病而得卫生术治愈。"所谓"卫生术者"，必为金丹大道，非普通方法也。由是后学求道之心益切矣。惟仙道，首贵有缘。无缘，即近在目前，亦不能遇而得也。往昔于病重时，凡闻有道高人，近者则亲谒之，远者则函恳之，但均遭托故婉辞，以致慕道垂数十年，而仍不得其门而入。其即无缘乎？抑时之未

---

　　① 张道初，又名张良士、张定阳，号乾乾子，苏州人，撰有《丹道概论》《西派真空丹诀》。参见《口诀直指》，华龄出版社 2025 年 3 月第 1 版。

至耶？昔孔圣亦有求廿八年而未得之叹，曰："朝闻道，夕死可矣。"

呜呼！大道之难闻，一至于此，无怪求之不易也。乃以恶疾缠身，非惟不能出世，即入世亦所不能，圣凡两空，宁非虚此一生，而深负皇天深恩、父母养恩欤！而向道之心，终不能已，总欲于难能中求可能。兹幸有缘，而于千里之外，得读舟先生之宏作，因而得悉先生之有道，而热心济世。更悉舟先生之辑书行世，广度有缘，岂非时至缘熟，天赐良机乎？弟道途修阻，关山远隔，不克膝行访谒，面聆教诲，岂非有缘中又生阻碍乎？谚云："有缘千里来相会，无缘对面不相识。"《明道集》凡例云："得睹斯编，亦幸有缘。"今既睹矣，亦可为有缘，或于不可能中，亦有可能之办法。爰不揣冒昧，盥沐修书，叩恳赐列门墙，方便开示，拯后学于水深火热之中，则无任感祷之至。

按：昔吕祖求学于钟离祖师有曰："弟子随师七八年，肩头磨得皮肉烂。足下生疮十几番，未曾闻师一句言。"如是犹不退悔怨恶，始可与言道也。

## 覆张道初函
### （示初步修法）

敝同人早知本书一出，凡初闻其名者，无一不欲先睹为快。忆有简易方法，一目了然；抑或有异闻捷诀，立地成仙。一经涉猎，无不谓为老生常谈，往古老话；更有斥为拾古唾余，沽名钓誉者；亦有测为借道敛财，希图招生者。种种批评，势必不免，任人加罪，在所不辞。

夫道岂小可哉！夺天地之造化，握生死之权衡，大无不包，小无不载，古人千经万典，尚有不能言喻至尽之叹！兹以几篇文字，几段陈言，谓能表示精微，泄尽妙理，原无是易也。稽古轩辕问道于广成子，细谈三日；吕祖求学于钟离祖，坐谈一旬；伍冲虚师事曹还阳，切问二十载。如此者，不胜枚举。往古天亶聪明，尚且不易，而况我辈于红尘网中，爱欲海内，凭两只昏昏浊浊的肉眼，糊糊涂涂的凡心，突然一旦贯通，万无是理。

盖人之恒情，是事皆欲简便，而升天大道，独一无二，虽说简易，又岂能如汽车、飞艇之便捷乎？决非躬行实践，不畏艰辛，一步一步走去不可。但此路虽大，少有知行并进者，非智者过之，即愚者不及。自己不平心静虑去探讨，虚心下气去实验，总疑古人隐秘，教外别传。余前曾蹈此病，阅遍群书，茫无措手；历尽教门，尽属外道之师；访遍名山，难寻有道之士；积德累功，辛苦备尝。忽感真师前来，一经道破，始信天机书泄尽，不遇明师莫强猜也。到此平常老话变新奇，万部丹经一卷看。回忆数十年之艰辛，得悉正道始末，为何不避谴责，而抱杞忧，非愿道听途说也，实为扶持道风耳。

顷悉先生来函，合观论道一节，固道之大概，人人会谈，但于程序本末，细微节目，或先或后，茫无措手，亦似余曾蹈之故辙。且所谓"道始于一○，诚然包罗万有，一点落黄庭，人由是而生，如欲逆返，必至一○，则大事毕矣。但其中或言有，或言无，或言空，或言不空，皆不可偏废，以后天返先天也"，却是笼统大话。须知登高自下，跂踬自迩。

所谓"保养盗夺，为修真之初法"。法之究竟，必须明白。第一问题，自然不外调息凝神，心息相依。须自验心息依否？凡事毋尚空谈。而玄关抱一，非初下手事，犹小子入幼稚园，初学识字，便谈作文。此时心尚未平，气尚未和，隔玄关远，一中远，神气合一亦远。曹文逸所谓"神不外驰气自定"，亦非言初打坐时事也。若谓调息不着口鼻，何以丹经云："以后天呼吸，寻真人呼吸处？"可见先后天，亦有兼用之时。下丹田与阴跷二穴，如无作用，何以载在典籍？汪东亭书，早已得阅，然丹经须辨真伪，始不误人，诚如经之所谓："执着此身不是道，离却此身路更差。"须三思玩索为是。

藉悉来函，贵恙颇危，如无上药，恐难奏效。先生慕道，固非一日，诚恳之念，不可谓不至。但正道，非如旁门之来者不拒可比，必究其性之贤否？行之善否？信道真否？如果道心坚定，然后照祖师授受规则，奏告上帝诸神，请命允许，度师始能传受。如私相授受，传非其人，师与弟同受三官考掠。故紫阳真人之轻授遭谴，徐叶莫之轻受病死，天律森严，人所共知，各当慎之又慎。如请命未准，必力行《太上感应篇》，以格天心。如无坚恒勤笃之志，请勿问此，以免自取其咎。在不知者之批评，谓大道无私，何必乃尔，如果秘藏，历代祖师则不笔之于书。或曰"书不明言，非秘而何"？嗟嗟！非书不明，自不明也。

古仙云："天机书泄尽。"仙不妄语，凡人之知识勿论，以颜子之智，犹于"道有高坚前后"之叹。孔子亦云："及其至也，虽圣人亦有所不知。"换一句简单话，即是到至当恰好处，须过来人指点，方得真确，此即师传之实话。而度人一事，吕祖曾云："我之求人，胜于人之求我。"亦曾访遍天下，叹曰："常闻天涯人寻我，寻尽天涯不见人，唯有二人，名与利而已。"可见祖师望人，至深切矣。果属仙才，何惮而不度？

函请"方便开示，赐列门墙"。敝同人自愧尚无学力，将何以教人。以后请以平等视之，如不耻下问，互相切磋为是。冉先生已遁迹入山，不知所在。先生病势垂危，深为悬念，恳祷之诚，不得不为一筹。夫人之所以生存者，阴阳二炁也，道亦无非养此二炁而已。

培养之法，以清静为主。日间诸事不令入心，万缘放下，寻僻静小室独处，厚铺床褥，盘足端坐，闭目存神，于内观照，如坐高山，如燃①天灯，凝起神了，鼻息顺其自然，勿忘勿助，神息相依，则守其清静自然。如静极欲睡，则熟睡一次，醒来仍旧静坐。如坐久不舒，则缓步园庭一时，仍入坐。饭后亦宜缓步。有病恐不能久坐，即照希夷老祖《蛰龙法》睡功②甚妙。法则活而诀则一。初入坐念多，当止于脐下，久之心静，则止于静，照此恒勤行去，自有好音。此静以生阴，阴极生阳之理也。详细处，俟他日再谈。凡智者多知见，杂念难除，须下斩钉截铁之功，由勉及安，心死神活，或行功有未当，或身内发生其他现相，请来函说明，以便考究。

---

① 燃，底本作"然"，校者改。

② 陈希夷《蛰龙法》："龙归元海，阳潜于阴。人曰蛰龙，我却蛰心。默藏其用，息之深深。白云高卧，世无知音。"张三丰《蛰龙法跋》："或言希夷先生别有睡诀传世，其所传皆伪书也。《随》之《象词》曰：'君子以向晦入宴息。'夫不曰向晦宴息，而曰入宴息者，其妙处正在'入'字，入即睡法也。以神入气穴，坐卧皆有睡功，又何必高枕石头眠哉？读三十二字，盖使人豁然大悟。吕翁表而出之，其慈悲之心，即纠谬之心也。张全一跋，时寓终南山。"陈希夷《赠金励君睡诗》："常人无所重，惟睡乃为重。举世皆为息，魂离神不动。觉来无所知，贪求心愈浓。堪笑尘中人，不知梦是梦。至人本无梦，其梦本游仙。真人本无睡，睡则浮云烟。炉里近为药，壶中别有天。欲知睡梦里，人间第一玄。"吕祖《咏蛰龙法》："高卧终南万虑空，睡仙长卧白云中。梦魂暗入阴阳窍，呼吸潜施造化功。真诀谁知藏混沌，道人先要学痴聋。华山处士留眠法，今与倡明醒众公。"张三丰《蛰龙吟》："睡神仙，睡神仙，石根高卧忘其年，三光沉沦性自圆。气气归玄窍，息息任天然。莫散乱，须安恬，温养得丞性儿圆，等待他铅花儿现。无走失，有防闲；真火候，运中间；行七返，不艰难；炼九还，何嗟叹。静观龙虎战场战，暗把阴阳颠倒颠。人言我是蒙胧汉，我却眠兮眠未眠。学就了，真卧禅；养成了，真胎元。卧龙一起便升天。此蛰法，是谁传？曲肱而枕自尼山，乐在其中无人谙。五龙飞跃出深潭，天将此法传图南。图南一派傅能继？邈邈道人张丰仙。"

# 又张道初来函

（承示修法，尚有疑义六条。）

两奉鱼书，敬悉一是，诸承垂教，铭感奚似。夫大道固至平至常，老经云："道之出口，淡乎其无味。"又曰："下士闻道，大笑之。"殊至神至奇者，即出乎其中，六通效果，亦基于平淡。盖仙凡之分，不过顺逆之殊，亦无神奇之可言。所谓："顺则凡，逆则仙，只在中间颠倒颠。"老子曰："道生一，一生二，二生三，三生万物。"此即一本化为万殊，顺行也；丹经所谓："炼精化炁，炼炁化神，炼神还虚，炼虚合道。"又曰"由后天神气，返到先天性命；再由先天性命，返到清静自然，此即万殊归于一本"，逆返也。人能于顺行之时，而修逆返之功，即可返本还原，超凡入圣。所谓"人情浓厚道情微，道用人情世岂知，空有人情无道用，人情能得几多时"者，盖即明示返顺为逆之意也。兹承函示，如法诚行，似于功法，有疑义六条，祈详示。

按：所论只能悉道之当然，而不知道之所以然。例如"逆则仙"，是如何逆法？中间如何颠倒？炼精化炁，精生何时、何处？如何制炼？后天又如何能返先天？顺行之时，是什么时？逆返之功，如何修法等处是也。然此君，亦为同志中之有悟心者。

> 不求大道出迷途，纵负奇才岂丈夫。
>
> 一粒灵丹吞入腹，始知我命不由天。
>
> 世上光阴催短景，洞中花木住长年。
>
> 莫道神仙无学处，古今多少上升人。[①]

# 答张道初六问

来函藉悉。坏境，既少牵累，又当年富，颇近修养，惟苦丁疾厄缠身，所幸近有生机，如能决心静养，将来有喜可占。查所服西药，对于咯血非宜，所称得西药效力，未必尽是。医经云："血症药忌寒凉。"病初如经凉药，终难全愈。考西药中寒凉最多，而西法于我国医术之运气，药品之化合，根

---

① 上律诗八句，底本无，据据台湾真善美出版社《明道语录》重刊本增补。

本不懂。但我国医学，精通颇少。古医徐灵胎所谓："医生不良，不如不医，久则正旺邪去，较中等医生尤佳。"今后请以静修为上。

今观两次来函，于道之大概能悉，而于下手尚且惝恍。惟初入门着手之细微节目，非片言可以概括，以故始有《明道集》之赠。如嫌简单，可参看《伍柳仙宗》《仙佛合宗语录》《道窍谈》《三车秘旨》等显明丹经。辗转熟读，反复深思，以经印诀，以诀验行。行如不当，再加参悟与问难，务期自信真实，以免口头禅之杜撰，乱我心思。例如谓"大道不在色身着手用功"。余谓："此说，又是又非，因必由色身，始能修到法身，真的在假里变出。如色身无关，何不立刻舍去为泉下客，便解脱无碍？但从古至今，未闻有成道之鬼。"亦即白仙翁云："形坏神去，一片纯阴也。"

经云"借假修真，过河用筏"之语，可见亦少不得假的。他如先天后天、有为无为、元精浊精、先天呼吸、后天呼吸等名词，均有"真假"二字在其中。人每于真假之间，不细下探讨，一闻真的，则不问假的，譬犹只羡花之美丽，不究花之由来。殊不知，无假亦无真，无后亦无先，无浊亦无元，无凡息亦无真息。修士如不将起首之功法，辨别清楚，焉望成功？古人书中，惟恐有误来贤，精微泄尽，不但文字段数安置前后，有序有义，即一字一句，大有攸关。往往读丹书者，皆是走马观花，不熟读精思，无怪宫墙外望。谚云"悟道"，道而云悟，可知非开门见山，然亦须得真传，始能悟入，否则强猜，必入歧途，所谓"差毫发，不成丹"也。盖真传丹诀，亦非格外之说，尽为书中所有，不过不经指点，难以猜着，先生亦有涉猎不精之病。所问一切，照答如下：

问："存神于内"之"内"，是否泛指色身之内而言？抑另有所指，祈明示？

答：内，即是身内。强猜之辈，一闻"身内"二字，即谓是后天，非先天，是不空，非虚空。我则曰：人身内不空，如金石人乎？金石人身中，亦有孔穴，殊不知身内不空，则不生存，身内之空，与虚空之空，同是一个，毫无隔碍。经云："身中藏天地，凡夫几个闻。"据此是自己糊涂自家心，不空也明矣。

问：神息相依时，则守其清静自然，须坐至如何地步，方为神息相依之时？神息相依之景如何？请分别示知！

答：神息是两项，即凝神调息。心止于脐下曰凝神，气归于脐下曰调息。"脐下"二字要参悟，以铜人仰卧图测之，则与前七后三之说符，以本人中指中节量之，则其穴之上下大小，恰与相合。坐到无念，则神凝矣。鼻息细微，则息调矣。无念息调，即神息相依时也。

问：以神观照，"观照"二字，于丹经往往见之，但未知究竟作何解释，其法若何？

答：观照者，返观内照也。入坐时，返回驰外之念，观照于内之脐下也。"脐下"二字，请认的确。

问：存神神息，及以神之神，是否均指后天思虑之识神？抑系指先天之元神？乞详示！

答：神固要用"元"，须知"元"从何来。初入坐，杂念纷纷，本是识神，由识勉强做到念静不动时，岂非"元"乎？其实还是一个神。以有念、无念分之，转"识"即成"元"矣。

问：初入坐，杂念多，当止心于脐下，未审如何止法，方为合式？

答：入坐时念多，则止于脐下丹田。丹田分上中下，此是脐下丹田。要参悟，看《循途录》①，初层炼心，便知的确。心止于是，犹之系马有桩，如系稳到神息相依时，则守其清静自然名勿忘，顺其清静自然名勿助，勿忘勿助，便是合式。

问：止于脐下之法，于丁福保所著《静坐法精义》，及蒋维乔所撰《因是子静坐法》等书中，均如是指，人皆斥之为著相。后学曾依之行持，非为以能止念，每止于是后，觉凝滞不适，初亦不解其故，总以为行持不得法耳，因亦不敢继续行持。及至去年，于《仙道月报》第七期中，得读海印子《论〈性命圭旨〉十二大错》②一文，始悉在色身上行工，非惟不能见效，且易致疾。如凝神眉间，则易发痫；凝神于脐下，则生痞块。无怪后学止心于脐下，凝滞不适矣。幸尚未死守着力，不过微微系念，故犹未发生痞块之症耳。兹先生又示此法，因恐别有活法，故特谨询，仰祈赐教。

答：脐下丹田，又名"炁穴"，此穴为古今修炼者，一定不移之处。修道初乘，行炼精化炁之功，自起首以至大丹，从中采取烹炼运行，种种行功，皆在此间。此间，即中也。有在身中之中，有不在身中之中。只就文字

---

① 《循途录》，即李涵虚之《九层炼心》。

② 该文刊载于《仙道月报》第7期，上海翼化堂善书局出版发行，1939年。

上看看，如像着相，真真以蠡测海。嗟乎！道学一端，论上古所遗丹书，固非浅见者能窥门径。自七真之后，祖师鉴人之知识渐低，特浅显而详言之，慈悲后人，可谓至矣。而浅显之语，不但不悟，反谓此种丹经非上乘法，太着相，说来经验过之古人，尚不及他，只是寻章摘句，说些宽皮大脸的话，作些似是而非的文，将一般同志麻醉，吹得糊糊涂涂，莫名其妙，吾恐误人造罪之多也。然在深有夙根者，或有觉悟之一日；如孽根重者，遂迷昧一生，良为可惜。

兹举《道言浅近[①]说》之下手丹诀，证明是否着相。如《浅说》首一段云："大道下手，不可执于有为，有为都是后天；亦不可着于无为，无为又落顽空。"两均不是，然则如何则可？"无为之后，继以有为；有为之后，复返无为而已。"

又云："凝神调息，调息凝神，八个字就是下手功夫。"此总言入手节目也。又承上释明："凝神者，收已清之心入内，心未清时，眼勿乱闭，先要自劝自勉，劝得回来，清静恬淡，始行收入炁穴，乃曰凝神。"初入手，不从色身勉强凝神，放心如何收拾？放心不在后天渐渐制伏，由勉及安，又当如何？

又承上文云："凝起神了，然后如坐高山而视众山众水，如燃天灯而照九幽九昧，所谓'凝神于虚'者此也。"此即形容"观照"二字，但非俗观、俗照。观则慧眼，照如日月，故曰"凝神于虚"也。仍是后天乎？着相乎？

又承题目，说明调息一项云："调息不难，心神一静，随息自然，我只守其自然，加以神光下照，即调息也。神息相依，守其清静自然曰勿忘，顺其清静自然曰勿助，勿忘勿助，以默以柔，息活泼而心自在，即用'钻'字诀。（何谓'钻'字诀？）以虚空为藏心之所，以昏默为息神之乡是也。三番两次，澄之又澄，忽然神息相忘，神炁融合，不觉恍然阳生，而人如醉矣。功用到息也活泼，心也自在，虚空藏心，昏默息神，神息相忘，而人如醉。"

先生你想，这是什么景象，仍是有为乎？后天乎？不空乎？还要得病乎？在有等盲人，寻院不悉门径，批评证圣成真之古人，尚属小乘，某经"十二大错"，某人又属枯坐孤修，以为天下无半个人儿知道。经云："若教愚

---

① 近，底本遗漏，校者补。

辈皆成道，天下神仙似水流。"此魔道中人[①]，固不足惜，惟欲与有志大道者，留一线曙光耳。

盖道之精微，固非常人能测，而道之大概，曾经古人说尽，我今简括一告。冲虚真人云："夫仙有五等，鬼仙、人仙、地仙、神仙、天仙也。鬼仙者，阴神之类，不知真精阳炁，则无周天伏炼，所修者一性之阴而已。性须寂静而不动于妄，当下真空，不起念作轮回种子，不随境入轮回窠臼，出得阴神，不受生死，久为灵鬼，沉空滞寂，为禅宗之所极证，此为鬼仙。若天地神人四仙者，乃阳神之类也。"略分之为上中下三乘，又名三元，又名三层，如登楼阁，由下层炼精化炁人元始，至中层炼炁化神为地元，到上层炼神还虚为天元，又为三迁，此定限也。但修炼中，又有童、壮、老三种体质之分。童子三宝全，易修易成，一直清静无为法到底。但古今童贞成就者，千百年或有一人，凡主张清静无为法者本此。但修炼者，多属破体，祖师度人愿宏，为阳关已破之壮年说法，用补筑之功还元，然后养性完成。如年老衰朽，生机渐微，无药可采，则又多调药一段工夫，有敲竹鼓琴之权法，调到有药时，则采补还元，然后养性完功。壮年、老年用补筑之功，即丹经所谓"栽接"之喻也。

先生虽是青年，惜被病厄缠枯，亦当照枯朽之法做起。前函谓静极阴生，即《明道初集》第三卷第一段之《炼己始还虚》也；阴极则生阳，即《调药采微阳》第二段也。此时当注意此两段，并细阅此函所释一切，暨《三车秘旨》"收心法下手工"一段。函谓"已知活子"，而活子时大有功用，如不以风火煅炼，则阴精未有不顺流者。既有走失，则无丹可还，而病厄恐难除根。所谓"初试凝滞"之弊，非法之不善，实未得心应手合法度耳。譬工艺中织布，其初手足头目，何能一致，勉强练习，熟则巧生，久则自然而然矣。工艺且非朝夕所能，况无上大道，岂初试便合法哉？故冲虚真人随师二十年之问难者，正以炼精化炁之初功，细微节目颇多，要诚心人心领神悟，求诀中诀以了之也。

查函谓遗精之患，原关门不紧，常人睡熟则神昏，梦中无主。修养家须守其心不散乱，存其神不昏沉，要心死神活，功到睡时亦有灵觉，始能收拾

---

① 贡高我慢，江湖门派之通病。

走泄。谚云"欲求生富贵，须下死功夫"，是心死也。夏云峰真人云"自然时节，梦里也教知"，是神活也。却又不可着急欲速。如函谓"行之已久，未见阳生之景"，皆欲速之妄念耳。只要做到丝丝入彀，自然时至神知，不期然而然也。

函又谓："愿闻大道，已叩于历代祖师位前，敬呈玉照，请命未许。"谕意发心修德，而消夙业；立愿扶道，以结道缘。书曰："苟不至德，至道不凝。"冲虚真人云："修士必于人道中，先修纯德。"黄元吉云："大道非无德、无缘、无根者可以受得。"据此，道与德有密切关系，于古昔证圣成真者，无一非孝弟仁义中人，故无德不足以载道。我辈欲事大道，开首一端，须明因果，凡灾厄缠绵，莫非前因。书云："欲知前世因，今生受者是；欲知后世果，今生作者是。"修真之士，勿种恶因，因果不断，难出轮回。苟欲有成，当先度身中一切众生，始可出界。

以上所谈，皆老实要语，不识当否，请细心校正。敝处不因请命未允，便不答覆，以当今邪说盈天下，本匡救之意旨，不能不确实一告，先生如决心斯道，须早晚焚香礼拜祖师后，默念"八神咒"①，次念"祖师宝诰""灵祖宝诰"，以此为常。太上曰"欲成天仙者，当立一千三百善"，非虚语也。平常未静坐时，须读《感应篇》，体察身心，务期有善无过。至于《明道集》《伍柳仙宗》《三车秘旨》等书，又当熟读熟记，以此为日间功课可也。如静坐时，心不遽清，宜默诵《涵虚真人宝诰》一遍，《灵祖咒》②三遍，可以启慧悟，除魔障，有不可思议之理。苟能勤诚恒行去，永不退转，祖师鉴其诚，暗牖其衷，成功可指日而待。

纸幅有限，言难尽极，手此敬覆。

---

①八神咒，即《净心咒》《净口咒》《净身咒》《安土地咒》《净天地咒》《金光咒》《祝香咒》《玄蕴咒》。

②《灵官咒》：仰启神威豁落将，都天纠罚大灵官；火车三五大雷公，受命三清降鬼祟。手执金鞭巡世界，身披金甲显威灵；绿靴风带护身披，双目火睛耀天地。顷刻三天朝上帝，须臾九地救生民；银牙凤嘴将三千，虎首貔貅兵百万。走火行风前后卫，穿山破石捉妖精；祈晴祷雨济世间，附体圆光通事意。治病驱邪如电闪，收瘟摄毒伏群魔；飞腾云雾遍虚空，号令雷霆轰霹雳。三界大魔皆拱手，十方外道悉皈依；我今启请望来临，大赐雷威加拥护。（原刊在《初集》末页，现移作脚注。）

# 再覆张道初函

## （补释观照之真义）

　　顷悉来示，称"久未得覆，实深渴望"。敝处复函，已于古历七月初二日，由航空寄来，意航空不延时日，以免悬望。函附所返玉照二张，不意被邮遗误，其函又系平寄，无由清查，不胜惭愧之至，原宥原宥。敝处欲将各同志疑问来函，与敝处之答案，类集成册，名为《明道语录》，印赠各同志，易于了解邪正。因国难严重，邮务困难，俟稍静续成之。《明道集》一书，惟冀各方有志扶道者，翻板印赠，以维正道而结道缘也。前次所覆既失，兹照原稿抄录附函，以便校正。所问一切，详答在内。兹补前函未尽之义数语。

　　凡入坐时，内外皆以活泼为要，但又不离乎规矩，即身中衣带，亦须空松，以免缚束气机。初入坐，杂念纷扰，当毅力凝神于内，如念静时，则当放松，然又非任其放浪，必维系乎规矩之中，往来乎方圆之内（规圆象天，矩方象地，"规矩方圆"四字，亦要参悟）。丹书所谓"当随、当顺、当守"等法，有时、有地，皆与人以规矩，非着意之谓。其巧处，在行功时体察，适当为要。

　　所谓"观照"，请细阅前次答函。所谓"观则慧眼，照如日月"二句，是何意义？慧眼，无处不观，实未观，真是观；日月，无处不照，本未照，真是照。明乎此义，始可以言"观照"。先生解释之"观照"，可谓是释"寂静"二字之义，非"观照"二字义也。所以古人丹书，一字不苟，并有言外之旨，岂粗心人能猜测者哉！经曰："真参实悟。"如何为真参？从力行中去参，始得其真；如何为真实悟？在笃行内去悟，始得其实。换言之，硬要有恒，努力去做，方能实悉。所以如自未实行，任随理论如何清楚，终属水月镜花，难明真相。

　　浅说云："求诀中诀，要诚心人。"诚心人，即实行者。实行达到那个景况，自家知道那个法诀，便是诀中诀也。如不知诀中诀在内求，向外何处去求，可以说经上有许多话，人难讲得。在好为人师者，多半好高，耻于虚心领教，任意妄猜，即一知半解，亦未实验，终属画饼。老实说，修道人不脱了俗累去实行，真是叹饭不饱。

至于"科条与周道等问",请勿介意,只于学理上研究为是,自有告知之一日。外附药方一单,为吐血病后之调养剂,可否一用,听便。

## 张义尚<sup>①</sup>初函

### (求指示大道)

比以因缘,得闻先生怀玄抱真,不胜艳羡。及阅《明道集》,破三教之偏执,显教外之别传,与《参同》《悟真》《阴符》《正理》《慧命》等书,若合符节,更欣喜欲狂。后学自幼,即喜观玩星月。年长就学,读至幼学释道章,阅其所述,羡慕不已。经十三岁时之五心烧病后,慕道益切,然当时尚不知有仙佛书籍。旋肄业县立小学,常往书肆流连,得获《悟真篇四注》,欣幸已极。然以当时学浅年稚,多不能解。后复获《性命圭旨》《金仙证论》《慧命经》《天仙正理》等,始略悉修真之理。又以丹经家言,多涉阴阳易卦,故复旁及奇门六壬、卜筮医药等书。惟苦无人指授,但以钻研不已,竟能于十八岁时,贯通卜筮,及拉杂难究之奇门等术数。不过以其无益于身心性命,故通亦旋已。在此期中,又购得《道书十二种》《道书十七种》《道统大成》《三教一贯》,同时于作丹之正理,亦较前了悟。后就读沪上,复购《道藏精华录百种》《道藏续编》,《道祖真传辑要》《无垢子心经注》《丹经指南》《补天髓》《西游原旨》《方壶外史》《道书五种》《三丰全集》《吕祖全书》等,不下数十百种。然读来究去,虽于其理益明,而于其诀终晦。

因感于《三教一贯》曰:"万卷丹经,不能贯穿一句口诀。一句口诀,可以贯通万卷丹经。"<sup>②</sup>又曰:"书上皆是陈言比喻,但有比喻,必有一实义,而实义又在象言之外也。"又曰:"必要纸上描抹不出的,乃是真师口诀。"古仙亦云:"只为丹经无口诀,教君何处结灵胎。"是以立心求师,时时不忘。至于进修方面,曾入善社,归来仅知《圭旨》洗心退藏之法,且不示以全体大用,无从辨其真伪。

---

① 尚,底本作"上",校者改,下同。张义尚(1910—2000),重庆忠州人,当代著名内丹学家,著有《丹道薪传》《武功薪传》《禅密薪传》《中医薪传》等。

② 丹经,如珍珠;口诀,如丝线。口诀可以贯穿万卷丹经,如丝线可以串联万颗珍珠,否则珠虽撒满地,却无下手之处。

后学思修真事大，古来诸真，皆穷理尽性，彻底了解，方敢下手。盖知之真，方证之真，若斯枝节从习，非所愿也。后于沪读，春月，照书试行返照丹田之法，不数日，而热气发生，向下流行，达于谷道、海底及肾囊，有如火灼，然不知如何应付，止不敢习。从斯以后，益觉求师之重要。每思"百岁光阴石火烁，一生身世水泡浮。昨日街头犹走马，今朝棺内已眠尸"等语，不禁梦中惊起，但以邪师多而真师少，虚负光阴十余年矣。今以天缘，得闻老先生之道德，洵可谓"踏破铁鞋无觅处，得来全不费工夫"者矣。是以虔诚斋沐，预恳函文，恭望鸿慈，赐列门墙，指示大道，不胜心香祷祝之至。

按：凡慕道之士，往往不迷于奇异，便贪于简捷；不入于幻术，即务于高远。此君幼即慕道，不迷于邪妄，愿明乎正大；博览悟入道理，比喻务求实义。殆为夙根深厚者欤，抑今之继道学者欤！当刮目相待。

## 邓雨苍来函

（述梦仙授书，及得书事。）

蒙赐《合宗明道全集》，捧读一过，曷胜感谢。虽寥寥书卷，独扼其要，胜过丹经百部，不愧为暗室之慧灯，末世之慈航也。谨当置之座右，以为揣摩印证之用。承询《三车秘旨》传自何人，原弟曾于梦中，蒙仙人授书一本，问其姓名，则曰"善教真人"，醒后不知"善教真人"是诚何仙。不久弟至道友毛君家，果得《三车秘旨》抄本。阅到《收心法题词》[①]，始知"善教真人"，乃涵虚李祖师也。余感此特恩，故决心刊印，公布于世，以报祖德。但秘诀未蒙何人口传心授，阅之仅得其大意，其中奥妙，未能达其万一。如诸师不弃，方便开示，点铁成金，尤为欢迎。兹将刊印《三车秘旨》，并《鹎鸽吟稿》，各一册奉送，至祈察收，是幸。

①《收心法题词》："平铺直叙收心法，上天欢喜无谴责。穷年矻矻驾河车，心似勤劳实安逸。昨夜飞神朝上真，封为善教大真人。道我四百年来事，三番游戏到红尘。怀抱金丹独得意，也共群仙说哑迷。觉来始动慈悲心，手中直写琅环记。不分善恶与贤愚，总要收心坐虚无。入得杳冥方见道，最初一着好功夫。"

# 覆邓雨苍函

（祖师示梦，足征有德。望真实参悟，达到究竟。

所谓在欲无欲，必功到玉液还丹始真。）

昨蒙惠赠《道窍谈·三车秘旨》合刊与《鹤鸰吟》，均已收到。感谢之下，拜读诗集，声韵法律兼全，司空诗品，诚骚坛健将也。藉悉难兄难弟，世不多睹，足征有德，以故祖师示梦授书，更有厚望于先生。由是真实参悟，得证无上道果，始足以符祖师之至意，非仅刊行已也。

论《三车秘旨》《道窍谈》，已将先天大道全旨，自起手，以至了手，行功次序，逐节细目，详尽无遗，惟在诚心人，求诀中诀以了之也。先生果欲彻悟大道，请于此经及《明道集》等，熟读参悟，达到究竟，以免盲师之谬说，乱我心志。

在先生固已得先天无为大道之旨，称"在尘出尘，在欲无欲"，必功到"玉液还丹"始真，否则在利薮名场，云"不动心"，恐为大石压草，不过一时不发耳。以仅修性方面而言，如欲得证灵鬼，亦必谢绝世事，恒勤不怠，趁此青年，始能达到灵鬼地位。如年老精枯，正令弟临终时，所谓"内部一坏，神难久留"，欲求灵鬼而不得，必俟来生。然来生之迷觉可期乎？道缘可期乎？吕祖有诗云："万劫千生得个人，须知先世种来因。此身不向今生度，更向何生度此身。"我辈欲度此身，须及早猛省，必将度此身之法，辨别清楚，方不误此一生。无如今之自作聪明者，强猜意度，乱认乱评：有谓七真之后，所谈之丹经非上乘法；有谓邱祖只知枯坐，不如刘祖能明栽接；有谓伍柳之功着相，非先天大道；有谓涵虚之功繁难，自成一派；有谓法有巧拙，诀有难易；有谓书中形容太过，譬喻不当；有谓不宜墨守成规，有时变通。种种谬谈，令人喷饭。

经云："大道惟一。"惟一，即不二也。又曰："差之毫发，不成丹。"据此，可以为铁证。论道有一定之程限，即"大匠诲人，必以规矩"，况道学乎？学道先明纲要，其中细微节目，亦必丝毫不紊，始有成就。故古圣真成道后，将经验处，笔之于书，以利万世。略者详之，秘者泄之。在门外汉一看，稍有异处，则谓又是一派。殊不知，仍在谈一个事，将精微处晓譬清切，便多文字。此祖师婆心，恐误来贤耳。学者看书，要辨邪正，验真假，必将真师口诀，照书从头至尾，全旨符合，丝丝入彀，始能印证。不同邪师，寻章摘句。如傅金铨一派，注意女鼎，将古圣丹经，妄注批点、删改，以误人也。

兹将李真一先生，亲指《三车秘旨》错讹处抄奉，改正后熟读参悟，将来必有所得。所可惜者，先生发心刊行，昌明正道，以报祖德之书，其意甚美。但嫌参加他人闲文，未免瑕瑜互见。然已合刊成册矣，惟有他处另刊为上。

至《明道集》，首载《中华道教会宣言》，本系陈撄宁先生所著。敝处以昌明正道为目的，此文正当首选，而又典赡词华，推广道学，真是心灵手敏，长于文艺者。

敝地因近战区，年来日在警报声中，一切事宜，因之耽延时日，特此迟覆，并谢后赠。

## 李诚志来函八问

弟子性钝质愚，寿世乏术，埋头道典，玄理难明，叩之同道，均以精微莫测为辞。二十年恨无振铎之师，苦蚁躬之不健，未越浙之一步，以天地之广大，未聆高论，识等管见，恨何如之。近年虽有疾呼诱学之导师问世，自谓以绍一线之仙学，而妙舌生莲，使人钦佩，穷其词旨，则泾渭难分。而弟子忌若蛇蝎，慕若保母，处于依违，踌躇莫决。今读《明道集》，学秉渊源，尤以《玄机直讲》并注，发古人之未发，接引后学，若春风之生物，无远不届之深仁，悲人济世，无以加矣。溯上自黄帝问道，下逮七真度世，从无假简帛以替宝筏，曷有未试化即示玄机？亘古未有也。际兹末世，异说横行，邪法洪流，苟无丽天之皎日，焉破无边之黑网。弟子滨海柝村，僻地愚夫，亦沾渥润，何幸如之。兹呈疑难数则如下。

（一）《性命圭旨》卯酉周天口诀内，有"左转右旋，四九为进火；右转左旋，三八为退火"。又云："轻清凝于泥丸，重浊流归气穴。逐日如此抽添，如此交媾，汞渐多，铅渐少，久则铅尽汞乾，结成一颗牟尼珠。"云云。

（二）《仙佛合宗·守中章》云：“是服食大药之后，三关九窍，阻塞之处，尽以开通。须知此炁勤生，自能运转于已通之正路，服食于二田之虚境。”云云。

（三）《吕祖百句章·筑基》一段中有云：“送下脐中黄庭，庭中又要真心真意，引阳气左转右旋，右旋左转，演天地两数，均平五十五术，以成其变化。”以上观之，大药过关后，即行卯酉周天结胎，此不移之理。若二炁勤生，亦行卯酉周天，逐日抽添，至铅尽汞干，止而不行，是此理否？至于庭中左旋右转，同卯酉周天否？请示！

（四）《慧命经·正道直论》中云：“静定之中，忽生一轮皓月悬空，留而待之，一轮红日，升于月中，收而藏之。”又云：“一点纯阳之物，从涌泉上升，而法轮又重转。”云云。

（五）《慧命经·禅机论》中云：“牟尼归中央，又曰机矣。太空一点甘露，顺此机之妙物，收附于胎中，又曰机矣。从丹田而来，有华无形，悬于太空而待之，又曰机矣。亦从丹田而来，有华无形，与前物相合，收而藏之，又曰机矣。有二道纯阳之物，从涌泉升于鼎，降于中宫。”云云。中云：“有华无形”合“收而藏之”，与《直论》日月同理否？所云“二道纯阳之物”，《直论》云“一点纯阳之物”，令人大疑。

（六）《性命圭旨·第六节长养圣胎》其中有云：“太虚中自然有一点真阳，与吾灵丹合而为一。”此与《禅机论》“一点甘露”，同否？

（七）《性命圭旨·真空炼形》中有云：“每于羲驭未升旸谷时，凝神静坐，虚以待之，内舍意，外舍缘，自然太虚中有一点如露如电之阳，勃勃然入玄门，透长谷，上泥丸，化甘露，降五内，即鼓巽风，使其驱三关九窍之邪，扫脏腑之垢，变换纯阳之体，累积长久，化形而仙。”按此与《慧命经》《直论》中“一点纯阳”，《禅机论》“有二道纯阳”，同否？且此段有“每于羲驭未升旸谷时，凝神静坐，虚以待之”，细审每字，必逐日有此工夫一次，而别书均无“每”字义，令人大疑。

（八）《吕祖百句章》后一段解中有云：“忽有一轮金光皓月，如车轮大，由曲江上升至昆仑，这个信警不警人呀，就要收摄性中，留而待之，以为化形之本。又待一轮红日，升于月中，就是日月合璧。急将法身跃入光中，吞吸中藏，静极而动，有个物件，像朱橘一般，要使水银硃里

下编　明道语录

汞，迎他上合于道胎，则河车重转。"云云。此段与《慧命经》"皓月、红日"，同一理否？"朱橘"一段，"使水银硃里汞，迎他重转法轮"，与《慧命经》中"一点纯阳、二道纯阳"，《性命圭旨》中"如露如电之阳"，同否？

以上各疑难，恭叩明示，使弟子疑网尽释，不胜感德之至。

## 覆李诚志函

（示修炼程序，并答八问。）

我国宗教有五，属于本国人者，唯儒、仙两教，其他佛、耶、回三教，皆外国人。自外教传入中国，由汉迄今，国人崇拜者不少。对于本国自盘古以来，固有之大道，至高无上之家学，挥诸门外，真舍其田而耘人田也。甚有叛逆宗祖之人，寻得无稽小说，以"守尸鬼"为口实，辱骂柳华阳为"魔民"①，其他捏词讥毁者颇多，早为保存国粹者，抱不平之叹。奈何当今之世，偏偏多数人加入外教，亦岂无故。原本宗教徒，无一身体力行者，以作模范，遂致教义不宣，宗风不振，正道不明，旁门颇多，泾渭难分。苦于门径，不知依违，往往有望洋之叹，以致误入歧途。本不当责其盲从，实由嗣玄门者，不树仪型之咎也。

读真人来函，其中言论见识，知为龙门高弟，是又仙门中之一大幸也。函称"请教冉先生"，惜乎遁迹山林已久。敝处印赠《明道集》，寥寥数卷，不过为入门作参考耳。至"未试化而作书度世"，亦不过聊尽护道之心而已。据所问"疑难"各节，多属大丹后，养胎出神之功用，以是观之，似真人为得诀行功将成者。以自述功效，称"穷理未彻，不敢行功"，似又为未入门

---

① 释印光（1862—1940）《增广印光法师文钞》卷一《复郦隐叟书》："《慧命经》，系清初魔民柳华阳所著。彼出家为僧，而种性邪谬。故引佛经中文，一一皆以己意妄会，以作炼丹之证。有不便者，则改其字句，而且又自为注，其意欲人以己为千古第一高人。而一班无知无识辈，为之刻板，私相授受。恐明眼人知之，则袂祸不浅。凡看此种书者，皆邪正不分之流。若具眼者见之，当即付之烈火，以免瞎天下后世人之正眼。《仙佛合宗》，其诬谤佛法，比《慧命经》为更甚。夫欲炼丹，即以己炼丹家之言论倡导即已，何得挽正作邪，作掩耳盗铃之计？引人之言而不依人之义，即慕其名而反恶其实，岂非丧心病狂，求升反坠乎哉？此等本不足挂齿，何堪详谈。但以阁下未知彼此之源虽同，彼此之流迥异。"

下功者。

夫学道入门下手，便要知程序。如不知程序，如往某处胡乱走去，白费时间。古人云："欲登高，必自下；欲陟遐，必自迩。"大道不从初步炼精化气做起，岂不躐等乎？惟起首之功，细微条目颇多。凡慕道者，多轻视初步浅近工夫，大抵是好高骛远，喜闻上乘，而不知上乘从何起点。正涵虚祖师所谓："未学茂才孝廉，空想进士翰林。"真舍近图远，徒劳无功也。以工艺论，亦有步骤，况大道乎？邱祖训文曰："苦志参玄。"参玄而加一"苦"字，可见非举足逢金之易。古仙云："欲求生富贵，须下死功夫。"功夫而加一"死"字，亦非抬头见喜之便宜。好便宜，畏困难，固人之恒情，非载道器。学道有"恒诚勤"三字，方是仙才。加以博学、审问、慎思、明辨、笃行，五者兼备，虽愚必明，虽柔必强，可谓有志者事竟成也。

又观察同志中，聪明博辨者很多，通晓纲领条目者很少。今试略言其概：道分三乘，又名三层，又名三元。初乘炼精为人元，中乘炼炁为地元，上乘炼神为天元。功行程限，由初迁中，由中迁上，又为三迁，此千古不易之大法也。然涵虚祖师，又以中乘名上乘，上乘名大乘，其言曰："夫丹有二品，而分之则有三乘。三乘丹法，皆采铅华，皆称还丹，但有大小、先后之不同耳。一曰初乘，名为结丹，又名玉液还丹，后天中返先天，去癸取壬，而以玉液培之，圆成内丹，此尽性之学，人仙也；一曰上乘，即号还丹，又曰七返，以后天所返之先天，炼出先天，立为丹母，此立命之学，地仙也；一曰大乘，名为九转大还丹，其药以十五夜月圆为喻，先天中先天，火到即行，化为白液，吞归腹内，凝为至坚，是为金液还丹，至灵至妙，成圣成真，此性命归了之学，天仙也。"采此说明，免后看书疑误。修炼从初乘下手，功夫有童、壮、老，三种体质之分。童体三宝全，一直养性到底，此易修、易成者，但古今稀少。惟壮年破体，必用补筑之功，还成童体，然后养性完功。老年精气枯，下手多费调药一段手续，调到有药，则采补还元，仍养性完功。此三种体质，少异如此。

至于下手功法，即"调息凝神，凝神调息"八字。曹文逸云："我为诸君说端的，命蒂从来在真息。"养生之道，真息为本，不知调养真息，身中便失命根，可不当务之急哉！但丹书内许多要紧处，亦难懂得，何以故？一、未经实验，则如盲人摸院，难寻门径；二、心未清静，则灵慧不生，难悟精微。

古人云"旧书不厌百回读",慎勿走马观花,滑眼看过。今后请将《明道集》《仙佛合宗语录》《伍柳仙宗》《道窍谈》《三车秘旨》等显明丹经,辗转熟读,反复静思,方能悟入。如初下手行功,可照《道言浅说》《三车秘旨》《九层炼心》初功,及《百句章》首段做起。躬行实践后,始参看深奥丹经,自能了解。更有紧要一语,敬告同志,修道先修德。书曰:"苟不至德,至道不凝。"如不严持戒律,痛除身中习气,克尽伦常,广行阴骘,则神不呵护,魔障横生,焉望成就?太上曰:"欲成天仙者,当立一千三百善。"可见内功亦藉外功培植。《感应篇》决不可不读,每日读一次,当奉为简单戒律。书难尽意,篇幅有限,其他俟《明道语录》印成时,寄来参考。所问疑难,多系中乘功用,略答如下。

《慧命经》直论云一段、《慧命经·禅机赋》云一段、《性命圭旨·养胎》云一段、《吕祖百句章·解》中云一段、《仙佛合宗·守中章》云一段。以上五段,皆言中乘炼气化神之功、养胎出神之事。真人之所谓"大疑",此疑太远,当从近处疑起。近处疑释,则远处自然明白。

《性命圭旨·真空炼形》云云一段,是言炼神还虚之功,又隔一层,不同。

《性命圭旨·周天口诀》云云一段,《吕祖百句章·筑基解》中云云一段,此两段,是言初乘炼精化炁,中间行周天之事,疑为大药过关后,行卯酉周天结胎之定理。此理非是。盖炼精化炁之周天,是行于初乘,大药未过关之前,其抽添铅汞,与左旋右转,皆周天内之功用。如大药已过关后,是中乘结胎出神之事,固有卯酉沐浴,十月温养之功,但不同初乘之卯酉沐浴也。至于一轮皓月红日,法轮重转,是又服食神丹,重立性命,再造乾坤,神仙复作神仙之功用也。此末后一着,古圣秘之,初学何能办到?唐宋神仙,所以多尸解者,殆为是欤?真人向《明道初集》中,参初乘之功,自"炼己还虚论"起,至"丹熟止火说"止,已将初乘泄尽。段数安置,均有深意,一字一句,更不可忽,请参悟后再谈。

今以嗣玄门者,少有从事道学,真人不耻下问,余则胡乱答来,可否近道?请指谬妄为盼。

## 覆蔡宪女士函

（示下手功法，有童壮老之不同。）

顷读来函，知为学识丰富，得诀力行有效之修士，深堪钦仰，世不多觏。敝处《明道集》，原采古仙道要，行功程序，下手细目，寥寥数卷，早知不值多见者一瞥。今女士不弃，兹奉一部，尚希教正。

函称"指教"，实属过谦。敝同人，皆初问玄津，自己尚无学识，何以教人？如不耻下问，互相砥砺为是。

函谓"不二法门"，此非余等所能辨。惟闻师云："法门是窍，不二即一也。"古今千真万圣，皆得此"一"而证道果也。女子除斩赤龙外，亦不出此工法。

又曰"四大名山多女仙"，谓女迅于男也。但修炼下手工法，男固要分童、壮、老，三种体质，女子亦然。女子童贞，三宝全，一直用清静无为法，做到性命合一了手，与男子童真同功。至壮年体破，亦须补筑，待赤龙一斩，丹基凝矣，再养性了手。若老年衰朽，赤龙绝，必须返到有时，从而斩之，则还元矣，仍到性命合一了手。虽云"女迅于男"，成功者世不多闻，何也？吕祖云："仙才难得，真师难遇。"何为仙才？于人道中，先修纯德，有"恒诚勤"三字毅力，始能缘遇真师，抉破细微天机。苟无至德，天不牗衷，即遇亦不识。或执迷先入，或闻至理明言而不悟，或人心未死，而道心亦重，种种迷昧，故终身无成，到老徒悲，此自误前程者也。若世之普通导师，类皆以盲引盲，或一知半解，或自作聪明，以左道误人。于未得真传者，当然五体投地。经云："差之毫发，不成丹。"古来千经万典，皆是引人参悟入道之书，但悟要实悟，参要真参，岂是私意忖度所能者哉？故往昔圣真，所以有"不遇明师莫强猜"之训也。

此敝同人所闻师语，不识是否？特录以告同志，互相切磋为盼。

## 覆杨凤起函

（无人无我，空无所空。先天一气，自虚无中来。此即一之真谛。）

顷奉来函，敬悉一切，复蒙惠赐《道德文化真精神》，与《师道为文化本原》二书。拜谢之下，庄诵一过，知为段老先生之事迹记录，诧异转祸为福之力，若是其大。曾购读巨著多多，以理论观之，足以治乱持危，为大千是赖。夫我国三教，于国有鼎立互维之妙。古德云："踏实一切者，孔门之人道也；超乎一切者，太上之天道也；空诸一切者，牟尼之性道也。"今儒、释继起有人，而道则任其衰颓。同人等，忝列教中，不忍坐视，始有《明道集》之印赠。敝处无会社组织，无其他希望，不过欲同志，共履康庄耳。本书原集古人道要，寥寥数卷，虽不足以尽玄妙，然亦可为有缘者，悟入正宗之指南。自本书介绍后，各方请书者众。然一经涉猎，有谓初浅之学，非上乘法者；有谓色身活计，着相之小术者。种种意度，任人批评。

嗟乎！道之不明，我知之矣，智者过之，愚者不及也。如先生所问"一"之实义，敝同人躬行未逮，惟闻师语："一非虚名也，即太极也，玄关也，先天一炁也。功夫到无人、无我、无物，以至空无所空，寂无所寂，无无亦无，则先天一炁，从虚无中来。来时，炁发则成窍，机息则渺茫，此即'一'之实义也。借一之形，炼一之炁，即得一矣。盗天地，夺造化，无限仙阶，从此拾级而登。"故曰："得一而万事毕。"不识是否？

先生以谈道多而成道少为叹，如先生所言两则固是。自余说来，更有许多原因。查人类习性，万有不齐，或以德胜，而行道不专者；或以志愿为仙，而德不足者；或始勤终怠，时觉时迷者；或喜于问道，力行实悟全无者；或自作聪明，不尽心领教，凭私意忖度者；或名利心重，而又欲成道者；或心性偏执，未入门而妄诋高深者；或初一遇师，便问如何成道者；或好高骛远，欲得异闻，而独胜于人者；或不论邪正是非，博闻称能，希为人师者；或借道为芳名，而阴行不道者；或资质下愚，唤之不醒者；或恩爱难割，而道念亦重者；或福报优裕，恐无常一到，不能久享者。种种习气，难以枚举。

白玉蟾云："学道先以变化气质为主，有浑厚气象，方是载道之器。"试问："谁在变化气质上用功？"此难成之大问题也。又查教门方面虽多，只可称为普通劝善而已。经云："真师难遇。"故得真传者少。以仙师择贤而授，非泛常可比。纵得缘遇，见其骄满之气，贪妄之心，早已避于千里之外。

或曰："据是则慈悲何在？"然非不度之怜之，以习性障道，终无成就，则轻泄之罪难免，此亦难成之大问题也。据此原因，则牛毛兔角，悉知底蕴。书曰："古之学者为己，今之学者为人。"我等须当愤发，成己然后成物，已立自然立人。

管见如斯，尚希教正。

## 覆缪俊德书

（示静功须分三层，非到玉液还丹，断难神不外驰。）

藉悉来示，已得北平王老师之真传，并陈老师之口授，业经两得真诀，了然上乘功用，不分层次，炼精化气，炼气化神，炼神还虚，是一齐做起，何等简捷，真难遇之法也。但与张祖所言不同，祖师云："静功在一刻，一刻之中，亦有炼精化气、炼气化神、炼神还虚，三层功夫在内，即一时一日、一月一年皆然。"并不是不分次序也。例如："坐下闭目存神，使心静息调，即是炼精化炁之功。回光返照，凝神丹穴，使真息来往，内中静极而动，动极而静，无限天机，即是炼炁化神之功。如此真气朝元，阴阳反复，交媾一番，自然风恬浪静。我于此时，正念止于丹田，即是封固火候，亦即是炼神还虚之功也。年月日时，久久行此三部工夫。"以至"真空真静，十年百年，打破虚空，与太虚同体"，乃无次序之可言。反此者，恐是真师未传真诀者欤！

函中又谓"西派之功，或有不同"。夫道学与派别，系两项事，道学惟一无二，千真万圣，皆同此修证。在人体质方面，有童体、破体、衰老三等，用功稍异耳。童体不须补筑，破体与衰老，必须补筑，始有成就。论道派，与道无关，无论东西南北，千支万派，不过记其授受之源流而已，非派异而道亦异也。谓："《明道语录》答张君函中，有'神不外驰，非初入手工法'之语，所言尚无大缪。"凡看书，虽将上下前后，文气、文理贯通，反复静思，勿中寻章摘句之病。请阅上文，在谈初下手时，心尚未平，气尚未和，心气既不平和，如何能心息相依？如何能神不外驰？可以说神不内守，心粗气浮，安能养神入定乎？在先生已得真师口诀，必得静定效果，故神得养而入定也。但据先生来函云："这二十年内，尚有家累。"噫！在利薮名场中，而能扫心飞相，在欲无欲，在尘出尘，能有几人哉？我知非功到玉液还丹，断无此效。

管见当否，尚希教正。

## 覆应治平函

（学道不论白头老叟，只问有恒无恒。）

顷悉来示，知一生慕道，卒不得遇，所谓"大道难闻"，不信然欤？称于友人处，得阅本书，有缘也；读之得明真理，觉今是昨非，有夙根也。虽年逾指使，不过起手之功，较壮年多费手续耳。余曩告沙市同志语曰："既叹岁月无多，须当即时下手，何必悔恨悲伤。总要立起志来，不怕白头老叟，只问有恒、无恒。若是托诸空谈，犹如叹饭不饱。一息不来，身非己有，何况其他。"此语诚然。

所言传诀，诀在书中。今寄奉一部，请熟读精思，力行为要。如嫌简单，可参看《伍柳仙宗》《仙佛合宗语录》《道窍谈》《三车秘旨》等显明丹经，方能悟入。如不识初下手法，在《明道集》《九层炼心》与《道言浅说》，两段中玩索，身中实验，如有未当，始有事实可问，以免泛泛无关。所请师传，待后一步，另有科条，请命祖师前，允许后方可。

兹以先生急于问道，乃略答一二，俟国难稍平，再奉函可也。

## 又覆应治平

（示意壮老，三种修法。）

启者，前已由邮寄书并函，得否难知，今又续寄一部，以免悬念。

敝处前函，所谓"老年多费手续"，恐不解其意，兹告下手修养之大纲。大道原惟一无二，但下手修炼，有童、壮、老，三种体质之分。童年三宝全，不须用补筑之功，一直用清静无为法，养性到底，但古今希罕。壮年体破，必用补漏筑基之功，还成童体，到大丹以后，纯用性功了手。如年老精气枯，生机迟微，须用凝神调息，橐籥真工，使阴极阳生，待生机速而旺，则采炼还成童体。至大丹成后，仍用性功了手。此修炼一定之程限也。

但最初还虚之着手功夫细微，须力行实验，始能悟入。如不了解下手功法，可照《三车秘旨》收心法，及《百句章》第一段，《九层炼心》第一层做去，则天台有路，不烦别处问津矣。

## 吴悟灵来函

正切葵思，忽奉朵云。敬悉诸先觉，道高德重，愿力宏深。所恨天各一方，未能亲炙受教为恨。顷承惠赐《合宗明道集》一部，谢赐之下，拜读一过。无如后学之心茅塞，难以登堂睹奥，含理精深，包罗宏富，足以启后进之来贤。此书一出，譬诸日月普照，光之所及，苟非瞽者，莫不见其明也。

后学孽深，自幼慕道业经十余年矣，汩汩茫茫，依然故我。在过去年中，亦曾进过不少宗教机关，大半是空谈无补。实践、实证者，殊未多见，自恨福薄缘浅，难遇明师。今得逢诸先觉，昌明正道，接引群生之时，不揣冒昧，特祈慈悲，开示愚昧，将道中之"子进阳火、午退阴符、卯酉沐浴、七日采大药、过关服食后结成圣胎"，以及"大周天"等之重要口诀，指教明确。后学不致坐误时机，虚延岁月。倘能有成，莫非诸先觉之洪慈所赐，而后学戴德无涯，没世不忘也。

## 覆吴悟灵来函

顷悉来函，慕道心诚，殊堪嘉赏。惜当国难严重时间，以故事与愿违，得难完愿。俟太平时，再与谈论，自有缘遇。函问一切，甚有条理。但《明道集》中，已说明显，请细心参悟。大道贵悟，其他参看《伍柳仙宗》《仙佛合宗语录》等显明丹经，以为印证。诚欲矢志大道，人心须死，道心始生，事非小可，非顺带可以成功，亦非口说可了也。须真参实悟为要。

## 覆汪荣松函

本书不甚新奇，不过集古人学道之要言，以便同志参考耳。函谓"常阅各种道书"，迨非真老氏之学。本书是否为真老氏之学，必须得真老氏之传受者，始能辨别。道贵真参实悟，兹寄上《明道集》一部，请校正。

## 张义尚来函

（蒙受运转法轮口诀，尚有疑问四点，请慈示。）

敬禀者，刻蒙慈悲，授生以丹功正法。归来印证丹经，若合符节，欣幸奚似，此恩此德，刻骨难忘。惟生秉性愚劣，尚有参悟丹经之疑点数则，谨录于后，敬祈慈示。

一、运周天时，意注中宫，神驭二炁。邱祖师曰："采二炁升降之际，若不以意守中宫，药物如何运得转？"从《金仙证论·调药炼精成金丹图》看来，似指下丹田子位也。然子，乃起火之所，起于斯，止于斯，谓坤宫可也。且曰"上下升降"，而又曰"中宫"，是明明非下田子位也。请问此中宫，究系下丹田欤？抑指黄庭虚无窍欤？

二、《三车秘旨》第三河车："消息既通，于是命太乙神女畴邱兰者，捧出雌雄两剑，摘而取之，立为丹本。"请问太乙神女畴邱兰，是何喻？雌雄两剑，又何所指也？

三、生意功夫下手，积气展窍开关，开关即通任督之河车路。而所谓"运周天度数"，系在开关以后之事，以关未开，当然无从运转，即初次开关，亦不能运合法度，因斯时道路多阻也，此理是否？

四、蒙授转法轮之秘，归来印证各书，实相符合。惟有疑者，在药生采取之后，火逼金行，而煖气旋动，即起周天之火，由子位四撰而运至丑，由丑位四撰而运至寅，由寅位而运至卯，即行文火沐浴。运至午酉亦同，余皆四撰。似是纯以己之真意，驭气而为之，亦即以神为先导而运炁，不待炁之动，而后以真意合之也。然沐浴究须多少时？抑是不问多少时，仍当俟煖炁旋动，而后再运？此乃生之所悟，及与所疑者，是否有误，或有不到处，请慈示。

## 覆张义尚四问

昨接来函，均悉。兹据疑点数则，略答如下。

答一问：邱祖云："采二炁升降之际，意守中宫。"中宫，实指黄庭虚无一窍，即伍真人所谓"斗柄外移，而天心不离当处"，当处亦中宫也。《调药炼精成金丹图说》中，八个某某在此，是统指窍妙而言，不是单指下丹田子位一窍，即经云："黄庭一路皆玄关"之意也。隐秘处，一贵参悟，一贵实验。

答二问：《三车秘旨》中，太乙神女畴邱兰，即东方木汞之喻。真土乃能擒真铅，故又以"畴邱"喻真土。畴邱，乃产兰之地，兰为王者之香，故以为神女名。雌雄两剑，乃文武火也。质实言之，即以汞迎铅之际，用文武火，采取烹炼也。

答三问：周天度数，实是开关以后之事，先生所悟之理不差。

答四问：每步四搽，实是以真意先导而运焉。卯酉沐浴，不拘时刻，当俟煖气旋动而后再运，先生所悟之理即是。

## 燮阳子敬告同志书

（读道书，须真参实悟，不可滑口读过。）

从来仙学最秘，词多隐喻，故凡看道书，如涉重溟。昔朱晦庵大儒也，病中阅《参同契》，斥为卜筮纳甲之书，况下焉者乎？《语录》所谓："道书宜真参实悟，不可走马观花，滑口读过。"此语诚然。

即以愚而论，弱冠采芹[①]后，遍访赤松，后得师秘传，早晚习静。平时以舌耕为业，校课之暇，广阅丹经，除《阴符》《道德》《黄庭》《南华》而外，不下数百种，无不嚼字寻义，自谓老庄一派，略识恒蹊矣。殊知光阴荏苒，年逾指使，依然故我，毫无所得，自愧老而虚生，朝不谋夕。

乃以因缘，得遇真师，授以《合宗明道集》。予遍览之，窃思其中所采辑，以为我所旧观，别无新奇也。及后数月，师询其中点睛之句，如恍惚窈冥，是何景况？时至神知，是何妙候？回风混合，是何工夫？呜呼！知其字义，而昧其工作，实等于不知。古人所谓："进一步则悟一步，悟一步则得一

---

① 弱冠：《礼记·曲礼上》："二十曰弱，冠。"指男子二十岁左右的年龄。采芹：《诗经·鲁颂·泮水》："思乐泮水，薄采其芹。"毛传"泮水，泮宫之水也"，郑玄笺"芹，水菜也"。古时学宫前有泮水，入学则可采水中之芹以为菜，故称入学为"采芹""入泮"，后亦指考中秀才成了县学生员。

步。"又曰:"大疑则大悟,小疑则小悟。"洵不诬也。若自以为是,则终无进步。故刘悟元自谓:"'先天一炁,从虚无中来'一语,历十三年之久,始悟其妙。"读《语录》之所谓:"道贵真参实悟。"愚已实验,不惜切切而为同志告。

## 覆严慈光函

蒙惠道书问答一册,捧读书文批示,知为学不厌、教不倦之高人,曷胜忻羡。示谦抛砖引玉,愧敝处集录,学识浅陋,兹奉上一部,尚希指正为祷。

盖《明道集》之作也,诚非无故。因近日邪师,喜传采战,往来富贵家,藉道敛财,结果误人不浅。敝处冉先生,有鉴于此,集录此书,以为正道之区别。复告同学曰:"学道须学正道,即道不成,不致堕落。"又曰:"书不必著,古人已尽泄蕴奥矣。书固不误人,而人自误。妄著书,于是既误己,而又误他,可哀已甚。余何敢自作聪明,而见诮于明眼人,画蛇添足乎?"故将古人道要,纲领条目,散见各书者,集录一部,以便同学参考,易明邪正。如是而犹不悟者,吾今简括言之。

大道无他求。《心印经》曰:"丹在身中。"精气神,和合凝结而成,舍此即非正道。如谓女鼎采补,可以长生,可以成仙,何历来酷好房术者,寿反不永?诚张祖所谓"披麻救火"也。嗟乎!世衰道微,凡书不近人情者,鲜不为大奸,愿诸子善记之。

以上为冉先生授书时,分示同学之语,特叙其故,以为同志告。冉先生现已遁迹入山,不知所之。同学等,既蒙先生指明邪正,转念敝地与海内同志,恐有迷误者,特刊板印赠,俾有参考而已,别无他求也。书赠完则止。

敝处各道友,散处各乡。密溪山房,亦在乡间,为暂时通讯转达处。是举也,不图为先生见教,偕悉度世宏愿,著作颇富,如不吝教请,渊源而赐,何幸如之!

# 《明道语录》续集

（民国三十一年孟夏<sup>①</sup>　洗心子题）

## 附则

一、此《语录》，为同志来函之答覆，汇集一册，印赠同志，以便参考及校正。

二、来函最多，不能尽录。文内双括号者，表示即原函语也。

## 密溪语录

洗心子

### 张晴丽来函

（本素研佛学，因念设色身不固，谁证无生，故愿常观道言。）

客岁得读大札，与张同志函稿，回环朗诵，于修行大要，已示途辙，欣慰无似。本当速覆，竟迟迟者，以《明道集》所集，固多习见之言，理虽平实，而功夫不易做到。儒家修身，且贵实践；丹书道录，而可用诡异以自衒乎？故接读大书，奉为循序入道之阶，未有丝毫嫌为平常之念。

弟子本佛徒也，尤好唯识一宗。二三十年，在五法三自性门中打之绕，不惟于身内素未用功，即丹经涉猎亦鲜。故于《明道集》恭读数过，尚未能有所请益，久未奉复，职此故耳。转念道本诸身，假色身不固，未证无生，

① 即 1942 年农历四月。

除夕巳到，三头未了，阎老来钩，思之凛凛。故虽寝息释典，于佛子之排斥仙道，深不谓然。而每忆铜梁，未尝不梦想系之。兹又奉到《明道语录》一册，答覆诸函，随机接引，剖示綦详，读之不忍释手，焚香供案，日事摩挲。谨读《明道集》，有疑莫质，而一读《语录》，如亲炙教授，获益更多，倘有续编，务望源源见赐。以后当于《明道集》熟读深思，实用一番功力，遇有疑难，即随时函请指示，以仰副慇勤阐道之至意。

再九编中，有序文题签，并盖"有缘心印"，与《语录》作答，诸公必为上德潜修，不可多得之道侣，殊切心仪，祈逐为代致鄙忱，愿藉邮常亲道言，以为他日有机顶谒之先导，尤区区微志也。

耑函，敬颂道祺。

## 覆张晴丽函

（佛道两教，殊途同归。惟必须见真性，阴极生阳，而后成仙成佛皆可。）

藉悉来示，于佛唯识宗，醉心有年，疑妙证无生，非空谈无据，短时可能成功，君诚摩诃般若之善知识也。盖佛、道两教，立名虽异，其功行究竟，殊途同归。佛典所论，详于性而隐于命，以性为命之主，苟性未纯正，则命亦难立，必性见而后密付本音。此正弘忍，三更时告慧能，教外别传之法也。并有偈云："有情来下种。"从"情"与"种"两字，露出密法。其他佛之"对斗明星"，《坛经》之"淫性"，本是净性因。《报恩经》之善友太子，入海求牟尼宝珠，南郭仙人命女往北郭仙人取火，《莲花经》之鹿、羊、牛三车，诱小儿出火宅。

《显密圆通》之记载，有携鹊笼者，一人求入笼中住，许之至食时，张口吐妇人出，同食，食已，男寐。妇亦张口吐一男出，同食毕，男入女腹，女复入男腹，合成一人。种种借喻，难以悉举，暗示阴阳互为其根，性命合一之理。浅见佛徒，何能悟及喻意，故坚执佛不言命。殊不知"性命"二字，常形于俗语中，有个性命。性与命，本相连不离，可分可合，是一是二。性属阴，命属阳，人身能生存强健，是否赖阴阳二炁充足之力？以医理论之，亦不外阴阳二炁。二炁为人之根蒂，生死衰壮系之。岂有修佛，舍阳气不顾，而专重阴乎？

《易》曰："一阴一阳谓之道。""易"，即一阴一阳也。《周易》为我国旧有文化遗产，其中显示立天之道、地之道、人之道也。《河图》《洛书》，发源于无极，太极、两仪、四象、八卦，而六十四卦、三百八十四爻，发明阴阳生成变化之理，显微阐幽，极深研几。《经》内明言："穷理尽性以至于命。"又曰："形而上者谓之道，形而下者谓之器。"往古高尊大佛，均言当学上乘，即形而上也。其功行非谓不由初步做起，是警人勿限于人天小果，须当登峰造极，始为得道。如真不须初步之法，何必传出下乘，载在典籍，而遗误后人也。非古人自相背谬，实人之才智小，眼见低耳。所谓初法不是成仙、成佛之道者，正是成仙、成佛之阶级也。犹世之官阶，得升极品，岂是一步可以登天耶？倘妄贪高大，正涵虚祖师所谓："未举茂才、孝廉，空想进士、翰林。"太上有言："贵以贱为本，高以下为基。"后天资补，贱下之道也。人除童真外，自阳关已破后，情欲用事，精神渐损，不以贱下，修补还元，则色身不固，欲了向上之功，岂可得乎？然而佛徒执迷，总谓佛门唯有见性成佛。我即请问："性何以见？"曰："做到真空妙有，即是见性。"又问："空而曰真，如何得真有，而曰妙？如何得妙？"说到究竟，本人也莫名其妙，正《法宝坛经》云："口上说空，万劫不能见性。"

今之登法座者，谈得天花乱坠，想入非非，查其行动，满腹贪嗔，结果仍旧病躯老死。间有孽轻欲少者，临死冥差示梦，遂谓预知时至，确证往生，如是而为成佛。常见普通人，亦有预知，临死泰然，岂非仍是往生成佛欤？明明空谈无据，借此掩非耳。然则真见性如何？《百句章》已明明指出，"力行由无念而静，静而气平，气平息住，归还生身受炁的根本地，自己见到本来面目，方是真见性"。又即《丹经》所谓"玄关发窍"，又即《易》之"太极"，又即我佛如来。如来者何？如我生来之时也。试思如生来之初，是否气伏息住，混沌杳冥，浑然一团，中含一点，名曰太极？虽云"一点"，实空虚无形。虽云"空虚"，其中有灵觉之神炁在内，此便是真空。以其"中空"而有"灵觉"，静而生阴，动而生阳，即性根命蒂也。丹经又名真土，又名真意。动而生出一阳，从神妙中生出"有"来，此便是"妙有"。从此生生不已，则起朽生枯，七返九还，成仙成佛，皆基于此。

盖亦有自作聪明，偏执修性者，虽不能达上品，果能谢绝世事，持戒谨严，行功恒勤，亦可以得五通灵鬼之小果，即鬼仙也。但非衰朽之躯所能办到。

此论闽中，李告熊同志来函，否认谢绝世事，得证灵鬼之说。谓："衣食住为人生最大问题，如谢绝世事，非大资本不可，非中下家资所能，倘财用不足，则有无水不行舟之叹，出家则有无异在家之苦，苟从事营业，劳心劳力，何能行道？若效邱祖与孙不二，往山巅水涯苦行，其饥寒非虚体能受，恐仙未证，而鬼已成。惟愿于家，敝衣粗食，三年顿证灵鬼足矣。"哈哈！此君欲二三年顿证灵鬼，恐未识灵鬼之所以。夫灵鬼者，不取身中至阳去合至阴，即是不行命功，只修一性之阴而已，但须不起念作轮回种子，不随境入轮回窠臼。尘妄净尽，空寂大定，出得阴神，亦有五种灵通，但不能动物。其果有四，佛名须陀洹、斯陀含、阿那含、阿罗汉；道亦有四，曰投胎、夺舍、移居、旧住，此四果为阴神之最上[1]。其次无神通者，尚不足为鬼仙。试思不谢绝世事，于二三年之功，能不起念、不随境，空寂大定，有若是其简易者乎？

又谓："修行有法、财、侣、地四要件。"余谓："法为最重，财、侣、地三者次之。"考历代证圣成真者，或皇族苗裔，或尊荣仕宦，或清高大儒，或富贵子孙，甘弃家国，千磨百难，不退初心，急于闻法，而财、侣、地三者，凭一种精诚，感格仙真，暗中护法扶持，自有奇缘，不可思议。苟欲丰

---

[1]《天乐集·养丹与养胎》："凡学者工夫，到结丹程度，纵遇灾厄而死亡，亦一灵有主，可以自由投胎或夺舍，胜于常人远矣。"汪东亭曰："学者自结丹之后，即是'人得一以灵'，具有一得永得根基。不幸遭劫，其灵自有主宰，空气不能侵散，可再投胎夺舍，以竟全功。"《一贯天机直讲》："外药了命，内药了性；外药结内丹，内药结外丹；惟结外丹，方能离躯壳，而自由变化。内丹成后，温养一年，倘遇须死时，如逢全忠尽孝事件，或遇灾祸暗算之时，不能不死，虽死其元神亦灵而不灭。如忠臣孝子，以死全节，或遭劫数，或逢暗算，死后元神有主，可以投胎夺舍。身既死矣，而元神有灵，自能知觉何处出仙人，择有祖德之家，前去投胎。当男女交媾时，可先入胎，其他中阴，自不能再入此胎，此即'投胎'也，择胎而先投入。至'夺舍'，则元神灵觉，知何家有德，可出生人仙，算定胎儿何时出世，胎元感动中阴，而出胎时，夺他中阴之胞胎而入，推出其他中阴，而自行投入，此即'夺舍'也。惟阴神能投胎夺舍，此虽较胜，而实仍为阴神，故可行此法。到此则凤具灵根，自能童体修真而仙矣。凡童体修真者，皆自投胎夺舍中来也。西域大迦叶尊者，在六朝时，投胎于萧姓之家。可知在本国时，尚未了手也。释迦牟尼，自谓修十七世，历十七劫，皆经投胎夺舍而出生。凡筑基已成者，皆能投胎夺舍，合之'旧住、移居'二者，为'四果徒'，佛家谓阿罗汉、须陀洹、斯陀含、阿那含是也。'旧住'，即阿罗汉果；'移居'，即见尸还魂是也。修阴神而尚未成功，借他人已死之体，而还附之，以复其人身，是为'移居'，譬之人生之改换宅舍是也。"

衣足食，安安乐乐，成就一个神仙，从古至今，未闻其人也。

《书》曰："士志于道，而怀衣食住者，未足与议也。"《神仙身事歌》曰："天人须选天人学，上天不擢下愚人。"此君谓"每望道洋而兴叹"。哈哈！余谓："道洋转望之而哀。"此为李同志执迷处，特举来与先生作闲谈耳。不识所言当否？余不知佛学者也，随便说来，可否近理，均请指示谬妄处。

道，为我国黄族至高无上之遗产，先生果欲研究本国国粹，丹经不可不读。首先请读《仙佛合宗语录》，与《伍柳仙宗》，次及其他。《明道语录》，不过因同志之问，随机一谈，而道中微奥多，挂一漏万，难以函尽，惟在参悟各书，始能尽其玄妙。

所问《明道集》中作序题签者，皆同道友也。嘱代为致候，已如命转达，诸友感情，嘱笔转谢。至于《明道集》中，所盖"嵩度有缘心印"，其义嵩为同志中，夙有仙缘者，始能心心相印，斯道愿当今同志，皆能识此心印。卢慧能有曰："迷时师度，悟时自度。"惟君能问心印，必能契心印，有夙缘也。心心相印，悟也。悟，即自度也。

所问严著道书，已载《仙道月报》中。手此敬覆。

## 覆何维民函

（道为声光电化之祖，实由虚生，并释修道原理与方法。）

来函藉悉年当弱冠，求学于沪之高中校，正宜醉心科学，以合潮流，而免腐败之讥也。君不求时髦，欲研究我国数千年遗来至高无上固有之国粹，君其异人欤！志愿出类，思想超群，可钦可畏。论科学方面，当今人人注重者，以其有飞空、行陆、入海种种之神妙。试思机械神妙，果系自有乎？查一切机械，不离铜铁等构成，本为笨重之死物，有何能力之可言？惟借电火之力量鼓动之。但徒有电火，亦不灵动，必须以人司机搬运其中各机关，则神妙使见矣。即如飞机空战之胜负，全在机生之技能何如。

于此可以想见，吾人真是天然一部神妙活机，又可以说是部母机。有母始有子，一切子机，皆自吾人心里无中生有，妙想出来。可见人心真是万能，于假的能设法造成，对于自己天然一部真机，岂不可以想法来造到神妙之地乎？查科学家之心理最灵，思想最精，如以此种智慧，易为造作自己真机，相信惟科学人才决定成功。但世界未见一人，何也？人之常情，信假昧真，好实恶虚。殊不知，实由虚生，真为假根。以人身言之，未生以前，以何为我？虚也。由虚无而成实有，至死又化无矣。其他万物，究其根源，谁不由空中出。所以真空里面，包藏形形色色，生生化化于无穷。我国固有国粹，即研究空间造化之至精至微、至神至妙之一种哲学，岂科学眼光所能窥测者哉？惟其有精微高深难明之理，宜乎人以虚渺迷信目之，谓不可眼见。

我即举本人眼见日常之吃饭、解便、睡眠等事而问之：饮食方面，是常见者，能知吃下肚，谁主变化？何时变化？变化后，清者成精，浊者成尿，糟粕为粪，各出一窍，毫不混杂，谁为分之？何时所成？何时所分？每日至晚必睡，睡时从何睡去？觉时从何醒来？其他爪为之生，何时所生？发为之长，何时所长？胎成男女，如何成就？此皆眼见常事，其中所以，试问能知否？我敢说人人皆莫名其妙。浅近之理，尚且不解，而空间造化之学，精微神妙之理，岂管见之辈所能明哉！常人不足与论，不过略与先生做初次之闲谈耳。

我今亦感谢科学愈进步，愈证明道学之至高。科学讲声光电化，而道学即是声光电化之祖宗。吾人一部真活机，以科学所造之假机比之，假机不离电火与司机生；人之身躯，欲使行动神妙，亦不离电火与司机生两大要件。

修士初下手，第一工作，即是训练机生，真机之成败，全在机生之贤否。训练之法，须切实教导，戒其浮躁贪妄、虚假怠忽之习气，而归于诚静端肃、恒勤朴慎之行动，始可经理机中电务之造电、收电、炼电、藏电等事。盖电之煅炼，必经三次鼎炉，始有无穷之动力。其初次工作之处在海底，收积水中电气，积累煅炼，久之电盈，有冲突之象，全仗机生护持转运到原鼎炉，和合凝集，精华团集，以至电光透露，至再至三，发生震动，此初次工作"移炉换鼎"时也；机生小心照顾，如猫捕鼠，经七日夜，运至南宫大鼎炉中，为第二次"制炼处"工作时也；又于火中取电，和合凝集，期满十月，则电之精华飞空，直冲霄汉，有此现象，正迁运至昆仑造化炉中，为第三次"制炼"工作时也；再加精炼，工作圆满，电精之光，充塞天地，真机得此最精、最美之电，有变化莫测之妙，机生从而旋转，随心所欲，或飞天外，或入水火，透金贯石，横遍十万，竖穷三际，毫无阻碍，岂区区小术飞空、行陆、入海，所可同日而语哉？此科学较道学之高下如此。

先生函请"道学启蒙"。夫学道之起首，即前所谓首先训练机生。司人之机生，为谁？身中神也。神有元、识。何为元神？无念中有灵觉，又为先天之神。何为识神？思虑妄想，即后天愚痴之神也。修士神用先天之元，忌用后天之识。识与元，是一乎？是二乎？是二是一，可分可合？如何能合？将心中杂妄除尽，即返识为元矣。如何能除妄念？此问题重要。紫阳真人云："人之所以不能超凡入圣者，只为妄念相缠耳。"

去妄之法，各丹经最详，兹略举二端，以为例。

其一，在事理上穷源究尾。夫人欲之最大最厉害者，莫过于色欲，男女皆贪恋以为乐事。论人之生存，身之强健，全在精神充足，好色乃消耗精神之第一件。试思性交时间，不过片刻之欢而已（色欲片刻，过后气馁。人行道至身中阴阳交媾时，美快无穷，非女色可比，并且长久，过后则神清气爽，此是真乐。经云"身中自有真夫妇者"，此也。世人每不识真，专贪假色，临死尤恋，愚甚）。过则筋疲神倦，乐乎苦乎？青年时代，恃精神充足，过贪性交，必病虚弱，病重呻吟不已，乐乎苦乎？及至年老眼花耳聋，齿落足软等衰象，皆阳枯之证，纯是苦境。如阳气一尽，死期至矣。由是思之，以莫大之精神，尽消耗于粉黛红妆中，甘受种种痛苦，何其愚也。如以好色之心，反而好道，有何痛苦之可言哉？惟上智一明此中原委，心境顿空，妄念何有？如事事体察究竟，皆系到头一空，与本人毫不相干，则诸念皆释矣。

其二，在功行上苦干。认定行道，为吾人自己最大一件事业，美满的享受。其他身外种种行动，皆属义务，水月镜花。日间以己事为重，莫待静坐时始收心净念，即行、住、坐、卧，须常常觉照放心，心走即收回，住在腔子里，不许乱动。如是持久专一，生出兴趣，则心未有不静，而妄未有不除者。近有同志，对于除妄一事，有谓行持已久，心难清静，入坐时神昏嗜卧。查其所以，日间心里，被富贵色财，恩爱贪嗔，种种欲妄缠扰，无一分钟闲空，神气劳伤过甚，当然昏迷。及入坐时，始行收心，犹捉野鹊入笼，拼命碰出，莫可收拾。不知自己习性未除，道心轻而人心重，入门万难，成功更无希望。经云："人心生而道心灭，道心生而人心绝。"二者不可得兼，所谓两持之心，即两失之道也。

我今简单说几句修士紧要语：学道不死心，不诚心，无恒心，不辛勤，不除习气，不绝淫欲，不断尘缘，不修阴德者，欲望成道，犹说饭不饱也。

先生函谓："静坐尚未粗试，行功应当如何？丹经应阅何种？《五大健康法》如何？闹嚷扰静当如何？睡眠妨害静坐否？"为问。

答：行功初法与参考丹经，已详《语录》，再略言其概。人既立定修身之志，日常刻刻检点放心，于未坐之先，有杂妄则扫除净尽。然后端坐，盘足闭口，握手仰置腿上，瞑目回光，返照脐下丹田穴。先将呼吸调匀，不缓不急，气息绵绵，深入丹田，如心静息微，则守着清静自然的景况。又当勿助勿忘，久之恍恍惚惚，到忘人、忘我时，则神炁融和矣。以后便有阳生之现相。如日夜静坐中，有喧闹之声入耳，注意定心调息，勿着喧闹，习而久之，自然闹中亦静矣。静坐极易睡眠，其初要力敌睡魔。如坐至静极，睡去亦无妨害。醒来如活子时发现，急起端坐，行采、炼、固、养各法，风平浪息为要，其详情于各经探讨。其他《五大健康》书，不合正宗，作闲观可也。

所问青年妨害颇多，今举其概。丹经言"童真成道易"，查古今成功者，千百年一二人，何也？童真虽精、气、神充足，但性不坚定，行道人有内外魔考，一临魔境，鲜有不生退心者，或触世界之形形色色，容易摇夺志向。即如女色一端，查世之老年皆难断绝，而青年能空色相乎？经云："修士不断淫身、淫心、淫机，如蒸砂石成饭，经千百年仍沙也。"淫为修道之第一妨害，其他难以枚举，须于各经中求尽。书云："天下有非常之人，而后有非常之事。非常之事，非非常之人不能成功。"古今同概。黄元吉谓："道关乎天命，非无根、无缘、无德、无福者，可以受得。"信非虚语。

手此敬复，尚希指谬。

## 又覆何维民

（释回光返照，与活子时。并详告静坐姿势，及收心法。）

来函藉悉，上有父兄撑持家务，宗嗣方面，有诸兄足矣。所称"亲恩当报"一语，凡世俗之所谓报亲恩者，卟过口体之养而已，何足为孝？如行道果，能达到成功，方是真报亲恩，即九玄七祖，俱能超度。考往昔地藏菩萨，母死堕狱，倘非成道，从何救母狱苦？孔子《孝经》云："身体发肤，受之父母，不敢毁伤，孝之始也。立身行道，扬名于后世，以显父母，孝之终也。"不毁伤身体者，即行道是也。扬名显亲者，即道成后，护国佑民有功，世人立庙祀之，则亲为启圣矣。后人之多，祭祀之久，馨香万代，比之家庭，孰大孰小，孰短孰长乎？至于入校求学，为青年应为之事，入世、出世，均不可少。

即如道书，理最精微，文学浅谈，难以彻悟。先生为初慕道者，丹书名词难悉，兹与一法，每日除校课外，收心静坐，其余晚间，勤行无间，如是久之，则智慧必然增长，无论道学、文学，容易悟入。静坐之法，前函已详。

惟称未识"回光返照"与"活子时"为何？外问"形式上盘足否"？"握固否"？今重与一谈。

静坐在外面之形式有五：端坐、盘足、闭口、合眼、握手置腿上。以上形式，不可着力；全身骨肉，须令活泼，即衣带亦要空松无拘。在内一方面，合眼后，将目光内观下丹田，即回光返照也。两耳亦内听，与目光同住，鼻息不要达到丹田，内息调至似有似无，心便静了，须听其自然，勿助勿忘，此精微处，要在身中体察适当。如何为适当？即是心里念头一不动时，便守其清静自然，而入恍惚杳冥之景象也。每坐皆能达到此景象，则智慧渐增矣。

所问"活子时"者，即是身中阳气发动时，为活动之子时，非日夜钟表不移之子时也。若身中阳气发动时，急端坐静定，收藏阳气为要。

敝处所奉《道窍谈》《三车秘旨》，收到后细参。

近因有故，耽延时日，特此迟覆。

## 覆邓雨苍函

（凡下手处，不合丹经，皆为盲修。并释杳冥即性功，
一阳即命功。及答六问。）

函悉，知决心学道已离家，寄居修养，好极妙极！老实说，果欲成功，真要尚办，如搭在人事顺带，不特道无成功，欲强健身体亦不可得。

论行功无效，有两种原因：一不明正道旁左之法也；二或得正道粗迹，未知精微，难征效验，自行不当，反疑古人有误。

谓下丹田非初下手处，或有改为死守中丹田之黄庭者，或有指为死守上丹田之泥丸者，或有指为死守两眼中间之山根者，此外或指定之窍遍满全身，类皆以盲引盲，将古人一定不移之三大程限，颠颠倒倒，紊乱次序。而学者亦不证诸丹经（《道窍谈·中字直指》言窍妙甚悉），到无结果时，尚

不于经中注意参悟，而盲师所传，亦不大疑。试思成真之祖师，岂肯妄言误人乎？其所以著书立说者，正恐鱼目混珠，淆乱正道，将道中纲要，详尽书中，无微不至，使有志后贤，求道有所考据。仙师慈悲后人，可谓至矣，奈何悟之者希。敝处有鉴于兹，特印赠《明道集》，使知大纲。再荟萃各疑问，以浅显详释之《语录》导之。

近查同志中，能悟得大意者颇希。嗟乎！大道真难明耶？自不明也。大多为慕道一流，俗累难割，顺便试办，当然难申效力。邱祖有云："人事绝了九千九百九十九，如有一分未绝，不能成道。"虚清道人云："千万人学道，终无一二成功者，人心未死也。"二真人之论皆谓："得闻正法，尘念当割绝净尽，方有效果，旁门左道无论也。"

先生函问：注守下丹田一法，见人照行，滞碍生病，无一成功？

此疑问，已明辩详释于《语录·张道初》答函中。原不是言死守下丹田，且说他人所学，是否正道真传？身内行功，能否合得玄妙？吾人何能得知。如因人之非，我即非之，岂研究家之行动也。即以先生现下之功行证之，以下丹田非入手处，而"注守泥丸上丹"，宜乎可以止漏，如何"遗精如故，有时反增咳嗽、口痛、喉疼，夜不安眠，小便余沥，大便不禁"等之虚症病状？可见亦不合法。称阳生必泄者，无真息化炼，无元神保守团聚也。"丹田热气，屡向谷道冲出"者，收拾无地、无主，向空窍散去，此正下鹊桥当防危险也。谓"有时热气上升，下降不觉"者，神昏之故也。先生认为"药生督脉开"云云，以《三车秘旨·下手收心法》一段证之，函称"杳冥境界，皆不常有"，则钻杳冥未到，真息何能发现？隔筑基之功远，得药之功亦远，称"闭塞阳关"更远。闭阳关，必须到玉液长来时，方有此验。

所问：有无特别口诀，挽救病躯？

口诀在书中，仙师未秘。如不从书中琢磨过来，即明明说尽，亦难领悟。论《道窍谈》《三车秘旨》，为第一明显有序之丹经，口诀泄尽，无微不至。如此书尚不能悟，其他浑含之书，从何得门而入？先生早已得读《秘旨》。函称"了命欲先了性"之问，似于性命二者，尚未明瞭，于书少有心得。兹举《明道集》《炼己还虚》一段、《最初还虚》一段，与《秘旨·收心法》一段，非言性而何？惟《秘旨》所言下手功明显，自静心、缄口、调息，至静之又静，清而又清，一切放下，全体皆忘，心神气息，皆入于杳冥之中，非性功而何？杳冥而至于钻杳冥，杳冥中有气，惟神独觉，乃真息也，即佛家所谓"真空不空"也。阴精，非真息不能化；阳气，非杳冥不能生。积累久之，始有一阳来复，非命而何？有热气由下丹田，薰至心府，乃是展窍。本人如梦初醒，外则阳兴，急采取运行，起第一河车，将初醒之心，领导阳炁过下鹊桥，即"天罡前一位，誓愿不传"之真诀。

函问：前一位为何？

即真意也。真意，即初醒之心，其余真心、元神、妙心、天地心、玄关发窍等名词，皆指真意。自过鹊桥后，由尾闾升夹脊，到玉枕，入泥丸，过上鹊桥，降下气管，入心宫，落于虚无窍内，宝之裕之，到此方有筑基之名。以后才有得药之境，而至结丹。

所问："服食入气管之诀，是否第二河车，舌抵上颚"云云之诀。

答：不错。

又问：转斗柄之法如何？

斗柄，即斗梢也，北斗之棋柄也。转斗柄者，即运转周天也。经云：斗柄外移，而天心不离当处，即是以意主中宫，以神驭炁于外也。

又问：仙书云"月月常加戌，时时见破军。破军前一位，永是不传人"，何义？

答：此乃踏罡步斗之起例法，恰似内运周天之法，其例亦当说明。如正月行法，正月建寅，即将戌时加于寅上，顺行地盘十二宫。二月在卯宫，加戌顺行十二宫。余月同推，故为"月月加戌"也。时时见破军者，以戌之对宫，即破军。每月戌时移宫，破军亦移宫，故为"时时见破军"也。破军前一位，即是真意。步斗法，亦须真意，上应天星，始有作用。

又问：敲竹唤龟，鼓琴招凤，何义？

敲竹、鼓琴者，喻调息也。凤为雀，喻心也。龟，喻阳物也。静心，必须调息。采微阳，亦须呼吸也。①

所问：李真人授《三车秘旨》之故？

兹略言其概：敝处道友，常养静于如意寺中。民国十七年（1928年）戊

---

① 李道纯《中和集》："敲竹者，息气也；唤龟者，摄精也。炼精化气，以气摄精，精气混融，结成玉芝，采而吞之，保命也。""鼓琴者，虚心也。招凤者，养神也。虚心养神，心明神化，二土成圭，采而饮之，性圆明也。"

辰，二月初旬中，有道人飘然来寺，相貌清奇。延寺中坐，请问姓氏住所，答姓李，道号真一，挂丹于三官堂。由此而来，留住寺中四日，相与谈玄论道，无所不通。心焉钦佩，请执弟子礼，慨然允。乃曰："《三车秘旨》，为行功之要法，初学舍此，悟入不易。"即令焚香，跪书《秘旨》。其文由真人口中，句句说出。书毕，令读。经三日始熟记，乃为指明要领，并字句错讹处。当令焚稿，至嘱宝之秘之，非人勿示。言毕而去，从此渺然。细思其名，得先天之真而合一者，仙也，非涵虚祖师而何？[①] 凡传授大道，须三官记名，故曰"三官堂挂丹"也。真人于闽，示梦授书于先生。于蜀，现身说法于同人。使数千里外，得通消息，一段奇缘，不可思议。同人等与先生共勉，期成无负祖师接引之至意也。

综上各问，查先生于道，不甚彻底；于行功，固劳心力；于丹书，尚未汇通；于身体，阴枯多燥。种种虚象，深以为虑。今后请照《三车秘旨·收心法》一段，丝丝入彀做起。真息发现，则命蒂生，而阳气长，乃有却病延年希望。不识以余言为何如？

## 覆廖炳文书

（弥陀即自性。妄念除尽，自性一见，即弥陀。

惟必须童体，始能办到。）

敝处印赠《明道集》，原昌明正道起见。惟恐同志，难明书中微奥，又以《语录》导之。希得书后，熟读细参，入正道之门。今查同志中，能心领神悟者颇少，仍东顾西盼，依违难决。

敢以一言定之，吾人本中国堂堂黄族，早有至高无上之道，流传至今，应该研究自己家学。如舍去自有，而钦崇他宗者，实舍其田而耘人之田也。

---

① 据《李涵虚小传》记载，李涵虚在 1856 年羽化。此处则称，1928 年所遇到的"李真一"，就是"李涵虚"。若以唯物历史观而言，此"李真一"绝非是"李涵虚"，银道源承自西派嫡传之说，也就是子虚乌有了。但是，若以信仰角度来看，李涵虚"升举"成为了神仙，是超越时空的存在，法身圆通，穿越无碍。1928 年李涵虚化身"李真一"，也没有必要"惊诧"了。汪东亭《体真山人丹诀秘录正集》载："四川李西月（涵虚），道光年间，遇吕祖亲传。修成后，变化莫测，神通显著，四川人呼他为'李活佛'。行年一百零四岁，回家一次，因乡民为他造庙供养，遂去而不返，不知所终。"李西月 104 岁，则为 1910 年的事情了。

论我国国粹，不过当今昌明无人，本教中邪正混淆，使人难辨真伪。虽然邪正两端，原宇宙间对待之理，有一必有二，有善即有恶，有真必有假，苟无比量，即无分别。但人性万有不齐，能否辨明，惟在本人智识之高下，凤根之浅深，仙缘之有无耳。前因存焉，不可强也。书曰："中人以上，可以语上。中人以下，不可以语上也。"故孔子有"智过愚不及"之叹，古今同概。

藉悉来示，躬耕养亲，正成仙之根底也。果能克尽伦常，何患无子？欲为孝子，须位证真仙，超九玄七祖，方为大孝！果能成道，人谁不尊？后人之多，香烟之永，孰短孰长？如欲在人世求子，不外两端，一在阴骘上广行，一在保身方面用功，定能如愿。但函称"欲脱苦海"，此又出世法也。二者不可得兼，须将方针抱定后，再谈。

函称已入佛门，问修净土，并持咒。现下未得一心不乱，不识带业往生之语，可靠否？佛门念佛，为净土宗；持咒为密宗。欲生实效，非普通行持能期往生。凡宗教，均有深义当明。所谓净土者，非别有，自心也；弥陀者，非外来，自性也。人欲成佛，先须将自身中妄念除尽，则净矣。意念属土，故曰净土。果能断绝尘念，专念弥陀，自一日至七日，一心不乱，自性一见，即弥陀也。但是必须童男女，始能达到究竟。如破损者，做到极点，不过下等灵鬼而已。噫！达到灵鬼，亦颇不容易。所谓密宗者，秘密之法也。不言意义，以免添人知见。惟教持咒，亦须清净身心，三密相应，始有效果。其他佛门各宗，殊途同归，言性最详，而于立命之说，则含藏于借喻中，非上智难悟。小佛徒一闻命字，则斥为"守尸鬼"，自己结果，守尸不得，病苦缠身，昏昏死去，成为"地下鬼"，真真可哀。真通佛法者，知教人心法，通同无门户之见也。

又称贵处有金丹教，与同善社最胜，其学说不肯告人。同善社教主，为敝方中人，可以说是劝人为善之门路。贵地之金丹教，不悉内容，大半亦劝善一流，亦与世道人心有补。凡普通教门、学说，不易告人者，以学理浅淡。俗云："说透不值半文钱。"

又谓"愿入门闻道"云云。欲闻大道，大道已详书中。能读道书，于书逐章、逐句求解，便是闻道。知得道之纲领，功夫之次序，即是入道之门也。读道书，能遵经中之言而力行之，便是道门之佳弟子也。山川阻隔，何必区区在形式讲究。

# 覆董天元

（告初习静坐，调息收心止漏法。）

来示尽悉，中年丧偶，俗云不幸，余以为君之大幸，犹网脱一面，此一幸也。不孝有三，无后为大。君子有二，大事已了，此二幸也。令堂颇健，兄弟和睦，寄托有人，此三幸也。有此三者，正大丈夫了生脱死之良机，幸勿再投罗网，自误身中大事，又入轮回苦恼，不识以余言为何如也？

函问"梦遗缠绵，用尽方法无效，明知化精有术"云云？

诚然炼精有时、有地、有法。必须先知化精之主宰。主宰为谁？元神也。不得元神灵觉如是如是，则精难化焉，仍顺行熟路而泄矣。遗精一事，本为行道人之大患。须知根在心神，心神为人身之主宰。人每于成童时，阳关一破，思想淫欲，扰乱心主。主即昏庸，欲炽不遂，想念更重，则深入神经，含藏久之，必形于梦交，从此精关不固，久而成滑，不可收拾，非药饵所能奏效。

欲除此患，惟有自医。自医之法，以心治心，时时内省，觉照神识。脑海中，深含之淫机，扫除净尽，外则戒慎恐惧，非礼勿视、勿听、勿言、勿动。日间既不劳心，又不劳形，以静坐为常行。所谓静坐者，非坐时始静。丹阳马祖所谓："即行住坐卧，以至吃饭解溲，都要心定念止。"果能如是恒行，何患心不清、神不明哉？如临坐时，心尚未清，眼勿乱闭，急将心系于气息上，理会息之精粗，调得气息不疾不徐，待心平气和后，始合眼返照下田，呼吸绵绵，深入丹田。常人之呼吸上浮，修士宜下沉，在平常即当注意。初学静坐，要从内呼吸下手。何为内呼吸？如婴儿在母腹中之呼吸也。苟不知此，则精难化炼成焉，所以调息之关系最大，多未参透其中精微。调息法度，非只一端，有收摄之息、有采取之息、有交媾之息、有进火之息、有退符之息、有沐浴之息。诸般精义，函难尽极，须参考丹经。丹经种类，已于《语录》中指出，能于各经中，细下探讨，始能尽其蕴奥。果欲志道，不从书中反复参悟，身中精细实验，加以师传，又何以能却病延年，而期于成道哉！须知此无上大道，非几封信函能尽其义、几篇文字能明其妙。凡同志来往函件，不过方便切磋，补偏救弊而已。考历代祖师学道，非朝夕可了也。

草此敬覆。

## 又覆董天元

（再释调息、收心、止漏法）

函悉，称"前已练习因是子静坐法有效，惟遗精如故"，可见未入静定之门。继又得某道师传授一法，谓与《明道集》下手相同，惟较多耳。既有多少，即是不同。正道真传，师师皆同，无多无少。

查所谓"以深呼吸化精"一语，便知属强猜一流，所以不能止漏精。又谓"疑脐下丹田，指仰卧，非坐立之下，恐'下'字含有深意，或有别解。丹田与炁穴，疑为二处"等语，可笑，凭空复杂乱猜。

道学不凭丹经印证，以何考查师之邪正？既不在经中参悟，又不于答函三思，总谓"别有秘法、简法"。敝处今赠以书，又答以函，此便是简捷法；疑难处，详为解释，便是秘诀。如是而犹不悟者，便是无心印，无缘，难度也。

止漏之问，同志颇多，《语录》会集，以便参悟。如置诸高阁，即太上下世，亦莫如之何也。前函曾云：凡初学静坐，要从内呼吸下手，不知内呼吸用在何处，则精难化炁。《三车秘旨·收心法》云：养身以真息为本。不知内呼吸之为真息，则失却命根，此又明白指出化精之定法矣。又谓："以心治心，时时内省之法，早行。"即经奉行，如何"淫梦未去"？可见尚未做到。又称"毋太劳身心，较难做到"，论劳心则伤神，劳身则摇精，欲保其精，不养其神，如何止漏？又疑："诀中有诀？"此疑问，已讲明于《语录·张道初三次答函》中，可见于书，尚未注意。

今又简明一谈：行道人，心要至诚。"诚"上，加一"至"字。至者，极也。必须真诚到至极处，始能尽性，尽性即见性也。能尽性，则可以赞天地之化育。初工如要化精，非要见性，即《三车秘旨》钻杳冥中之气，为真息，始可化精。

函谓"人说任何法子，难塞漏精"。哈哈！蠡何能测海？不日续集《语录》奉赠，请于此中细玩，幸勿走马观花可也。外冯荣芳同志，亦有同病，请转告。

## 覆廖锦云函

（因鉴大道隐晦，特赠《明道集》，略尽匡救之力，并无会社组织。）

拜读瑶函，感谢问愆，又承奖饰，愧无实际。藉悉阁下，宦海归来，悟浮生若梦，为欢几何？功名富贵，昙花一现，于浮华浪里，能具此种手眼，实为希有。更欲研究我国固有之文化遗产，从而宏扬光大，诚有心世道之高士也。

承询"敝处各情"，略述缘起。敝同人，因鉴世衰道微，旁左流毒日深，而嗣玄门者，徒哺啜一生，既不于身心下功，又不在教门尽力，内而修持不求，外而玄规未振，颓败难堪，任人呵斥。敝同人忝列教中，目击心伤，兼见大道隐晦，有志者苦于入门，特印赠《明道集》一书，使同志于道之邪正，稍有辨别，于教门略尽匡救之力耳。并无会社组织，亦无主任与若何名称，不沾名，不招生，不立派别。本拟将书赠完则已，殊以同志不我遐弃，问难于盲，来函颇多，而敝处随便答覆，可否近道未计。因以积集成册，命名《语录》，印赠同志，非敢问世，实借此领教高明，并希教正指谬。一以同志有同疑者，以免重问之麻烦耳。

至于"扩大道门"之问，正希后贤，共明正道，躬行实践，达到成功之表现，始足以大振道风，宏扬我黄族至高无上之国粹，而免空谈惑人之批评也。否则水月镜花，反增败坏。

所问"斋戒两端"，为中人设法。上智胞与为怀，斋也：诸恶不作，戒也。下愚非义而动，背理而行，虽有规律，何益？阁下上智也，请于道理上斟酌是非。

若问俗子名姓，已忘记久矣。哈哈！

## 覆郭缘生

（梦遗滑精，内治宜采微阳，至息住归根。外治服理脾饮，附原方。）

藉悉醉心大道有年，而又年方十八，想是童真入道，不知曾结婚否？如仍童体，虽病亦易挽救，但必真心向道，立愿在涵虚祖师位前，盟誓焚疏，守戒为要。

夫梦遗与滑精，多梦与易怒，乃长斋学道者之通病，均属木旺克土，脾土薄弱，不能统摄魂魄所致。总宜先治心病，然后外药治标，内功治本，则易瘳矣。然内功治法，《明道集》中，《百句章》首段，与"下手调药采微阳"全段，言之甚明。果能照活子时，调药采炼，由无念静，至息住归根，即内治之仙方也。外治用药，宜舒驰远先生①理脾涤饮（原方：参、芪、苓、术、姜、附、砂、半），研末，则易半夏为法曲，审是脾阴虚，则以人乳调服。若是脾阳虚，则以牛乳冲服，即丹经所谓"真土擒真铅"之义，亦即外治之金丹也。内外兼治，心肾交养，岂特病愈，而仙阶亦从此登进有路矣。

函中所祈方法，今已开明，请先生勿忽视《合宗明道集》一书，则幸甚。不久另有显明丹经一本，书成自当寄奉。

## 答郭缘生八问

客岁九月内来函，彼时因遵示疏散，往来城乡无定，故迟至今日，特拨冗一覆，以慰渴望。

一问：四字诀，当用何时？

答：此诀，系用在运周天之时，非采微阳时之法。请看《金仙证论》梁靖阳所说自知。②

二问：从阴跷迎归炉，或十迎，或数十迎，外形倒则止，是否采取送入丹田之法？

答：是。

三问：采取法，是否外阳初举时下功，抑壮旺时下功？

答：外阳举，即是气欲化精。以始举始采，为嫩。若壮旺，则又老而将浊矣。当斟酌于不老不嫩之间为宜。

①舒驰远，名诏，号慎斋学人，江西进贤人，生卒年代不详，活动于清代初中期。著有《伤寒集注》十卷，后附有《六经定法》《痢门挈纲》等内容。
②《〈金仙证论〉〈慧命经〉合刻》梁靖阳"义例"：平日既已炼心，入手即当调药。偶逢时至，未可遽行四字诀，只是凝神炁穴，息息归根。此时无鼎器、无火候、无药物也，而鼎器、火候、药物在此八字中矣。调之既久，神明清壮，可行吸、抵、撮、闭四诀，渐运三百，升降妙周。如得元关现相，鼎器自明，正子时来，内外符应。斯时始可言药、言火、言鼎也。

四问：阳举时，是元精，抑浊精？

答：无念而举为元，淫念而举为浊。

五问：日子时与活子时，如何分别？

答：日子时，是日夜钟表上有定之子时。人身中阳炁生则阳举，为活动无定之子时，故名活子时。

六问：时至神知，药产神知，光透帘帏，阳光一现、二现，作何解？

答：微阳与小药生时，如自心清静，元神即知，所以谓"时至神知、药产神知"。阳光一现、二现，光透帘帏，是大药产生时之景象，非微阳生时所有。

七问：闻有云：早坐想泥丸，为命交性；晚坐想炁穴，为性交命。此说是否？

答：非正道丹经之语，为妄造，不成问题。

八问：《黄元吉语录》，及《道德经注释》《道门语要》，三书可作用否？

答：道书须考究作者。往昔有修、有证者之作，不错，否则为旁左之伪造。至于《道窍谈》《三车秘旨》，上海之印本，尚有差谬。月前敝处曾奉一册，谅已收到，请细参。

再，先生前曾两次请问止漏之法，今已焚香叩恳仙师，允其略指调息之法。夫调息，要调内呼吸，非口鼻之呼吸，如在母腹中之胎息也。定要此呼吸，始能炼精化炁，否则精不化炁，决不能止漏，又非上守山根之法可能办到。请细看《道言浅说》"中字说"，《道窍谈》第二十章《玄关一窍》、第二十四章《中字直指》为定论。天机泄矣，宝而秘之，非人勿示，违则神谴。有谓任凭何法难塞漏精，此不知道者也，可笑。

手此迟覆。

## 覆廖诚一书

（欲学道，须参透丹经，勿见异思迁。并答各问。）

来函敬悉，照答如下。

所称"尘浊纷扰，于道尚未认清，行功无主"，谅是实话。我辈每作一事，须认定轻重。经云："人心生而道心灭，道心生而人心绝。"二者不可得兼。如以尘缘事故为重，第不必问道。欲学道出苦海，逃轮回，了生死，实第一最大之重要事。须当着饭吃，非顺带可能办到。学问非三言两句可了，首先须熟读适用丹书，逐章逐句，务求了解，参透所以，认清邪正。身内行功，勿见异思迁，虚负光阴，殊属不值。功行下手之法，《语录》各函甚详，其他当参看之书，亦曾于各函指出，须照熟读细参，方能有得。

所问阴跷为何？

阴跷者，阴精出由之处也，在下丹田下，阴囊后、谷道前之间。

又问：经云："从阴跷迎归炉。"又云："寻气以阴跷为先。元精者，在阴跷一脉？"

答：等语，皆言身内元阳发动，须行采取之功，从阴跷收回丹田，加以烹炼之法也。

又问："默注阴跷"云云？

答：此段，是言调息之法。凡调息以引息者，只在凝神入炁穴，神在炁穴中，默注阴跷，不交而自交，不接而自接，即是神与气交也。调息一件，为行功内之急务。调息法，详《伍柳仙宗》。其他经亦有，当细玩。

又问：《医宗金鉴》言阴跷？

答：是言脉络之起止也。

其他问：阴跷在山根（守山根，是旁左法），默注阴跷，收摄神光？

答：皆谬妄之语。

藉悉来函，于道尚未明了所以者，以其有生活之劳，妻妾之累，子嗣之忧，故于道难以入门申效。俗云："神仙本是凡人做，只怕凡人心不专。"真是欲做神仙，须专心干此一件。如搭在人事中顺带，是普通教门，将就普通人，不绝酒色财气者之方便法耳。但旁道多借此，为敛财之计。有心大道者，须慎思明辨为要。

## 覆周志诚书

（气盛冲关，须元神镇静。伏魔之法，要元神不惧不惊。）

藉悉先生夫妇，曾入敝省刘止唐道门，亦善。入世、出世，二者兼办，颇合普通人性质，尚属可行。

所述令夫人，行功精进猛勇，真有学道如初，成仙有余之想，所获功效，可惜未将功内之节目彻底，随便做来，偶尔达到河车初动之地位，惜未知从中危险。查当时因元神惊惧，昏庸无主，实是最初还虚之功未熟，青年气足，故发生冲关之象。但初动之阳不盛，故冲关不破。若得元神镇静力助，始无危险。因本人心神惊散，元阳无依，白丝飞舞者，即元阳飞散之证也。元阳一散，阴气用事。阴魔发现，故目见鬼神，此其证也。尤幸未罹大害。

查先生方面，行功未久，炁未大旺，即有上冲顶门发响之象。论顶门开，非初乘功内所有，不合正道之程限。道有魔景，伏魔之法，元神威威端坐，不惧、不惊、不着，静以待之，自然风平浪静息矣。自失利后停功，至今已十数年，仍欲行功，须将下手一节工法彻底。首先熟读《明道集》与《语录》等，知得大意，然后参看伍、柳、李真人①各经证之。又加身中实验，于道容易悟入。至于行功，可照《语录·答张道初》函，与其他函所指下手法做去。

女子行功，照《语录·答宪女士》函内行持，始合正道。先生称入门领教。入门者，知得斯道之纲领始末，即是入道之门。欲入道门，须读道书，《明道集》与《语录》，逐段求解，如是便是领教。能读书，能领教而笃行之，便是道门之弟子也。何必区区在形式上计较哉！

## 又覆周志诚书

出游归来，已经数月。检视积函中，得阅近函，尽悉一切。去岁来函中，仅述家中环境、生平经过而已，故当未覆。观所言，膝下子女，尚未成人，而又有生活之累，现下只能随便行持而已。将人事了后，始能专办。

至于行功，在《语录》中求。《语录续集》，亦将出版，不日奉赠，请细参为要。昨奉赠《道窍谈》一册，宜留心书中，则尽道矣。大道实在书中，言迹贵在自悟。

函称"收录授受"。前函说明，将书熟读精思，能得大意，即是入门。

---

① 伍、柳、李真人指伍冲虚、柳华阳、李涵虚三人。

勤而行之，即是道门之弟子也。山川隔阻，后有缘遇。

所问八神等咒，道门各经上皆有，即净心、净口、净身、安土地、净天地、解秽、祝香、金光咒也。

各祖师宝诰，亦在道门《早晚课》上去抄，灵祖诰与咒，亦在上面。伍真人、柳真人、李涵虚真人之宝诰，载《明道集》上，尚未知耶？

老实说，大道不是信函能尽，其奥请多看丹经为要。

## 覆冯荣芳书

（道为我国粹，了生脱死之学。黄族后裔，应发扬光大之。）

人生光阴短景，数十年转瞬间耳。于爱河苦海中，消耗许多精神，身非金石，苟养身无术，衰朽立见。藉悉君以国技强身，早有高见。近获心疾，又得内炼之法，申效病痊，颇感兴趣，愿识大道究竟，诚有志之士也。

夫道，为我国至高无上固有之文化遗产，今世衰道微，我黄族后裔，应当研究而发扬之，以光大国粹。但事非小可，为天地生成之理，阴阳变化之道，了生脱死之学，少有差误，必堕旁左，误此一生，殊属可惜。兹寄赠《语录》一册，请校正细参为要。

## 覆左超然书

（因是子静坐法，系脱胎道门。学者应参阅丹经，又师传口诀。

应对正丹经，符合为真，否则旁左。）

顷悉来函，因病炼习"因是子静坐法"，已三载有余，惟静坐时，身热汗淋云云。

按：此法较其他教门善，系脱胎于道门之法。去旧有名词，直切说理，以免学者误会，其意固善，但非常人所能悟彻究竟。如自作聪明，差以毫厘，失之千里。惜功法细微，节目不详，非参考丹经，访求真师指示，不能彻底。古仙云："任尔聪明过颜闵，不遇明师莫强猜。"此语旁门小术，亦借口惑人，如是则道之真假难辨矣。然颇有考证，《语录·答邓雨苍》函，所谓：以师传口诀，照真正丹经，从头至尾（语到稽档，丹经明头），全旨符合，丝丝入毂者，为真知；如寻章摘句，东拉西扯者，为旁左。

所称静坐时，身热大汗，非因是子功内之景象，亦不合正道之功效。震动有六种现象，非实证大丹时无此，否则幻也。

又谓"欲证仙道不妄"。道，为我国数千年固有之国粹，本不欺人，真有立竿见影之效。但含理精深，非真师不能说，非善人不能传，非愚昧所能明，非一二言可了，又非有恒者不能成功。人类习性，万有不齐。《语录·答杨凤起》"谈道多，成道少"一段，略言其概。如修士习性不除，难望成道。

函谓"身体衰弱，欲先学炼气强身之术"。大道，即是第一强身之法，何必求学小术？小术行之不当，小则致疾，大则殒命。惟正道，有益无损，不可不察。

又谓"收录教诲"。我辈为躬行未逮者，不堪为师，倘不耻下问，互相切磋为是。

所问"同门道友"。最少，各地无人。师嘱"传非其人，必干神谴"，当慎之又慎。

昨奉《语录》六册，谅能收到，请于此中参悟。明其大纲后，再参看各种丹经（《语录》已经指出丹经种类），熟读精思，何难明道？

## 又覆左超然

（初下手，应熟读《明道集》中《炼己还虚论》。
并告静之景象，及阳旺行周天法。）

藉悉阅书不多，欲得各丹书一读，亦好学之士也。敝处《秘旨》等书，俟印完成后奉寄。其外《伍柳仙宗》与《仙佛合宗语录》，现将刻板，上海各书局，亦有出售。《仙道月报》，敝处残缺不齐，请于明道后参阅始叫。

君所称："静坐已达四年，坐时觉全身上下流动，至项而住，肺病未痊，是否不得法之故？气血是否为燠气？"查所称静之现象，殊有未合正轨。最初下手之功，请熟读《明道集》中《炼己还虚论》一段。凡初下手行功，妄念最多，必万缘放下，割绝净尽，然后可以言静。静之景象，恍恍惚惚，杳杳冥冥，无天、无地、无人、无我、无众生，万象空空，一念不生也。

所称"坐时气血流动皆知",似未静极。功行不入恍惚杳冥,本人身中已耗之真气,从何处去产来补还?所谓静极阳生,如此勤行,久之阳旺,则有采炼之功。积而久之,阳炁旺,则丹田温煖。及到充足时,则河车始能初动,当行小周天之法也。我身中已耗之元炁,既已从洪濛中产生,盗夺转来,补足还元,一切宿疾,始能痊愈。

所问"筑基补漏"之法,即此是也。然筑基、补漏两名词,是喻言。筑基者,犹建亭台,先作地基,修士行功,到河车初动,基已成矣;补漏者,犹物破当补,人身至十六岁,阳关一破,精窍漏泄阳精,修士必使元阳不耗,漏眼闭塞,始能成丹。

所称"示知细微节目"。查君大纲未识,何问精细?但各节细微处,非可以言语表尽。惟在自己力行中,心领神悟,是否证之于书、于师而已。

所问:《五大健康书》之法如何?此书为当今新出,我等所阅丹经,皆证圣成真者之书,其他少有见到,不悉内容。

前所赠之《明道集》与《语录》,请熟读参悟,当以此二书为入道之门。知得大概,再参看其他丹经,身中实验,始可明道。外须诸恶莫作,众善奉行,以契天心,方有结果。


## 覆周昌茂

(任督二脉,即一阴一阳。小周天只一转而停,是名得小药。)


捧读来示,藉悉一览。道书能悟大意,真凤有仙根,世不多觏。大道为我国至高无上黄族之家学。函问生生化化之理,欲识究竟,必须博览群书,信如所谓"先求其知,以为行之地位"。

所问:任督二脉运转之路,从何起首?

任督者,一阴一阳也。督脉属阳,在背脊后,主升;任脉属阴,在胸前,主降。亦即《易》卦,从冬至一阳生复,由复卦至临卦,到乾卦,为阳升,为进;由姤卦,至遁卦,到坤卦,为阴降,为退。但此法,非初入手之功,必积累久之,阳旺而炁动时,则运转一次,即小周天也,又名"得小药"也,但只能一转而停。先生认为大兴运转不息,谬矣!

所问:顺行之时,即逆行之时,是否阳举时,为活子时?

所悟不错。

又问：任督运用法，于生理上有无妨害？

正道，为强身强种之唯生学，有益无损。如误入歧途，便有危险。

查先生初问玄津，在入世、出世之间，志尚未决。兹寄赠《道窍谈》《三车秘旨》，与《打破疑团》二书，为公余闲观，待人生观如何认定后，再谈。

## 又覆周昌茂

（人与天地同体，以后天神气，返还太虚，则大道功圆矣。并答九问。）

读来函谓"道学一端，必自有人后创始"，又谓："阅周子《太极图说》，未知五行从何生出？"两说，试言其概。道者何？生天、生地、生人之理也，无可名而名，强名之曰"道"。我国旧有《周易》，为道书之最古者。自龙马负图，包羲氏仿而画卦，为《易》之创始。厥后文王、周公、孔子，始尽其义。则天、地、人生成之道，阴阳变化之理，均于是乎明，我国至高无上之文化遗产备矣。兹后来子、周子，得悉其奥，各有著述传世。考包羲所画《河图》，其源始于无极。无极者何？无有穷极，无边无际，空虚浑噩一团，名之曰无极〇；虽云空虚无物，中伏有虚灵之神，其神一凝，中成一点，名曰太极☉；由此中一点，动而生阳为天，天主生；静而生阴为地，地主成。天地既立，人受天地中灵秀之气而生，则三才定位矣。而数则由天生地成而出，阳数奇，阴数偶，奇数一、三、五、七、九，为天生；偶数，二、四、六、八、十、为地成。

数既定矣，则五方分，而五行别。五行由数而出《河图》。一六属水，正北；二七属火，正南；三八属木，正东；四九属金，正西；五十属土，正中，统摄四方，《河图》备矣。而成卦亦有义焉，自太极动而生——阳，为阳仪；静而成——阴，为阴仪，则两仪成矣。由阳仪生太阳、少阴；由阴仪生少阳、太阴，则四象成矣。又由太阳生乾、兑；少阴生离、震；少阳生巽、坎；太阴生艮、坤，于是八卦全矣。

卦图须分先后，先天卦图，乾正南，坤正北，离正东，坎正西，震居东北，兑居东南，巽居西南，艮居西北，此图备矣。而后天卦图，则易位，以离正南，坎正北，震正东，兑正西，艮居东北，巽居东南，坤居西南，乾居西北，此图全矣。

八卦已全，变化出焉，由八而变为八八六十四卦。略举其概，图中自左至临卦，到乾卦，为阳升，为进；自姤由右至遁卦，到坤卦，为阴降，为退，即周天也。以上为《周易》之大略。从中精微，须参考各家注释可也。

论道之义，天地未开，道在虚无；天地既立，道法天地。人与天地同体，身中阴阳运行，与天地同，但有顺逆，顺则生人，逆则成仙，故易为逆数，即成仙之学也。逆修如何？取坎中——阳，填离中——阴，则还成乾坤，即是以后天神气，返还先天神炁。再从先天神炁，返还太虚，则大道功圆矣。然此中精微，难以言尽。信如先生所谓："多读同类之书，汇通参考，较易入门。"知行并进，始能彻底。但事关非常，无钟吕眼光、卢生觉悟，则黄粱邯郸，终不能了，又何以妙证无生耶？

知君志向出类，眼光异常，叹道德堕落，患苦海日深，将有为也，当刮目相待。夫道之不行，也久矣。嗣玄门者，徒哺啜一生，求学无几，从中昌明乏人，模范不昭，大人之学晦，而黄族之家风颓，外人乘机诱教，则家庭革命倡，或嗤为虚渺迷信，或斥为"退化""自了"。不思自为何氏？所诋毁者何人？考虚渺之学，创自包羲，次见轩辕求学于广成子，孔子问道于李老子，其他周之吕尚，汉之子房、诸葛等，弔民伐罪，岂非从穷则独善其身，"退化""自了"中而来者乎？噫！救危扶衰，运筹帷幄之中，决胜千里之外，惟至静者之能事，岂酒色财利之徒，所可同日而语哉？然则是非以不辩为解脱，愿后之贤哲，实践道德，为往圣继绝学，为后世树津梁，将见苍生利赖，四夷来宾，始足以见我国国粹之精神也。

先生各函疑问，照答如下：

一问：《炼己还虚论》中，四者未发，只意性神三者，少一？

答：刊落"念字"，添"意性神"之上。

二问：无极？

上文释明。

三问：造化之机？

答：一阳初动时，即造化之机也。

四问：神室？

答：即丹田炁穴也，

五问：太虚？

答：无极之别名也。

六问：金丹？

答：金者，坚固之质，即金刚不坏，至尊至贵，长光明之义。丹者，丹药也。凡丹，以火炼金石而成丹，服食可以却病。道则以身中真火煅炼坎中真水，凝结而成，借喻为丹，服食可以长生不死。

七问：对境无心？

答：对任何境界，心中无此境界，即不动心也。

八问：六根大定？

答：六根者，眼、耳、鼻、舌、身、意也。又为六贼，窃人精神之义。大定者，不动之义。

九问：一、"心止于脐下"云云；二、"其脉在脐后腰前"云云；三、"脐后腰前、心下肾上"云云。三处合参，不识何者为是，穴果何处？

答：脐与腰肾相对，其标准，距脐之后面，对过去七寸。距腰肾之前面，对过来三寸之中间，即炁穴也。寸以本人中指中节为准，量之。此古法也，不必执着。内肾，是古称炁穴之别名，非腰间肾子。肾子，亦非藏精之所。论炁穴一窍，非行功至当炁机发动时，难知所在确处，外面难以指定确实。顶好，用《三车秘旨》所说，脐后腰前，心下肾上，中间一带，不可拘执之。大意观照着最妙，注重在中间一带，不可拘执尺寸上行功，始能活泼，否则着相。外《收心法》文中，有注重处，学者须知：第一真息，次心不可太严，当顺其自然之"顺"字；心不可太散，守其自然之"守"字，勿忘勿助，便是得当。心空虚，有息依随，重在"依随"二字。钻杳冥之"钻"字。学者注意，此便是口诀，得者宝之。妄泄天机，定遭神谴。

## 又覆周昌茂十八问

函悉，照覆。

一问：《明道集》大道论中，辛苦数年，得闻大道，究竟须年数若干？

答：人之智慧不一，以读书一事较之，年数何可限量，况道乎？如得真师指授，智者易悟，昧者难行；如不得师，即智过颜闵，难以入门。

二问：何为丹基？

答：丹基者，丹之基础也。身内行功，将初乘做到七返丹成就，结为丹母，则丹基凝矣。

三问：采微阳一段内，何为真机自动？

答：先天为真，发动为机。下句阳物勃然而举，即先天真一之炁机动矣。

四问：何为纯阴之下？

答：纯阴，是坤卦。先天坤卦，变为后天坎卦，坎属水，亦纯阴也。

五问：用火煅炼，何为火？

答：火之义不一，此处以神为火。

六问：何为阳气发生？

答：阳气者，先天一阳之炁，自静极发生出来。

七问：何为神明自来？

答：元神明知从来也。

八问：中年，药少之药为何？

答：药者，身中元精也。

九问：何为采取？

答：采取者，即下文从阴跷迎归炉，或十迎，或数十迎，外形倒则止，即采取也。

十问：何为机先一着，以采微阳也？

答：微阳者，希微之阳气也。当真机未发动之先一着，权且采此微阳而积累之。

十一问：何为筑基、调药？

答：积累阳炁到开关后，则基址筑成矣。勒转阳关之阳气，用风火以调和之，谓之调药。

总释："纯阴之下"云云，是谓虚耗之躯，纯是一片阴气，平时须要用元神不息而嘘，不存而照，勿忘勿助之文火煅炼之，方得阳气发生，则元神明知所自来，此阳气即名为药。急采此阳气，以风火煅炼之，即为调药。积累久之，则有展窍开关之境，到此譬如建宅，先要筑固基址也。

十二问：何为幻丹？

答：幻丹者，淫念而生之精，采炼则丹不成，终久要坏，故为幻丹。

十三问：动则施功静则眠，何义？

答：动则施功者，是谓睡浓时，阳气发生，外形动了，即采回炁穴，施武火烹炼之功。过后便静了，则睡眠。凡动一次，则施采炼功一次，时间长短，以炁之旺微为准，在临机省察，适当为要。

十四问："忙里偷闲调外药，无中生有产先天"，何义？

答：元精生时，外形动了，我急忙趁此空闲时间，调回向外将出之阳气，即为外药。过后，从无知无识之际，则有一阳来复，此即无中生有也。本人如梦初醒，外形动了，即先天元炁生，正当采取之时，与微阳发动时异。

十五问：阴跻，何处？何为迎归炉？

答：阴跻穴在下丹田下，阴囊后、谷道前之间。迎者，如迎客之谦恭，返归炉中。炉，即炁穴。

十六问：巽风坤火？

答：巽风者，呼吸也。坤火者，元气也。风火详细处，在《金仙证论·风火经》内参悟。

十七问：息息归根之根？

答：根，即炁穴也。

十八问：四字诀如何？

答：即"吸、抵、撮、闭"四字也，非初下手所用之法。

外问：道学有无词典？

此学为大人之事，非普通人所能办到。历代祖师，皆口传心授，非人勿示者，以事非小可也。


## 又答周昌茂四二问

两奉来函，敬悉——，惟云"《明道集》，读来究去，如入五里雾中，抑国粹真有价值欤"？回忆往昔孔子，求学于老子，有"犹龙"之赞美，载诸家语中，非诳言也。凡立论者，均含有高深之性质，惟道更甚。道不可以言尽者，名之曰"玄"；玄之又玄，名之曰"妙"。故"玄妙"之义，惟心心相印而已。稽古圣真，以天亶聪明，于道皆非朝夕之故。愚亦二三十年之问难，始明其概。欲速则不达，以工艺较之，亦非偶然，况无上哲学乎？

先生所谓"凡事先求目的，然后讲究方法"。诚然，先立其大，则小者不能夺也。兹以作人目的言之，吾人或志流芳之君子，或甘遗臭之小人，此其目的也，本也。本立道生。如志在圣贤，则立身行道，而达到圣贤地位，即达到目的也。所谓认清行道之目的，不难。初层为炼精之工，以炼精为目的。其方法不出乎炼己调药、采炼固养、大小周天等法。从中虽多细微节目，有志者事竟成。"恒、诚、勤"三字，为学道之根本。欲速，为学道之大病。《书》曰："其进锐者，其退速。"以入校读书，以至做官较之，瞬息电火之假贵，试思能顷刻办到否？道为千万年不朽之贵，其精微与时间，可以想见矣。或谓仕途不可入欤？非也。正有作用，须如钟、吕、张良、葛稚川、许旌阳等之仕，借以积德累功为目的，否则与贤关圣域，相隔甚远。先生为忧世、忧民志于道者，每问精详，颇堪仙才，故必有大疑而后有大悟也。

所问一切，照答如下：

一问：《火候次序论》中，何为既了手行周天？周天何为大小？

答：周天者，天之运转也。人身亦如天之运转，到阳气旺时，当周转一次。初转为小，丹熟时一次为大。

二问：己熟？

答：己属土，即意也。熟，是纯熟。将心意炼到常清静、无妄想时，即己熟也。

三问：存照？

答：存心观照也，又非着相。

四问：方得药产之药？

答：元精也。

五问：当采封运行之采、封、运？

答：采，即采药；封，即封固；运行，即运转周天也。

六问：逆吹炁穴？

答：采药运行之时，要内外呼吸之气，反转去向炁穴鼓吹也。

七问：封固、沐浴、归根？

答：封固者，用文火照顾温养之义；沐浴者，休息温养之义；归根者，归还炁穴也。

八问：牟尼？

答：牟尼，为至贵宝珠之名，即金丹之别名也。

九问：往外采归炉之外？

答：阳气到阳关，则从阳关外，将阳气收回炁穴也。

十问：周天十二法？

答：看《法轮六候图》，上升六规，降下六规，即十二法也。

**举《小周天始终论》中。**

一问：至动而取？

答：至阳气发动时，取此阳气也。

二问：机缄？

答：神气交媾也。

三问：性命双镕？

答：即神与气合一也。

四问：药产老嫩？

答：静候阳炁发动，到旺时采取，为得宜。

五问：药炁外驰？

答：阳炁有向外走之势也。

六问：药产景到？

答：阳炁生时，阳兴即景也。

七问：立斗柄？

答：斗柄者，北斗槼柄也。身中斗柄，就真意也。

八问：河车？

答：周天转运，如河车旋转流动之意。

九问：逆吹微缓？

答：用内呼吸在内，微微吹嘘也。

十问：为爻、为时、为度、为位？

答：运周天时，以息数为爻、为时、为度、为位也。

十一问：每时四揲多少时？

答：阳六时，阴六时，共十二也。

十二问：以息数定时数也？

答：以呼吸之数，定时刻之数。

十三问：鼎炉、道路、药物、火候？

答：运周天，向任督两脉经过，即鼎炉道路。阳气由督脉上升，任脉下降，即药物火候。

十四问：朝采暮炼？

答：日日行功不间也。

十五问：出定千百亿化身？

答：此炼炁化神功圆，由大静定中、色身内，现出法身，从顶门出去，变化千百亿身也。

按：所悟初下手静坐，为一阶段；阳气发生，为一阶段；运河车，为一阶段。不错。

举《小周天河车纲领论》中。

一问：五行颠倒，运于其中？

答：人身五行之气，习惯顺行，运转周天为逆行，即是颠倒。

二问：此即周天内外机动，以下难明所以？

答：此段言运转小周天之法，从中辩论精详，初学难知，文多，难以句句解释。兹举其要领，明此，其精微处，须细参书中。如行功到精化炁足时，则活子发动。炁穴，即为子位，为坤卦，为复卦，为腹，为阳升，为进阳火，为督脉，中有六规，即六时爻度位也。运转时，以神引炁，由督脉上升，经过之处，自尾闾，到夹脊，上玉枕，入泥丸。泥丸宫，为午位，为乾卦，为姤卦，为首，为阴降，为退阴符，为任脉，中亦有六规，即六时爻度位也。阳炁自泥丸，入任脉下降，经过气管、绛宫，仍落炁穴，复还本位。运行小周天之大概如此。运行之要法，一为内外呼吸，即华阳所谓“外面气息降，则里面气息升；外面气息升，则里面气息降”也。一为运行时，须真意坐守炁穴，又须以神引炁，随之升降行住也。《任督二脉图》，即是运小周天之路道。《法轮六候图》，是将运行路道上之规矩，详细表明。二图，皆指运小周天一事，可以说是一图。

三问：得药何义？

答：道书多反复详言，凡见有名词字者，即指此也。书中凡言药，皆指元精、元炁也。得者，收到也。

四问：还复本位？

答：小周天转毕，仍旧复还炁穴也。

五问：冲脉、带脉？

答：冲脉，在下部中间。带脉，在腰。

六问：阳关？

答：泄精处也。

七问：玄关？

答：玄关者，求玄之关窍，玄妙之机关也。炁发则成窍，机息则渺茫，此窍在身中之中去求。《道窍谈》第廿章、廿一章，玄关说，已明言。

八问：一意规中？

答：规中者，炁穴也。一意者，真意也。

九问：运周天子时之头？

答：炁穴，即是运周天子时之起头处。

十问：阳火、阴符？

答：从督脉升上去，为阳火；从任脉降下来，为阴符。

十一问：《阳火阴符解》中，言"真中奥妙"，何义？

答：刊误。"真"字，当改作"其"字。

十二问：每步四撢？

答：步，即《法轮图》上"规"也。十二规，即十二步，每步以四撢为限。

十三问：要将四正融抽补？

答：四正者，子、午、卯、酉也。此四时，皆沐浴处，须融会抽去后天武火，以行自然之熏蒸也。

十四问：风府、绛宫、紫庭？

答：风府穴，在脑后。绛宫、紫庭二穴，在胸前。

十五问：何谓"气冲关节透，自然精满谷神存"？

答：谷神者，元神也。言先天炁满足，则冲关透节，从此元精足，则元神亦长存矣。

十六问：大药、天根、闰余？

答：大药，即金丹。天根，即乾顶泥丸宫处。闰余者，休息温养之义。

十七问：《丹熟止火说》中，"大药纯乾可采"，何义？

答：乾卦，纯阳，言金丹大药，已到纯粹之乾阳时，可以采取矣。

## 覆李诚志书

来函称《语录》载答覆严慈光，颇有推崇之意。盖敝处答函，头尾照例，用社会套话，从中借故劝诚处，颇非好话。请源源而赐者，皆虚语也。真人所恶，采补烧炼之徒，拥一般嘴能舌便者，淆乱正道，毒害后贤，个属可憎。弟徒恨无益，须急施匡救之方，始能有济。敝处同人，亦本匡救之意耳。但世界之大，鞭长莫及，特印赠《明道集》等，聊以尽绵力一分而已。盖救微扶衰，独木难支，希各方同志觉己觉人，当仁不让，引为己任，群起急呼，庶乎方可奏效。

至问《明道集》内《小周天河车纲领论》中，冲虚子曰"以意主中宫，以神驭炁"云云一节，出何书何段？此节采自《金仙证论·风火经》文内，觅元子曰"乾坤阖辟，阴阳运行之机"一节下，注释中。

按：本书虽集古人要语，但每段文字，颇有用意，不是泛泛集来，必实系此间功用要语，始能收入。本段安置，前后眉目分清，虽有"某某曰"，不过证明语之自来。其实每读，当以"某某曰"为间文，可照正文，一直读过，则此段功用，已完备矣。

查屡函所问行功，皆得药、结丹之事，而身中功行未露一言，究竟达到何地？请详告经过，以便取法。

所称"阐扬正道，未敢后人"，如何设施？愿闻其详！

## 李诚志来函

（谨将悟得自凝神调息起，以至养胎出神还虚止，各节情景及火候，
录请指正。并有疑问数点，请释明。）

当今世衰道微，邪说流毒，蒙导师发辟邪崇正之愿，以《明道集》与
《语录》，普赠同志，其接引后人之忱，诲人不倦之心，至深且切，抑吾道将
兴。天生至人，为往圣继绝学，为后世树津梁，使道门前途，放大光明于无
穷，莫非导师创始之所赐也。

弟子屡承锦注，身中行功，为遵先师之训，道先穷理，倘一义未明，即
差以毫厘，失之千里也，以故注意读经。于民十三年，购得上海翼化堂一切
道书披读。民十九年，于杭州图书馆，阅《道藏》全藏，经五月始毕。民廿
三年，购四川成都《道藏辑要》，及藏外诸书，以供博览。其他常阅之丹书，
《乐育堂语录》《西游原旨》《心印经解》《性命圭旨》《入药镜》《仙佛合宗》
《天仙正理》《金仙证论》《慧命经》《道言浅说》等。朝夕参悟，期于洞彻无
碍，然后行功。殊不得师传，疑难颇多。

读旌阳真人丹经云："未开关，空打坐，无有麦子推甚磨。枉劳神，空
错过，生死轮回躲不过。开得关，透得锁，三车搬运真水火。"以及《乐育
堂语录》《文终经》，皆云"积炁开关"。不识所以，怀疑十余年未解。今读
《语录·答张义尚函》，始知为第一河车也。读《九层炼心》第六层与《金丹
大要》，《十二种》中《黄鹤赋》中所云："只具玉液名目。"怀疑廿年来，今
得《百句解》一读，始知为第二河车也。读吕祖云："内交之乐，胜于外交之
乐。"今读《语录·覆曹昌祺函》中云"身内有交媾之象"，于是所疑冰释。
昨承示觅元子之注文，于《合宗》所言"二十四推注文"之惑，《证论》纯
阳祖云"凭君子后午前看，一脉天津在脊端"注文之惑，《慧命经》与《证
论》中《任督二图》之惑，一并皆释。而今始信"不遇明师莫强猜"之语。
《明道集》与《明道语录》，大露天机。粗心者，尽皆晃眼看过。有志大道
者，此书决不可忽，一非呆执幻身，又非空言龙虎，真金绳宝筏也。至于谓
所问，均系得药、结丹后一节之功。

弟子于壬申岁，居横阳山，读《伍柳仙宗》，略得一知半解，敬陈梗概，

请证导师。阅《修真辩难》云："后天阴阳，圣人长处而不散。凡夫有时交，有时不交，始知先从后天神气下手。"邵康节曰："若问先天一字无，后天方也用功夫。"读《三丰集》《道言浅说》，更知神气浑融，名为"太极"，动即为"玄关"。读伍、柳真人书，始悟初静时，微阳发生，须凝神炁穴，息息归根，静久微阳旺，神宰文武火，摄而炼之，名为"调药"。机动籁鸣，丹田暖信，名为"真阳生"。顺行即逆行时，名为"急缓"。觉而复觉，名为"老嫩"。贪其乐，名为"危险"。神宰呼吸，迎元精归炉，谓之"采取"。神气并伏于丹田，谓之"封固"。炁机初转宜柔，谓之"子沐浴"。子后并升天上去，谓之"进阳火"。阳极息火，谓之"卯沐浴"。阳气初转宜柔，谓之"午沐浴"。午前同降地中回，谓之"退阴符"。药归丹田，停符，谓之"酉沐浴"。温之养之，勿忘勿助，谓之"闰余"。丹还中宫，左右旋转，以成周天（今于《百句章解》始悟）。呼吸少循其屈伸，空空如也，谓之"武火"。天然神息，谓之"文火"。神息如如，不升不降，柔气熏蒸，谓之"沐浴"。神气伏于丹田，呼吸微嘘，谓之"封固"。二候、三候，谓之"止火候"。知止火，采而即得，谓之"止火"。先天神炁，混融于黄庭之内，谓之"采大药"。息停，还于太极，谓之"父母未生前"。六种震动，谓"真金出矿之景"。五龙捧圣，谓"大周之功"也。性命团结，常清常静，不即不离，无火之火，谓之"大周火"也。初禅、二禅、三禅、四禅，养胎之次序，《合宗》最详。六神通，弃而不用，谓"后天阴尽"也。真意迁神于泥丸，谓"移神内院"也。雪花飘空，谓"超出泥丸时"也。一轮金光，是我化形之妙本。

综观《道言浅说》《九层炼心》《三车秘旨》，泄尽初机。《证论》，泄尽小周；补以《明道集》，次序详明，更无余蕴矣。《正理》，泄尽伏气胎息；《合宗》泄尽大周、养胎、出神、乳哺。《圭旨》泄尽还虚。以上所悟各节，未悉是否？请指示谬误，不胜铭感！至于《慧命经》与《百句章》所云"红日、皓月"，尚未释疑。于外《明道集·沐浴说》中云"且道呼吸寄向谁"，与《合宗·正理证论》云"且道吹嘘寄向谁"，未知是同、是异为问？

至下询阐扬正道之设施，弟子以道晦日久，苟无相当之建设，与真实学说之表现，何能重振宗风，启人遵崇？若以一人独当，恐不胜任，爰集同志数人，专一躬行实践，倘得初机效果，大丹成就，将从中经过，与法则，尽行录出，即向道门宣传。原我教经典，含理幽深，非常人能明，曾经道门研究多年者，稍悟一二。而初入门求学者，皆谓精深难测，如是而欲播道化于全国，令同志咸入正轨，确有相当困难。弟子如蒙祖师慈悲护荫，导师不吝教诲，得获成功，第一建设，须撰述道书三种，传播世界。一为《道学词典》，收集经典名词，注明意义，使人有所考据，求学不难；一为《道学之原理》，浅说道德之体用，生死之由来，升堕之苦乐，强国、强种之要素；一为《初学指南》，浅说道之纲要，工夫之程序，下手之方法，使着手生春，免堕歧途。此三书，如能有成，相信宏扬国粹，易如反掌。后来同志，决获无穷之效果。但弟子自愧学识浅陋，事非小可，言之不怍，未卜如愿而偿否？《功课经》曰："尘劫有尽，吾愿无穷。"凭此不退之愿力，贡献道门，此弟子之微衷，非敢于师前矜能。不过愚见如斯，以原谅狂妄为请。

## 覆李诚志书

（道分三层，出乘有为，中上乘无为。直告同志，撞过初乘生铁关口，前途不难。并解答未明各节。）

来函敬悉，于道颇有悟入，真玄门不可多得之高士，须励志笃行，猛勇精进为盼。

查自悟各节，大旨不差，惟称"二候、三候，谓之止火候。知止火采而即得，谓之止火"，此义非是。火候与止火，是两义。"火候"二字，又当分讲，火是火，候是候。一候、二候，是阳生药产之功法；四候、六候，是小周天之功法，已明辨于《金仙证[①]论·火候次序第十六》论中[②]。止火者，是言大丹成时，当止火，否则损丹也。除此处以外，不得谓之止火。

所问："且道呼吸寄向谁"之"呼吸"，与"吹嘘"异同？

答：呼吸，即吹嘘，义同。

---

① "证"，底本作"正"，校者改。

② 柳华阳《金仙证论·火候次序第十六》："不论阳生及药产，但有炁动者，即为一候；以神用炁，又为一候。此乃神炁会合之二候也。又曰：阳生为一候，而药产又为一候，此乃药炁所生之时节之二候也。故曰'二候采牟尼'者，即此也。药炁既产往外，采归炉为一候；而炉中封固，又为一候，亦谓之'二候采牟尼'。升降沐浴，谓之四候，总谓之六候。此乃周天一时工法所用之六候也。"

所称：《慧命经》中、《百句章》中，"红日皓月之疑，仍未释"？

答：日月者，即先天中阴阳二炁之本象也。始而月现，阴也；继而日现，阳也。日月一合，即先天阴阳交媾也。收藏后，静定极，则发生动机，故曰"一点纯阳之物，来合道胎，自周一转"。故曰"法轮又重转矣"，颇似初乘阴阳交媾后，积而成周天也。

道分上中下三大阶段，各段功法，大意相同。初乘有为，中上乘无为也。

所谓"文中有言一物，有言二道，自相矛盾"，此语未免罪及圣真，岂古人尚不明耶？须知，经中多反复语，有详有简，反复言之，乃高真接引后贤之婆心也。如《直论》称"一轮皓月，悬于当空"，而《禅机赋》则简言"二物从涌泉出"，即是在言转法轮之意。所疑"既言一物，又言二道，二词不合"？须知是一词。因此物，系阴阳二炁，合和凝集而成，是一是二，可分可合，何必区区在后一步功法上去认真？曩者未与细释，意在从近处疑起，则远处自然明白。如果将初乘实行，到大丹成就，本人智慧，岂王侯所能及哉！如稍有疑义，参考经中，极易了解。古圣真传道，不告全旨者，以免启人一寸未到，便贪得尺之妄也。所以《语录》注重在初乘下手一节。我可以说，此节实行起来，有许多难明处，直捷告诉同志。初乘，是个生铁关口，只要撞得过去，前途不难，何必凭后天呆板之识神，去研究先天精微之造化？犹学生，方入初等小学，便讲中学、大学之课程，枉费心力。

虽"令师所说，道先穷理，然后行功"等云云，固是。但穷理，是知大纲。纲领知得，须实验初步细目，方是成道之根柢。凡事不必贪多，多学少成。看书，亦不必贪多，如胸中无主，反淆乱心思，加增妄念。如已经明道，又宜多阅参考。

至所称"昌明大道之愿力"，颇有条理，设施亦善，必为祖师之嘉许，亦敝同人之厚望也。至希努力，实行为要！

## 李诚志来函

（谢指示实践初工，勿多学少成之教言。）

丽日融和，玉芷芝田吐艳；春风温煖，紫霞金曙腾光。遥维导师，法海津梁，狂澜宝筏。长舌广舒，共溪声而不尽；慈云普荫，济霄汉以无量。深蒙化雨，如坐春风之中；拜读教言，无任钦仰之至。随问随答，足征人天之师；亦奖亦勉，深得教授之法。孺慕弥憨，无可名状，惟有泥首东川，拜祷道席也。迳禀者，弟子客岁呈函中，粗心误写"现"字为"候"，因一字之差，则言辞含混，大小周天错襟。幸经法眼，明若冰雪，细察秋毫，不胜钦佩。所释二物、一道，指示上中下之大旨相同，有为、无为之功用各异，不必凭呆板之识神，去究先天精微之造化。与凡事不必贪多，多学少成；更重言复语，切嘱实践初工；所喻生铁关口，诚为确语。一切鸿诲，洵属警铎，奉为座右铭也。

回忆弟子昔侍先师，读易参数，究《西游》，穷《南华》，兼诵《参同》《悟真》，何殊步入百货商场，五光十色，令人目迷，莫衷一是。幸将漆桶打破，葛藤火炉，棒喝风旛，无非真常。漆园老仙曰"道在稊稗，在瓦甓"，以及为蝶、为周，化鼠肝、化虫臂，不出天地一指，万物一马，遍周咸有，何异乎？及先师羽化后，山居平阳，专研究《伍柳仙宗》，略明道绪。再读《参同》《悟真》《西游》，不外《易·说卦》曰："数往者顺，知来者逆。"是故《易》，逆数也。然逆数之理，亦不外《伍柳》之法也。

可怜数十年苦心，难以升堂入室，绞尽脑汁，身躯弱极，方期急于静养，被环境驱入科教。至庚辰，始释羁绊。蒙祖师庇荫，因缘遇合，得闻贵处印赠《明道集》，特请来一读，不禁跃至三百，舞失五经，犹连朝云雨，一旦拨开，得睹青天红日，喜何如耶！叹淑世、淑人之心，苦矣、至矣！于是将《明道集》，日诵回环，俾弟子数十年辛苦。而今聊悉纲要，眉目清晰，真丹诀无师终难明也。

辛巳，赖师弟之力，迁居万年观，掩关，无意中，又重迷穷理，蒙导师屡询初工，怍无以应。又得循循善诱，理论确切，令人勃然兴、忽然悟，顿坚习静之心，以为初乘基础。特于正月九日起，誓绝人事，先闭外三宝，期达初乘。上副慇念谆谆之训诲，而试生铁关口何如也？所谓许多难明处，谨陈其概。

丹阳真人，与于清风言："道眼不明，行道不精。"邱祖答于清风曰："人事绝了九千九百九十九，若有一分未绝，不名为道。"又云："耳听得，目见得，总不是道。"而神息之行持，若着于音声色相，则不入于混沌，迷于不睹不闻，又落空寂；若缘念想，则不能相依；任昏沉，则散漫无主。噫！入静非易，恒静更难，故长生真人有"辊石上高山"之喻。涵虚真人志念弥坚，亦八九年始入"钻杳冥"。道也者，不可须臾离也。岂易事哉？以上诸真之语，引证喻意铁关，不识是否？如有未当，明以教我！

弟子感师教诲之殊恩，无以表示，爰为七律一首，并壬申感怀，一律奉上吟坛，敬祈斧正，以志不忘云。


### 壬申感怀

卅岁入山远俗尘，且将秘录诵频频。

身超上界斯心了，道阐神州凤志伸。

丹诀无师终有惑，性功要悟莫因循。

心香遥向天仙祝，早降凡间度泼人。


### 壬午感师教诲

不惑之年道未行，仙师诱我学长生。

葱云远荫迷雾散，江月还因皓月明。

丹凤招来台上镇，乌龟唤来鼎中烹。

痴心惟愿金丹就，多谢春风振铎情。


诚志师今已悟彻大道，以诗感谢于余，自愧学行两欠，请为一友可也。

模和原韵，已酬盛情


学欠高深又欠行，何堪座上作先生？

玄门绝学心心印，丹诀玄微口口明。

试看龙涎不易得，须知虎髓实难烹。

知音说与知音听，共赏梅花畅道情。


听说兴功并绝尘，掀髯自得贺频频。

觅玄莫向玄中觅，伸志须从屈里伸。

坐破蒲团忘膝漏[①]，磨穿鹄顶在心循。
愿君早把金丹就，携手同游并度人。

## 咏道德

### （律诗八首）

奇男求志在修身，达则乾坤遍地春。
决胜全凭妙智慧，救衰专赖大精神。
安居下邳非忘世，高卧南阳为吊民。
谁谓神仙属自了，老庄门下出功臣。

谁人不想作神仙，自问仙资全未全。
至道必须至德载，大悲本与大仁连。
尘心净尽方言道，天理流行即是禅。
生意一团常在抱，风来水面月明天。

学道初基人品敦，五伦八德要长存。
欲超生死迷津路，先断轮回苦海根。
草泽胸怀民物量，林泉气蕴英雄魂。
一团浩气充天地，飞上凌霄见世尊。

道本无言法本空，强名指作虎和龙。
醍醐灌鼎由身运，牟尼还原仗火融。
无去无来长静定，非虚非实贯圆通。
仙宗妙窍惟心印，都在梅花数点中。

有有无无浑一团，虚虚实实静中看。
欲知妙妙玄玄理，且向冥冥杳杳钻。
淡淡平平是大道，奇奇怪怪非金丹。

---

① 膝漏，大约之膝盖漏风。

明明白白一条路，暮暮朝朝仔细干。

修真初步筑丹基，须识几重活子时。
坎水暗生神始觉，巽风默运鬼难知。
两重天地必须补，四个阴阳总不离。
寄语后来修道者，细心觅此上天梯。

不识玄关道不通，休猜南北与西东。
苦寻有处原无有，说道空时又看空。
炁动机关显然见，阳潜穴窍依旧蒙。
些儿玄妙君知否，都在阴阳造化中。

道衰邪盛颇怆神，不忍后贤昧却真。
扫去浮云光日月，昌明国粹斩荆榛。
新诗八律聊言奥，俗语两函当问津。
泄尽天机无别意，愿君个个作仙人。

# 《明道语录》三集

## 密溪语录

洗心子

### 覆苏逢春

（静坐时头昏，是太著相。将眼耳心收入丹田，到心静息细时，
即不须死守。）

函悉，颇有向道之心，惜于道之入手，不甚了解，故"初试静坐之后，
有头痛昏迷之象"，其弊是着相太过，功行不合玄妙，未明法诀耳。兹简浅
一告。

静坐之时，第一重要，在克除心上一切妄念。第二重要，身心活泼，空
松勿着力。第三，调匀呼吸，不急不缓，时将眼耳心，一同收入丹田住定。
及到心也清静，息也细微，心即不须死守丹田，但又非外驰，即勿忘勿助，
似有似无。久之，入恍惚之境，人我两忘，神在虚空，极其快愉。待其自然
清醒，即一身轻爽异常，决无"障碍"。道，为养生之学，断无"致病"之
理。今后照此做去，任人"说长道短"，毫不计较。学愚学拙，为修行要
法。须知入世、出世，两不相合，三党呵斥，六亲笑骂，忍辱不嗔，方为
载道之器。

兹奉《太上感应篇》一册，为日间省身之简律，请熟读能记。果能"诸
恶不作，众善奉行"，始可受道。

# 答苏逢春三问

一函问：现静坐到心定息微，人我两忘，似睡非睡，似觉非觉时，惟神知微息在其中动，是否杳冥景？

答：不错，此便是初见性，又即佛云"真空"，又即"最初还虚"。此初下手行功，必须之实据，否则不能补还我身中已耗之精气而成丹。此景常见，进一步到"钻杳冥"，则命蒂生，而阳气长，乃可开关运气矣。

二问：睡熟时，神亦知观照丹田行功，仍现杳冥景况，约一二十分钟，自然清醒，睡与坐，功夫同否？背谬否？

答：功同，不背谬。人以为行功惟坐而已，殊不知，行、住、坐、卧，皆当行功。不过行与住之功，是大意照顾，保守成绩，不如坐与卧，能静到极点。坐时，达到杳冥景况，坐亦犹睡，睡仍照坐功行持，达到杳冥，睡亦是坐。惟睡之外式，须侧，勿仰，足屈勿伸，里面与坐同功。如睡不依法，必入梦境，神必昏迷无主，或尘妄心重，亦致神昏。经云："自然时节，梦里也教知。"即是言人在睡梦中，神亦灵觉不迷，自然时节到了，自会知得。如是功行，已到初还虚，初见先天之神，灵明有主之象矣。旁左动谓"死后升西，临终持定正念，不堕轮回"之说，实空谈无据。今明辩之。书曰："轻清之气上浮，重浊之气下沉。"足征清始上升，浊必下坠，先天之神禀轻清，后天之神禀重浊。据此非得先天之神，主宰轻清之气，不能上升也。人如后天主事，欲妄未除，于神昏气浊中，不说大死有主，请以平常夜眠之小死验之，能否自知为睡、为梦，使魂不颠倒入梦境者乎？人于生时，既无真实法诀，炼习到神明有主，临死四大分散，痛苦万端，而能把持正念，不堕轮回者乎？真欺愚语也。今先生，已行到初还虚之境，须知此，即初级神明自主之证也。尚要精炼几级，方有定力。

三问：睡时神知观照丹田，觉阴精处有动象，是否精化炁？

答：不合精化炁之法，不过杳冥中，有灵觉而已。阴精化炁，非风火煅炼不为功。

其外所述人生感想一段，知世界为苦海，人生一大梦，因而发出尘之想，可钦可畏，须始终如一为盼。

## 苏逢春来函

（蒙教坐法，遵照行功，果有阳气冲关。惟尚有数点不明，恳慈示。）

弟子以愚昧之资，难明至高无上大道，屡次执经问难，师不以繁琐见责，反指示精详，解释尽至。其诲人不倦之慈恩，宏扬国粹之至意，不得不令人敬仰，非弟子之谀词，相信有心大道之同志，亦必以师为当今惟一指迷之南针，度世之宝筏也。

弟子屡蒙教诲，粗识下手功法，遵照行功，身内效验，果如师言、经言，并且丝丝入彀。每静坐调息凝神，至心息相依，即入恍惚杳冥之虚境。今春正初旬，加功专行，其始阳微，继而壮旺，以为河车发动尚远，诸未熟思。竟于月之十五辰六钟，忽由下田，一缕热气，上冲心府，转而下奔谷道。早备抵具，幸未冲开。旋至尾闾，冲关数次不开。时已天明，因宿房临街，门外秧歌四起，喧哗振耳，因此心难定静，即停功下丹，而热气保留丹田，尽日膨胀难食。至晚行功，则神难静极，仍冲关数次不破，因胀满剧，心亦烦躁，无何，放弃阳气，下奔阳关而泄，过后忿悔非常。诚祈吕祖生生数示云："一山复，一山盘，旋出路难，意先寻，导引天外是神仙。"弟子解以无真意导引之过，未知是否？自后考诸《第一河车》，始知未悉下鹊桥一穴，与尾闾两孔之误也。又《第一河车》中云："服食玄气之法，须要口诀。"是否过上下鹊桥，另有口传？以上各疑，叩恳慈悲，指示详明。并及周天之息数，与"腹中演易卦"之法诀，明示，俾免临时仓皇偾事。

倘弟子有成，感师教诲之恩，非可以笔墨表尽也。

肃此，跪请禅安！

## 覆苏逢春

（热气冲心腑，此即玄关发现。数次冲关未开，因无真意导引之过。）

当今大道，衰微已久，邪说淆乱是非，流布于世。有谓七真后之丹经，非先天大道者；有毁柳华阳为魔民，所做《慧命经》之引证，为佛典所无者；有谓伍柳之功，在后天着相，非上乘法者；有谓李涵虚之功繁难，自成一派者；有谓法有巧拙，诀有难易，书中形容太过，譬喻不当者；有谓不宜墨守成规，有时变通者。种种强猜妄度，真真以蠡测海、螳蚷论天，梦语疯谈，流毒世界。愚者迷误一生，智者莫衷一是，歧路徘徊，无从问津。不得不立一指路碑，使有志者略悉门径。身中实验，即有立竿见影之妙。

今悉先生函述功行，已见竿影，自信丹经无诳，逐节相符。春王行功专一，热气上冲心府，此即玄关现、展窍时也。"旋奔谷道，转冲尾闾"，此正开关时也。"经数次关未冲破"者，因此中玄妙处，精微法未知，临时忙无措手，以致失败，虽属恨事，但是也得一番经验。印证过来，已知诸真丹经，是否"形容太过，譬喻不当"之诳语、妄证？是否千经万典各宗派，皆惟一无二、一定不易之法诀？是否识神用事，后天着相之功夫？旁门毁谤祖师，今先生可以证诬矣。从今于邪正两途，恐先生稍有方针。

所称"吕祖示意"，正谓无真意导引之过。

至于"上下鹊桥与尾闾两孔穴"，《第一河车》已明示。

"服食之法"，详《第二河车》中。

"度鹊桥"之诀，乃天罡前一位也。

"周天息数"，详《语录》与伍、柳丹经中。

"腹中演易卦"者，浑然太极也。

道非信函能尽，非丹经难明，当手不释卷，朝夕熟读细参，自然有悟，

## 答苏逢春七问

函一问：近来一静，即入恍惚杳冥，觉身心居空中，如照九州万物，无有牵挂，此景好否？

答：此即前函所谓"最初还虚"，真空见性也。如心神气息，皆入杳冥，即是"钻杳冥"也。如在空中，照见九洲者，即经云："如坐高山而视众山、众水，如燃天灯而照九幽、九昧。"所谓"凝神于虚"者，此也。

二问：恍惚杳冥，有无分别，以许久为佳？

答：二者相似，亦聊有差别。初则为恍惚，中有灵觉者，为杳冥。此景，纯系先天。久暂，皆任天然造化。愈久愈佳，但非后天想念所能办到。

三问：静极，知下丹田，如有二寸五一圆洞，是炁穴否？幻景否？

答：即炁穴确处，非幻。

四问：凝神于虚，与住一点，两说同否？

答：同。不必东猜西疑，妄起分别，恐入魔景。

五问：脑后如风吼有声，是鸳鸣否？

答：风声也，非鸳鸣。凡身中天然发现之景，不可贪着，对境须忘情为要。

六问：静坐，身、手、足之外式，有一定否？

答：有定式，头端、身正、手握、足盘、垂簾、塞兑也，已详前《语录》中。全身，以活泼不着力为要。

七问：遗精药方，猪小肚为何？

答：即猪尿胞。药方为治病之用，查先生现下功行，颇有进境，阳气渐旺，不宜服药。药性寒热不一，恐气不纯正，不合身中气质，反有妨害。常人泄精，可仗药力。修士漏精，非药饵所能治止，系未煅炼成炁也。须熟读细参《金仙证论·风火经》为要。

又谓"近主食淡"。淡食，可以却病。往古修真之士，无一不斋戒者，称"近已于祖师前，誓愿持戒"，须有始有终，方为有志。

## 覆许伯翔

（正道定限有序，必须于杳冥中，积累先天气，一阳来复，
始能展窍开关。）

道学者，大人之学也。大人与天地合其德，无人无我，无好无恶，日以改过为事，慎几微之发，严理欲之辨，以至于无一念不纯于理，无一息或间于欲，始可契道。有人焉，自以为无过，即尧、舜、禹、汤、文、武、周、孔，尚不敢言；薛敬轩二十年，除一"怒"字，犹未消尽[1]；谢上蔡数年，克一"矜"[2]。观古圣贤为学，尚且如是，我辈岂可舍内省，而能成道乎？藉悉

---

[1] 清·黄宗羲《明儒学案》之《河东学案上·文清薛敬轩先生瑄》："二十年治一'怒'字，尚未消磨得尽，以是知克己最难。"

[2] 宋·谢良佐《上蔡语录》："谢子与伊川别一年，往见之。伊川曰：'相别又一年，做得甚工夫？'谢曰：'也只是去个矜字。'曰：'何故？'曰：'予细检点，得来病痛尽在这里。若按伏得这个罪过，方有向进处。'"

示称："蔡得盛先生谓：行功标准，在能除习气。"此言，亦颇有理。嗜好，欲也，尚不能克，何况其他？

先生固为改过不吝者，故"身内功行，发现一次交媾，较夫妇交媾之乐，高出万倍。内见丹田，一窍两口"。可惜，偶然行到，合法与否，自不能知。素习"上守之法"。犹之航海，意欲上岸，而彼岸东西，未知确处，任随行去。身中所见，"电光轮转，如水潮，如丸粒，如篆文。山根现僧，心中见莲"等幻象，以为河车已到，玉液成丹，进而问及大还。哈哈！尚未趋入大道，歧途混走而已。

论正道，定限有序。初乘内有三阶段：积精累气，为初段；展窍开关，为二段；筑基炼己，为三段。初下手，从格去物欲，复还太虚始，即入杳冥也。涵虚真人称，学"钻杳冥"，经七八年专一之功，然后稍有把柄。查先生于人事忙碌中，顺带一行，已有把柄乎？大道必须于杳冥中，积累先天炁；自混沌中，一阳来复，始能展窍开关，转运周天，是为筑基。筑基既久，积累益深，于丹田中，突出一物，有风雷之声、有星电之光为验。到此，方是结丹之始。查所述程序既无，意以丹经某语相似，以为已达某阶段。如是昏行，恐入魔境。

论正道，河车运转，必阳气充足，玄关发现时，始可发动。且其中有升降度数、爻、时、位，精微法诀，岂可以后天念想空转，而能成丹乎？无水空车。曾悉一行旁法者，轮转不停，结果病死，可以证明矣。然则亦不当以余言为是，请多参丹经，多问高明，以明究竟。


## 答范云湖八问


藉悉青年读史，以秦皇、汉武，学佛、老不成，并不善其终，因而斥为荒诞。查秦皇、汉武，岂真学佛、老者耶？观海上求仙，作通天台，设承露盘等故，被方士诡异所惑，愚痴之辈，宜其无良好结果。至于李少君、林灵素，皆邪妄一流，宜其伏诛。

夫道者，日用事物当然之理，平淡无奇。身心着手，去乎外诱之私，而充其本然之善也。人本至善无恶，至粹无瑕。盖为气禀所拘，物欲所蔽，习俗所囿，时势所移，知诱物化，渐剥渐蚀，迁流弗觉，以致卑鄙乖谬，堕落小人。甚至虽具人形，心近禽兽，厥初之性，已失尽矣。我道教中，不过教人改过迁善，明善复初而已，谅早为先生洞悉。

查来函所述，因病究医，进而渐读各丹书，始豁然大悟。我国固有道学，为造化之根源，人类之必需，于是力行有年，颇有进境，因以"豁然"自号。哈哈！尚有滞碍，再加工作可也。夫道，若大路然，人欲行之，如不先将程序问清，大小辨明，随便行去，看来是路，未知能达玉京否？及至途迷，茫然四顾，空费光阴，深为可惜。但是，也得一番经验，将来指路得人，归正路不难。敝处各书，可以说是指路碑，亦可作访求识路人之考据。《明道集》，总道之精要，层次分明，始末不紊；《语录》又重而剖释精详，补偏救弊；其外印证，则有《道窍谈》与伍、柳、李三真人等丹经，无微不至。除此路线表外，恐无更明显者。如果肯埋头书中，虽不能自悟彻底，亦可为分辨旁左之比量也。不识以为何如？先生不耻下问，有疑难数则，照答如下。

一问：静坐中，丹田动荡时，即有一股热气，由左斜走胯下，凝神一时，忽心中朗然开放，愉快非常。返观则见双 X 形、十字形、漩涡形。迨夫子午交，则脊骨谷谷有声，有似脱节，此现象好否？或为魔否？

答：景象有好，有不好；于法有合，有不合。惜无正传，混混行来，不符正宗程限。凡对境宜静定，勿贪着，否则入魔。

二问：阅《周天转法轮图》之十二时，是否以日间十二时为准则，子进阳火，午退阴符，余十时身中何地？

答：转运十二时，是身中之活时，非日间之时也。已详《语录·覆周昌茂三答》函二问中，但不可强猜。

三问：时至神知，机动籁鸣，何义？

答：时，即身中活子时发现，元神知得也。机，即玄关之机关发动，如天籁自鸣也。

四问："忽然霹雳一声，次第千门万户开"，何义？

答：展窍开关也。

五问：吹无孔笛，何义？

答：调真息也。

六问：活子、采药、交媾等象，次第呈现，但不知周天刻漏，升降度数，文火温养，武火烹炼？

答：呈现一切，未必合正法程限。周天升降度数，与文武火，详《伍柳仙宗》内。不知火候，犹化铜铁矿，无柴炭风箱，终一顽石而已。

七问：静坐，觉身中白气，上下飞腾，但不凝聚，恐不合先天大道？

答：上下腾涌不停，神不凝，气不聚也。疑不合道，亦不错，并恐入魔。

八问：每行功，身中经络如虫行其间，至处瘙痒，甚至发疮，或头部作响等象，好否？

答：等象，颇非好兆，须速求高明，将法诀纠正的确，节目彻底有据，以免发生绝大危险，枉此一生也。

## 答罗白瑶八问

手札读悉，所誉一切，愧无实际，不过愿同志共明正道耳。惟君聪慧过人，一读《无价宝》①，便悟《三车秘旨》之《收心法》，为下手行功之初步，有夙根也。函问一切，略答如下：

一问：静极时，觉腹中长寸许一线一现，一次由腹中冲至心府，一闪而罢，不知为何？

答：一线上冲心府，有似展窍。一闪而罢，是阳气未充，故展窍未成。

二问：坐至静极，觉全体皆空，轻而上浮。稍焉，其中有微动象，不知何义？

答：此正达到初还虚之地，所谓"凝神于虚"者，此也。又即"轻清上升"之初证。从中微动者，即真息也。

三问：凝神于脐下之炁穴，与《收心法》之神注肾根阴跷一脉，二说异同？

答：两地，俱属邻近，各有作用。神注阴跷，不过片时，即提上炁穴矣。

四问：静坐时，觉有指大一股在头部，如物游动，不知为何？近阅《三车秘旨·第一河车》云"升上玉枕，钻入泥丸"之说，似是而非，不合法度

①《无价宝》，即铜梁永春山房版《道窍谈·三车秘旨》封面之题签。

道路，疑有错误，当如何补救？

答：头部游动，因习上守山根之法，将头上气机错乱，发生幻象。以《收心法》一段考之，尚未到命蒂生阳气长时，如何即到第一河车？疑不合法，不错。今后当去旁法，并忘影像为补救。

五问：性命双修，是否为神气交融？静时，腹中似有交媾象，是否玄关？平时亦有交媾之感觉，此象因何而有，又为何名？

答：能以神气交融，即性命双修也。静时，腹中似有交媾，此真息发现时也，非玄关。须交融久之，从杳冥中神息相忘，于无知无识间，不觉恍然阳生，而人如醉，方是玄关发现。交媾景象，因心中之神，与肾中之气，融和而有，名曰"心肾交"也。

六问：身中酥适美快，则口中津满，当如何收拾？似觉舌尖有口，是否津由此出？

答：口津，为气所化，来自舌下，非舌尖。津满，则咽下为是。

七问：钻字诀，是否静之又静，清而又清，一切放下，全体皆忘？

答：不错。须进而达到心神默默，气息绵绵，皆入于杳冥中，始备。

八问：始终妙用，是否内息匀称，勿助勿忘？

答：不错。

综上所述，大旨有悟，惜程序不明，懵懂行来，如舟无舵，任随东西。果欲成就方圆，即公输子之巧，亦必以规矩也。不识以余言为何如？

## 覆何益恭

（行旁左法，混杂不清，致见幻异。遣魔之法，幻相不著，则魔自遁息。）

函问：往昔静坐，于光中见骷髅形，继而光中见蛇，被魔扰静二次，惧而停功。于识现魔之所以，与遣魔之方法云云。

答：魔者，阴气也。有内外之分，内魔由身中阴气所幻化，而外魔应之。查功行素习上守山根之法，将浊阴之气升提，幻异无常，故二次现蛇，以后必化其他矣。遣魔之法，见幻象不着，元神镇静不动，则内魔息，而外魔亦遁矣。盖魔景有二因：一是行旁左法，混杂不清所致；一是前因夙孽为祟。在外，宜力行《太上感应篇》，以默化之；在内，行下手初还虚之正法，则魔自然无矣。初下手之功，《三车秘旨》第一段《收心法》已明示，请熟读照行，并汇参各书为要。

至于"有友所论忠孝人，不须行道，能升天堂"之说，彼不过理想之隅见，以为天只其一。殊不知古经云：天有九、有卅二、有卅六者。兹略举其概：天分三界，欲界、色界、无色界也。欲界天，为无修持，未断色欲之善良，升此界享受天福，及福尽，仍入轮回投生；色界天，为行道断淫，而色相未空者，得证此天，天福尽，五衰相现，亦不免轮回之苦；无色界天，为色相空空，六根大定之修士，始能得证也。据此，何必与凡夫争口舌是非哉？《道德经》云："圣人大道，为而不争，故天下莫能与之争。"请先生在躬行实践上争，可也。

## 覆祝存照

（语录中人，并非门徒。无非因机指引，使明正道而已。）

顷悉来示，知为已得传之道中人，早有扶道度人之想，尚在观望中，待时也。敝处诸师，不揣冒昧，当世衰道微时，为昌明计，与同志往来函札问答，积集录出，不过启初步之蒙，以养正耳。理不高深，非敢问世，欲借此以访高明也。

感谢先生，关心书中缺点，所告其一，谓："入正道，以戒色为先。观《覆郭缘生》与《周志诚函》，只论行功，未及戒色，其他又有绝欲之说，二词不合，颇疑。"此为理之当然，而其中所以当告知。论真实行道者，当然首戒色欲。敝处诸师，非普通教门可比。陈致虚真人之"道有三戒、三去"等，尤为注重。先生意以《语录》中人为门徒，非是。均普通慕道者，无非因机指引，使明正法之概而已。如矢志笃行期成者，尚未遇。郭缘生，幼入瑶池，病遗精，来函求内外调治之法，乃就其所问而答之。周志诚，亦随问随答。其他亦然。对于各门户问题，除采补、烧炼两门外，不论是非者。以人之智愚不齐，缘分各异，随本人之认识与凤根何如耳。旁左虽无成功，亦与世道人心有益。论"刘止唐之学"，能解"止唐"二字义，则知所学矣。

所告其二，谓"真诀须真师口授"一节云云，固是。然书亦不可少，如全不须书，古人何必作千经万典？但经典无一能悟者，何也？以大道精微，非过来人指点不可，如是何必读书？如全不读书，粗迹不明，焉悟精深？即太上当前，亦莫如之何也。

又谓"诀在口而不在书，丹经惟言大概，玄妙处皆隐秘"等语，亦不尽然。《语录》谓口诀在书中，亦非欺人语。如是则无师自通，但古今未有一人，如是非秘而何？哈哈！我国至高无上一种哲学，岂理想所能及哉？诸师示人书中参悟者，类皆旁左一流，或一知半解，自以为无上者，或自作聪明，强猜妄测者，或未读丹经与多汇参者，或喜口谈不讲实验者，或既贪富贵，又欲学道长保者，诸如此类，难以悉举。即明明道破，亦不能信，并不能明与行。因眼上先已着戴色镜，诸师以权法循循善诱。如将色镜放下，或可略明其概。既辨以理，又赠以书，如是而犹不悟万一者，不可与言也。

又谓："人如于书难明，或照行无效，必遭诋毁。"此非书不明，自不悟也，不必计。古来丹经颇多，如日月也，遭妄人之胡乱批评，在在皆有。涵虚真人所谓："不遭下士之诋毁，不足以见道之高大。"诋毁一端，其何伤于日月乎？后学学识幼稚，随便乱谈，可否近道，尚希指教。

## 覆李群

（修士欲了生死，须除心中轮回。函称静养多年，已得大静定，静定非易，况云大。大静定者，一月一年、十年百年念不一动也。）

屡承下问，聊与一覆。

函谓："《清静经》云：虽名得道，实无所得，为化众生，名为得道。"先生以为"化众生"一句，系于世间引化大地众生，非是。观上文，自"如此清静，便入真道"起，至"可传圣道"止，上下文，皆言身内功用，如何从中一句，说在世间？以文理而喻，亦属不通，足以证明矣。但多人亦谓在外，实未明身内有个众生。生者，生机也；众者，多也；化者，除也。吾人心中，每一时尘念最多，即发生之机也。尘念，便是轮回种子，胎卵湿化，皆在其中。修士欲了生死轮回，如不将心中众多生机化除，万难脱离三途之苦。以是论之，语句尚不能悟，而况道乎？

所称："已静养多年，得大定大静之效。"噫！定静非易，况云大乎？大静定者，一月至一年，以至十年、百年，念不一动也。先生已行到否？

## 覆周永安

（藉悉年已古稀，虑铅汞少。欲转学念咒等术，殊属不宜。

道为延年最上者，既有进境，如能保持，可到真息。）

藉悉年已古稀，时光不待。虽古云"百二十岁，尚可还丹"，但老来铅汞少，动静循环之机迟，达到还丹，颇非易事。索习上守山根之法，学无进步。函谓："欲学念咒之法，可以变化；与十二段劲①，可以强身。"

简明一告：道法，一也。有道始有法，法是道之表现。道犹留音电影机中底片，法如机器发现之声形，舍道求法，恰似机无底片，而欲闻声、观形也。先生欲念念咒即能变化，又何异于机无底片乎？武术者，为青年运动身体之术，如逼塞强运之法，稍差，小则致疾，大则殒命。道，即为却病延年卫生之最上者，人固愿学，如不得正传，亦难成功。因常人贪欲习气，难以除尽，每堕旁左。

查先生近日功行，颇有进境，所述"静坐到心息相依，呼吸似有似无，现巍巍不动之象，则气短而微，有时大大进气一口"。此景已达"最初还虚"之阶段。如能保持永久，达到钻杳冥，则从前现过，"比男女交媾快乐万倍之象"，可以再到，此即真息发现也。至于"泥丸跳动，筋骨炸响，肌肉测跃"，均无妨害，宜不惊、不着、不理为要。

愚叟读《三车秘旨》"道情诗二十四首"内，欠其一。祖师牗聪，偶悟十七首题目，非"相接长生"。观与上下题目，不相连贯。诗中"性情"二字叠见，知十七首题目，是"情来归性"也。而"相接长生"一首，当位二十一。爰不揣冒昧，妄拟一首，以补其缺，不知当否？录此，以为同志鉴。

婴姹相接喜团圆，产个佳儿出世间。

乾坤有坏他不坏，便是长生不老仙。

---

① 《增演易筋洗髓内功图说》卷五，载有"十二大劲图说"。

# 覆王汇九

（行功难入杳冥，系著相所致。兹再举下手收心，及还虚开关，
第一河车等法以告。）


来函所称"行功，难入恍惚杳冥"者，查系著相，妄念未净所致。道之
节序，亦未明了。

论初下手之功，简言之，一念不生，静入恍惚杳冥，以至钻杳冥，即为
"最初还虚"也，否则非正法。但行功方面，同志中，往往于初下手一节，
尚难领悟，何况其他。《三车秘旨·下手心法》一段，已明白说出下手，人
每谎眼看过。兹再举点睛，照行勿紊。

每入坐，先静心（坐下，即默念灵祖咒与李涵虚诰，各三遍，即收心净
念之法也），次缄口，次调息。息如何调？心静则气平，不调之调也。鼻息
若是和平，不急、不缓、不粗，则闭目内观，将神移至肾根之下，阴跷一脉
（即阴囊后、谷道前之间）片时，即将心神提上虚无窍内。窍在何处？即脐
之后，腰之前，心之下，肾之上，中间一带，不可拘执，即是言大概情形。
观照着，在此一带停神安息。停神安息，当以自然为主，心不可太严，太严
则炎，即是用力着相，务必顺其自然之象；心又不可太散，太散则冷，即是
昏迷落空，务必守其自然之景。始终的妙用，内息匀称，勿助勿忘，到似有
似无时，则心如太虚、太空，即恍惚杳冥也。但恍惚杳冥中，有个知觉，知
其中有息，相依相随，则不虚不空（此即是真空不空。自此以下，功夫又进
一步）。如常在不虚、不空之间，则加静之又静，清而又清，一切放下，全
体皆忘，心神默默，气息绵绵，皆入于杳冥之中，此之谓"钻杳冥"。钻杳
冥，即虚空藏心，昏默息神，即是"最初还虚"之功已到。此杳冥中有气，
一神独觉，即真息也。真息发现，有凭证，即薰心酥痒，极其愉快。此时心
神，勿贪着其乐，须要安定腔子里、虚无窍内。如此积累久之，则命蒂生，
而阳气长，乃可展窍开关，始行第一河车之功也。每查同志行功，多系妄念
未净，心亦未清，便言河车，不依程序，不以规矩，混乱行来，焉望成就？

其余所问各疑，上文已尽。"风火之所以"，须参伍、柳二真人丹经
可也。

# 覆苏生

（坐时以后天识神，运转周天，敝处已死一人，可以明鉴。）

函称"近悉王某，为佛门明师，谈采取运气之秘机"。哈哈！开口便知为旁门盲师，何也？以佛名门，未本佛典，无一佛词，断定不知佛法，窃取道门周天、先天等名词，诡称与丹经相合，而周天、先天、采取之所以，相信亦莫名其妙。

观所言"周天阳气未来以前，先将法轮机子轮转活泼，以免临机阻碍。若先不开通沟渠，水来无路流去"。此说为丹经所无，强猜妄造，非佛非道，东拉西扯，诳诸无识，而愚者以为确论，实不知大道者也。如信"先通沟渠"之语为是，敝处即有行旁法一人为证，坐时以后天识神运转不停，厥后欲止不可，结果病死，则有空转之危险，可以明矣。我道中，原不限制，任人进退取舍，如多经旁左者，更有比量，但是必多读丹书，参得大概者，不能免邪妄之迷惑。

盖丹书，辨论邪正最详者，莫过于伍、柳二真人所著《仙佛合宗语录》各经，于成仙、成佛之真诀，假仙、假佛之手段，详尽无遗。读此而犹不悟者，恐与大道无缘。先生欲明仙佛正宗，请熟读细参为要。

# 覆马天行

藉悉来示，"曾入采补一门，将丹经之'彼我'，误认为真男女"，羡君智慧过人，尚在考虑间。余于往昔，亦曾误入此门，被邪师强词夺理，妄指丹经之喻词，迷惑有年。但我心颇疑，于天理、人情，大有不合。论天之气最清，天道福善祸淫。采补，大类行淫。淫为万恶首，天律森严，岂犯首恶？取淫污之浊气，而能合天乎？

又谓："采彼气血，而补我精神。"戒律，则为损人利己，仁者不屑为，而况学仙乎？此不合天理者也。斯术，男取于女，女取于男，互相淫媾，狗彘之行，人格即无，何况神仙资质乎？

又称："鼎器必须九七个，非大富不能。"惟古今王侯乃可做到，士庶何能？而秦皇汉武，亦未求得，可以悟矣！考历代证圣成真者，各册记载中，未闻有"置鼎成道"一语。

魔术又谓："临炉一事，男子非河车路通，女子非赤龙斩，不可。"既男通河车，女斩赤龙，则身中之阳气已旺极矣。如一旦临炉，心念不动，岂可得乎？但心之动、不动，颇有实证。心不动念，则阳不得举，如何能入户？欲求入户，势必当举。阳既已举，则念已动矣。念动，则身中之炁，随念奔驰阳关，已将泄矣，而况得他人之气乎？虽《真机》书上说："乘其活时，投入阴怀，则不动念。"请同志想想，既经入怀，敢问"男女之心，动乎？不动乎"？曰"动，动，动，动"！哈哈，哈哈！真大不近人情之事，用以惑愚者，可也。

此说，余前曾质疑。邪师则借经文之"神交体不交，炁交形不交；男不宽衣，女不解带"之语为饰词，当以为然。及后闻诀，仍同常人。于是大非魔术诲淫，尽弃其学，乃遍读丹经，始知嚷斥处颇多。至《三丰集》"登天指迷说"一段读竟，大惭。吾为士子，而被一不合天理人情之魔术，误我数十年之光阴。回忆古今同志，不知欺骗几许？痛恨之下，于是发"觉己觉人"之愿，幸天假我缘，得闻正法，有若皎月当空，无微不明。自兹以往，凡遇同志，误入邪术者，必将余之经过，告之使觉。今先生，亦如有蹈余之故辙，特详录事实，请三思之。

何谓"道"？《易》曰："一阴一阳也。"经曰："丹在身中，身外无丹。"丹者，即阴阳二炁和合凝结而成也。"丹经部部言阴阳，二字名为万法王。"部部丹经，皆发明人身之阴阳，至精至微，至玄至妙之理。以种种借喻，形容至尽。若执形求之，则大谬而自误。经曰："身中自有真夫妻。"以夫妇为喻，其义形容身内阴阳交媾之快乐无穷，比凡夫妇不及远矣。无论男女，既成形体，身中皆各全阴阳，即万物亦各各具备。医术论身中，阴阳旺则健，偏则病，尽则死矣。种种证明，我身中阴阳，本乎自有，不假外求。而魔术偏要妄指女子，痛恨诲人行淫，将一般同志，驱入孽海，天堂有路不得去，地狱无门偏要来，真真可叹！

盖丹经中，以"彼我"为喻者，即坎离也。坎，为水，为男，为阳，为铅，为肾，为彼家；离，为火，为女，为阴，为汞，为心，为我家。简言之，坎离，即心肾；心肾，即神炁而已。人之所以生成，全赖身中心肾交媾，水火均平，营养全身。但常人不知身中交媾，惟夜眠自然交耳。而行道人，使之交媾，以速生机，补还往昔身中虚耗，而筑固丹基，以至得药、结丹也。魔术妄指"我家为男，彼家为女"，我则曰"彼家是男，我家是女"，非强词也。

以孙教鸾《金丹真传·序言》"彼我"为铁证，以醒好采补者之迷梦！

《序文》曰："我本外阳而内阴，为离，为汞。"

〔释〕：《易》曰："离中虚。"言卦之当中，是一阴爻，外面为两阳爻，故曰"外阳而内阴"。《易》谓："离，为中女。"离，既为我，则"我家"是女也，明矣。

《文》曰："彼者，本外阴而内阳，为坎，为铅。"

〔释〕：《易》曰："坎中满。"言卦之当中，是一阳爻，外面为两阴爻，故曰"外阴而内阳"也。《易》谓："坎，为中男。"坎，既为彼，则"彼家"是男也，明矣。

以此，可以证明魔术之妄指惑人，与经义不合也。以上，略举淆乱正道，颠倒是非之一隅，其三则可以自反，实难函尽其非。相信高明之士，见此定能翻然改图，必不以余言为妄也。

先生所举孙教鸾道书一切，略释如下：

一、经云："筑基有补阳必用阴，补阴必用阳。"

〔释〕：阴阳互为其根，即是取坎中一阳，补离中一阴，非魔术采女人之谓。

二、经："竹破竹补，人破人补，取其同类，故《契》曰：'同类易施功，非种难为巧。'"

〔释〕：人自阳关一破，则身中气不全矣。道，即以自身中顺去生人之炁，返回补足身中之虚耗，仍还童体，即是以顺去生人之人补人、种同类同，只在顺逆间耳，故施功亦易。

三、经："修补者，补气、补血也。气与血原非两物，气周荣卫，融而为血。血行胞络，复蒸而为气。惟气损则不能生血，血损亦不能生气，故皆须用补。然气之运也虚，虚则随呼吸以出入，故补气之功用多。血之行也实，实则一入不复出，故补血之功用少。必气以其虚者，补之于先，使吾气既足，然后可以补血之实，使血有所归。气不补，未有能补血者也。气血不补，未有能完基者也。"

〔释〕：此亦言以人补人，还元之理也。

四、经："补之亦有琴剑焉，须辨老嫩爻铢可也。"

〔释〕：身中炁，逆返时，须辨老嫩。老则炁散，嫩则炁微。有爻，有数，并有文武火功。琴喻文，剑喻武。

五、经："补之时，神交体不交，气交形不交。虽交以不交。"

〔释〕：阳发动时，以神气去交媾，心肾之形体未交，故曰"神交体不交"，虽交犹未交也。

六、经："却将彼气血，用法收来，与我精神两相凑合，而凝结为一。然后虚者不虚，损者不损，而丹基始固，可以得药。此修真第一事也。"

〔释〕："将彼气血"者，即坎中之一阳逆回；"与我精神"者，即离中之阴，两相配合，凝结为一，则丹基筑固，始能达到"得药"之阶段。此修真第一步工作也。

七、经："我本外阳而内阴，为离、为汞。非得彼之真铅，逆来归汞，何以结圣胎而生佛、生仙？"

〔释〕：此节为先天乾坤交，七返九还，生佛、生仙之阶段。

八、经："彼本外阴而内阳，为坎、为铅。非得我之真汞，顺去投铅，何以结凡胎而生男、生女？"

〔释〕：此节为先天坎离交，正是"以有入无，以实投虚"之功法。所言"何以结凡胎而生男、生女"者，非指身外之凡胎，借喻"动而生阳，静而生阴"，顺去投铅，由是逆之，霎时间"先天一气，从虚无中来"，则丹生矣。

九、经："此丹房中得之，非御女采战之事；家家自有，非自身所有。法财鼎器、赤县神州、外护善地、侣伴黄婆。"

〔释〕：炼丹有窍，窍即丹房。"非御女采战之事，家家自有"，此语已明示，不再外求。下句又云"非自身所有"，似乎语相矛盾，洽符魔术，殊此句示意在分先后，恐人在后天色身上求，不知"先天一炁"，实从"虚无中来"，故曰"非自身有"也。

丹法以乾坤为鼎器。乾坤者，先天也。鼎器中空，空中之灵物，产于赤县，即离宫，心也；神州，即坎宫，肾也。大还丹，须在住在有名灵山，在外必同心道友护持。黄婆者，真意也。在内全赖真意为伴护持也。

称"李涵虚真人论'彼我'不明"。以余观之，甚显。

一、所举《道窍谈》云："元精在我家，即是绛宫浑然之气，积久而生灵液者是也。"

〔释〕：绛宫，即离宫，心也。

二、经："真精在彼家，华池壮盛之气，所谓'首经'者是也。"

〔释〕：华池，即坎宫，炁海，肾也。

三、经："上德之体，精、气、神，皆称为'元'。盖得于天者甚厚，不必求之彼家，故曰天元。"

〔释〕：上德者，即童贞未破之体也。精、气、神全，当然不用逆返之法、补筑之功。

四、经："下德之事，精、气、神，皆名曰'真'。盖取于人者甚多，不能求之我家也，故曰人元。"

〔释〕：下德者，即破损之体。精、气、神不足，当用逆返之法、补筑之功。取于后天坎宫多，故"不求之我家"也。

以上胡乱解释，可否合道？特质诸高明，尚希指谬！

## 又覆马天行

奉悉来示，"于采补之惑稍释，于烧炼一端，尚在徘徊中"。所录"《三丰炼丹秘诀》，决意为道之细微功法，火候次序之喻，嘱注释以为后学津梁"云云。哈哈！非道也。烧炼邪术，为后人之迷毒。

素识三丰有二。假者，窃丹书铅汞、银砂、鼎炉、水火等喻词，为烧炼之书，欺愚骗财者也。所拟九转丹名，与起首配合之法，皆正道各丹书所无，是以无从解释。如烧炼术，的系真三丰所为，何以载籍"七戏方士"，使之伏诛？于此可以证三丰之诬，亦于此可见。

行正法者，亦喜辟邪术也。盖正法经中"九还"之名词，何义？九，为阳数之极，喻意行功到九阳之极，则真一之炁凝结，以"丹"喻之。此时，当返还中宫，而行温养也。术书称丹有"九转"。有九之说，非内修之喻，为外炼金石之法也。

或谓曰："古人服食点化，言之确确可凭，何也？"此疑问，伍冲虚真人《仙佛合宗语录》，已明辩其理云："古有此理，今无此事；真仙有此术，凡世无可得此事之人。"即此数语，可以证明，凡世之烧炼非真。

世间烧炼与采补狼狈，烧炼金石，助人邪火，以为遂欲久战之用，适合富贵人淫乐之心理，故世多好之。余以一言道破，如金石、采补可以长生，则秦皇汉武，而今尚在？如药饵可以延年，则历代帝王，可以不老？然则好此者，其结果如何？余曾请见服丹者，有中丹毒，发疮溃烂而死者；有遍身赤肿不堪，而病势垂危者，此眼见之证也。

明朝世宗，被方士王金等，进先天玉粉丸，服之毙命。明光宗，被李可灼，进两粒红丸，吞之而告终。此往古之证，载诸史册者也。据此，求生不得，而反速死者，何故？类皆以富贵利欲之私妄，而欲学道长享，宜其骗术投机，以报其贪妄之结果。世因有种种之旁左，流变世界，正法隐于其间，随人之缘分与眼光而已。隔见辈，观查旁左，卒无结果，不问是非正邪，将我黄族数千年遗来修身治国、无上至尊之一种国粹，同旁左一例视之。噫！欲明内圣外王之学，莫谓当兹末世，即三代下，亦希解人。先生，智士也。将必有以解之。

所称"新书见示"，新书不过导初学入门之一端耳。而往古丹书，不可不汇参，以窥全豹。

## 覆蔡宪女士

（性命是一是二，自一至二。可先可后，可分可合。）

道有正邪，正道惟一。旁左千万，千万门中，惟采补、烧炼误人。每堕其术者，任千言万语，难解膏肓迷毒，此亦本人之孽缘，应堕三恶道者。藉悉女士，欲今生得度，能虚心下问，聊与一谈。

谓"性命是一非二，不可分。神是性，气是命，是在后天为初学说法"云。

答：是一非二之说，不究竟，非正宗。所谓性命是一是二，自一至二，自二合一，可大可小，可先可后，可分可合。坤道初关，炼形起首。形属先天欤？后天欤？初步下手工，"展窍开关"一节，不可全谓为先天，亦不可全谓为后天。尊意谓神气合一，已离后天，如何赤龙尚在？赤龙究竟是先、是后？请精思明辨，免误前途。

## 覆刘义生

顷悉来函，称"凡传道前辈，莫不以静坐为下手之方。而丹经诸书，又均以打坐为非道。此中自当另有工夫，决非仅以静坐收心，为了事者"。

答：儒、仙、佛，皆以静坐为入德之门，舍此别无他法。下手，谓丹经以静坐为非，是自己误会经语。"静坐孤修气转枯"与"何必深山守静孤"之句，何尝是单斥静坐为非？是为"单修性，不修命"者说法。"孤"字，大有意义，示修士须知初法，行到"最初还虚"时，身中有神气交、心肾交、坎离交媾事。如不识此，孤修一性之阴，则真气枯竭，为一下等灵鬼而已。如除静坐外，问其他工夫，非我所知，须于三千六百九十六中去寻可也[①]。君视静坐收心简易，试问坐已静否？心已收否？果坐能静极，心能收定，要想了事也不难。

又谓："览儒书云：'道也者，不可须臾离也，可离非道也。'"又曰："道不远人，人之为道而远人，不可以为道。"又曰："夫妇之愚，可以与知、与能。"观所举各句，知曾入采补一派，误会"人"字、"夫妇"字。嗟乎！此派流毒世界，误人无算。当兹末世，更为投机魔术中，是非一言难尽。请读《马天行覆函》，以为何如？

## 又覆刘义生

摘录原函："吕祖释《阴符》'生、杀、机'云：'生者不生，死者不死。已生而杀生，未死而学死，则长生矣。'立言诚为可师。但生平出入娼寮，令人难解。《阴符》《道德》为道之祖。《阴符》云：'天地之道浸，故阴阳

---

①《性命圭旨·邪正说》：道法三千六百、大丹二十四品，皆是傍门，独此金丹一道，是条修行正路。除此之外，再别无别途可以成仙作佛也。故法华会上，世尊指曰："唯此一事实，余二即非真。"尹真人曰："九十六种外道，三千六百傍门。任他一切皆幻，只我这些是真。"云房真人曰："道法三千六百门，人人各执一苗根。谁知些子玄关窍，不在三千六百门。"

胜。阴阳相推，而变化顺矣。是故圣人知自然之道不可违，因而制之。'解者不一，亦令人狐疑莫决。《吕祖全书》谓：'说着丑，行着妙。'及'经尽符至''癸尽铅生'等语，究何所指？疑古圣别有工夫，非敢误入邪道也。"

覆：哈哈！君之信心颇坚，来函所举经句，皆采补惯用之谜语，中其毒者，牢不可破。非不可破，因本人未读书，或读书而不明理者，不知道之阴阳在身内，而采补则指外面男女惑之。并摘古经句，妄援强释为证，显然仙真诲淫，真正冤诬。兹明释一切，一为古人证诬，二为揭穿魔术黑幕，为智者道。

吕祖释《阴符》"杀机"数语，其实义，谓人如顺去，生生不已，则不能长生，将顺生之机死去。而逆返身中，可以不死，能将已生之机杀尽，即是修真"未死学死"之定法也。此言当然可师，从中所以非执迷者可悟。

吕祖游妓，大异常人。采补术，援以为证而骗愚者，不查疑以为乱。殊吕祖此时，已道成，度世时也。知侯、张等女，有出尘之想，特往度之。考修道一事，古圣各经，皆以色欲为第一重戒，否则不能得药、结丹，而况功成之仙子，尚与凡人乱乎？绝无是理！本理推测，有何不解者耶？

其《阴符经》所谓"自然之道静"而已矣。静中生动，故天地万物生。天地，亦自然之道也。故从中"阴生阳降""阴阳相敌"，而推行不息，则变化顺其自然矣。人与天地参，故圣人知自然之道，从自静中出，因而制为修炼之法也。此本原文释义，所释有何疑乎？

又谓："'口对口，窍对窍''说着丑，行着妙'者，何义？"

答：口与窍，一也。经曰"无孔笛，颠倒两头吹"，即上下口也。又曰"两孔穴"，亦即上下有窍也。又名"生门死户"，又名"玄牝门"，皆喻此也。因有口窍，故经云"上闭、下闭""称有、称无""上不冲心，下不冲肾""口口相传，针锋相对"之说，是谓"对口、对窍"也。行此"对口、对窍"之工，到酥绵快乐、融融洽洽，其妙难以言语形容时，便是"行着妙"也。由此妙工，至"痒生毫窍"，阳物勃然而兴时，即太上所谓"下士闻道，大笑之，不笑不足以为道"，亦佛所谓"一合相"。但凡夫之人，贪着其事，不可说、不可说者，也是这个，故曰"说着丑"也。

又："经罢符至，癸尽铅生"，何指？

答：经者，因七返还丹后，一阳渐长，而为兑，喻曰"首经"，又喻曰

"天癸"。① 符者，火符也。"经罢、癸尽、符至"者，就是玉液炼己功纯，铅来投汞，大丹已成，当用火符采取功夫。所指者，正是后天返先天、九还金液大丹时事也。

古圣正宗之学，如此，否则为邪道。嗟乎！无上哲理，岂愚迷能窥万一哉？古云"仙才难得"，于今始信。余将逖行，以后请勿来函！

## 覆朱振声

（凝神调息，至心息相依，为起首。钻字诀，非初下手所用。

空运周天，至为危险。）

奉读数函，略覆慰望。藉悉曩者，"目道学为荒诞，及获《三丰丹诀》九章读竟，则笃信本国固有之道学至高"，足见认识不凡。"惟恨遇师邪正难辨"者，以未于经中多参悟耳。虽白仙翁云"一言半句可通玄"，是谓已经书中参悟有年，难悉纲要，一逢真师道破，了若指掌，非全不读书，闻一言半语，便彻究竟也。迩来"习太极拳卫生"，颇合入世之用。"欲进而研究，了生脱死之道学"，非在名利场中可以办到。

所问：《明道录》示下手行功，返照下田，用"钻"字诀。至阳生，行采炼封固功。此功，书未明示，为问？

答：已于《答周昌茂》次函九问、三函六七问中，说明采炼封固矣。外《明道集》采微阳一段，已显示，其他伍、柳二真人丹书，无微不至，读书如走马观花，何能悟道？

又问：功法不明，则人照行无效，反生谤毁？

答：非书不明，自不细悟也。古经遭谤，尚且不免，况我辈乎？意谓：起手返照下田，便用"钻"字诀。"钻"字诀，非初下手所用。凝神调息，

① 李涵虚《三车秘旨·第三件河车》："丹本既立，神气融和，由是一阳渐长而为兑，坎男变为兑女矣（此即庚方月、西江月、蛾眉月诸喻时也）。因此'兑女'二字，故丹家名曰首经，又曰女鼎，又曰天癸（因类而言耳。愚人不知，盲修瞎炼，未遇真师之故也）。丹士采此首经，名曰摄情归性。首经来时，有如十四岁女子，潮信初来，五千四十八日，归黄道之时也。又如十五明月，金水圆满。在人身中，总一先天金气，腾腾壮盛之时也。学人到此，急起大河车，运上泥丸。稍焉，有美液坠于腭中，大如雀卵葡萄，非麝非蜜，异样甘香，此即九还金液大丹也。"

至心息相依为起首，进而至于恍惚杳冥，但亦非暂时，即能熟悉而合玄妙。钻杳冥，则又更进一步矣。如认为后天识妄功能，大谬。

又问：所阅《道书十七种》《玄微心印篇·开关法》，踵息六下，过下鹊桥；又踵息六下，通过夹脊；又踵息六下，过泥丸；又踵息二十四，以意送到丹田。此法，与所指"开关法"同否？

答：不同。正宗周天转运，有定法，非后天之念想，又非景到时至，不转运。冲虚真人云："旁左着相行气法，升提邪火，发生恶疾。"可见空转危险，大道贵真参实悟。近查同志读书，多涉猎不精，下手初法难明，何况其他。敝主人现将他往，已谢绝各同志问难，以后请止来函。

## 施友荪来函

（初信基督，醉心科学。嗣知恶者难逃天律，由是慕道。近凝习静坐，
不悉有定时否，祈慈示。）

敬禀者，承赠道书各部，均先后收到。此后谨当勤读力行，以仰副吾师阐道宏教之至意，实未敢以俗言作谢也。

弟子幼入基督教会学校肆业，诵读《圣经》，列为主要功课。按此二经，有类一部史话。其余要课，为外国文，数理化等。同学中，类皆以基督至上，科学万能，咸斥修仙奉佛、因果报应为迷信。弟子无知，亦随蝉噪歌。后稍长，留意世事，综观列强，竞扩军备，皆有其高度工业之基础，于是益醉心科学，认为救国建国是赖。然年复一年，只见科学愈昌明，工业愈发达，生活愈浪漫，人心愈诡诈，是固非科学之罪，以其尽趋"形下之器"，而忽"形上之道"也。

于今举世滔滔，人欲横流，至可慨叹！嗣见万恶军阀，如张作霖之被倭寇炸死皇姑屯，孙传芳被施氏女手刃于天津，张宗昌被郑氏子击毙于济南，足见报应丝毫不爽。他如段祺瑞奉佛，吴佩孚乐道，皆获善终，且其高风亮节，尤为世人崇敬。近如大战爆发后，称世界淫国之法兰西，惨遭亡国之痛，国土人民，蹂躏殆遍。英国为侵略之王，今被德国巨魔之压迫，坐困英伦三岛，一筹莫展。且北非埃及，战事急转直下，益以印度之力争独立，此后不论胜利谁属，而一般观察家，咸认其殖民地，终恐不复受英国之统治

矣。由是以观，个人，以至国家，法律可违，天律难逃。弟子历审二十年来，世局人事之演变，是宇宙间，必有大道为之主宰，人生观遂为之一变，由是慕道，一至于今。

民廿四年，有友赠以《三丰全集》等书，以俗资虽聪，而慧根颇钝，故终未得窥蕴奥。又凛于"不遇明师莫强猜"之训，尤未敢自作聪明也。民廿七年，挈眷至蜀，傺寓铜梁，凡七阅月，未获一瞻慈颜，亲聆教诲。至今回忆，诚令人兴咫尺之感耳。

近得拜读《明道集》，卷首即刊有心印"专度有缘"。窃意今后，是否有缘获度，端在此心之能否相印，故不敢妄自菲薄，笃志于道，而务期必成。然弟子，亦深知至高无上之大道，何能附行于人事中？只以流亡万里，弱眷相依，一旦离去，立成饿莩。且因曩受国家栽植，当此危亡之秋，稍尽报国之忱，是所以未能遽尔离此浊世，原无所依恋也。今渥承吾师垂悯，不弃下愚，惠我珍籍，启我愚蒙，从此当祛欲励行，勤研丹经，以为入道之基，而待缘之降临。惟我国政治，尚未进入轨道，人事纷杂，法令未周，因之处案治事，殊难至当，深虑由此过积罪增，必将远屏道门之外。故拟行日课，祈祷祖师庇佑，俾增智慧，而减愆尤。至日课，如何行持？如何仪式？如何设供？外希夷老祖《蛰龙法》，睡法如何？又，《打破疑团·释疑十一》云："有事人静坐，可以早晚二时行之。"不识有否定时？

统祈慈悲，开示一切，曷胜感祷。肃此，敬请道安。

## 覆施友荪

（凡当末世，达者退居林泉，笃志于道。静坐时间，以晚晨夜半为宜。〔附清平调〕）

于狂风巨浪大漩涡中，不图有心不迷，目不盲，观查最精，感想最精之高士，觉今是昨非，明天道福善祸淫之理、悟形上之道，为修齐治平之本根。当兹极趋器学之末世，真麟角凤毛矣。

夫道平淡无奇，本修己安人、尽人合天之旨。其功用，在去妄存真，亦即子思所谓："去乎外诱之私，而充其本然之善也。"查世界之欺争杀戮，不过一"妄"字使然。苟欲世界宁静，先须从治心着手。即尧、舜、禹、汤，亦必内圣成，然后事外王。从天性至善中流露，动止咸宜，协和万邦，黎民于变时雍之放勋而忘计。《道德经》云："我无为而民自化，我好静好民自正，我无事而民自富，我无欲而民自朴也。"自霸功尚，王道废；人欲炽，战杀起。演变以来，从中虽有贤哲辈出，其如国家何？以致黄族子孙，愈趋愈下。

至元、清两代，有外人入主之耻，而异族何能明我国之大经、大法，惟坐享尊荣，理应贫弱。隅见辈，不求家学究竟，舍田耘田，谓贫弱之因，原道德仁义，归咎孔子，于是毁宗庙，废《诗》《书》，大肆侮辱。第霸业启后，历代履行仁义者希见。今求《管子》之四维而不得，况道德乎？道之行否，与孔何涉？孔氏何族？侮之何人？孔氏往矣，何人受辱？犹之家庭，子孙穷困，责之祖宗，真真遗笑千古，为外人轻视久矣。既失其道，故诈伪事，举世滔滔，人欲横流。如张作霖、孙传芳、张宗昌之结果，此其小焉者耳。大则如列强逞形下之器，残杀为快，必演到杀人人杀，灭人自灭之祸不止。孟子曰："杀人父兄，人亦杀其父兄。"即因果定论，如凶残可期必胜，当今之德国，早已灭苏。其未果者，存亡之权，非人所操，惟视其因缘何如，即先生所谓"大道为之主宰"也。

《道德经》曰："刚强者，死之徒。"又曰："乐杀人者，不可得志于天下。"以是不但卜道德之存亡，其他亦以是卜之者，亦即亡"形上之道"，而趋"形下之器"也。器学非不可尚，须先有道德为本，然后以器学辅之。如舍本逐末，则上下交争，而国危矣。凡当末世，达观者，窥破世局人事，退居林泉，笃志于道者，此高尚之士也。

至于缘之有否？功之成否？实端在此心之能否相印？此身之能否笃行？法诀固须明师，道籍当别邪正，力行虽不适于俗世，而眷属非不安妥，而听之饿莩。俗世虽非成功之所，而煅炼身心，变化气质，亦借以切磋砥砺也。

所称以日课为忏悔入德之门，亦系高见。早有范本，存之丛林，行持仪式等，当于此中参学可也。外《蛰龙法》与静坐，里面功同，外式无关。破疑团之静坐权法，时间以晚睡晨醒，或夜半醒，为宜。

## 清平调

叹世界士农工商，奸贪奔忙。

罔知善恶，因果昭彰。

又不道荣枯有分，得失难量。

想阿房宫冷，铜雀台荒。

金谷花园，夜月乌江。

都作了南柯梦一场。

说什么，前王与后王。

说什么，兴邦与丧邦。

大数到，难相让。

分明富贵草头露，功名瓦上霜。

唱一调，归来未晚。歌一曲，烟水茫茫。

山傍水傍，过眼新疆。

趁此时，好韶光。

修身立命躲无常，转瞬发白又颜苍。

## 覆黄樵明

（丹田一窍，苏逢春、许伯翔，已知确处。有欲观窍，无欲观妙。
如执著死守，便堕旁门。）

所问：任督脉、绛宫、紫庭、风府、玉枕、黄庭、炁穴等确处。

答：督脉，外附脊骨；任脉，外附胸骨，不经心脏，不连胸部何穴。绛宫是心，紫庭相近，风府非玉枕，黄庭有上中下，中丹田在心，炁穴是下丹田也，此便是确处。如再要确实，唯有剖开一看。以炁穴一窍而论，系虚悬一穴，假使剖视，亦难辨别。如是即属诳妄，然又不诳，必如《语录》苏逢春，身中实验已到，静极知下丹田，有二寸五一圆洞。又许伯翔，内见丹田一窍两口，此二人于穴已知确处矣。他人不实验，至死难信、难确。

道学不尚空谈，如决心实行，古人言言是实，处处有据。先生现下，正宜在"凝神调息"上注意实验。窍，是个大意，有欲观窍，无欲观妙，如执着死守，便堕旁门。若问口诀，书中详尽，实非诳语。道，为我国至高无上之学，休作等闲观。

近查同志，多系慕道一流，或自作聪明，或喜奇怪，或好高远，种种偏性，难以破除。诸师以无益之麻烦，消耗至宝，今已谢绝问难，远游矣，后函无答。

## 覆袁学人

（真息未见，命蒂未生，阳虽不旺，但采炼不可少。）

函称："功法之凝神调息，行来颇不简易。"此言不错。近查同志中，能悟及此四字者，颇稀。更能悟彻神必如何而后可以能凝，息必如何而后可以言调者，未见。大多好高骛远，走马观花，不达究竟，焉望成就。

所述"近来静坐，能达恍惚杳冥而神清，丹田常煖"，此象已得正路效果。惟谓"夜来阳不甚旺"者，真息未见，命蒂未生也。阳虽不旺，但采炼亦不可少，否则有走失之患。而谓"运气数次，便是化精"，所悟大非。观《三车秘旨》，在"第一河车"事，方是运气功夫。试思此何时也？不依程限乱运，不特丹无成，并有其他危险。

所称"阅书甚少"，量是实话。欲明大道，丹书不可不读。惟伍、柳、李三真人之书，最显，最精详。熟读真参，有得后，再阅往古丹经，则知同出一辙矣。

## 覆刘重权

（神仙有无之疑，量是阅书不多。伍、柳、李三真人，相去未远。
　如有德至诚者，或可旦暮相遇。）

藉悉颇有道心，曾入旁左多门，颇疑于理不当，不迷歧途，可谓智慧不凡。有大疑而后有大悟，论研究大道，最好多经旁左，一旦逢正，则志念弥坚，否则见异思迁，足跟难定。虽然邪正两端，原天地间对待之理，邪为正之比量。苟无比量，则何以别？但正只一，惟邪则有千万，非学识过人，博览群书，而又少偏性者，不能辨其是非。即如敝处道书，本为旁左立比量，但亦有非之者，当然不计，如庄子之所谓："呼之曰马亦可，曰牛亦可，曰龙亦无不可。"智者见之谓之智，仁者见之谓之仁，在本人之眼光与缘分何如耳。

先生见解不凡，读道书能悟大概。近有同志，谓"读《道藏精华百种录》一半，即明道通易"云。哈哈！其聪慧，非颜闵可及。查此书，为一博览人拉杂收来，参以己见，门外汉当然难辨是非。凡丹书，当考察作者之履历，是否正宗所传，与有修证者。坊中伪书颇多，读者不可不择。

先生谓"神仙真有否"之疑，谅是阅书不多。著名之吕祖、三丰、邱祖，脍炙人口，并有载籍可考。其他仙人颇多，《仙传》《仙鉴》书中，尚不能尽。最近明清所成之伍、柳、李三真人，相去未远，往来名山，如有根、有德、有至诚者，或可旦暮相遇，仙实不假，人恐无一真者。

## 覆张英

（学道修在人，或在德之言固是。而修之之法，非旁门小术所能成。）

顷悉来函，知为非常人，不同流合污，兴波助浪，共入孽海而不悟者。迩来遁迹山林，逍遥物外，可不谓贤乎？虽然，林泉为穷独之所，而善其身之学，能不彻底研究，而等于常人耶？

论君颇有夙根，故三丰梦授初法，当实悟期成，以副祖师之至意，岂可以普通观查，妄测道乎？

所谓"修在乎人，成在乎德"，此语固是，而修之之法，非旁门小术所能成。尊意谓"读道书，如学校之课本"，理明不明，学成不成，系子弟之智愚攸关，与书何咎？往昔圣贤为学，皆以学、问、思、辨、行，五者成之。而我等智识平常，岂可舍书而能成学乎？

又谓"观世之谈道，多是无成，反获痼疾"者有之。君举家人奉瑶池为例，尚有疑于丹经误人。如真丹经，决不误人，而人自误。大道，非愚者能明。果得正传，行之合法，岂却病延年而已哉！即有始无终，从中而止，皆无害，何有得虚症之说？惟瑶池，多阴虚欲旺，而正道岂可以旁左较乎？学道原为强身，而反致疾者，应当大疑。既悟此为非，其他亦不究其所以，尽非之，岂智者研究学问之见解乎？观君对敝处，亦以世教之一切普通门户一例视之，哈哈哈，姑不与辩，过后方知。

## 覆谌志猛

（《感应篇》须熟读力行，否则不契天心，难遇明师。

养生以真息为本，吾人命根就在真息。）

函悉，父母俱存，不可远游。孝弟，为大道之根本，自古无不仁之仙子也。道学以持戒为始，道门简单戒律，即《太上感应篇》，须熟读力行，否则不契天心，难遇明师。

所述身内功行，未明程序，一寸未到，便贪得尺。称"坐静头低身俯"者，神昏散乱，心息不相依也。由是观之，下手之功，尚未如法，何问大小周天之功？凡学不宜躐等，须循序渐进，如初级已经实证，始谈第二步工夫，否则徒费口舌，莫明究竟。

兹指定目下当究之功，即《三车秘旨》第一段《收心法》也。开口便云："养生以真息为本，吾人之命根，就在真息。"此句重要语，谁也不注意，即如初入手之凝神调息，问其究竟，不知神如何凝，息如何调，何为真息，从何做到。此即不知，焉望展窍开关？所以《语录》答同志，皆在纠正起首之功，其中重言复语处甚多，皆是导人注意下手，惜人皆以言论粗浅不高目之。

又，告以各种显明丹经，印证汇参，而悟入门径。查好高骛远、自作聪明、徒慕道者多，读书，即走马观花，晃眼就过，以为如斯而已。更望不劳跋涉，函授道尽。其轻视如此，何堪载道？考之往古诸真访道，岂是偶然？历尽千辛万苦，始得一遇。敝处诸师，为昌明计，已将重要丹书具备，随敝地书店印售，供同志取用，俾坚决出尘死心修真之士，作一指路碑。并执以求师，可以辨师之圣凡，与道之邪正，已算便宜多矣。丹书最多，何以须此？因世间伪书最多，未得师传者，不能分辨真伪，所指一切，为正法中显明易悟之书，得其纲要，以免迷入歧途。先生如欲明道，请于所奉各书中参悟可也。诸师他往，以后止函。

## 苏生来函

（蒙诲照行，神清气爽，愉快难喻。偶习旁门，气滞心浮，幻相万端。
　祈慈示解救之方。）

　　弟子初问玄津，蒙师慈恩，既以书导，又以函诲，下手照行，颇征妙
景。自恨愚痴，偶遇牛头马嘴，非佛非道之旁门，将人麻醉，误入旁法。
自行持以来，身中景象，大异往昔。入坐时，凝神难定，鼻内气滞，心
息上浮，调之难平，头脑常轰轰有声，如一静极，身似倒悬。下丹后，
觉头脑昏沉而疼。回忆往昔入坐，则神凝息调而静，静极则神清气爽，
有时发现交媾，快愉难喻，下坐则别有一番清趣。今昔一较，颇疑大非，
但不能决。

　　昨敬呈王某旁法梗概，请师明示！及接读手谕，弟子豁然醒来，恨此种
旁门，流传世界，误人何所底止？师言空转害大，无怪近日神昏气浊，发现
幻相，内见变化万端，无可名状，有时象圆，有时象方，性命妙窍图，无限
境界，旋起、旋没，疑是入魔。因而大惧，日夜隐忧，以致食少形枯，父母
心伤。无法逐魔，特函恳恩，原宥无知妄贪之咎，慈示解救之方，则再造之
恩，感戴无涯矣！

## 覆苏生

（从师不可不慎，解毒之法，惟心念镇定，不著一切，则魔自去矣。
　并答十四问。）

　　古云："世有三千六百旁门，九十六种外道。"今考查旁左，不可以数计，
而妄造之伪书，亦不可以数计，遗害同志，更不可以数计。正法惟一，隐于
其间，有志者，当然无从问津，苦于门径。吾等鉴兹，特示大道南针，以
《语录》启初学之蒙，以《明道集》示其纲要程序，以《道窍谈》《三车秘
旨》与《伍柳仙宗合刊》，为精微玄妙之印证。果能卷卷细参，句句悟彻，
可以明道矣。

　　或问曰：丹经众多，以此些微，即能明道乎？

余曰：古来千经万典，皆是一道。以其古经词奥喻深，初学难明，所指定之书虽少，浅显精详，层次分明，易于悟入。更以今世旁左之伪书颇多，初学难辨邪正，特指此为主要，恐人难明此些微耳，况古奥多经乎？如果能悟此浅显，则千经万典，亦不难从此贯通矣。漫谓伪书，初学难辨，有关迷觉，如真丹经，被旁左增减字句者，关系亦大。傅金铨为采战门，曾翻刻《金丹真传》《悟真篇》等古经，顶批妄注，遗误后贤，岂有涯哉？又《伍柳丹书》，四川二仙庵《道藏辑要》中收入，可惜失真。修《道藏》时，道门无人，系道外人主笔，徒执己见，将原文内字句，增减处颇多。举伍柳真人《修仙歌》一段中，"到家折尽愁思哭"一句下，添入"烧炼点化术"一节在内，足证此书不堪读矣。吾蜀，前古渝有原板，但书各一卷，现被炸毁，板已无矣。我等鉴兹，特以旧本，将错讹刊误等校正后，将各卷合成一部，以便同志易获全璧。一以保存古圣之仙宗，一以为接引后贤之梯航也。以上各情，特对先生一谈，以道书关系最大，不可不察真伪，而从师更不可不慎也。如所述旁法，影响身中何等厉害，相信今后，能知书与师之关系颇重矣。

兹祈解毒之法，无他，惟在心念镇定，清静无为而已。人之心脏，犹如照像机之底片，任何物当前，即将形影粘于上最坚，欲急除去，颇费手续。又如好色，虽立志禁绝，性分影像难尽，不免有时发生，欲其灭尽，须下一种死工夫。经曰："修道容易，炼性难。"炼性，即炼己也。又曰："道须先炼己，不炼己，有难成玄功之弊。"此语重要，谁人注意？伍真人《天仙正理》所谓："炼者，禁止旧习，绝不再蹈，曰炼；灭尽其不当为之事，曰炼；割绝贪爱，不留余情，曰炼；苦行其当行之事，曰炼；励志精进，必求其成，曰炼。"炼性，是大道彻始彻终之功。初关下手，性如不纯，则采炼以至运行等功，必不合玄妙。不合玄妙，则不凝丹基而成丹。

每查同志，皆忽此层，他人有谓道门"言命不言性"，此是门外汉妄测之语。经曰"神即性，炁即命"，道之成败，全在神之能力。所以《语录·答何维民》：训练司机生，为行道第一步工作，成败攸关。训机生，即是炼性。此种言论，皆以闲谈目之，有谁注意？其他丹经，叮咛炼性处亦多。如《太上清静经》中自"神好清而心扰之"起，至"为化众生，名为得道"止，皆言炼性。

下文云：能实验见性，始可传与圣道。圣道，即命。性未悟者，徒知命功，不能成丹。《天仙正理》曰："双修之理，少一不可。少神，则炁无主宰，不定；少炁，则神堕顽空，不灵。"可见二者并重。先生性功亦欠，近又受旁法影响，神无镇定力。旁法虽去，尚有影在。发现魔景，原妄识所致，徒忧而不察入魔之根，则愈增其妄，愈助其魔。惟有一法：扫净妄念，不着一切，则魔去矣。道非小可事，不是信函所能尽其精微。行功不是闹世可以办到，人以为老生常谈。《语录》重言复语处颇多，使人注目之意。谓："人世闹嚷中，妨害行功。"先生已经过矣，足征无诳。外所问一切，照答。

一问：玄牝？

答：即炁穴，虚无一窍也。

二问：恍惚中现交媾象，阳不举，何义？

答：真息现也。

三问：热气有时下奔谷道，当如何？

答：当收回炁穴。下奔是神不凝，故炁不聚也。

四问：静修负重行远，宜否？

答：不宜，防散炁。

五问：周天运行数，是否同天之三百六十五度，子行卅六，午行廿四，是否子丑寅辰巳月，每月运卅六次，合阳爻，午未申戌亥月，运廿四次，合阴爻？

答：身中运转，虽是同天之度数，不同天之年月日时，自有活年月日时度数也。

六问：何为刻漏？

答：古无钟表，以铜壶盛水漏滴，定时之刻数，故曰刻漏。

七问：交媾之息如何？

答：六根大定，片念不生也。

八问：入旁门时，曾立誓愿，今退却，有关否？

答：灵祖惟护正法，不护旁门。以《太上感应篇》二语解疑，"是道则进，非道则退"，何答之有？

九问：道门早晚课中，有《玉皇经》否？

答：课有定例，无《玉皇经》。

十问：欲阅某报以广见闻？

答：旁法魔境，尚未去尽，又欲杂乱心思，焉望消魔？阅报未尝不可，试问能辨邪正否？

十一问：调药何义？

答：勒阳关也。

十二问：沐浴、采取？

答：《语录》中已详。可见于书，不过涉猎而已，不于书中参悟，如何能明道？

十三问：必如何而后可免漏精？

答：欲免此患，惟在炼性诚笃，则元神灵觉有主，醒睡如一。若睡去即昏，随梦中幻象转动，触色动淫、触财动贪等熟路者，是炼性之功不专、不诚、不精、不纯。凡夫之习性尚在，故寐则心神昏迷，无灵明之正觉为主，则迷真逐妄。或人事纷扰，亦致神昏。经云：大道成始成终之功，不外炼性。倘初还虚之功熟，而初基炼精化炁，又须知用风、用火，否则精不化炁，亦必漏泄。

十四问：显明丹书，或另有否？

答：丹书除伍、柳、李三真人外，更无再浅显者。

此无上国粹，如文学浅淡者难明，天资不高者难明，心性偏执者难明。俗情难以笔尽，人皆欲便宜简捷，而于道亦欲简，难遂人之欲望，从兹绝笔。

## 吕祖《百句章》欠句

"道书字句错落，关系后贤匪浅。《吕祖百句章》，查古本只九十八句，疑成板时刊误，流行已久，尚且阙如。道源先生因收入《明道集》中浅解，特补出'霎时风云会'与'龙吟并虎啸'二句，完成百句。未识当否？记之以请证高明。"

## 遗精方

西枣一斤，无则用大甜枣　　猪肚一个　　猪尿胞一个

以尿胞，入肚中。又以枣入尿胞内，充满，扎口。蒸熟，服。

板存四川铜梁密溪山房

## 附录：四川省铜梁县佛学研究处来函[①]

撄宁先生道鉴：

敬启者，我中华立国基础，儒、仙、佛三教鼎立，有互相维持之妙。奈三教信徒，分门别户，势同水火，其于本教真理，尚不透彻，总况他宗乎？

当今教风败坏，教徒借教以谋生者甚多，所以常有打倒之呼号。在扶持名教之高士，不忍听其堕落，起而整顿之，宣扬之。故儒有江、段等，著书立说，不惮焦唇舌敝；佛有印光、太虚等，宏扬佛化，大致可观。而道则寂然，无一能者。余等忝列教中，每念及此，未尝不歔欷长叹也。但限于时，限于地，限于财，限于学识，空抱杞忧而已。

昨于敝邑佛学处，披阅报章，得见先生答幽谷散人一书，读竟心旷神怡，手舞足蹈。谓友银君曰："贤者作矣！道将兴矣！"友曰："吾等粗识三车，师竟他适，非先生其谁与归？"

后学等得悉先生于报端，未免疑问颇多：先生系翼化堂发起否？职任主笔否？如有职权，昌明大道，指日可待。

兹附呈伍、柳二真人宝诰，请登入贵刊，以扬圣德。

不尽欲言，临颖神驰。专此，敬候！

后学　银合宗　周合天　稽首

如蒙赐示，请将隐修何地、通信何处注明，以便寄函请教。

古历九月十三日

（宝诰，略）

编者[②]按：翼化堂书局，乃张公雪堂所发起，已有八十年之历史。陈撄宁先生与翼化堂不生关系。虽常有道书著作，在翼化堂出版，亦是流通性质，不是营业性质。陈先生喜居山中，在沪之日甚少，若有惠函，请寄至敝社，得便代为转交可也。

---

①原刊于《扬善半月刊》（1936年）第三卷第十四期。此则信函，因与银道源有关，故附录于此处。

②编者，系指《扬善半月刊》之编者。

附　编

# 道窍谈 三车秘旨①

涵虚李真人 著

板存四川省铜梁县城内永春山房

## 重刊《道窍谈》《三车秘旨》原引

　　窃维永春山房主人，刊印《道窍谈》《三车秘旨》，不欲显姓，但署其名曰"端阳生"，恐涉沽名耳。先生年八旬晋五，与余为忘年交，以讲道故相得，尝言曾遇李真一先生，指授《三车秘旨》，因以明道。今复读福建邓君所赠《〈道窍谈〉〈三车秘旨〉合刊》，惜其中编次未当，错认彼我，讹误亦多，乃出其秘本对征，为之编次改政②，刊板印赠，以广流传。余钦仰善举，无以为赞，爰录海上《丹道刻经会缘起》，本推广丹经之意，亦借表另刊印赠之微忱也。《刻经缘起》，录列如下③。

　　夫一国之有文化，犹一身之有精神。精神涣散，则身体浸衰；文化销沉，则国家弱丧。吾轩黄世胄，开辟亚陆，垂数千年，道德崇高，历史悠久，不但国民之智能艺术，比较他族具独立之特长，即出世修养一途，其思想圆通，法门广大，魄力雄伟，造诣宏深。如自古相传之仙学，真可谓轇轕宇宙，彪炳瀛寰矣。惜自满清以来，三百年间，研究仙学者，概守秘密，非逃名于山谷，即浪迹于江湖。先知怀自了之心，后学乏问津之处，遂致黄钟毁弃，瓦缶雷鸣，捧客教之狂言，拾异邦之余唾，唯心唯物，各走极端。出世罕见真修，住世饱尝忧患，做人既不可，不做人又不可。若非用仙学精神，以挽此颓势，则中华民族之文化，日益没落。嗟吾黄帝子孙，尚有何幸

---

① 本书刊印外封，题名"无价宝"。

② 政，同"正"。《说文》："政，正也。"《论语·有政》马注："政者，有所改更匡正。"

③ 下，底本作"左"。

福之足言哉？惟仙学者，虚实兼到，心物交融，既不屈服于物质，亦不空谈夫心性；小之可以保身，大之可以强种；糟糠可以论治，玄妙可以超凡。执两而用中，其斯之谓欤！顾欲实证此事功，必须借重于经籍。而古本丹经道籍，现在颇多绝板，将来犹恐失传，文化沦夷，可悲可惧。因此同人等，不揣绵薄，交换心力，筹备基金，翻印流行，承先启后，俾中华国宝，永留天壤之间，庶亿兆生灵，尚有昭苏之望。但是层楼巨厦，一木难支，所冀仁人君子，推爱国之热忱，发度生之宏愿，共襄盛举，集众志以成城；广积阴功，为前途谋福利。同人等不胜馨香，百祷以俟之者也。谨布愚忱，诸希惠教。

古巴川爱莲堂居士谨录

## 《道窍谈读者须知》十条

愚案：此十条，本皖江陈先生作此代序，其意固美，但惜错认彼我，编次未当，《秘旨》中讹误亦多，故只存四条。另于本书中，再加编次，改政讹误，读者思之。

一、吾国仙道，旧有南北两派。南派始于浙江天台之张紫阳，北派始于陕西终南之王重阳。至明嘉靖时，陆潜虚著《方壶外史》，大阐玄风，世称为东派。而本书作者李涵虚，则群目之为西派。西派传代有九字：西道通，大江东，海天空。

二、张紫阳得丹道于成都异人，但未言为谁氏。同时有〔王〕冲熙者，遇刘海蟾传金丹口诀。冲熙尝谓："举世道人，无能达此者，独张平叔知之。"于是陆彦孚遂据此语，而断为紫阳亦得海蟾之传。考海蟾，乃正阳真人钟离云房之弟子，与吕祖同门。王重阳《文集》中亦称"正阳的祖，纯阳师父，海蟾师叔"。由此可知，南北两派，盖同出一源。又明之陆潜虚，自云见吕祖于北海草堂，亲闻道妙。清之李涵虚，亦曾在峨眉山，遇吕祖于禅院，密付本音。是则南、北、东、西四派，皆可认为吕祖所传也。

三、张紫阳，乃宋神宗熙宁间得道，时在民国纪元以前，约八百三十余年。王重阳，乃金世宗大定间得道，时在民国纪元以前，约七百四十余年。陆潜虚，乃明穆宗隆庆间得道，时在民国纪元以前，约三百四十余年。李涵虚，乃清朝咸丰年间得道，时在民国纪元年前，约六十余年。

四、李涵虚著作有《太上十三经注解》《无根树道情注解》，并编订之《三丰全集》《吕祖全书》，俱早已风行一世。惟《道窍谈》《三车秘旨》《圆峤内篇》三种，未曾刊版行世，而《圆峤内篇》之钞本亦未得见。今特先出《道窍谈》并《三车秘旨》二书，以慰好道诸君之渴望。

## 张序

先伯父镜川公，好丹砂术，原亦期其养气修性而已。至道学稍进，愈觉奋发有为，凡为此道之书，无不心爱而存之。间有刻本者，有手抄者，不一而足，皆平日之娱情者也。

辛未季春，忽临大限，特嘱先兄伯纯曰："吾素所好者，惟此数本道书。吾死，当为吾惜之。十年后，当有人来取，尔辈勿吝而不与。未至其期，勿轻而不修。此即吾之遗命也，幸勿忘！"仆虽在童稚，亦曾闻及斯言。

自先兄弃世之后，弟仲宽晒书，间有虫蛀者，尚未之觉。适仆遇而见之，意欲重钞一过，为他日底本。事始行，友人刘君宣甫过访，见书而问曰："足下亦为理道耶？"仆告其始意。渠曰："佳哉斯举也！吾素亦喜此书，惜无为吾指谬者。今观令伯旧本，皆摘要去繁，抽幽出显之作，诚令我心悦神怡于不能自禁时也。愿惠假一钞，且愿多钞一本，分足下劳，何如？"仆本欲秘而不宣，因思伯父有言，有人来取，尚当如数奉交，况仅假去一钞，且多钞一本为赠，即何靳而不与？

此卷乃其抄者，今而后长保此书，谓非宣甫之助欤？即宣甫果成其学，谓非十年后之验欤？我伯始之，我友成之，俾我坐而享之，可谓太易矣。

爰笔其始末以识之。

枚皋张日章谨序

若有善男信女，发善心，将此《道窍谈》《三车秘旨》二书，刊刻行世，自身今生不能修炼，来世祖师孚佑帝君、善教真人，务必多方点化，委曲开道，教其弃俗入道，出离苦海，超证仙阶。若有人能读二书，究竟细微，从是思维行持，二位祖师，必定暗中提拔，不待来生。纵不能证大罗金仙，决定免其轮回之苦矣。有能印送此二书，与学道人开明大路，免遭旁门魔道者，九祖生天，子孙世世不生恶淫之嗣矣。

枚皋张日章再识

## 李涵虚真人小传

真人四川嘉定府乐山县李家河长乙山人。生于嘉庆丙寅年①八月初四日寅时。生时，母梦一道人，怀抱金书一函入门，寤时则真人生焉。

伯仲三人，师居其二。幼而颖悟，弱冠入邑庠生。善琴，嗜诗酒。

年二十四，遇吕祖，不识。后病伤血之症，奉母命，至峨眉县养病，遇郑朴山先生。先生康熙时人，孙真人讳教鸾之高弟也。同寓与之治病，并云："金石草木，只可治标。治本则宜用自身妙药，方能坚固。"闻之，恍若梦觉，即稽首皈依，先生遂传口诀，嘱云："大劫将至，子宜速修救世，更有祖师上真为师。"

后至峨眉山，遇吕祖、丰祖于禅院。师初名元植，字平泉。吕祖为改名西月，字涵虚，一字团阳，密付本音。潜修数载，金丹成矣。三师复至，叮咛速著书救世。奉三真之命，著有《太上十三经注解》《大洞老仙经发明》《再注无根树》，名曰《道言十五种》，又曰《守身切要》。将吕祖年谱、圣迹、丹经、救世等书删订，名曰《海山奇遇》。撰集丰祖全书，名曰《三丰全集》。自著另有《九层炼心循途录》《后天串述文终经》行于世。更有《圆峤内篇》《三车秘旨》《道窍谈》三书，俱未刊行。

山于咸丰丙辰②正月，至长乙山房，得瞻慈容，如三十许人。拜别后，师于本年五月初八寅时升举，异香满空者七日。本日卯时，现仙容于自流井。飞升后，显迹甚多，不能尽述。

师生二子，长业儒，次务农。大兄举三子，长十一岁，聪明仁孝，师每称羡。

门人甚众，而大丹成者，江西周道昌一人，得玉液还丹者数人。

山德薄缘浅，侍师未久，略述其目击大概云尔。

福建建宁县巧洋弟子李道山敬述

---

① 即 1806 年。

② 即 1856 年。

## 涵虚真人宝诰

蓬山俊秀，大罗高真。初化炁于东吴，再分神于西蜀；投母胎而金书入梦，阐玄教而仙李蟠根。遇三丰讲明性理，逢吕叟开示命功。运丁甲于坛社，掌握风雷；驱龙虎于海山，胸藏星斗。才追倚马，道绍犹龙；三隐之师，十洲之筏。大悲大愿，大慈大仁，至玄至妙，至清至灵，圆峤外史，文终广智先生，大江西派祖师，敕封善教真人。

# 道窍谈

长乙山人李涵虚先生　著

## 第一章　箴诸友书

深宵打坐，清静自然。绳床竹榻间，五更盘膝。坐已复起，悠然自得，乃即所得者，挑灯书之，为诸友言曰：夜来气清，息调神住。如其调而调之，即不蹈夫顽空；如其住而住之，又不类夫执着。斯时也，不忘不助，若忘若存。寂寂惺惺，圆圆明明。水自然清，火自然生，神自然交，气自然会，风自然正，车自然行，抽自然抽，进自然进，添自然添，退自然退。惟其神妙独得，故尔操纵如心，昏沉自然去也，散乱自然归也。能弗快活欤？

夫避灯而攒渴睡，吾不得而见也，在公等之自持也；摇几而作醒状，吾不敢与闻也，在公等之自信也；闭目而多思虑，吾不得而知也，在公等之自除也。当清夜而昏沉者，是不勤于此功；当清夜而散乱者，是不专于此功也。不勤、不专，是负祖师之厚望矣。

吾道至妙玄，犯此病者，尚其改旃。

## 第二章　开关问答

有友数人焉，问于团阳子曰："足下谈元，可谓清真浅显，开入门之孔窍者也。但不识孙、陶一派有云'开关展窍，当在筑基之前'者，而潜虚翁则以为'古仙垂语，绝口不言，而今乃有之'。又云：'蛇足不添，骏骨无价，大道之厄，斯人为之。'若以开关展窍为可鄙者，君与同师，乞道其故也。"

团阳子曰："吁！潜虚所言者，非鄙之也。盖叹斯人不幸，而失其先天清静，致令添此小术也。"

"夫上德无为，不以察求。童子先天未破，可清养而得胎仙，不假返还，奚用通关？故以此为大道之厄，即太上所谓'大道废，有仁义'之喟叹也。然吾侪以度人为功，其所流传者，安得尽属童真？则展窍开关，所以启玄门而辟径路；还元返本，所以资同类而补真身也。中年学道者，只要凝神有法，调息有度，阴跷气萌，摄入鼎内，勿忘勿助。后天气生，再调再烹，真机自动。乘其动而引，不必着力开，而关自开；不必着力展，而窍自展，真气一升于泥丸，于是而河车之路可通。要皆自然而然，乘乎动而又静之际，微微起火，逼过尾闾，逆流天谷，自然炼精化气，灌注三宫。以后复得外来妙药，擒制吾身之真气，令其交凝，使不散乱。然后相亲相恋，如龙养珠，如鸡抱卵，暖气不绝，同落于黄庭之间，结为朱橘，乃曰'内丹'。则初候之功成，延年之妙得，全形之道备矣。"

友闻而喜曰："微子言，盖几迷于向往也。吾侪虽不敏，请退而修之。"

## 第三章　后天集解

从古后天法程，只言筑基、炼己二层，而陶存存先生又言："修道之士，若不开关，遽言筑基、炼己，乃是隔靴搔痒，无益于事。"于是以开关、筑基、得药、炼己四层，分为后天次序。吾恐人之多疑作也，因此以明之曰：古分二条者，后天之大端；今分四层者，后天之节次。以开关辟筑基之路，以得药助筑基之需，以炼己了筑基之事，四端仍然两端，两端仍然一端。古人云："细微节目，非真师不能传，非善人不敢道。"

筑基、炼己，虽非上乘丹法，而其中之节次，且更有不止于陶翁所云者。《参同》云："下德为之，其用不休。"夫不休，则见其节次之多也。所闻异词，所见异词，要在人之会通。而孙教鸾真人云："修身之人，必先用鼎器以开关窍。"又曰："鼎器者，灵父、灵母也。"曷为以鼎器称灵父、灵母？盖以生仙、生佛之父母，不同夫凡父、凡母，故以灵父、灵母名，此后天鼎器也。灵父、灵母，逆来交媾；凡父、凡母，顺去资生。逆来之法，始终不离者也。鼎器立，则神气交；神气交，则积累厚；积累厚，则冲突健；冲突健，则关窍展；关窍展，则逆运之途辟，河车之路通矣。但运河车者，不与开关之事同。开关，乃后天真气；河车，乃后天金水。功夫到河车一步，日日筑基，两无分也。潜虚曰："循环灌注，久久纯熟；气满三田，上下交泰，所谓'常使气冲关节透，自然精满谷神存'也。"

吾常以后天之学，名为养己。人能细览愚言，究其包举之节次，则延年保身之道得也。养己者，何也？《参同契》云："内以养己，安静虚无。"此后天之要言也。己，己性也，即元神也；内，内境也，即虚无也。虚无之内，常静常安，安而后能虑，静而后能应。[①]

然欲静其神，必须调息有度。一呼一吸，名曰一息。须顺其自然，勿听其自然。《庄子》曰："真人之息以踵。"踵也者，相接不断，绵绵若存也。气彻涌泉，往来不绝。吾师云："以内息踵外息，以外息踵内息，以息息踵息息。"此即以"踵"之妙也。内呼则外吸，内吸则外呼，内外两息，反正相生，开阖有度，却有自然妙趣，不待强为。古人云："若问筑基下手，先明橐籥玄关。"知内息，即知橐籥也。丹家云："呼不出喉，吸归于蒂。"言内息也。若言口鼻呼吸，安能使之不出乎？

息既调矣，又须凝神。凝神者，寂然不动，内照形躯也。但此凝神、调息，却非两橛功夫。调息则神归，神归则觉照，觉照则气生，气生则静摄于内。金鼎日充，元黄交媾，真气冲心，引至尾闾，一撞三关，牛女路开，银河可挽。

然而养己之道，却甚多矣。养己包调息，包凝神，包聚气，包冲关，而更包筑基、炼己之事。上阳云："宝精裕气，养己也。对境忘情，炼己也。"养己，为炼己之内助；炼己，除养己之外缘。炼己而不养己，则丹基难成。养己而不炼己，则汞性难固。合而言之，养己与炼己，皆一道也。

然欲养我己汞，必用彼家真铅，乃后天中之先天，后天中之金水，有气无质时也。真铅初生之始，郁蒸乎两肾之间，即起河车以炼，循尾闾而上天谷，倾甘露而归黄庭，洒濯三宫，将铅制汞。气化液而退阴符，则流珠之不走也。液化气而进阳火，则河车之又起矣。而且炼性修心，外除尘扰，大隐市廛，和光混俗，则身心两定，内汞坚凝。然后求八两之先天，配我半斤之后天，而还丹可问也已。

---

①《礼记·大学》："知止而后有定，定而后能静，静而后能安，安而后能虑，虑而后能得。物有本末，事有终始。知所先后，则近道矣。"

## 第四章　筑基炼己

筑基、炼己之道，是二是一。然有小筑基、大筑基，外炼己、内炼己，人亦不可不知也。

小筑基者何？摄元阳而入内鼎，胎息绵绵，然后生后天之药，而行玉炼之功。此孙、陶一派所谓"筑基既毕，乃敢得药。内药既凝，乃敢炼己"者也。

大筑基者何？养灵珠而生外铅，金水溶溶，勤行周天之妙，而完尽性之功。此《集解》一篇所谓"以开关辟筑基之路，以得药助筑基之需，以炼己了筑基之事"者也。

内炼己者，河车之事，玉液之功，即《参同契》"内以养己"之论也。

外炼己者，万象皆空，一尘不染，即古人"对境忘情"之旨也。

要之，内炼是大筑基，大筑基即是养己。养己仍助内炼，内炼仍须外炼。一切丹经，三五错综，词虽异而事则同。吾故曰："筑基、炼己，是一是二也。"幸学者善为会之。

## 第五章　养己炼己

愚前有言："养己为炼己之内助，炼己除养己之外扰。"盖姑分言之，使人易晓，非谓其不相同也，然亦有不同者。

外炼己，从对境炼之，实与内炼己不同，即与外养己不同。何也？

外炼己者，炼己心而使之定。心定则身定，身定则色欲不能摇，财利不能眩，然后真汞能存，丹基可固。

若夫内炼己，则又与内养己有相同也。丹经炼己者，烹汞成砂也。陶翁云："炼己者，非徒空炼也。"上阳云："修丹容易，炼己最难。"己者，己汞真火。必先炼此真火，降此真龙，从我驱用，使无奔蹶，然后可以制伏白虎，而得至宝之真金，是炼己原有功夫也。

夫有功夫之炼己，即是内炼己，即是内养己也。

内炼己者，将彼家之铅，炼我家之汞也，使其相克相生也。

内养己者，亦用彼家之铅，养我家之汞，使其相资相守也。

故有相同之义云。

## 第六章　养己炼己

（篇内改筑基为养己，名异而实同。）

养己与炼己，功夫自是一串。养己者，宝精裕气，即筑基也。炼己者，对境忘情，即了性也。炼己必先养己，养己其炼己先资乎？

夫以精气为培养，己土益增其坚厚。基字，所以从"其土"也。故筑基，即是养己。

夫以情境为磨炼，己心益明而不死。性字，所以从"心生"也。故了性，必先炼己。

第养己虽要精气，而"精从内守，气自外来"。坚其守者，必用己；候其来者，必用己。

养己之道，又须安静为功也。吾为养己者，分出两条：自养一条，相养一条。相养者，精气也。自养者，安静也。炼己者虽在情境，而情从内淡，境从外空。淡然自得者，己必有所乐。空然无累者，己必有所持。

炼己之道，又须动静兼修也。吾为炼己者，分出两件：内炼一件，外炼一件。外炼者，和光混俗也。内炼者，烹汞成砂也。

偈曰：欲识修真正路，先行两段功夫。发明养己炼己，使人好看仙书。

《经》云："内心宜活，外心宜死。"然欲活其内心，必须内以养己。然欲死其外心，必须外以炼己。此吾之所以发明内养己、外炼己也。

## 第七章　后天次序

初基以后天为妙用，然有可用之后天，即有不可用之后天。夫不可用之后天，并不得以后天名之，以其至阴至浊，不足道也。今悉从可用者，依次言之。

第一曰后天，第二曰后天中之先天，第三曰先天，第四曰先天中之先天。

后天者，阴跻之气，生人之根，乍动为元精者也。学人敲竹唤来，入于内鼎，自然炼精化气而开关窍。此气冲五脏，薰百骸，萦绕脉络，仍归丹田。

凝神调息，静候动机。机动籁鸣，一缕直上，是为后天中先天。采之以剑，调之以琴，运之以河车，封之于黄庭，此即玉液炼己之功也。

久久纯熟，身心牢固，然后入室临炉，而求先天。这先天，乃是元始祖气。先把真阴、真阳同类有情之物，各重八两，立为炉鼎。假此炉鼎之真气，设为法象，运动周星，诱彼先天出来，即刻擒之。不越半刻时辰，结成一粒，附在鼎中，是为铅母，号曰外丹。

先天中之先天者，铅中产阳，簾帏光透，采此自真之阳气，擒伏己身之精气，所谓"金来归性初，乃得称还丹"也。以后温养固济，日运阴符、阳火，抚之育之，乃化为金液之质，吞归五内，是名金液还丹。服食之后，结成圣胎。

十月功完，阳神出现，五行难管，位号真仙矣。再图向上，面壁九年，谓之炼神还虚。面壁者，目中如万仞当前、红尘不到，并非面墙枯坐也。九年者，九转也。九转功深，千百亿化身也。

## 第八章　内外二药

内药者，了性之用；外药者，了命[①]之需。

学人尽性至命，必先修内药，以及外药，这内药是半斤汞，这外药是八两铅。又必先采外药，以擒内药，这外药是肾中气，这内药是心中精。后天事，毕于此矣。

至于将性立命，必先资内药，以种外药，这内药是硃里汞，这外药是水中铅。又必先修外药，以及内药，这外药是丹母气，这内药是圣人胎。先天事，毕于斯矣。

然要知内外两用，何者为药？何者为丹？内丹者，真汞也，己土也，归于离之门，久则烹之为妙灵砂。外丹者，真铅也，戊土也，藏于坎之户，久则现为美金华。

---

① "命"，底本作"品"，校者改。

欲结内丹者，必先以铅制汞。此铅非还丹之铅，彼家之真火也。

欲炼外丹者，必先以汞迎铅。其铅非结丹之铅，先天之一气也。

故结丹与还丹不同。结者，凝也。取他家之气，凝我家之气，造化在后天鼎中，不离周天火候，乃可成功。还者，复也。采兑宫之金，复乾宫之金，造化在先天鼎中，须合同类阴阳，始得成就。

结丹完内丹，还丹用外丹。内丹，为阴丹，汞本阳中阴也。外丹，为阳丹，铅则阴中阳也。地元为外丹，济施之功，皆切于人也。人元为内丹，性命之理，皆切于己也。

更有当知者，内丹为内药，而金液还丹，亦名内药，因其造化在内也。外丹为外药，而金丹亦名外药，因其造化在外也。此大丹之兼乎内外者也。

又有须知者，外丹为外药，乃有未成丹而称为外药者。大坎离交，河车转运，化气为液，下降黄房，亦名外药，然未成丹也。内丹为内药，乃有未成丹而亦称为内药者。筑先天基，绛宫化液，流归元海，液仍化气，亦名内药，然未成丹也。此清静功之兼乎内外者也。

丹药分际，备载于此，为学者告。


## 第九章　药物相类

先天、后天之学，其药物层次，颇有相类者，特大小之不同耳。今举相类者言之。

后天坎离，所以筑丹基。先天坎离，所以立丹基也。

后天铅汞，所以结小丹。先天铅汞，所以还大丹也。

三年炼己，所以了其性。九年面壁，所以了其命。

后天坎离者，元神、元气交媾，而筑丹基，生小药也。

先天坎离者，真阴、真阳交媾，而立丹基（即丹母），生大药也。

后天铅汞者，"金鼎烹来生药物"，药物，即外铅也；"河车转运制流珠"，流珠，即内汞也。铅汞相拘，而小丹结矣。

先天铅汞者，"同类阴阳成戊土"，戊土，即外铅也；"调停火候合己土"，己土，即内汞也。铅汞相见，而大丹还矣。

小丹烹炼之时，腹里醺醺如醉，复假周天子午，渐采渐凝，乃使铅投汞伏，而成阴砂。

大丹凝合之后，炉中赫赫长红，复假外炉符火，勤增勤减，遂使铅乾汞现，而成阳砂。

炼己了性者，养阴砂也。内则宝精裕气，外则对境忘情，斯能身心两固耳。三年者，"三月不违"[①]之意也。

面壁了命者，养阳砂也。要使形神俱妙，直教粉碎虚空，斯能变化无穷耳。九年者，"九转大还"之意也。

## 第十章　三品互养

《心印经》曰："上药三品，神与气、精。"此修炼之至宝也。其间生生化化，互相资养，特为学者发明之。

行逆修之道，则精化为气，气化为神也。行顺修之道，则神生其气，气生其精也。

问何以逆取？盖自本元走漏，精、气、神皆落于后天，不能求之于我，则必求之于彼。求之于彼，斯逆矣。

精化气者，此精在阴跷，逆入紫府而炼之，乃化为气。

气化神者，此气在阳炉，逆入黄庭而炼之，乃化为神。

夫此逆取之道，虽从精始，而其顺修之道，则从神始。二者有相需之妙，不相悖也。

逆修元精，先要凝神。神凝则气聚，气聚则精生。盖其神气交媾，自然产出天精。此精，乃天一之水，在坎为壬，一名母气，又名外精。

学人以母气培子气，以外精补内精，是为同类施功。子气者，心气也。内精者，心精也。后天培养之学，自外入内，必先修外药，以返内药也。

又有神化精，精化气之理。所谓绛宫化液，流归元海，液仍化气，后转河车者是也。

更有气生精，精生神之理。所谓"白云上朝，甘露下降"，抽出坎阳，去补离阴是也。

---

[①]《论语》：子曰："回也，其心三月不违仁，其余则日月至焉而已矣。"

善夫陶仙之言曰："知内不知外，无以通关窍。收外不收内，无以固根源。"人能体此，则知精、气、神，互相资养之妙也。

## 第十一章　炼功五关

丹法以炼精、炼气、炼神，分为三关。然穷其修炼，实有不止于三者，层次不全，则有躐等之患也。今试论之。

首关炼精，必用鼎器。合元黄以交媾，化金乌而上飞，则精化气也。

次关炼气，必明子午。抽出坎中之阳，去补离中之阴，则气化神也。化气、化神，筑基与还丹，皆有这样法功，特其药物、炉鼎，大小不同耳。

至于炼神之道，则有三关：一则炼神了性，一则炼神了命，一则炼神还虚。

炼神了性者，玉液炼己之道也。铅来伏汞，结成丹基。内有真火，绵绵不绝；外有子午抽添，渐采渐凝，则烹汞而成阴砂矣。

炼神了命者，金液炼形之道也。铅归制汞，结就胎婴。内有真火，赫赫长红；外有阴阳置用，日增日减，则乾汞而成阳砂矣。

炼神还虚者，更上一层，与道合真之事。移神上院，端拱冥心，直要与太虚同体，普照大千世界。如此则法身圆满，舍利交光，分身应用，充周不穷，所谓"子子孙孙，百千万化"。至此而应时立功，则身归三清，道超九祖矣。

## 第十二章　产药层次

药物有三层：始则自无而出有，继则自有而入无，终则由无而产有。

自无出有者，后天铅火也。虽从外边生来，然却无形无质。无形无质，金气初生之时也。

自有入无者，送往西乡也。虽从内边种出，然却至空至虚，坤家洞阳之境也。

由无产有者，同吐兑方也。先天一气，虚无中来。无形生妙形，无质生灵质。二候求之，四候合之，则金丹成，圣胎结，温养毕，阳神现矣。

学人不识"自无出有"与"由无产有"，相悬万万，故为串述以告之。

## 第十三章　药物<sup>①</sup>层次

药有三层：始则取外药，以制内药；继则由内药，以修外药；终则食外药，以合内药。

取外药以制内药者，筑基炼己之事也。此般外药，乃是炼小药，炼精化气时也。

由内药以修外药者，乾坤鼎器之事也。此般内药，乃是真汞播精施种时也。

食外药以合内药者，迎铅制汞，将母见子之事也。此之外药，乃是大药。骤得之而大醉，永得之而长生。调和固济，则为圣胎；温养事毕，则为圣人，大丈夫功成名遂时也。

或问团阳曰："上阳云：'内药了性以结丹，外药了命以还丹。'是学人当先修内药，以及外药也。如何莹蟾子又谓'学道必须从外药起，然后及内药'乎？"

团阳曰："汝盖以后天外药与先天外药，同以外药视之。岂知后天外药，乃在癸先。先天外药，则在癸后。名虽同，而实不同也。执文泥象，不得师诀者之通病耳，故为作三层串述以发明之。"

## 第十四章　丹砂二种

了后天之学，将铅制汞以成砂。此砂，乃七返之宝，至清无瑕，小还丹是也。

了先天之学，抽铅添汞以成砂。此砂，乃九转之至宝，金光罩体，大还丹也。

## 第十五章　神气性命

后天之道，神气也。先天之道，性命也。性命、神气，相似而实相悬，所以《入药镜》云："是性命，非神气。水乡铅，只一味。"此言甚可玩也。

---

① 物，底本作"无"，校者改。

学人知此分际，当以神气了后天，而以性命了先天。是何也？性所命者曰性命，两件原是一件，此立命之心法也。《悟真》云："异名同出少人知，两者玄玄是要机。"盖以命为异名，而以性为同出；以铅为异名，而以汞为同出，故"水乡铅，只一味"也。只一味者，一味铅，本于一味汞也。

《道德经》云："无欲以观其妙，有欲以观其窍。"观妙、观窍，玄玄之机。人当至静，无欲以观其妙，是乃定性之功。及乎时至机动，元始真一之气，自虚无来者，实有窍焉。夫两者虽有异名，而皆本于太极，是其同出者也。于其无者以观妙，已得一玄；于其有者而观窍，又得一玄。玄之又玄，性在是，而命在是也。

夫性者本乎天命，而命也本乎尽性。天以气成物，而理亦赋焉，是由命以与人性，故曰"天命之谓性"也。人以理造物，而气始生焉，是由性以立其命，故曰"尽性以至命"也。

在天则理从气出，在道则气从理出。理从气出者，以气为重焉。此气乃絪缊化醇之气，人得此气而生身，然后理有所寄，故此气为可重也。气从理出者，更以气为重焉。此气乃元始真一之气，阴受阳光，而铅种铅中，又见一阳生，故此气愈可重也。

金液还丹之道，非一铅气不能生成，识者宝之。

## 第十六章　先天直指

先天者，超乎后天之上，最初、最始，为本、为元，盖一炁之尊称也。但此先天之气有三端，先天之名有二义。

二义为何？"先"出于"天"者，一也；"先"原于"天"者，二也。

"先"出于"天"者，比天更早，为生天、生地之先天也。此气包鸿濛之体，初名"太无"，天地未分，先有此气，此其先出于天也，故曰先天。此一端也。

"先"原于"天"者，从天而起，为生人、生物之先天。此气含絪缊之象，潜形太虚，人物未产，先有此气，此其先原于天也，亦曰先天。此二端也。

至于生仙、生佛之先天，合前二义兼有之。此气从虚无中来，称"太乙"，金丹假此而后成，曰祖、曰始、曰含真，可与"先出乎天""先原于天"者，为三相类，故亦号为先天。此三端也。

历圣丹经，或谓生天、生地之先天，生人、生物之先天，无非比喻此生仙、生佛之先天而已。

或有问：生天、生地者？

团阳曰："这个先天，太极生之。《经》所谓'有物混成，先天地生，不知其名，强名曰道'，是也。万象之祖，两大之宗，无体无形，无声无臭。始则杳杳冥冥，五行不到。又复恍恍惚惚，一炁自然。至于清浊判，玄黄别，则乾坤定位，天地分彰矣。"

又有问：生人、生物者？

团阳曰："这个先天，天地主之。一而三，三而一。一者，炁也。三者，精、气、神也。鼓铸群生，不离三一。以言其精，为二五之精。以言其气，为阴阳之气。以言其神，为虚空之神。虚空之神，即与阴阳之气相来往。二五之精，即与阴阳之气共生成。其气灵，灵故神。其气妙，妙故精。上蟠下际者，气也，而天地之精神在其内矣。人得此气而受生，即为天元之气。但此气有清有浊，有刚有柔。得其刚者，为男；得其柔者，为女。得其清者，为智；得其浊者，为愚。父母未交以前，此气存于于穆。父母施受之际，此气降于厥初。迨其精血混融，胎元完具，而此气已浑然在胞矣。此时无神，以气为神；此时无精，以气为精。气肫而包固，即精神也。然此乃元气、元精、元神，为人受生之先天。童子逢师得诀，守此清修，亦可希无为天仙。又有真气、真神、真精，为我修丹之先天者。学者不识真机，无从下手，何以觅其至宝？今夫先天者，见之不可用，用之不可见，乃丹士致虚守静，借假修真，从无产有者也。斯时也，三二一之道，分合自然。神为不神之神，精为至精之精，气为真一之气，三也。不神之神，神乎其神，龙性是也；至精之精，精而又精，虎情是也，二也。至于真一之气，乃是了命真铅，即合龙虎性情，打成一片，号为丹母者也，一也。得此真一而饵之，三尸五贼皆逃遁，六六宫中尽是春，夫岂受生之气、精、神所可同哉？又岂后天之气、精、神所敢跂哉？后天者，呼吸之气、思虑之神、交感之精，三物可闻可见，可测可推，生身以后之用也，故曰后天。夫人在胞胎时，只有一点元气，并无呼吸之气。及至十月胎全，脱离母腹，遂假口鼻之窍，外纳天地之和，此呼吸气之所由来也。于是而思虑之神，亦缘此气而进，借家为寓，夺舍而居。此神，乃历劫轮回种子，生时先来，死时先去，弃旧图新，毫无休息者。赤子下地而先哭，盖亦默著其轮回之苦也。迨其抚养渐成，识神用事，情欲缠扰，元气日亡，并使呼吸之气刻无停息，亦何惨也！更有后天之精者，生不带来，死不带去，只因身中元气渐充渐满，推而至于十五岁后，阳极阴生，阴长阳消，遂令浑沦之气，化为交感之精。交感者，有交有感则有精，无交无感亦无精。此精，乃欲念所逼，气血所化者也。更有梦感、梦交而遗其精者，必是气血不固，肾窍难留也。此交感之精。吾愿学道之士，只取先天，不取后天，则上药可得矣。即或筑基炼己，不敢骤寻极品，亦必炼元精而化元气，炼元气而产真铅，以为后天之先天，以足半斤之后天，则亦可求此无上之先天也。"

# 第十七章　神气精论

《心印经》曰："上药三品，神与气精。"此修丹之妙物也。愿其最上者，元神、元气与元精，真精、真气与真神。元者何？先天也。真者何？亦先天也。先天之元，生于皇降，童子之天元是也。先天之真，成于大道，我辈之人元是也。不得天元而修之，必也人元乎？

或问："天元如此其重，请即天元而言之。"

团阳子曰："天地以阴阳五行，化生万物，气以成形，而理亦赋焉。生人之气，元气也。父母未交以前，此气存于于穆。父母施受之际，此气降于厥初。儒所谓'天生蒸民，有物有则'，盖指此也。此气甚灵，灵则有神，神即为元神。此气甚清，清则至精，精即为元精。胚胎未生之前，其中只有元气，而无后天呼吸之气。及至十月形全，宛存口鼻，乃随阿母之呼吸，外纳天地之太和，并使轮回阴神，缘此呼吸而进，则后天之神气两全，即时哇然坠地也。幸而口不能言，目不能笑，无知无识，元气浑沦，不虑不思，阴神无用。元气以元神得以相资而养，迨至二八之年，神完气足，阳极阴生，遂变出后天交感之精，而欲火蓬蓬，阴神肆志矣。故童真上德，有缘遇师，即将天元之体，清静修持，可作无为天仙。若等后天用事，则先天退位矣。"

或者谓："天元之易修如此，何不举童子而入山证果，即童子而即神仙乎？"

曰："善哉问！天地生人，所以立天之道，行天之德。故当内守成真者，不妨外出成人，以广大其造化。否则仙道虽盛，人道必微也。故于顺生人之后，重与逆生仙之方，此人元大道，所以曲成万物而不遗，范围天地而不过者也。只要人识得这精、气、神耳。"

或问："元神与真神，若何？"

曰："元神者，浑浑噩噩。真神者，明明朗朗。一隐混沌而无光，一经煅炼而有用。儒以'静安能虑得'[①]，释以行深大般若[②]，道以泰定生智慧[③]，此真神之妙也。以此言之，元神是无知无识，识神是多知多识，真神是圆知圆识。故童子犹有清修，凡夫必加静炼，乃克企乎至人之真神也。"

或又问："元精与真精，若何？"

曰："元精在我家，真精在彼家。其在我家者，绛宫浑然之气，积久而生灵液者是也。其在彼家者，华池壮盛之气，《悟真》所称'首经'者是也。八月十五，金气足而水潮生，正合二分真信。学人识得此精，一口吸来，霎时天仙有分，非凡物也。"

或又问："元气与真气，若何？"

曰："元气者，童子得之于天，所谓成形之气，随年加长者也。若夫真气则不然。先天元始之祖，自虚无内生来，要得真师口诀，先设乾坤鼎器，调和真龙、真虎，打合真阴、真阳，半个时辰，结为铅母。铅中产阳，乃为真气。故天以元气生人物，而道以真气生仙佛。人元炼气之法，有夺天地造化者，非容易也。"

或闻团阳子，人元炼气，夺天地造化之论，遂起问："天元与人元，若何？"

团阳曰："居，吾语汝。天命之谓性，理从气出，天元也。尽性以至命，气从理出，人元也。上德无为，不以察求，清静之功也，曰天元。下德为

---

① 《礼记·大学》："大学之道，在明明德，在亲民，在止于至善。知止而后有定，定而后能静，静而后能安，安而后能虑，虑而后能得。物有本末，事有终始。知所先后，则近道矣。"

② 般若，佛教术语，意为"终极智慧""辨识智慧"。

③ 《庄子·庚桑楚》："宇泰定者，发乎天光。"成玄英疏："且德宇安泰而静定者，其发心照物，由乎自然之智光。"

之，其用不休，返还之道也，曰人元。上德之士，得天甚厚，然犹有清静修持。必将元气、元神，炼为至清至虚，化为正等正觉，乃克尽乎天元之理。是天元，非上德现成之事也。其以上德为天元者，以其故我无亏，自与天元相近耳。下德之士，得人最多，故先有还返妙谛。必将阴丹、阳丹，打成一团、一片，炼入太无、太虚，乃克全乎人元之道。是人元，非下德现成之体也。其以下德为人元者，以其自他有耀，故号人元之术耳。上德本体，性命双赋。下德妙用，性命双全。而要以一气为陶铸，是故人得元始真一之气以成仙，即如天施阴阳、五行之气以成人。丹道所以夺天地之造化者，以天道同也。"

## 第十八章　精气神再论

上德之体，精、气、神，皆称为"元"。盖得于天者甚厚，不必求之彼家也，故曰天元。

下德之事，精、气、神，皆名曰"真"。盖取于人者甚多，不能求之我家也，故曰人元。

然此人元下手，亦有采元之妙谛，求元之秘机。是故以人还天者，采元精而补元气，炼元气而养元神，炼元神以成真神，则后天之事毕矣。即真神以生真气，即真气以求真精，夺真精以成真铅，则先天之事毕矣。到得返本还元，抱元守一，直与上德之事，大相同也。

修下德而不造无为之境，抱上德而不究无为之玄，皆不能服食天元，位证天仙也。

## 第十九章　性命顺逆

性命之理，有顺有逆。顺成之性命得之天，以一兼二。逆成之性命造乎人，以一合二。

以一兼二者，即气以赋理，气理合而性命浑全。以一合二者，举水以灭火，水火交，而性命长在。

天命之谓性，命中有性焉，顺成也。孟子以形色为天性，盖其所命者，有是形，即有是性。良知、良能，皆于所命之形体寄之。

尽性以至命，性中造命焉，逆成也。至人以神火种命宝，盖其所性者，有是神，乃有是命。于感、于召，皆于所性之神光为之。

今而知上德清静，守其顺成之道，而结仙胎，即天以全人也。并可知下德返还，修其逆成之道，而结圣胎，又尽人而合天也。学道者其知之。

## 第二十章　玄关一窍

玄关一窍，自虚无中生。不居于五脏六腑，肢体间无论也。

今以其名而言：此关为玄妙机关，故曰"玄关"。此窍为万法归一之地，有独无对，故曰"一窍"。一言以备之，曰"中"是也。"中"在上下之中，亦不在上下之中，有死、有活故也。

何谓死？以黄庭、炁穴、丹田为此"中"，就是死的。

何谓活？以凝神聚炁，现出此"中"，就是活的。

以死的论，就叫做黄庭、炁穴、丹田。

以活的论，乃算做玄关一窍，故曰"自虚无中生"。

真机直露，得者秘之。

## 第二十一章　玄关再说

玄关者，神气交媾之灵光。

初见玄关，明灭无定。初入玄关，惝恍无凭，以其神气乍合，未能固结也。

到得交抱纯熟，死心不离，始识玄关之中，人我皆忘，鬼神莫测（离此不能躲无常），浑浑纯纯，兀兀腾腾，此中玄妙，变化万端，不可名状，无怪其名之多也。各人所见不同，各因所见而字，各就所用而号。

古仙师秘而不言，都要摩顶受戒，乃有传述。即有所谕，不过曰"非心、非肾"而已。吾谓其并非黄庭、炁穴、丹田也。

今再说破，识者秘之。

## 第二十二章　两孔穴法

丹家有一穴，一穴有两孔。空其中，而窍其两端，故称为两孔穴。师所传"口对口，窍对窍"者，即此境界也。为任督交合之地，阴阳交会之所，乌兔往来之乡。

一穴两孔，其中有作为之法，此法最玄玄也。《参同》曰："上闭则称有，下闭则称无。无者以奉上，上有神德居。此两孔穴法，金气亦相须。"斯数语者，即尽为之之法也。

上下者，天地也。闭者，冥合也。有无者，妙窍也。称者，名状也。一上一下，皆藏于此穴之间。若有、若无，咸在乎此穴之内。

当其致虚守静，天地冥合之时，有以观其窍，虚无之窍，不可名而可名，故称"有"，所谓"窈冥有精，其中有信"者也；无以观其妙，妙有之物，可状而不可状，故称"无"，所谓"其中有物，归无物"者也。

无者以奉上，非是空空回复，乃是先天真铅，《老子》所谓"无状之状，无象之象。迎之不见其首，随之不见其后"者也。丹法以无奉上，即是将"无"还"有"。其所谓"奉"者，是谁敬奉？是谁相奉？神德恭居，其气自还，还即奉也，只怕上无神德耳。上，即黄庭之上；德，即谦柔之德。《契》所谓"反者道之验，弱者德之柄"也。致虚用道，求铅用德。德有为，而道无为，不可不知其法也。

两孔者，玄牝之门也，为金丹化生之所。人于一穴两孔中，知行追摄之法，则两门皆开。夫而后金来归性，可称还丹也，故曰"金气亦相须"云云。相须者，相须此摄法也。

## 第二十三章　玄牝根基

修玄之士，无论大丹、小丹，均宜静养谷神，立其根本。

谷神者，先天虚灵之称，吾人元性是也。养于何处？玄牝尚焉。上阳云："玄牝乃二物，若无此二物，又安有万物哉？"盖以玄，天也；牝，地也，已见《易》之首卦矣。可知玄牝一窍，实为生生化化之源。入道者，可不寻此生化之源哉？夫此生化之源，即是玄牝之窍也。

或引老君之言曰："谷神不死，是谓玄牝。"若又以谷神为玄牝者，何也？

答曰：假虚无之玄牝，养虚无之谷神，故以"谷神"之名名"玄牝"。此因用所名之义。而且更有说者：《金丹四百字》云："此窍非凡窍，乾坤共合成。名为神炁穴，内有坎离精。"则玄牝不但养神，而并以养气也。今夫神气交而玄牝现，故当凝神聚气，二物交融，乃能结成乾坤圈子。此其中有颠倒之用焉，何则？自上凝下者，神也。以其玄天之尊体，而行牝地之卑躬，则上下交泰，气神和合也。《道德经》云："天下之交，天下之牝。"盖此窍当中，故曰"天下之交"；中有柔道，故曰"天下之牝"。言牝道，而玄道亦在内，故曰玄牝。玄牝者，一乾一坤、一刚一柔也。不如是，则神健、气健，反相敌而反相离。故谓以男下女，以神下气，颠倒相俱，阴阳相媾，斯神与气会，而根基立焉。否则神自神而气自气，气自气而神自神。神不得气，则无补神之物也。气不归神，则无养神之用也。欲令元神长在，其可得乎？而且神住绛宫，则绛宫为布政之明堂，知识见闻皆扰之，惟凝于黄庭，而后声籁绝，念虑除，此亦不无清养也。故《悟真》云："要得谷神长不死，须凭玄牝立根基。真精既返黄金室，一颗明珠永不离。"谷神者，至虚至灵之汞性。真精者，至清至嫩之铅情。根基者，以汞迎铅，造就金丹之地也。黄金室，黄房也。以其为还金之地，故曰黄金室也。金铅木汞交并，方成一颗明珠。明珠者，一颗金丹，大如黍珠也。"金来归性初，乃得称还丹。"一得永得，故曰"永不离"也。尝谓紫阳此诗，直明千古真诀，先天、后天皆宜之。愚所解者，先天也。即以后天论，亦须先求玄牝，乃可筑其丹基焉。盖谷神凭此而立，则真精亦凭此而返。以玄牝养谷神，以谷神养真精。神得精而培元，精得神而化气。《参同》云："内以养己，安静虚无。"又曰："性主处内，立置鄞鄂。"可知修身之要，必先以静养谷神作根基矣。

## 第二十四章　中字直指

《道德经》云："多言数穷，不如守中。"识得这"中"，即是圣贤仙佛种子，否则修道无地，一举足而即落魔坑。

中者何？玄关是也。《参同》云"运移不失中""浮游守规中"，皆指此也。陶仙云："中非四维上下之中，儒曰喜、怒、哀、乐之未发；道曰念头不动处为玄牝；释曰不思善、不思恶，正恁么时，那个是本来面目，乃是真中也。"中境，妙自养己凝神，入室还丹，以至脱胎神化，无不在是。故初入道者，即要识得这"中"，乃有登进之路。

在昔文始天尊，问道于太上曰："修身至要，载在何章？"太上曰："在于'深根固蒂，守中抱一'而已。"今即其言，试述之。

学人下手之初，务要牢持筋骨，力战睡魔，塞兑垂簾，离诸妄想，回光返照乎三穴。三穴者，黄庭、炁海、丹田也。然虽返照三穴，又要不执意于三穴，亦不驰意于三穴。夫而后神安其内，息任天然，浑乎俱忘，杳无朕兆。《经》所谓"无欲以观其妙"者，正此时也。致虚守静之际，神凝气合之时，不意有一境，忽从规中化出，其大无外，其小无内，则玄关现象矣。《经》所谓"有欲以观其窍"者，又此时也。

再考之《契》云："上闭则称有，下闭则称无。"窃谓：此"上、下"二字，都在"中"字之里潜藏。阴阳来往于其内，坎离升降于其间，合上下而入乎其中矣。是故上者而下闭，则管括微密，而太虚之中，元气独运，故称"无"，此亦观妙之旨也。下者而上闭，则隐藏未见。然杳冥有精，其中有信，故称"有"，此亦观窍之旨也。上闭、下闭，皆归于玄牝之内；无欲、有欲，尽存乎玄微之间。是故玄关一窍，有称为"有无妙窍"者，有称为"上下釜"者，有称为"阴阳鼎"者，有称为"神气穴"者，皆由此也，皆统于一"中"而已矣。

师评曰：学道学道，先要得妙。不得其妙，难窥其窍。

欲窥其窍，还须闻道。某与团阳，闲观一笑。

## 第二十五章　药物直陈

药物者何？上阳云："此药自物中来故也。"

夫药有小药、大药，道分先天、后天。后天则小药，结丹用之。先天则大药，还丹用之。后天，则无形无质而实有；先天，则有体有用而实无。

后天真铅，弃癸取壬，阴中藏阳，以无生有也。《悟真》曰："三元八卦岂离壬？"三元者，精、气、神之三元也。壬为天一所生，居子之先，为一阳之元。盖壬癸皆居坎北，水属阴，壬水则阴中之阳，癸水则阴中之阴。又，壬癸为干，亥子为支，欲求真铅者，必以天干为准，地支次之，天先乎地也。要之，壬也者，只是个最初之义，无思无虑之始，动而仍静之先。子则有知、有觉之时，静而向动之际也。癸阴不用，而亥未脱阴，亦不用也。求小药之法，在此时也。

先天则不然，"产在坤，种在乾"，以有生无，以我求彼。盖乾金入坤，曰"坤中金"。坤实成坎，曰"水中金"。坎居北方，兑在西方为邻，故寄居于兑，名曰"兑金"。欲求此金者，不求于乾，不求于坤，直求于兑可也。不求于乾者，乾方播种也。不求于坤者，坤方含元也。不求于坎者，坎虽有阳，尚藏于水，未露气机也。直求于兑者，铅中产阳，已现其金，喻初三日"月出庚方"也。故以坎水为川源，兑金为药物，非真有乾坤、坎兑列吾身中也，无非是"以有生无，以我求彼"焉耳。我运一点阴火之精，种在彼家之内，遂生铅中之阳。阳气一动，采取归来，又种在我家胚胎宫里，而成真人。《悟真》云"依他坤位生成体，种在乾家交感宫"，是也。"种在乾家"之"种"，是初播种；"种在我家"之"种"，是养育也。崔、张二翁复起，当以愚解为然也。种铅得铅，其机如此。但其种铅之法，须要在丁、壬先后之间，然后得震、兑代行之效。

吾师口诀，并识于此。内外二药之真机，今已直露。得吾言者，三生有幸，勿轻亵视之。

## 第二十六章　铅汞的辨

心中之神，曰汞性；心中之精，曰汞液。收汞性于黄庭，凝汞液于紫府，是为龙汞，是曰真汞，是号内丹，是名阴丹，是称"后天半斤子"也。

身中之气，曰铅精；身中之精，曰铅华。察铅精于坎宫，采铅华于兑户，是为虎铅，是曰真铅，是号外丹，是名阳丹，是称"先天八两母"也。

## 第二十七章　鼎器直说

丹法以乾坤为鼎器，以坎离为药物。取坎填离，金始还焉。盖坤形六断，其体本虚，地势极阴之中，有一阳来复。乾形三连，其体皆实，天势盛阳之内，有一阴乍生。天地间，实者不能容物，而虚者能受，故假坤之虚以藏其实，而以乾之实先投其虚，法功如此。

又要知金之转移，乃能分药之老嫩。盖自先天乾金，隐居坤位，此时阴中含阳，虽似坎中有一，而水底潜形，秘而未露。迨至水中金现，有如兑西月出，方为可用之金。而采以一符之顷，此正有气无质之时也。取于兑，犹之取于坎；产于兑，犹之产于坤。然非乾父之精光，不能产此大药也。饶他为主，我反为宾。欲他上浮，我却下沉。宾主浮沉，皆在鼎中作用，然后知鼎器之设，妙在乎空耳。

陶真人云："鼎器之中，本来无物。二七之期，感触乾父精光，而阳气始动。乾鼎中，亦本来无物，采取之时，吸受坤母阳铅，而金丹始凝，皆是劈空造作出来。其曰鼎器者，不过假此以作盛物之器也。"其言最妙，故识于此。

## 第二十八章　乾坤离坎

先天是乾坤，后天是坎离。然先天有乾坤，兼有坎离。后天有坎离，复有乾坤。其故何也？

先天是乾坤者，童真元阳未破，内具乾象而阳固，外具坤象而阴固，故名先天乾坤也。

后天是坎离者，中岁元阳已走，坤包乾阳而坎成，乾包坤阴而离成，故名后天坎离也。

先天有乾坤，兼有坎离者，盖以乾坤为鼎器，坎离为药物也。

后天有坎离，复有乾坤者，盖以得坎离为妙用，还乾坤之本体也。

更有当知者：后天炼己之物，又名先天坎离，言其取坎填离，得成玉液还丹也。先天还元之物，亦名先天坎离，言其取坎化离，得生金液还丹也。先天、后天之取坎，皆名先天，特有他家来，我家种之别耳。

愚按：先天乾坤，即是天元药物，犹后天坎离，乃是人元药物也。童子得诀逢师，坐守乾坤而成道。至落于后天，则乾坤更名鼎器也。

## 第二十九章　采炼妙用

采炼者，采彼家阳铅，炼我家子珠之气也。阳铅即地魄，以其藏于外边至阴之中，故曰地魄。炼己时得之，则可以制我家汞性，而使之成砂。《悟真》云："但将地魄擒砂汞。"只要人会采、会炼耳。

云何采？采以不采之采。

云何炼？炼以不炼之炼。

何谓不采之采？龙闲虎静，守雌不雄。建子之月，其气始升，神即随其升而逆入鼎内，就便引来，所谓"不采之采"也。

何谓不炼之炼？彼在我家，即药是火，相融之久，其阴自化。阳即因之而长，积在炉中，自然运化，故曰"不炼之炼"也。

但其间须要凝神以待，乃能采之。调息以守，乃能炼之。精尽化气，腹内充实，而内丹可结矣。

## 第三十章　真心论

金丹之道，贵得真神、真气、真精，而后能成造化。然不用其真心，亦不能得此真神、真气、真精也。真心者，识念未起之前，人欲未交之会，阴气未染之萌也。

修身妙道，全在定静中下手。学人炼己未纯，惟有此着功夫，稍能济事，兵家所谓"出其不意，攻其无备时"也。

当心地偶清之际，吾则闭塞三宝，凝神调息，内想不出，外想不入。此时欲念未发，有功即效，乘识神之未用，而可以见其真神矣；乘浊气之未扰，而可以养其真气矣；乘淫精之未播，而可以待其真精矣。一心专向，致虚极而守静笃，并可以认其玄关矣。此性命双修之第一义也。真心之用，岂不妙哉？

如待有事物交接、人我应酬、笑言饮食之念，触动心机，而乃从而克制之，则内心浮动，杂念已生，吾止之而即止，幸也。苟或止之而复起，麾之而又来，愈逐愈多，如逢劲敌，闭目作天人之战，抚衷为糜烂之场，心败矣。可奈何？

大抵初基之士，比不得尘缘久淡、对境忘情之人。顿悟虚空者，固称上智。渐悟了性者，亦非下流。学人只觅真心下手，虽炼己未到，亦可觅静入门，总要遇而勿失耳。其真心，或在平旦，或在晚间，或散于十二时中，自领之而自取之可也。

是说也，其名似创，而实未创，且有便于初学之流，亦与前古丹经融通不悖。苟如此渐造之，时时守其真，日日抱其真，无时无日，不见其真，由其渐而及其常，久久纯静，则并举炼己之功而亦包之矣，不更大欤？然则心地偶清明时，正是一派好功课、好光阴、好境界，愿人以一刻千金珍重视之也。

## 第三十一章　心神直说
### （篇中兼言调息之法）

心为一身之主人，神为三品之上药。惟心与神，是二是一，不可不辨也。

老君曰："夫人神好清，而心扰之。人心好静，而欲牵之。故常遣其欲，而心自静。澄其心，而神自清。"陆潜虚曰："调息之法，自调心始。凝神之法，自调息始。"此圣贤仙佛之梯航，吾人入德之门径也。

下手学道者，必须摄念归静，行、住、坐、卧，皆在腔子里，则守静始能笃也。

盖有念为妄心，无念为真心。人能收念于平日，而还其所止之地，乃能专心于临时，而坚其入定之基。圣人云"知止而后有定，定而后能静"，是也。心之静者，息亦易调。心愈细，而息愈微也。息调则神归，于是而再安其神，凝于气穴之中。

夫心也，而又曰神。何也？盖心在绛宫，动以纷之则为念，静以收之则为心。即静心而返乎神室，则为神。神也者，无思、无虑，无为之中无不为，无用之中藏大用，此所谓三品之大药也。

凝神之际，务要与息相依，毋以神逐息，毋以神运息。逐息则神散，运息则神摇。只要息息动荡，任其天然，随其自然，斯其神愈觉凝然。迨至静极而动，是神之得乎气机。是气之初破鸿濛，寂然不动，感而遂通。修道之士，乃如是有为也哉！

## 第三十二章　神息妙用

神者，火也；息者，风也。欲识风火玄机，须将神息安顿。

神贵含光默默，息凭真气绵绵，但安其神，不逐于息，有如炉中聚火，箱管抽风，风自扇而火愈红，火愈红而金自化。可见是风来助火，并不是火去追风矣。

但其中尚有机窍，欲令风箱之气专笃而吹，必使风管逼炉，使他从消息中度去，乃能煽起炉焰，火色重青。学人凝神聚气，即是火熔金；息向坎中吹，又即是引管逼炉，助风追火之势也。炉中火发，阳光腾腾，此时神即是气，气即是药，犹之火炼铁红，红铁亦火。琼琯翁所谓"火即药，药即火"者，此也。火药交融，金丹立就。若使息不内吹，徒向喉鼻中播弄，即是管不逼炉矣。不可笑乎？

## 第三十三章　神息再论

息静则神归，凝神之法，固赖调息。神定则息住，调息之法，亦赖乎凝神也。

盖其存神于虚，则内息方有，所以息恋神而住，神依息而留。神息两平，若存若亡，不知神之为息，息之为神也。

风得火而煽，火得风而灼，相维相系，又不知风之为火，火之为风也。功夫纯熟，真有不可以文字形容者。

## 第三十四章　气息妙用

曹元君云："我与诸君说端的，命蒂从来在真息。"

以真息为命蒂，何也？

盖吾人以后天之呼吸，配先天之呼吸，而先天之呼吸，乃是身中真气，被息引动，悠悠来往。斯时也，是息动耶？是气动耶？息动气亦动，两不分明。息中有气也，故曰"真息氤氲"。气中有息也，故曰"真息橐籥"。真息动而真气生，真气来而命蒂生。复命之根，养命之源，护命之宝，诚在乎真息而已。

## 第三十五章　神意妙用

神贵凝，《契》所谓"安静虚无，内照形躯"，是也。神非意，或谓"内照玄关，必用真意"是也。吾闻冲虚云："真意者，虚无中之正觉。"潜虚云："灌注上下，必以元神斡运其间。"元神之斡运，即元神之正觉，不得谓元神即真意也，自有体用之殊耳。盖杳冥无为，静中宰运者"神"；从容大雅，理事不乱者"意"。故神为丹君，意为丹使也。神与意，实有体用之分。既分体用，则二也。用因乎体，故又可以一物视之。

但有进说者：欲培真意，须养元气。真意从静极而生，乃克成吾之妙用。道所谓"常应常静"，儒所谓"安而后能虑"，释所谓"定中生慧"也。

## 第三十六章　神意再论

垂簾打坐之初，神意有不必分者。至于动静交作，则神意分焉。

有时当以神守中宫，而或以意代之，不可也。如致虚、守静、观其复，当其临炉之会是也。

有时当以意守中宫，而或以神将之，不可也。如擒铅、制汞、掌天罡，作媒合之际是也。

何者？神则无为，而意则有为也。神则无为无不为，意则有为有以为。神为意之神，意以神为真元，神主静也。意为神之意，神以意为正觉，意能动也。

欲养元神，须以无念为主，而后能无为无不为。上阳注《参同》云："真人潜深渊，无念以应之。浮游守规中，无念以使之。呼吸相含育，无念以致之。三姓既会合，无念以入之。"无念之用，尚不止此也。

欲运真意，须以炼己为先，而后能有为、有以为。潜虚《就正篇》云："炼己求铅，以己迎之。收火入鼎，以己送之。烹炼沐浴，以己守之。温养脱胎，以己成之。"己土之妙，亦不止此也。

神哉，意哉，直贯金丹之始终，须臾不可离也。其他尚有妙用处，总在学人自参，吾特集诸说，以启其端焉。

## 第三十七章　凝神调息

凝神调息，是下手工夫。凝神者，是收已清之心，而入其内也。心未清时，眼无内闭。先要自劝自勉，收他回来，清凉恬淡，始行收入气穴，乃曰凝神。坐虚无中，不偏不倚，即是凝神于虚。调息不难，心神一静，随息自然，我只守之、顺之，加以神光下照，即是调。调度阴跷之息，与吾心之息，相会于气穴中也。神在气中，默注元海，不交而自交，不接而自接，所谓"隔体神交"也。守其性，不散乱；存其神，不昏沉，故能杳冥恍惚。

## 第三十八章　求玄口诀

心止于脐下，曰凝神。气归于脐下，曰调息。神息相依，守其清静自然，曰勿忘。顺其清静自然，曰勿助。勿忘勿助，以默以柔，息活泼而心自在，则用钻字诀。以虚空为藏心之所，以昏默为息神之乡。三番两次，澄之又澄，忽然心息相忘，神气融合，不觉恍然而阳生矣。

## 第三十九章　炼睡魔说

炼睡魔，必用"勤"字。跑香打坐，精神倒退，此误用其"勤"之过也。善炼睡者，睡而不睡，不睡而睡，功夫自然不断，神气自然加增。熬更守夜，反惹睡魔。《参同契》曰："寝寐常相抱，觉悟候存亡。"能用此诀，自然惺惺不寐。

## 第四十章　交媾论

门人问曰："陆潜虚先师云'交媾乃太上阖秘之旨'，其诀可得闻乎？"

曰："交媾者，至阴之本，杳冥之根也。人能钻入杳冥，方能得成交媾。我劝人，先在虚空中团炼，静之又静，定之又定，无人无我，无无亦无，自然入得杳冥，不交媾而自能交媾，从至阴中生出至阳矣。"

"且交媾之法，先天与后天不同。先天交媾，以性立命。后天交媾，以神合气。故《入药镜》云：'是性命，非神气。水乡铅，只一味。'先天名目，独有一物。后天名目，则分精、神、意、气、魂、魄、性、情。若在先天，只炼出一个，都皆有了，总要从交媾中取出真阳耳。"

"人身五脏，原有部位，不可移动。道家云：'乾坤坎离颠倒。'岂心可移于下，肾可移于上耶？非也。所谓颠倒者，乃心肾中之神气耳。心神俯而下就，肾气仰而上升，神气颠倒，则有形之心肾，亦如颠倒；无形之乾坤，亦皆颠倒。颠倒交施，坤☷中生一阳为坎☵，乾☰中生一阴为离☲。离☲女与坎☵男交施，则如西方之兑☱女，相接东方之震☳男。又将南北移为东西，水火变为金木。金情木性，称为白虎、青龙。龙交虎，如姹投婴；虎交龙，如婴投姹。要之，乃性命二物，命中有性，性中有命，二物乃一物耳。故紫阳先生曰：'震兑非东西，坎离不南北。'人亦可以恍然矣。"

# 第四十一章　养气说一

儒家、道家，养气各有不同。养自然之气，可以得生。养浩然之气，则可生、可死。古来志士仁人，见危授命、杀身成仁之类是也。养之之时，纯是义理之心，充乎宇宙，故孟子曰："其为气也，至大至刚，以直养而无害，则塞乎天地之间，是集义所生者。"道家养气，独葆其真，不必见危而早退，不必杀身而早隐。《易》所谓"见机而作，不俟终日"之君子也。

# 第四十二章　养气说二

道家初功，须养其自然之气。敢问何为自然之气？

曰：易言也，其为气也，至小至柔，以曲养而无害，则聚乎虚空之中，是集精所生者。

## 第四十三章　养气说三

道家还丹，亦是浩然之气。其气得手，亦能见危授命，杀身成仁，古来谓之"刀解"。究竟有神奇莫测处，变化莫解处，异乎儒家。或死之后，他处见之，须眉转少，仙客同游，此乃还丹成就，身外有身者。

## 第四十四章　总说

至人得道，生亦仙，死亦仙，如留形住世、尸解登真之类是也。仁者能静，生亦寿，死亦寿，如曾子全身、颜渊短命之类是也。

道有五失：有浅尝而去者；有浮慕其名者；有始勤终怠者；有心性偏执，未入门墙，妄诋高深者；有资质下愚，唤之不醒，呼之不悟者。

道有三得：有知之者，可为灵人；有好之者，可为真人；有乐之者，可为至人。

# 三车秘旨

涵虚李真人　著

## 入门初步收心法

涵虚曰：养生之道，真息为本。不知调养真息，身中便失命根。曹文逸云："我为诸公说端的，命蒂从来在真息。"诚要言也。

工夫下手，先静心，次缄口，次调息（心静则气平，不调之调为上）。鼻息和平，然后闭目内观，神注肾根之下阴跷一脉（阴囊后，谷道前），如此片时，将心息提上虚无窍内（脐后腰前，心下肾上，中间一带，不可拘执）。停神安息，以自然为主。心太严则炎，务必顺其自然，即文火也。心太散则冷，务必守其自然，即武火也。文火温养，武火烹炼，始终妙用。内息匀称，勿助勿忘。是时也，心如太虚，有息相依则不虚；心如太空，有息相随则不空。不虚不空之间，静而又静，清而又清，一切放下，全体皆忘，心神默默，气息绵绵，皆入于杳冥之中，此之谓"钻杳冥"。杳冥中有气，一神独觉，此乃真息也。真息发现，薰心酥痒，仍要按入腔子里、虚无窍内，积之累之，则命蒂生而阳气自长，乃可展窍，开关运气矣。

三车秘旨。三车者，三件河车也。第一件运气，即小周天，子午运火也；第二件运精，即玉液河车，运水温养也；第三件精气兼运，即大周天，运先天金水，七返九还大丹也。此三者，皆以真神、真意斡乎其中。人能知三车秘谛，则精、气、神三品完全，天、地、人三仙成就。佛云"静演三车"，即此义也。

# 第一河车

运气功夫，所以展窍开关、筑基得药，结丹也。

其中次序，从虚空中涵养真息为始。收心调息，闭目存神。静之又静，清而又清。一切放下，全体皆忘。混混沌沌，杳杳冥冥。

功夫到此，如天之有冬，万物芸芸，各返其根；如日之有夜，刻漏沉沉，各息其心，此无知、无识时也。谁晓得无知、无识之际，才有一阳来复，恰如冬之生春，夜之向曙，蓦地一惊，无烟似有烟，无气似有气，由下丹田，薰至心府，即展窍也。使人如梦初醒之候，外别有景，名曰"活子时"。急起第一河车，采取运行，迟则无形之气，化为有形。此气也，名人元，名后天，又名阳火，故曰"子时进阳火"。

何为进阳火？学人把初醒之心，陡地拨转，移过下鹊桥，即"天罡前一位，誓愿不传"之真诀也。此心，名为天地之心，又名妙心，又名真心，又名真意，又名元神，又名玄关发窍。移至尾闾骨尖两孔中，即开关也。透过腰脊，升上玉枕，钻入泥丸。古仙云："夹脊双关透顶门，修行路径此为真。"即指此也。

愚迷不知运气，就要舌舐上颚，以迎甘露，可笑亦可怜也，皆不得师之过也。岂知运气一道，只是引气入喉。《黄庭》曰："服食玄气以长生。"因此阳火之气紫黑气，名曰玄气耳。服食之法，须要口诀，乃能引入气管，否则走入食喉，从何处立得丹基？须把这阳气，送下气管，至于玄膺，乃化为甘露之水。《黄庭》曰："玄膺气管受精符。"此之谓也。玄膺，亦名玄雍，言人之气，至此雍塞也。俗人不知玄妙，气至泥丸，就想他化为神水，如吞茶汤一般，吾想气管一滴，便叫尔咳而不休矣。盖水者，有形之物，安能入得气管？惟金液灵妙者可入。故《黄庭》曰："出清入玄二气换，子若遇之升天汉。"犹言清气出于丹田，玄气入于玄膺，二气转换云尔。气化为水，洒濯心宫，仍落于虚无窍内。宝之裕之，是为筑基。

筑基既久，积累益深，乃有一个时候，照常静坐。忽于丹田中，突出一物，有声如风雷之响，有色如星电之光，是为后天中先天之药，名曰小药。即按第一河车运之，至于泥丸，始化为液，饵而服之，方得玉液丹头。此得药结丹之始也。

以后工夫，须要绵绵不绝，固蒂深根，乃尽养丹之妙。

## 第二河车

运精工夫，所以抽坎铅，制离汞，炼己性也。

前此运气日久，得了小药，结得丹头。以后绵绵内息，天然自在，固守丹田。

每早晨间，清坐清卧，其丹如一团软绵，升于心府。仍要收回虚中，杳然无影，方不走失。诀曰"神返身中气自回"，正此时也。

怀抱日深，忽然间丹田如春水初生，溶溶漾漾，即守自然之内息，烹之、炼之，其水忽化为热气，由两胯内边，流至涌泉。须要神注两踵，真息随之，此所谓"真人之息以踵"也。

如此片时，涌泉定静，即将心返回尾闾，默默守候。忽觉有物，来尾闾间，似绵陀，似馒首，似气块，沉滞难行，就要调停内息，专心壹志，猛烹极炼，乃有一股热汤，透出尾闾，徐徐过腰脊，滔滔上泥丸，方谓之"黄河水倒卷，漕溪水逆流"。此等河车，《大洞经》云："勒精卫泥丸。"吕祖云"搬精入上宫，不与运气同"也。

泥丸宫中，水声震响，久之而水声止息，神即休于其中。持守片时，乃以舌舐上颚，鼻中忍气，牙关紧闭，两手反抵坐榻，头面仰对空梁，候他金液满口，其鼻息忍而不搐，伊乃咽了一声，流入气管，降下十二重楼，神水灌注华池矣。

这个华池，人多不知。或言舌胎，或言下丹田，皆非也。此池，在人两乳中间，名曰上气海，与玄膺隔一层耳。白玉蟾云"华池正在气海内"，是也。

水满华池，走而不守。至于绛宫，心地清凉。落于黄庭，心火泰定。此之谓"抽铅制汞"，牵虎降龙。既☵未☲两卦，周流不息，此玉液炼己之事也。

但此玉液，不能日日常有，须加前头运气功夫。运之数次，乃有一次。若做到玉液长来之时，则黄中通理，皮肤润泽。心君闲逸，性体光明。对境忘情，在欲无欲，随缘度日，居尘出尘，真意坚牢，剑锋犀利。圆陀陀，光灼灼，赤洒洒，亮铮铮，此炼己纯熟时也。

于是讲三车功夫。

## 第三河车

运先天精气，丹家名汞迎铅入，情来归性，七返九还之事也。

前此炼己纯熟，汞性通灵，进退自如，雌雄应变。功夫至此，乃可行返还大事。

七返还丹，先将已成之汞性，呼为内丹。于是入室坐圜，把内丹藏于空洞之中，上边如乾，下边如坤，性边属有，命边属无。先要以有入无，然后从无生有，其象如乾☰精播于坤☷母，坤乃实腹而为坎☵；坤精感于乾父，乾乃虚心而为离☲。乾坤既列，坎离攸分，名为鼎器，即有妙窍也。离坎二用，借此现形。

原夫以有入无之时，寂寂静静，心死神存。须知有自己识神，化为惊人、爱人之物，试你内神。又有诸妖魔物，化为好人、恶人之物，试你内神。诸般不动，元神湛然。乃更一时焉，有一爻阳气发生，譬如坤☷阴之下，一阳来复☷。我即运乾宫一阴以迎之（肾气上升，心液下降，本乎自然），名曰"以汞迎铅"，又曰"大坎离交"，又曰"内外阴阳消息"。消息既通，于是命太乙神女傅邱兰者，捧出雌雄两剑，摘而取之，立为丹本，此即七返还丹也。

丹本既立，神气融和，由是一阳渐长而为兑，坎☵男变为兑☱女矣（此即庚方月、西江月、蛾眉月诸喻时也）。因此"兑女"二字，故丹家名曰首经，又曰女鼎，又曰天癸（因类而言耳。愚人不知，盲修瞎炼，未遇真师之故也）。丹士采此首经，名曰"摄情归性"。首经来时，有如十四岁女子，潮信初来，五千四十八日，归黄道之时也。又如十五明月，金水圆满。在人身中，总一先天金气，腾腾壮盛之时也。学人到此，急起大河车，运上泥丸。稍焉，有美液坠于腭中，大如雀卵、葡萄，非麝非蜜，异样甘香，此即九还金液大丹也。

道人服此金液，然后名之曰"铅投汞、金并木"，后天返先天，婴儿会姹女。婴、姹相逢，朝夕涵养，久之洞见脏腑，内外光明，中有一真，宛然似我，此婴、姹复生婴姹矣。得此婴姹者，急须默默调养，时时温存，由灵谷移上天谷，然后出神入化，高会群仙矣。

# 河车细旨

河车者，得药运行之要旨，非存想搬运之法，乃子午进退，阴阳阖辟，内外升降，天地自然之火候也。

自筑基以来，金鼎充足以后，调内息，凝内神，神息相依，风火交合，忽然而灵芽吐萌，气机生动，吾即起河车以炼之，使之自下往后，由督脉进，逆流天谷，而返中宫，此得药当行之事也。惜后人不得真传，多落存想搬运，空空往来，有何益哉？只缘妙悟少人，故仙师难说耳。今吾试言之：

其妙在意守于内，神驭于外，然自有此说，而疑者纷纷矣。盖以真神即真意，如何两处分身？主内复主外，安得独充二役？此疑之必然者也。抑知神守内庭，只贵凝，而不贵运，运则必用乎意也。周天之妙，外运逸，而内掌劳，故内掌必以意当之。譬之于人也，身坐灯前，影现壁上，身动而影亦动也；语发室中，声流墙外，语出而声亦出也。意也者，即如神之身与语；神也者，即如意之影与声，未有不相见、不相闻者也。故以意筹其内，而其神自运于外，是二仍是一，运内即运外，不要管着他，自然两相知也。何则？真意居中，调遣呼吸，以内应外，此本知有内者也。然而真意流行，穿关过顶，又有隐隐相知者，是神乎？是意乎？此神还即此意乎？伍真人云："有两相知之微意。"盖即此也。吾不知神与意之何以化体分身也，又不知神与意之何以里应外合也，即以不知为真知而已。吾只伏吾意而调吾内，这里气动，那里气升；这里风行，那里风送；这里是意，那里是神。是神、是意，分而不分。只觉守内者会理家事，驭外者即上天门，不知其何以有此两相知之微意也。玄乎！玄乎！泛仙槎，游银汉，朝碧落，归黄庭，机畅神流，快活极矣。日日循环，朝朝来往，气冲百节，灌注三宫，则所得之药，方不致闲散无用，而真气愈多矣。

吁！

　　　　世人昧却河车旨，搬运劳劳枉费心。

　　　　不把真传详细说，饶君到处去摹寻。

门人问曰："三车秘旨，尽泄天机，能不惧天谴乎？"

涵虚曰："非敢故违天谴，实望人改过自新。凡作功课，必先去人心，求道心；屏凡息，寻真息。然后定神气，钻杳冥。如此诸境，皆不可少。入吾道者，安得复为小人？"

又问曰："先生传道，人言过滥。倘下士得之，行持无效，能不反唇相诋耶？"

涵虚曰："不遭下士之讥，不足以见吾道之大也。大道者，先要清净身心，调理神气。其甚者，要能一切放下，钻入杳冥。必有此等真功夫，然后有真效验。彼无功而妄想效验者，亦终为不得效验之人也。反唇相诋，何足病？"

又问曰："如师所说，恶人皆可学道乎？"

涵虚曰："可。即诵格言曰：'从前种种，譬如昨日死。从后种种，譬如今日生。'诸恶莫作，众善奉行，则能转地狱为天堂，变黑气为红光。"

"余有'三字诀'，修道之士，'勤、诚、恒'，缺一不可。但勤矣、诚矣，而结果必归于恒。孔子曰'人而无恒，不可以作巫医'，况道乎？儒生习文艺，尚以数年为期，甚至有十年者。岂修心炼气，反不如读书作文？"

## 勤字说

勤，为学业之本，其在于道，更有不勤之勤焉。养自然之息，定自然之心，无为而为，为而不为。所谓"绵绵若存，用之不勤"者，真乃勤之至也。

## 诚字说

诚，乃至阴之象，在《易》为"太极"，在佛为"如如"。孟子曰："至诚而不动者，未之有也。不诚，未有能动者也。"动对静言，则知诚为阴象。孔门之道，推"至诚如神"，论"至诚无息"，皆静中大体、大用，故以诚入静，静心不乱；以诚入定，定心不移；以诚守中，中心不偏；以诚入杳冥，则通微无碍矣。

## 恒字说

凡做功夫，钻杳冥，是第一桩难事。但先天一气，从虚无中来，必有真杳冥，乃有真虚无。噫！先难而后获，全身要舍得。昔我在洞天中，学钻杳冥七八年，然后稍有把柄。今之学者，进锐退速，无恒安能入道耶？

## 共争不朽之论

古人有言："太上立德，次立功，次立言。"三者俱不朽。夫存不朽之神者，道也。而三者亦不朽，以其为道之助也。仁慈之德为道体，谦柔之德为道用；普济之功为道体，修养之功为道用。至于言，则功德之记，而载道之文也。故能共争不朽云。今夫朽则凡，不朽则圣。

人之所以能争不朽者，以其无所争，亦以其有所争。无所争，则后其身而反先矣，柔其志而克刚矣。有所争，则男子之须眉，丈夫之气骨，英雄之果敢，豪杰之猛烈。不与人争一时，直与人争万古。孔子曰："当仁不让于师。"师正恐其不能争，空自馁于无勇也。（顶批：不争者，不争利益与凡情也。）

先儒云："平旦之气，清夜之神，真与圣贤无异，人能即此而充之，虽孔、颜不逊也。"释乘云："能仁寂默，何异释迦？般若行深，何殊自在？"道书云："瞿昙不从地涌，钟吕岂自天来？"此皆以道为争，而不必让于前者。志士勉乎哉！千真万圣，原不忌人之共争夫道也。

## 功成名遂身退论

《道德经》曰："功成、名遂、身退，天之道。"愚以为，天之道，即人之道，亦即修身之道也。

天以生成畅遂为功名，时行物育，天道于焉退移，藏身冬令，此天道也。

人以尽忠为功名，功成勇退，名遂身藏，英雄所以从赤松子游也。又以全孝为功名，志体交养，其功也。宗族交称，其名也。父母百年，人子事毕，退身保命，此人道也。

丹士以致虚守静，为无功之功；杳冥恍惚，为无名之名。至于返还功成，圣胎名遂，退身祖窍，抱一还虚，此修丹之道也。

通德类情，识者思之。

## 仙佛同修说

性命双修，此本成仙、作佛、为圣之大旨。或谓佛修性、仙修命、儒治世，分门别户，盖不深究其宗旨也。

愚按：佛重性，而其中实有教外别传，非不有命也，特秘言耳。其重性功者，盖欲人"从性立命"，能使性量恢宏，照十方而无边无际也。

仙重命，而其中亦有教内真传，非不言性也，特约言耳。其重命学者，盖欲人"即命了性"，能使命根永固，历万劫而无尽无穷也。

若使性功圆满，外无立命之修，则真性难存，终属空寂，又何能法周沙界乎？

若使命功周到，内无尽性之修，则真命虽守，徒保色身，又何能神通三界乎？

惟佛有教外别传，则从性立命，极乐之地，益见空明。

惟仙有教内真传，则尽命了性，而大罗之天，益见超脱。

是仙也、佛也、圣也，此双修而非单修者也。故释迦到禅定时，而有"贯顶穿膝"之效。迦叶谈真实义，而有"倒却刹竿"之奇。试思于意云何？吕祖云："单修性兮不修命，此是修行第一病。"紫阳云："饶君了悟真如性，不免抛身却入身。何如更兼修大药，顿超无漏作真人。"略举一隅，可以类推也。

至于行深般若，五蕴皆空；丹熟大还，十年面壁；六十耳顺，七十从心。夫而后性命双了，同登空超之境，而仙、佛、圣皆成也。故达摩初祖《了道歌》云："三家法一般，莫作两样看。性命要双修，乾坤不朽烂。"人又何必是非哉？

且更有说者，三教嗣续，皆不能知，知此必不互相抵牾。只索各尽其道，以归于道也。今设一大道主人于此，为三教说法曰：夫三教者，吾道之三柱。分而为三，合而为一者也。道不能分，无变化；道不能合，无统宗。是故以三柱立其极，释道言性，默言命；仙道传命，默传性。儒道则以担荷世法为切，言性难闻，言命又罕，并性命而默修之。遂使三家后裔，各就祖派，分为专门。掀天震地，讲起是非，开出无边境界。佛攻道，则有翻空出奇之妙想。道攻佛，则有踏实指陈的神思。儒攻佛与道，则有翻澜不穷的文章，流窍不休的耍子，而岂知皆道之分也。道既分三，其中岂无枝流之不同？邪正之不类者？奈何不思其本，而谈其末也。

夫以性兼命为一脉，以命兼性为一脉，浑乎性命为一脉，此三脉皆道脉也。及其还无，一也。

偈曰：吹了明灯顽耍子，谁知打着自家人。

吾言若有相攻者，又是飞花点汝身。

# 道情诗词杂著

## 道情诗

（二十四首）

人道为人好，我道为人忙不了。纵然富贵不关心，也要朝思暮想登仙岛。咱家，涵虚道人是也。出世不凡，投生又错。从小儿咿唔几字，长大来葛藤一身。也要想文名传世，又要想陆地飞仙。想得我一事无成，算得他五行有准。幸还有茅庵一座，道伴三人。逍逍遥遥，高出尘寰之外。喜喜笑笑，盘桓水石之中。秋末冬初，山中无事。煮一壶菊花酒儿，赏过早梅，细将道诗吟咏也。

### 堪叹我生下世来啊

自记前身是冷生，湖南湖北一舟轻。[①]

为何惹下西方愿？云水烟山浪荡行。

### 又叹他生下世的

撞入胞胎寄了魂，一重父母一重恩。

容颜也肖爷娘貌，保抱提携笑语温。

### 生成人身，这个就好，但要晓得珍重

脱却三途得个人，须知浩劫种来因。

---

① 《海山仙迹·卷六·示冷生》：万历间有冷生者，不知其名字里居，业岐黄，喜游云水。每来湖南湖北，风月扁舟，吹铁笛以自娱。或言冷谦显相，或疑冷谦化身，皆无定论。生尝云："古来神仙，吾仰纯阳祖，及今张三丰，隐显人间，逢缘普度。"又云："纯阳有三大弟子，为群真冠。海蟾开南派，重阳开北派，陆潜虚汇东派，吾愿入西方，化一隐沦，亲拜吕翁之门，身为西祖。"一日上黄鹤楼，忽遇吕祖从空而下，谓之曰："汝欲临凡耶？今乃万历丙午（1606年），再候二百年丙寅（1806年）之岁，手握金书，降生锦水之湄，精修至道，阐发玄风，为吾导西派可也。"言讫，吕祖即乘鹤飞去，冷亦不知所之。

纯阳老祖婆心甚，劝汝当前重此身。

**修真的人，一点凡心生不得，听我诵来**

出山泉浊在山清，自悔当年赋远征。
忽见繁华多少事，方知对境不忘情。

**修道的人，道心发生，却在何处**

风泉韵绕万松篁，不及平湖十里乡。
月在天心寒在水，令人心地忽清凉。

**修行人，上等的，要从无中生有下手**

我家丹法出瀛洲，提个虚无便起头。
不怕全然没影响，要从无里问根由。

**第一要，炼精化气**

阴跷脉上气濛濛，多少真元在此中。
采入虚无炼成气，蓬莱万里路相通。

**第二要，炼气化神**

神气交加入杳冥，忽闻空处诵真经。
五方五气来环绕，报道生神出始青。

**第三要，炼神了性**

仙气须从静里寻，红尘路上少知音。
中庭坐得香三月，长得黄芽一寸深。

**出家人，炼精生气之后，便有几分效验**

朝朝运气上泥丸，浸浸甘津长舌端。
灌溉三田生百脉，自然精长谷神安。

### 每日甘津满口，便生仙心

碧岛幽栖赋小山，纯阳高坐画楼间。
焚香扫地浑无事，只有花斋一味闲。

### 生了仙心，便生静心

烟山深处好盘桓，从此文心想炼丹。
袖卷白云归洞府，垂头闭目坐蒲团。

### 生了静心，便生真心

有识有知皆是假，无知无识始生真。
一翻觔斗鸿濛破，要往东方做道人。

### 真心发见，真种常生

金投木汞共徘徊，婴姹相逢真快哉。
昨夜麻姑传好梦，红丸一粒遂怀胎。

### 为何叫以有生无

结成玉液作丹财，放入坤家真静哉。
忽见一阳来地下，丹资还我不须猜。

### 为何叫无中生有

真铅出在太无中，种在离宫出坎宫。
我见黄芽开勃郁，人言白雪满虚空。

### 为何叫相接长生

汞性轻浮日好飞，铅情沉重食无违。
修丹但得情归性，定跨青鸾入太微。

### 为何叫杀中有生

铅投汞窟<sup>①</sup>害中恩，汞受铅拘死里生。
妙宝若还无管束，神仙事业不圆成。

### 如何与青娥相见，生下圣胎

青娥年少好修行，不是孤阴体不生。
自与洞房相见后，同床十月产胎婴。

### 如何换鼎移胎，子又生孙

大道原来步步高，还丹成就见仙曹。
年年火候添门户，放眼蓬山意气豪。

### 听山人道来，养生妙理，有许多快活，不知平时心慕的，果系何师何仙

纯阳处士老陈抟，五代逍遥世外仙。
简板渔筒方外乐，任他离乱自然安。

### 又师事那位仙师

大元遗叟号三丰，元末逃亡不见踪。
直待承平方出世，行云流水乐乔松。

### 谈咱家

涵虚逸客道情诗，二十四章尽表之。
长乙山中无别事，一声渔鼓一篇词。

## 收心法题词

平铺直叙收心法，上天欢喜无谴责。
穷年矻矻驾河车，心似勤劳实安逸。

① 窟，底本作"窖"，据文义改。

昨夜飞神朝上真，封为善教大真人。

道我四百年来事，三番游戏到红尘。

怀抱金丹独得意，也共群仙说哑谜。

觉来始动慈悲心，手中直写琅環记。

不分善恶与贤愚，总要收心坐虚无。

入得杳冥方见道，最初一着好功夫。

## 道情自遣

欲造大罗仙，须把心儿炼。功名休乱想，利欲莫牵缠。纵有游丝来打算，烈火烧出显性天。一头起，一头断，只见减，不见添。哪怕他心猿万万，哪怕他意马千千。行内功，呼吸丹田。守真息，清净自然。钻杳冥，引出祥烟。冲得我绛宫痒痒，醉得我四体绵绵。这是俺降龙真诀，斩蛇手段。在人间处处相传，泄天机不卖银钱。发财的门生封贽见，贫穷的门生尽随缘。他也率真，我也清廉。俺如今掘井三年，要做些功果因缘。谁知道命途乖舛，时运艰难。家业萧条，英雄气短，丹床中一概不管。有朝一日风云便，撒手逍遥上海山。

## 心神篇

### （以下杂体诗十三首）

其心明明，其用纷纷。其神冥冥，其体安敦。

吾无所为而气自凝，是以古人直取，不神之神为神。

## 养心吟

扫除怨欲不辞难，心既安时身亦安。

月吐清光临止水，风将凉意绕回栏。

佛书参透无烦恼，仙语得来有定观。

长自收心腔子里，独行独坐独盘桓。

## 虚空吟三首

### 其一

行之容易得之难，除了虚空不造丹。

举世若求安鼎处，个中境界比天宽。

### 其二

好之容易乐之难，除了虚空不造丹。

举世若寻生药处，壶中原是列仙坛。

### 其三

得之容易守之难，除了虚空不结丹。

举世若寻立命处，起头煞尾一团团。

## 修丹吟

按摩导引术，易遇而难成。金丹大道法，难遇而易行。

行之亦不易，然可按长生。模范于天地，煅炼于性情。

性情两交感，空谷自传声。效验有变化，功夫在静清。

心清而气静，地下有雷鸣。雷鸣震天地，二候合真精。

龙虎一场战，于野定太平。三阳开万窍，采药到中营。

从此十个月，文火养胎婴。劈破泥丸顶，逍遥上玉京。

## 与人谈不死术

古有不死神，并无不死身。其神得不死，即是得仙人。

人死神则亡，仙死神则存。存亡隔天壤，仙凡非等伦。

世上期颐叟，亦能历多春。究其老将至，模糊失性真。

茫茫贪欲扰，奄奄志气昏。未死身先乱，未生昧前因。

并不待来世，眼前早沉沦。谁能抱奇术？闲居炼元神。

纵难逃一死，灵性独超尘。逍遥天地间，吹萧随洞宾。

附
编

• 245 •

## 叹色欲关

千古大痴人，爱色如爱花。千古下愚人，贪欲无津涯。
欲纵色必损，狂飙卷林葩。国风止于色，稍稍有风华。
荡子酗于欲，其类同猪猳。色欲兼修者，荒亡尽可嗟。
不如挈美姝，绝欲炼丹砂。奇哉张古老[①]，携妻种园瓜。
幻哉伊用昌，与妻唱云霞。两贤皆艳色，世外叹情赊。
至人无欲念，淫根断莫邪。我爱古仙人，仙女为浑家。

## 学道者宜绝欲

大丹用炉鼎，乃炼药温养喻言。俗人不察，疑谤丛生，此执泥文字之过也。余戏仿其词，与拘墟者明其意。

兑金十四两，堪作神仙鼎。取他癸中铅，补我身中损。
红罗养性真，丹房好器皿。功成悉弃之，选配同修省。
有一东家郎，妙年刚修颖。坎离颠倒颠，性情两相肯。
是吾灵父母，同入洞天隐。道成一家仙，大罗来接引。

## 和麻碧城先生衰中盛体韵

亥尽仍逢子，冬初早见春。一阳来复始，万物渐含新。
雪地山河亮，霜天气象真。寒园佳果熟，橘酒露全神。

## 晓起大悟

万事不如意，归来复吟诗。此身宜独善，吾道未尽差。
春速燕来早，夜寒鸡唱迟。晓星如碗大，天象少人知。

---

① 张古老，底本作"张果老"，误。明·冯梦龙《喻世明言》第三十三卷有《张古老种瓜娶文女》故事，参考《太平广记》卷十六《神仙》。

## 重九后招诸弟子游蟆颐观

虚空结翠郁苍苍，拍手行歌到上方。
我愿众生登寿域，仙泉端为老人香。

## 重九寓雷养正家

重阳天气雨如丝，养正堂中正举卮。
醇酒醉人殊不觉，嘉言待客少相知。
惟君与我呼同调，促膝谈心出妙词。
何日同骑双白鹤，青城山下觅灵芝。

## 满江红第一体

拍掌高歌，叹世人宛如灯烛。笑虚生浪死，成何收束？名利场宽空白战，诗书债满寻丹诀。问先生何日海天游？容吾说。

亲尚在，家难出。恩最重，情难绝。把名缰解下，且归茅屋。黍豆承欢耕绿野，山樽介寿栽黄菊。要等我侍白头人，方才决。

## 满江红第二体

请问名公，怎么叫修仙修佛？须要把儒书参透，再同君说。养性存心包妙道，修身立命传真诀。浩然中养就还丹，骑龙出。

天运泰，贤人育。君道盛，才臣作。笑我侪疏懒，何须献璞？天下功名哪个尽？人间风浪无边恶。倒不如，奉养山林，早抽足。

## 满江红第三体

制艺文章，尽都是六经糟粕。况加了油腔滑调，有何真实？趋时丑态真可笑，出名心，何太急？靠诗文做个大官儿，兴家业。

初学念，先差失。权到手，因贪得。把锱铢重看，军民轻掷。有个清官明义利，奈无钱奉上成仇敌。看我辈，出山难，忙收拾。

## 吕祖题大江西派词

大江初祖是纯阳，九转丹成道气昌。

今日传心无别语，愿君个个驾慈航。

呰民国三十年（1941年）岁轮辛巳古历季秋月重阳后后学端阳生发心捐资刊印

### 附录一：《来鹤亭诗稿》[①]（节选）

成都二仙庵恒斋道人张永亮　　著[②]

绵竹叙乐园广文李德扬芳谷　　校

#### 来鹤亭诗稿卷一

##### 题醒凡子[③] 幽居[④]

闻君乐道已多年，种竹栽花别世塵。

自是达人高卧处，清流曲折绕门前。

---

①《来鹤亭诗稿》，存两种版本：一是二卷本，1858年刊；二是四卷本，1867年刊。本篇前两卷，以二卷本为底本录入，四卷本作增补。

② 张永亮，号恒斋，清道光、咸丰、同治年间人，事迹不详。曾任四川成都二仙庵住持。师事李述斋，访道李涵虚，等等。

③《张三丰全集》"古今题赠"："董江，字醒凡，号洗凡居士，垫江人。醒凡既妙弦歌，又工书画。尝临三丰先生真容，则以瑶琴三叠、玉笛一支，遥想绝世超凡之致。"

④《题醒凡子幽居》选自《来鹤亭诗稿》四卷本。二卷本，无。

## 来鹤亭诗稿卷二

### 戊申<sup>①</sup>访空青洞天涵虚上人<sup>②</sup>

一

马鞍山下放扁舟，遥指仙峰水上浮。

转视美人洲上<sup>③</sup>石，频年不解济中流。

二

春风雨后谒空青，日暮山斋寺欲冥。

鹤守元<sup>④</sup>关云自住，登堂听讲十三经。

三

峨眉西畔仰真风，道阐嘉阳九派通。

蓬转大江投岸北，月明三峡宿溪东。

登堂究竟还丹旨，入室详参铸剑工。

老鹤一声峰顶上，凌云四望海天空。

四

悟得真身觉幻身，圆峤<sup>⑤</sup>拜访古仙人。

星垂岱岳联虚壁，地接峨眉远市尘。

坐石闲观云外岫，弹弦静养谷中神。

因愚不达前头路，笑指蓬壶别有春。

五

未访三山弱水深，先从岱岳仰高岑。

悠悠古岫云常住，落落空斋鸟自吟。

---

① 戊申，1848 年。

② 四卷本作"嘉阳访青空洞天涵虚先生"。"青空洞天"，在四川乐山之"青衣别岛"。《张三丰全集》引《洞天记》："嘉州东南数里，有孤屿枕于江上，与乌尤、马鞍相近，旧志名青衣别岛。张三丰先生显迹其间，士民创亭台祀之。中有诗仙院、纯阳宫、轩然台、听潮轩、竹抱斋、印月涵日二小池。"1934 年版《乐山县志》卷三："今乌尤东南五里瓦厂坝下小山，周广里许，来脉如蜂腰，古时夏秋水涨，每遭淹没，此山在水中央，故号青衣别岛。"

③ 上，四卷本作"畔"。

④ 元，四卷本作"玄"。

⑤ 圆峤，四卷本作"青空"。由此可见，"空青洞天"也称"圆峤"。

扫石呼童闲对奕，焚香与客坐弹琴。

林堂寂灭春宵永，静听松涛涤我心①。

### 题李东山②先生归庐

嘉阳地秀产仙才，弃宦归庐岂易哉。

引水通池鱼自乐，依山种柏鹤还来。

空青洞里悬金鉴，虚白堂前酌玉杯。

户外烟霞帘外月，苍苍别有一蓬莱。

### 和题壁原韵上白白先生③

暂止桃花岸，仙源路渐通。扶筇青岛外，拂袖白云中。

寺古尘缘尽，林深鸟语空。山斋留宿处，坐话月凌④嵩。

### 登轩然台

轩然台畔起云烟，迥隔尘寰别有仙。

到此岸头须进步，丛篁深处好安禅。

### 和吕祖临坛诗⑤

白云高卧青衣岛，此地居然上古风。

我亦长春真弟子，大江题句谒回翁。

### 和三丰祖师临坛诗⑥

一

西山日落自空冥，杖挂云烟入翠屏。

---

① 心，四卷本作"襟"。

② 李东山，即李嘉秀。曾讲学东山寺，故名。

③《张三丰全集》："白白先生者，不言其姓氏。所居在青城、大峨、嘉州山水之间。鼓琴读书，酷好老庄。道光初，遇张三丰先生于绥山，传以交媾玄牝、金鼎火符之妙。既更遇纯阳祖师，得闻药物采取之微。以是决意精修，日与二三隐士，坐论烟霞，品评水石，名心之冷，殆如冰焉。所著有《河洛易象图解》《道德经正义》《圆峤内篇》，发明内外丹法层次，为前古仙经所未有。无事则混俗和光，默抱玄微而已。"

④ 凌，四卷本作"临"。

⑤ 四卷本作"和吕祖青衣岛谈道元韵"。

⑥ 四卷本作"和三丰真人谈道元韵"。

但得此生长辟谷，焚香夜夜读黄庭。

二

玉虚楼阁出青冥，四面云山水墨屏。

中有幽人栖息处，朝来落叶满黄庭。[①]

### 题朱道育[②]梦何麻二祖吹笙

一

我曾访道入蓬莱，梦里寻真亦怪哉。

道院月明幽赏处，碧城仙子步云来。[③]

二

梦游三岛水云乡，静听瑶笙出上方。

不到梦中无梦处，那能有梦入黄粱。

### 和吕祖原韵[④]

一

恍惚杳冥中，虚灵觉照红。三田归寂默，一气劈鸿濛。

定位尊卑立，逢原左右通。若人知此理，处处是空同。

二

凝神入定中，静照一炉红。兔走金屋灿，乌飞翠雾濛。

持盈知止足，隔碍自潜通。指破乾坤则，悠然上下同。

### 和平泉先生[⑤]原韵

种就四时不卸花，悠然自得便为家。

静弹一曲水仙操，竹抱斋头月影斜。

---

① 此首诗，二卷本无，从四卷本补入。

② 朱道育，可能是"朱道生"之讹，是"蜀山三隐者"之一，曾刊印李涵虚《太上十三经注解》等书。

③ "碧城仙子步云来"，四卷本作"二仙胡不订重来"。

④ 四卷本作"再和吕祖青衣岛谈道原韵"。

⑤ 先生，四卷本作"书怀"。李道山《圆峤山紫霞洞主涵虚李真人小传》："师初名元植，字平泉。吕祖为改名西月，字涵虚，一字团阳，密付本旨。潜修数载，金丹成矣。"参见《西派文献集成》，华龄出版社 2023 年 8 月第 1 版，《李涵虚集》第 232 页。

附编

### 探梅原韵[①]

棱棱傲骨不凡流，静养元和独善修。

探得一枝春在手，携瓶坐赏竹斋楼。

### 和醒凡先生[②]访青衣岛原韵

嘉阳城郭外，日暮碧峰寒。访道偕真侣，寻踪到古坛。

白云含远岫，春水绕回栏。笑[③]傲壶天境，闲闲入定观。

### 题醒凡子品洞箫

结伴游仙岛，临坛品洞箫。有声传谷口，无底涤凡嚣。

恍有潜鲛舞，宁辞信口[④]谣。羽衣能唱和，缥缈彻云霄。

### 题铁柱宫上紫霞先生[⑤]

铁柱宫中铁树花，花开许我赴龙沙。

遥知此日圆峤[⑥]上，早有丹书诏紫霞。

### 题灵阳子访青衣岛

云程万里到嘉阳，步入空青古道场。

梦里逢师亲咐嘱，黄庭默默炷心香。

### 闻涵虚先生羽化

忆昔逢师面，飘蓬任自然。心澄潭底月，意止性中天。

玉果经三载，金丹炼九年。功成超法界，弱水挟飞仙。

### 同醒凡子草亭小酌

喜晤醒凡子，春风雅放怀。能文真不俗，秉性亦诙谐。

---

① 四卷本作"和平泉探梅原韵"。

② 先生，四卷本作"子"。

③ 笑，四卷本作"啸"。

④ 信口，四卷本作"楚郢"。

⑤ 紫霞先生，即李涵虚。李涵虚《太上十三经注解》"蜀山三隐者序"："紫霞受教于回翁，吾等继派紫霞，有渊源也。"参见《西派文献集成》，华龄出版社 2023 年 8 月第 1 版，《李涵虚集》第 3 页。

⑥ 圆峤，四卷本作"西江"。

小结花间社，清淡竹里斋。林堂钟鼓暮，酌罢月平①阶。

### 秋日访青衣岛长乙山人②

一叶轻舟泛棹扬，遥天无际白云茫。

江③声滚滚趋东岳，山色苍苍任北邙。

信宿④嘉州频⑤住岸，新秋⑥碧岛静焚香⑦。

到门我亦参元⑧客，可许林泉学坐忘。

### 和长乙山人探梅原韵⑨

青衣岛上谪仙人，笑折⑩梅花悟本真。

一任岭边风气冷，高敲渔鼓唱阳春。

### 青衣岛接芳谷书转答

嘉阳幽僻地，远接峨眉峰。引水频依竹，留云尚有松。

情因甘辟谷，意不解登龙。寄语长庚子，蓬壶再觅踪。

### 拟入道吟上长乙老人⑪

一

笑指西江上，猿关鹤守门。玉炉经百炼，丹鼎著千言。

曲折亭纡岛，萧疏竹抱园。浑忘寒暑往，一枕卧云根。

二

握麈崇崖下，闲中听鸟音。天根谁共蹑，月窟自登临。

水落还虚静，梅寒蕴素心。悠然怡恍际，杳杳发孤吟。

---

① 平，四卷本作"升"。
② 此诗，四卷本并入《嘉阳访青空洞天涵虚先生》内。长乙山人，即李涵虚。
③ 江，四卷本作"水"。
④ 信宿，四卷本作"小住"。
⑤ 频，四卷本作"登"。
⑥ 新秋，四卷本作"高临"。
⑦ 静焚香，四卷本作"谒仙乡"。
⑧ 元，四卷本作"玄"。
⑨ 此诗，四卷本并入"和平泉探梅原韵"。
⑩ 折，四卷本作"索"。
⑪ 本诗选自《来鹤亭诗稿》四卷本。二卷本，无。

### 三

究竟羲皇旨，阶梯次第行。群龙追后甲，一虎法先庚。

觉性归元海，灵音证太清。梅开三五点，晓映碧腮晴。

### 四

忆昔终南道，逢师一诀留。婴儿骑白鹤，姹女跨青牛。

虎啸山头月，龙吟海上楼。静琴弹坐处，清韵逐溪流。

## 来鹤亭诗稿卷三

### 青衣岛怀涵①虚上人

蹋断斜晖入远村，青衣岛上谒蓬门。

当时辟谷人何在，此日藏经阁尚存。

水石凭谁探月窟，烟霞自我蹑云根。

琴亭寂寞松风冷，恍听弦丝出鹤轩。

### 秋日嘉州吊李东山先生

记得嘉州驻短篷，词林雨后且寻踪。

文章既已题寰宇，翰墨应宜著岱宗。

秋谷暗时山障起，暮云空际水声淙。

瑶琴即夜弹青岛，坐看东溪月挂松。

### 同醒凡老人赏牡丹

#### 一

楼台曲处看仙花，倒挂珠帘映碧纱。

奏罢瑶琴三叠后，高呼月老醉流霞。

#### 二

且把丹台拟富春，花开毕竟有诗人。

聊倾一盏琼浆酒，醉倒蓬莱座上宾。

———————

① 涵，底本作"含"，校者改。

### 题淡然羽士云游并访嘉阳

#### 一

历遍名山访遍贤，携来竹杖蹋云烟。

遥知洞口青牛卧，伫望台边紫气连。

洒落人间真羽士，逍遥物外浪游仙。

相逢不尽玄中语，暮宿苍梧月满川。

#### 二

访道寻真数十年，方圆应世活如泉。

披星带月穷千里，破衲单瓢结万缘。

日落沧溪聊弄笛，云归古岫且弹弦。

先生本是飘蓬客，物外风光任自然。

#### 三

记得嘉阳访隐仙，江头遇合是奇缘。

挥弦小契烟霞侣，住杖高谈道德篇。

此去蓬山须跨鹤，如临弱水且留船。

垂帘默坐青衣岛，一颗明珠澈九渊。

### 青衣岛怀长乙老人

一别嘉阳二十秋，青衣古岛尽荒邱。

先生跨鹤归何处，想是蓬山海岸头。

### 和醒凡子谈道原韵

究竟鸿蒙窍，详参太始初。灵台三笛奏，谷海五云舒。

山泽同呼吸，乾坤彻洞虚。逍遥凭自得，动静有真如。

## 来鹤亭诗稿卷四

### 同渝城曹子成谈道并答大江派 [①]

一

一生性愚拙，颇自识天工。法界诚难测，人心大不同。

如文昭白昼，胜日耀青空。世上观棋者，谁能妙局终。

二

道自嘉阳闸，西江九派分。高栖蓬岛石，独卧碧山云。

竹木迎朝旭，亭台尽夕曛。崇崖还积翠，上有鹤鸾群。

### 春日寄怀醒凡老人

先生久欲避红尘，那得风光若富春。

若使子陵同隐意，何妨竟作钓台人。

### 二仙庵访恒斋道人

心堤董江　稿

林木萧森一径通，楼台深锁翠重重。

道源了悟庄严相，世味消磨子午钟。

满壁龙蛇观墨妙，一庭鸾鹤想仙踪。

浑然真静安禅处，强似天涯访赤松。

## 附录二：四川广元苍溪寻乐书岩资料

按：四川省广元市苍溪县有古迹"寻乐书岩"，厅堂额刻"回岸洞天"，

---

①《吕祖全书·纯阳先生诗集》："先生大海也，而以江自喻。弟子沟渠也，不敢以沱自居，然沱乃大江一派耳。虽非沱而窃愿为沱，遇灌则分，逢泸则合，而今而后，皈依先生者，即称为'大江派'也可。"《太上十三经注解》吕祖序："吾前开'大江'一派，意欲汇萃英才，同归大海神山，故以'大江'为名，即仙谶也。……纯阳祖曰：吾门有北真南宗，支分派接。今复在大江之上，条开西干，名曰大江派云。"参见《西派文献集成》，华龄出版社 2023 年 8 月第 1版，《李涵虚集》第 1 页。

是清代道光年间贾儒珍①在此辟石室5间，作为书岩，常集友人在此谈诗文，论书法，信笔题刻。贾儒珍所撰《寻乐书岩记》载："有书，有画，有帐，有屏，有几，有榻，有樽，有琴，暇辄携客来游，逍遥自得。"清咸丰四年（1854年）贾儒珍在寻乐书岩创办义学，定名"养正义学"。

## 李嘉秀《回岸洞天》跋文②

按："回岸洞天"四字，是李嘉秀所书③，附有跋文。李嘉秀，道名西来，字圆阳，《乐山县志》载：是李涵虚之儒学老师。清同治三年（1864年）版《嘉定府志》载："李嘉秀，字君实，乐山县人。嘉庆戊寅（1818年）科举人，己卯（1819年）科进士。授内阁中书，改保宁府教授，旋引疾回里。生平笃学力行，虽托志清高，而平易近人，不立岩岸，故所在从者云集。乙酉（1825年）科，郡中选拔八人，六出其门。登乡荐，成进士者，指不胜屈。长于制艺说理之文，渊源程、朱，出入周、邵，发前人所未发。一生功力，以'超炼'二字为主，颜其堂曰虚白。居则书史自娱，出则遨游山水，不慕荣利，不求蓄积，以清白遗子孙而已。年七十，寿终于九峰书院。著有《虚白堂文集》行世。"④

仙师云：苦海无边，回头是岸。回在心，岸即在心，不远也。贾聘侯隐士，素闻至道，手阚斯洞，名曰回岸洞天。洞者，空也。天，一炁也。空洞

---

①民国十七年（1928年）版《苍溪县志·贾儒珍》："贾儒珍，字聘侯。博综书史，不慕荣利。尝悯坊刊《四书五经》本，鲁鱼多谬，贻误后学，爰于所居之竹桥斋，延聘邑中名宿王翼轩等十余人，厚其薪修，详加考订。复选集学小学，及古名人诗文等集，群分类别，校正复刊，翻印精良，遐迩推其善本。镌存书板，至填塞满屋。并就斋中，特起大厦，深檐盖覆其上。一时文人、学士往观者，联翩不绝，苍邑文风为之一变。又别捐田百余亩，兴设义塾，成就亦多。性好施不吝，钜金成桥工、路工数处。凡关善举，知无不为，邑中通称曰'贾善人'。无名之者，年九十余，无疾终。子孙世业，为河西望族。"

②《苍溪寻乐书岩》，文物出版社2020年10月第1版，第105页。

③"道光廿五年（1845年）乙巳春花月贾聘侯记"中载："圆阳子（李嘉秀）闻而乐之，走笔疾书四大字，曰'回岸洞天'，邮寄以为额。非徒纪地舆之胜，亦且不没复古之意耳。余受而摩之于崖，笔力峭拔，矫若游龙，有不可捉摸之势。"《苍溪寻乐书岩》，文物出版社2020年10月第1版，第115页。

④见《嘉定府志》（清同治三年版），四川省乐山市市中区编史修志办公室重印，1986年版，第589页。

中，承先天一炁，是何景象哉？回光返照，道岸先登，其在斯人与！

咸丰二年<sup>①</sup>十二月吉日圆阳李西来跋并书

## 天开图画<sup>②</sup>

神峰积沓峻百重，江左群山空撑斗。最奇入望浩浩江水流，已驱骋马，水犀都在。囿不辞登陟劳，乍接天界高。凭将呼吸气，为阴阳苞状。洪量以无极兮，并楚雨而吞吴潮。初惊碧汉蠹千仞，旋讶长川宦万里。古今世路半崄巇，何似恬波贴贴无。废圮玻璃万顷作天地，羡煞芦人渔子矣。登最高峰，望江放歌。

汉嘉塾老李迦秀

## 李祖西来先生像赞<sup>③</sup>

长乙山环，群峰侍卫。慈云霭霭，慈竹青翠。

节节挺生，枝节刚劲。云烟深处，影影茅庵。

绿竹交廕，鹤鸣于天。长乙山人，茅庵归隐。

啸月看花，明月劝饮。醉卧花前，天衾地枕。

坐虚白堂，讲经学论。道德黄庭，心传妙蕴。

注无根树，撰文终经。学富五车，浅近从心。

教育英才，德化孔训。彬彬文质，仁人爱敬。

润泽溥施，善诱善命。致中致和，浑噩成性。

高风亮节，天真永定。居尘出尘，湛然纯一。

品物咸享，一诚立极。师授恩深，弟子无文。

浅疏鄙陋，未尽知行。以俟大笔，渊博文衡。

乾坤阖辟，元享利贞。

弟子道圆识、载庵广容书丹

---

① 咸丰二年，即 1852 年。
② 见《苍溪寻乐书岩》，文物出版社 2020 年 10 月第 1 版，第 109 页。
③ 见《苍溪寻乐书岩》，文物出版社 2020 年 10 月第 1 版，第 158 页。

# 游"回岸洞天"道缘记①

道包儒、释、道，三教仙佛圣贤，皆传道也。然其中各有缘焉。东鲁七十子，与儒有缘也；西天六七祖，与释有缘也；南七真、北五真，与道有缘也。而人多慕道者，谓"道可延年，道能长生"，岂虚语哉？惟李祖涵虚，有言曰："古有不死神，并无不死身。其神能不死，即可谓长生。"此确论也。

涵虚，即东山老夫子道号②，祖籍嘉定府乐山县人，中嘉庆戊寅③解元，联捷，点中书，出就保宁府教授④。淡定无欲，自称三隐道人，或称山隐⑤，又更名迦秀。时或出游，题赠号以西来。行任未满，致仕归里，居长乙山慈竹湾⑥，又称长乙老人⑦。闭户不出，而仙缘忽至。吕祖幸其斋，题曰："三径幽花香自在，四围修竹影交加。"⑧ 即与开示命宫。继游青城，而仙缘又至，遇张祖三丰，讲明性理，谈刀圭妙用。盖入道，已四十余年矣。由是大阐元风，注《太上十三经》⑨，号涵虚子。吕祖评曰："扫除浮翳见清光，有此方能辟诸怪。"

---

① 见《苍溪寻乐书岩》，文物出版社 2020 年 10 月第 1 版，第 190 页。

② 涵虚，即李涵虚。东山，即李嘉秀。此处指出李涵虚就是李嘉秀，是明显的讹记。通过阅读《乐山县志》《嘉定府志》《来鹤亭诗稿》《张三丰全集》《吕祖全书》等记载李涵虚、李嘉秀事迹，经比较，证明此为讹误。

③ 即 1818 年。

④ 清·王培荀著《听雨楼随笔》："李东山（嘉秀），嘉定乐山人，戊寅解元，己卯联捷进士，官内阁中书。宦情甚淡，在都孑然一身。就保宁府教授，归田后，足不履城市，教读凌云山后之东岳庙。妻死不继，官斯土者，罕得见焉。《京寓写怀》：'孤影落天涯，新霜点鬓华。官闲疑是佛，住久便为家。秋雨凌云树，春风泌水花。归来偕伴侣，啸傲老烟霞。'"《听雨楼随笔》，巴蜀书社 1987 年 10 月版，第 385 页。

⑤ "三隐""山隐"的字号，他处未见有载。周全彬先生研究认为，此是作者误读《太上十三经注解》之"蜀山三隐者序"造成，将"蜀山三隐者"讹为"三隐"和"山隐"，误为是李嘉秀的字号。"蜀山三隐者"，是三个人，分别是朱道生、李道育、刘道酥。参见《西派文献集成》，华龄出版社 2023 年 8 月第 1 版，《李涵虚集》第 1–7 页。

⑥ 慈竹湾，当系现在乐山市市中区茨竹湾村。

⑦ 长乙山人，是李涵虚。此处误记。

⑧《吕祖全书》之《纯阳先生诗集》："竹抱斋：乾坤是处有烟霞，我到山斋兴益赊。三径好花香不断，四围修竹影交加。禅窝地僻游人少，道院窗虚坐客夸。欲看江天空阔处，轩前一览更无涯。"

⑨《太上十三经注解》，署"圆峤山紫霞洞主人涵虚生薰沐敬注，奉道弟子朱道生、李道育校刊于岳阳楼"，为李涵虚所撰著。

又奉南岳魏夫人旨，详解《黄庭经》，称紫霞洞炼士。凡手著《道窍谈》，文<sup>①</sup>《圆峤内史》《文终经》《三车秘旨》等书，皆经大仙品题，难备述。明嘉靖间，吕祖度陆仙潜虚，派名西星，后衍大江派，有"星月交辉"之谣，故老夫子，派名西月。旋朝上清，诰封善教大真人。大江派祖师，道不在兹乎！

聘侯<sup>②</sup>弱冠，晤老夫子于保署<sup>③</sup>，游屏山，问："女<sup>④</sup>读何书？"侯以《传家宝》<sup>⑤</sup>对。夫子曰："此石子见道之言，非俗语也。"复叩立身大节，夫子以志未坚，但勉以恪守"多行好事"耳！

嗣老夫子，来游山洞，赐名"回岸洞天"<sup>⑥</sup>，跋语楹联，尤令人警省。谬蒙青盼，赐侯号"道圆"弟子。嗟乎！夫子收侯为弟子，而侯竟未拜夫子为师，何凡愚一至于此？

咸丰壬子<sup>⑦</sup>，侯集《易》纂成编，专至友王翼轩，往嘉定求序于老夫子。翼轩叩恳垂教，夫子怜其诚朴，与谈性命大旨。凡入门工夫，开关展窍，筑基炼己，三关三田，九宫九窍，指点亲切，赐名"道翼"。且言"致意聘侯，后会难期，一俟天缘再晤"。因思侯亦如翼轩，亲聆口诀，庶有所持，循以勉进于道也。岂非一生之奇缘哉？

昔朱子读《参同契》，不知其作料孔穴，无从下手，不得师缘故耳。乃侯随夫子左右而不体察，闻夫子训迪而不省悟，福薄缘悭，悔之何及？今者液丹未皦，金纽未缠，海天之鹤已遥，岱岳之云亦渺。思仙骨之有根，摩挲李树；怅凡躯之失路，梦想桃源。况乃年齿垂暮，犹碌碌尘中，与道曾不相涉，何以副老子厚望婆心哉？惟忆柳华阳曰："早修莫挨年。"《黄庭经》曰："百二十岁犹可还。"伍冲虚曰："但有一口气在，尚可为之。"有志好道者，自修自勉，惟精惟一，允执厥中而已矣。

---

① 文，疑为"又"字的误刻。

② 聘侯，即贾儒珍。民国十七年（1928年）版《苍溪县志》："李嘉秀，嘉定人，任保宁府学教授。邑士刘克绍、贾儒珍，皆授业焉。尝至邑境，所遗文字甚多。"

③ 保署，即保宁府，治在阆中。

④ 女，同"汝"字。

⑤《传家宝》，清代石成金著。石成金，字天基，号惺斋，扬州人，生于清代顺治十六年，卒于乾隆初年。

⑥"回岸洞天"，李嘉秀题于道光二十五年（1845年）。《回岸洞天跋文》，撰于咸丰二年（1852年）。

⑦ 即1852年。

余适在汉昌，蒙邀游书岩，小憩半晌，共登回岸。坐谈之暇，聘侯嘱余作记。聊述巅末，以写鄙意，且不负西来老夫子昔游题赠"道岸先登"之遗意云尔。是为记。

潜初子刘道复撰[①]。

## 淡心经

夫人之生也，如风灯草露，梦幻泡影，迅如驹隙。何必以烟霜烦恼，妄想种种，私欲满腔，三戒枉闻？血气既衰，尚被利名牵锁，不能摆脱。沉溺苦海，无有出期。若急早猛省，回心向道，恍然大悟。退步自思，得休便休。果能此道，慎独立极。数往者顺，知来者逆。须得至真一炁，以养神根。诚能一动一静，不失其时。太和充溢，至虚至灵。阴阳大道，玄牝枢机。精神刚健，知雄守雌。三房通达，心炁相依。存无守有，五芽为主。金华妙用，戊己二土。隐芝翳郁，自相扶持。灵台完固，动静合一。珠琚玉液，蓬蓬勃勃。赤则光灼灼，灵则圆陀陀。上通于泥丸，下透于涌泉。归根复命，桃康守关。变化融结，贯彻三田。真意存养，德善兼全。龙吟虎啸，猨马把捉。降龙伏虎，持剑执笏。五味外美，屏弃肥鲜。沐浴盛洁，洞经精研。取津玄膺，下溉明堂。体生光华，气味兰香。兑金生西，震木在东。月窟天根，盈虚守中。浑浑噩噩，一阳来复。松柏苍翠，永受遐福。

知足子山亭贾聘侯道圆氏撰并勒石，又生子贾通济敬书

---

① 刘道复，即刘克绍。民国十七年（1928 年）版《苍溪县志》卷十四《刘克绍传》："刘克绍，字闻斋，清咸丰间贡生，邑元壩镇岳东人。学识兼长，弱冠知名。曾受业于府学教授李嘉秀，被器视。尝因案诬连，嘉秀力为昭雪。于上宪得解学使按临，屡试高等。清同治年间，经洪杨乱后，盗贼充斥，苍境尤甚。邑令毛公隆恩甫，下车倡办保甲团练，廉其才，委绍为全县保甲总局绅首。绍复荐引公正干练士绅六人副之，于是划清各团界址，就地成团。昔日保正甲长，遇事因循者，辄请更换，选公正勤能者充之。给门户牌，置循环簿，平时稽查严密，有匪集团兜拿。试办不及半载，奸宄绝迹。办团成绩，屡世犹啧啧人口。毛令亦以委任得人，上宪嘉奖，牒其法于通省。后邑令蔡懋康，督修城外堤工，多资臂画，历五十年未有倾圯。王渡镇义渡，独力捐设。其生平义举，更仆难罄。至于行文诗赋，天才高迈，迥出时流，有《大获城怀古》诗（入《艺文志》）。晚年好静，致力于身心性命之学。尝谓圣贤不死，以精气常存也。遂终身不图进取，养晦于林泉间。年九十六，无疾终。"

## 大江派偈

西道通，大江东，海天空。以此循环，合九转之义。

偈曰：大江初祖是纯阳，九转丹成道气昌。今日传心无别语，愿君个个驾慈航。

子肃贾笃敬让容氏，谷庵贾光容笃恭氏，德庵贾笃忠常容氏，固庵贾笃信有容氏，同摹仿。

阆中李玉元，苍溪赵诗荣，刻字。

大清同治十三年[①]岁次甲戌九月吉日谷旦[②]

### 题道翼王家桢翼轩先生像并序[③]

翼轩先生，耳其徽号久矣。窃心慕之，而未亲其范。近两接知足子手书，备言少负才华，受学使郭兰石之知，早入黉宫，淡然退止。嗜读书，凡三教经典，诸子理学，靡不淹洽。然意在明理，不在求名。兼诵乃祖恒佩之经，终身不懈。家綦贫，曾留竹桥斋，校对书籍，传刻无讹。又楷书《易纂》成编，不远千里，祈序于嘉州李祖，即东山老夫子也。夫子见其诚朴，授以性命宗旨，锡名"道翼"。盖欲其养芝龄、生彩翰，羽翼黄庭耳。且以厚重泽长许之，其器重于李祖也如此。先生归，授徒二十余年，精修至道，人莫之知。然神清气爽，怡然自得，群称陆地神仙。既而厌居尘世，忽作病容，归家仙逝。其主器绘真容，供堂上至今，题赠不衰，非孝子之不匮欤？赞曰：至人不相，岂在形状？孝子思亲，巧摹模样。骨格清奇，襟怀坦荡。腹满经书，心无尘障。来世作上界神仙，前生是西方和尚。偶现秀才身，安坐槐堂上。

同派弟潜初子刘道复记，知足子贾道圆刻石

大清光绪十五年[④]岁次己丑仲春月吉日穀旦，载庵贾广容书丹

按：贾儒珍《李祖师西来先生像赞》和刘克绍《游回岸洞天道缘记》，将李涵虚的一些生平事迹归到李嘉秀名下，读者非常容易误认为"李嘉秀"

---

① 同治十三年，即 1874 年。
②《游"回岸洞天"道缘记》《淡心经》《大江派偈》，三篇刻在一起，同署 1874 年。
③ 见《苍溪寻乐书岩》，文物出版社 2020 年 10 月第 1 版，第 127 页。
④ 即 1889 年。

就是李涵虚。从现有掌握的资料看，李涵虚和李嘉秀分别是二个人，不是一个人。但是，为什么会造成这种记载"讹误"呢？

李涵虚《道德经注解》文前，有一篇署名"刘道稣、朱道生、李道育"（蜀山三隐）撰写的《引》，文中指出李涵虚撰写"书成，遍游名山海岳，至十年未还，不知其留形否也"。[①]李涵虚最后完成的著作，是1847年的《黄庭经注解》和《无根树注解》。如果从1848年张永亮拜访李涵虚的时间，作为李涵虚离开乐山的起始点，到1856年羽化，虚数是9年的时间，印证了"书成，遍游名山海岳，至十年未还"的记载。说明在这十来年的时间里，仅有李嘉秀（李西来）一人在乐山，居住九峰书院。那么，1852年去乐山的王道翼（王家桢、王翼轩），只能见到李嘉秀（西来），不可能见到李涵虚（西月）。在李嘉秀传授王道翼性命口诀时，必然也会将《太上十三经注解》《黄庭经注解》《无根树注解》等书传授给他，从而得到了李嘉秀（西来）的口诀，又得到李涵虚（西月）的丹书。"口诀"出自李嘉秀口中，"丹书"出自李涵虚笔下，将"口诀"与"丹书"合二为一，必然也会将"李嘉秀"与"李涵虚"两个人合二为一，误以为"李嘉秀"就是"李涵虚"。以致他们将这种"误会"写进了"碑记"里面，给我们150年后阅读《游回岸洞天道缘记》时，制造了一个大大的"谜团"。

当然，每个人都拥有持不同观点的权利。笔者的推测，不敢说有多么正确，仅仅是作了一个合理性的推测，不指望每一位阅读了本文的读者都同意、都赞成。希望在未来，会发现更多的史料，让我们还原一个尽量客观的结论。（2024年8月6日记）

---

① 见《西派文献集成》，华龄出版社2023年8月第1版，《李涵虚集》第1页。

# 连城碧

《丹诀辨正》，来自连城县友人之赠。兹与《坤维秘旨》合刊，以金丹贵重，即名曰《连城碧》。痴道人志。

## 重刊《丹诀辨正注解》并《坤维秘旨》绪言

本书原于前清同治甲子岁（1864年），李、东、吕三圣，在韶州曲江显灵度世之作也。民国二十九年戊寅（1938年），福建邓君雨苍，得于粤之梅县友人处，喜是书正文言简意赅，注解理明词达，真崇正辟邪一片婆心之苦口良药也。乃约同志，石印流通，以为修仙之指南。兹因沈君鲁夫寄赠十本于余，愚亦转送友朋众，皆称善，劝再付梓，推广流传。但值国难期间，人工物价飞涨，艰于募助，所有当时符节正传弟子等，遗传序文，恕未录列。兹将正文注解，印成数百本，以留三圣遗训于乱离中。并录涵虚李祖《坤维秘旨》，以存女工修炼之法诀云。

痴道人志

## 神仙五大戒

一、戒妄想贪求

二、戒恩爱沉溺

三、戒烦恼障碍

四、戒淫欲杀生

五、戒游移怠惰

守此五戒，不畏难而苟安，终必成就。

# 丹诀辨正注解

圣师 李祖　手著

东祖　补明

吕祖　注解

门下受业弟子等　校刊

## 丹诀辨正

吕注：丹者，元精、元炁、元神所成，在佛谓之"牟尼宝珠"，在道谓之"黍米玄珠"，即此丹也。色赤而坚，故名金丹，乃仙佛之至宝。能炼此丹，永劫不坏。人人身中自有，非世间之药物。奈何凡夫愚昧，日用而不知，将此精炁神，消散于孽海情窟之中，以致身死名隳，恶积莫解，深可悲悯。此言丹而继以诀者，即筑基炼己、还丹温养、脱胎神化之秘。世上道书，汗牛充栋，露而未露，隐显错难，后学难明，每流于九十六种外道，三千六百傍门之中，邪僻妄行。故以诀而明其用，且辩其非，使从正辟邪，方无害于丹道，以作玄门之法语。其法演于曲江积善登真堂，作之者李仙，补之者东祖，注之者吾，而传之者玄明、神阳、育华、虚谷、紫琼、玉晶、通真、天成、秉阳、洞阳、全阳、神化诸子等。

**先天大道，原本一炁以成。知之者为圣，修之者可仙。故至人立教，必以此开其统也。**

吕注：先者，无之又无之前也，即《易》所谓"无极"之理也。天以先名，别其有后天也。此先天之道，自无生有，万物所由出，真混沌太无。元为乾坤之根宗，包括无遗，变化之极，玄妙难名也，谓之道也，人所共由之路。隐则归于化，发则弥六合，日月之往来，阴阳之极致，皆不能越夫外，此之所谓大也。然道之基，并无奇异，实本一炁以成。是一者，生天立地，育万汇、证圣真之枢机也。孔子之"一贯"，道祖之"守一"，佛氏之"合一"，皆本此一炁，各至其妙而已。人能一之，则神炁凝聚，无杂无乱，必能归元返本，与道合真。若背夫一炁之妙，焉得为圣贤、作仙佛哉！

所关者，在夫能知此炁耳。既能知之，必力行以修之，而道在是也。如知其道，而以修齐治平，立仁义礼乐之教者，即圣人也。更能向上一步，行金丹之秘，岂有不修证而仙者乎？故古圣先师，立教垂训，必以此道开其统，使后人学其妙，而成真作圣，方不虚生于天地间耳。

夫炁在先天，则寓于理。在后天，则归于性。穷理尽性，圣德有基。

吕注：若夫此炁在先天，则无形无象，不过混混沌沌，一理存焉，即"无名天地之始"也。及其虚无之极，自然而然，静中忽动，无中生有，而归于后天。虽有后天之象，亦不过真性昭著，尚无物色，此炁之所由如此。人苟怀大志，穷其先天虚无之理，以尽后天自然之性，非圣而何？故儒云："天命之谓性，率性之谓道。"《易》有"穷理尽性，以至于命"之词。无非得此道之精奥，而教人也。其可忽乎？

天地之大，皆一炁以鼓荡。日月之明，皆一炁以辉光。人物之众，皆一炁以化育。谓之曰祖炁，宜哉！

吕注：由是天之高，地之厚，皆此一炁以鼓荡于其间而不废。日之明，月之华，皆此一炁以辉光而不暗。人之灵，物之众，皆此一炁以化生而不绝。谓之曰祖炁，不亦宜乎？所谓祖者，天地赖之以鼓荡，天地之祖也。日月赖之光辉，日月之祖也。人物赖之以生化，人物之祖也。是故天地一太极，日月一太极，人物各具一太极，物物各具一太极，无不由此一炁之妙而为之。大矣哉！此一炁之广博无穷，即"有名万物之母"也。人岂可受此炁而生，反昧此炁而不知深究乎？

然分而二之，有阴有阳。阳生于复，而成于乾。阴生于姤，而成于坤。乾，阳也。至阴肃肃。坤，阴也。至阳赫赫。无为而治，自然而化。四时行，万物生。

吕注：然此一炁之中，有动有静。静极则动，动极则静，动静互为其根，而阴阳生焉。故《易》云："立天之道，曰阴与阳。"又云："阴阳不测谓之神。"是知二炁之流行不相离，原本一炁之动静所由始。考之卦爻之义，而知一阳生于复，其炁初萌。二阳生于临，其炁渐长。三阳生于泰，其炁各半。上阴而下阳，阳炁尚伏而未升。四阳生于大壮，其炁则盛发而为雷，惊醒万物。五阳生于夬，则阳炁盈满而为盛暑。六阳全而为乾，乃纯阳之体，无阴炁之相杂，修仙至此，大道灵通也。阳极则阴生，一阴生于姤，其炁尚微。二阴生于遁，其炁渐长。三阴生于否，其炁各半，伏而未发。四阴生于观，阴腾而为风。五阴生于剥，其炁闭塞而成冬。六阴全而坤爻正，乃纯阴之体，人到此时，阳消阴极，则死矣。故修道者，务使真阳充足，将阳精炼成金丹，而成仙作佛。若阳炁灭尽，阴炁遍身，便与鬼为邻也。不见丹经有云"一分阴不尽不仙，一分阳不尽不死"之义乎？所以然者，其中有至理存焉。凡人受生以来，得天地之化育，父母之精血，本是纯阳之体。自混元一破，利欲熏心，失却本来真性，以旨酒为快事，以美色为乐境，而且争名于朝，争利于市，把一个乾阳之身，化而为坤，变成阴暗之体。于是离不为离而阴消，坎不成坎而阳消，其不死而何待？至人修道，先添坎宫之阳，使阳炁全复。以阳制阴，而消离内之阴，于是离变为乾，坎化为坤。返本还醇，而归虚无自然之妙，上与虚空同体。将秘法以摄其炁，凝成金丹不坏之身，形神俱妙，永劫长生也。所谓至阳赫赫，常生于坤者，即"内阳外阴"之义。至阴肃肃，常生于乾者，乃"内阴外阳"之义。故三阴自天降，三阳自地生，各以其气，自然而交，而四时不失其序，万物各遂其生，无为而治，不赖智巧以成。自然而化，全因真炁而为。譬之人身，清气轻而常升，浊气重而常降，理也。求其奥义，人到夜半子时，则一阳便动，真机已现，即于此时忘情绝虑，降龙伏虎，静守中宫，使玉门谨闭，则真阳复为炁。用工以修之，必能上升以交于心，心得养而火自下降，以交于坎。心肾一交，而水火既济，便能永寿、永年。若能求师得诀，割爱修此还丹之法，何愁不得仙乎？奈何世人迷昧，沉身欲海，一见阳机发动，便生无穷妄想，贪恋妻子，常与淫媾，使真阳离位，炁化为精，突然而出。神由是伤，炁由是损，精由是失。反欣然得意，岂不愚哉？吾今阐明此理，虽未尽善尽美，亦入德之门。苟能行之，可长生也。

**是以阴阳二字，万法之王。虚无一窍，金丹之祖。大道本于天命，率性即可成真，岂妖邪之术而能窥窃者乎？**

吕注：凡天地间之法，皆不离"阴阳"二字，故为万法之王。所谓阴阳者，天，阳也；地，阴也。日，阳也；月，阴也。玄，阳也；牝，阴也。龙，阳也；虎，阴也。铅，阳也；汞，阴也。动，阳也；静，阴也。升，阳也；降，阴也。乾，阳也；坤，阴也。命，阳也；性，阴也。炁，阳也；神，阴也。彼，阳也；我，阴也。如此等类，孰能外乎"阴阳"二字？谓之万法之王，诚万法之王也。故《易》云"一阴一阳之谓道"，宜然。至虚无一窍，即玄关也。非肾中一穴，非心中一窍，非命门，非鼻管，乃先天虚无之窟，所谓"虚谷生神"，是此窍也；一阳来复，是此窍也。炼丹者，炼此；修道者，修此；养神者，养此；抱元者，抱此；守中者，守此；合一者，合此；还丹者，还此；结胎者，结此。推而广之，精一者，精此；执中者，执此；贯一者，贯此。皆在玄关一窍①内用工夫，而成有修有证之圣真，岂非金丹之祖哉？故大道，必以此而成，其理本乎天之所命。命者，云何？即性也。人能率性，道即在是，又焉能离此而另有法外之法乎？是知其成真必矣。自古千真万圣，岂自天来？岂从地涌？无非明此窍之秘奥，而施其妙用，扭转乾坤，重兴造化，由天之命我者而率其真，功纯丹结，面壁调神，自得逍遥物外，与天齐寿也。岂世上所传妖术邪妄之事，索隐行怪之流，而以异端曲说，背道乱德，惊奇好异之伪法，所能窥其些微哉？若不修正果，求师示诀，而兢兢于旁门外道，不惟不能成真，其害不可胜言也。至于败坏，悔将何及？后学有缘，当"是道则进，非道则退"，毋拘迷而不悟。然则何以知其真伪？请读《丹诀辨正》！

**龟纳鼻息，鹿运尾闾。物尚有灵，人岂不知？徒慕尘浊之短景，何不求道以永年？**

吕注：道之在天地，充满四大，而归于画一，故愚夫俗子，一闻至道，立跻圣位，即蠢然物类，如鸟兽等，皆能行法，以期长生。不见夫水族之有龟，能纳鼻息以调气。山中之有鹿，能运尾闾以养精。更有飞禽，如鹤栖云松以养神。灵虫如蛟，伏幽谷以养道。此皆物类，且知修养，而况为万物之灵者，反昧其理、忘其命，甘心于生老病死苦之场，而不悟耶？何不回头办道！要知人生百年，不过三万六千日而已，尘浊之景有限，真知隙驹之易

---

① 窍，底本作"爻"，校者改。

过。故昔有云："光阴速如风火，青春忽转白头。若不早为醒悟，筋骨一枯何为？"吾见世上愚人，稍有知识，即存贪嗔痴爱之心，见财必利己损人，见色则飞魂吊魄，而且诈伪百出。求富求贵，善事未见私毫，势利骄其同类，作种种罪孽，至于死亡，殃遗后代，覆宗绝嗣，惨不可言。即有明道修善之士，不过为儿、为女，为功名，为妻妾，为谋利，为家场，全无真实之心。纵无所求，亦只徒沽名钓誉。虽能修善，有何功德？至有慕道之士，虽能好道，而无坚定之心，名虽好道，尘念存心，俗事缠扰，日复一日，大数告尽，仍是地狱种子。又有等人，心不了悟，谓年华尚久，人事未了，必男婚女嫁，金堆北斗，谷盈仓箱，家宽名显，然后悟道。岂知境遇不常，人事变迁，焉能必其如是？亦或修短有数，死期逼迫，阎王票至，一旦无常，悔之何及？更有下愚，全无觉悟，贪恋凡情，日徒名利，未富贵则求富贵，既富且贵，犹不知足，富益求富，贵益求贵，造无穷罪孽，大数一尽，赤手空空归阴府，转眼之间，儿孙荡产，冤报消磨，富已不在，贵又何存？如是之辈，皆被俗迷，不能识破尘浊短景，致受轮回苦趣。何不早早了悟，求师示诀，而修此万万年之快乐乎？吾今道破，宜作披发入山之想。

**富贵功名，情因势动。子女玉帛，害由恩生。堆金等山岳，膺爵至公侯。高山之下，必有深谷。酷暑之后，继以严寒。**

吕注：然世上众生，所以贪迷不悟者，诚有故也。夫富贵功名，最能动人之羡慕。子女玉帛，最能动人之贪恋。若非千磨百炼之士，鲜有不坠其中也。何则？人处于世，皆有所惑。彼既富贵，而我独贫贱，或以借贷不充，或以荣耀动心，人同此人，而富贵者饶裕如此，贫贱者困苦如此，势不得不兴求富贵之念，于是百计贪求而不已，此非情因势动乎？至于子女，皆人所共有、共疼爱者。试思我之子女，或恋妻子而得，或宠娇妾而生，无论子女，皆我身中之肉，必细细抚育，常常顾念，饥则谋食，寒则谋衣，不惜苦卒，劳其筋骨，费其精神，长养成人。而子女自少及壮，为父母之精血，便由壮而衰也。及到子已成立，女已有家，抱子者乐于房，爱妻者欢于室，只落得一付老皮骨，举动不如，进出不便。白日经营若婢，夜来独守孤灯，望子不能，转而望女，然女生外向，即归宁望亲，不过数日，夫家来接，敢有稽延？设或不幸，婿家穷困，女常求济，如剥树皮，尤多一虑。于是一生可修成道之精神，尽消耗于儿女之分中，以致病入膏肓，死归地狱，反有罪孽随身，永劫沉沦，皆由为儿女所造。此非"害由恩生"乎？故堆金如山岳之高，其富已极；膺爵至公侯之显，其贵已极，又有何益？而徒目前不思远虑乎？所谓高山者，即喻富极之家；酷暑者，即喻贵极之人。而高山之下，不无深谷，可知大富之后，难免困穷。酷暑之后，不无严寒，可知大贵之后，难免颓贱。此天道循环之理，必不能永富永贵，而不贫不贱者。如古之国史所载，忽富贵、忽贫贱者，岂鲜哉？今世众生，毋蹈前辙，各安本分。贫贱者，安于贫贱，久久修持，自有富贵之乐。富贵者，不骄其富贵，广积善功，自不流为贫贱也。然此为常人而言也。如能求师炼道，则天爵修而人爵从，又何嫌其贫贱，又何恋其富贵哉？是在众生之自勉！

**能尽此道为大孝，能行此道为大善。果因功成，道由德致。勿离尘以自高，勿弃俗以矜奇。**

吕注：如是能尽此金液还丹之道，至脱胎神化，稳跨翔鸾，上朝帝君，而成万劫不坏之圣真。致其父为圣父，致其母为圣母，九玄七祖，尽登天上，孝之大者，无过于此。能行此金液还丹之道，位列仙班，统理乾坤之事，或助国佑民，垂经演教，或救世度人，定乱平妖，使万世沾其恩泽，善之大者，无过于此。其"尽"字、"行"字，义同。然炼果必积功，养道必修德。果者，道之实；道者，果之名也。功者，德之用；德者，功之华也。人能积功以培内果，修德以助大道，其道未有不致，其果未有不成者也。若只徒炼内工夫之作用，而不外积功行善德，所谓"修道无德，如灯无油"。灯无油则灭，道无德不成，即此义也。儒书有云："苟不至德，至道不凝焉。"旨哉言乎！如能道德兼尽，则内果外功皆全也。尤不可离尘入山，孤修独坐，以盗清高之名也。不必弃俗辞亲，抛妻别子，以矜奇异之妙，方可尽道之真法，行道之真工，而为大道之正路也。其可忽乎？

**受辱不怒，受宠不惊。大智若愚，大巧若拙。与人无忤，与世无争。贫贱不移，威武不屈。甘冻馁以修持，视名利如草芥。此之谓道器。**

吕注：凡修丹养道之士，必能忍辱而广其量，即横逆之来，顺以受之，而心中一团太和之气蓄养于内，不因无端之辱，便摇其心而含怨。亦或有意外之喜，以礼敬于我，国家恩宠之厚，长上爱叹之称，陡然而获荣耀、受奖誉，在常人便惊喜得意，而修道者不然。虽有宠渥之加，亦不能动其心，而乱内养之工，仍如未闻者。此以外来之荣辱而论也。至于抱道含真，深藏不露，虽有大智大慧之能，而外若愚顽无知者，不骄其智慧，以智慧而行欺诈之事；虽有大巧大奇之异，而外若蠢拙无灵者，不恃其奇巧，以奇巧而作怪异之行。方为全道全德，有修有证之士也。其在处友交人之际，而与人无忤焉，不存争夺忿逐之心。其在处世立身之间，与世无争焉，不行强弱胜负之举。常与为世为人之念，而无欺世、欺人之心。即身为贫贱，不以贫贱而移其道志。即身遇威武，不以威武而屈其道心。甘受其饥，任受其寒，而力修学，并不觉其冻馁。忽其名，忽其利，而清修清炼，并不知其荣耀，直视之如草如芥而已。能具此智慧，能修此心性，真看破尘寰，悟到枢机者，非道器而何？遍游宇宙间，虽千万人中，并无一人。噫嘻！安得有此载道之仙宗，而与之谈玄妙哉！

**前贤著书，隐而不露，非故吝秘，道器罕觏。狂夫不知参悟，私意度圣，树党惑众，舍正而好异，求生以速死。**

吕注：所以古圣仙师，著书立说，不敢直露机关，尽泄宗旨，而以大道隐于笔墨之间者，非故为吝道深秘，诚恐不得载道之器，反至妄传之咎耳。如紫阳三传非人，三遭责谴，岂非明证哉？[①]人果怀大志，虽读丹经，尤必以求师为急务。试看古人，求师念笃，不远千里，不畏艰难，足能了道成真。今世道流，何不效之，徒有望海之叹乎？若能发坚定之志，具慧通之识，遵依法戒，勤修善功，未有不遇真师者。得师口诀，然后参悟丹经，自能悟透玄机，直超彼岸。奈何狂妄之夫，不能参悟丹经之秘旨，以一己之私意，妄拟圣真之玄言，指鹿为马，树立党羽，迷惑世人，如一切邪教傍门匪党，无非舍其大道正宗之真法，而好奇异怪诞不经之术，以此而求长生，是

---

① 张紫阳《悟真篇·后序》：仆于己酉岁，成都遇师授以丹法。自后三传匪人，三遭天谴。忆师戒云："异日有为汝解缰脱锁者，当直授之，余皆不许。"《石薛二真人纪略》石泰云："平叔先生，旧名伯端，始于成都遇异人，授以丹诀，故名用成。后因妄传获天谴，触凤州太守怒，按以事，坐黥窜。经由邻境，会天大雪，与护送者俱饮酒村市。吾适村肆中，遂邀同席会饮。问其故，具以告。吾曰：'邠守，故人也，乐善忘势，不远百里。'平叔恳为先容，护送者亦许之。遂相与诣邠，一见获免。平叔德之曰：'此恩不报，岂人也哉？且吾师授记，有解缰脱锁者，方堪授道之谶，真其人矣。今将丹法传子，子可依之修炼以成道。'吾遂再拜，受付嘱焉。"

速其死也？彼于大道之秘，焉能谈及片语只字乎？

**御女烧丹，餐参服术，步罡握诀，敕符咒水，吞津食气，内视存想，吐正吸邪，盲修独坐，皆非真道，尽属强为。所以学道者牛毛，成道者兔角也。**

吕注：前言一切邪教，果何是哉？若不指出，犹恐后学复蹈其故。有御女者，以妇人阴户为鼎器，以世俗淫媾为采取，哄动世间男女，广聚妻妾，日夜妄行。有烧丹者，烧炼炉火，暗行拐骗，名曰烧丹，实为巨盗。有炼服世间药材，如参术、云母、丹砂、黄精等，以为大道在是者。有扫室建坛，足步北斗，手持诀式，以期成道者。有受戒诵咒，朱砂书符，志在役神遣鬼，以惊奇异者。有口吞浊津，忍饥食炁，以运周天者。有坐炼后天之炁，两目直视，存想经络，以求结丹者。有对天行法，吐身中之正气，吸外来之邪气者。有入山独坐，孤修孤炼，不养父母者。皆非真道，尽属傍门小术，徒废日时，惑民害世，图人礼敬，敛物行淫，将大道之真机，化为无穷孽障。无知男女，竟拜为师，不分内外，朝日聚处，实属可恨。无怪修道者多如牛毛，而成道者少如兔角，并未见有一人能了生死、脱轮回也。嗟乎！大道至此，实难言之。今指出种种逆类，虽未尽其邪教，而后学之士，当斟酌行之，毋流为傍门外道之中，则得矣。

**况有明修礼貌，暗伏奸雄，财利锁其心志，脂粉惑其清真，借大道而饰其非为，盗正书以证其邪说，创立名号，鼓动男女。若杨墨之于孟子，仁义之于乡愿，不得不辩。**

吕注：况有大道中之诈局，明则似理学，出言谦恭，举动慈和，装出满身道象，诱人尊敬听从，俨然得道真仙，而暗中行伪巧诈，笼络人心，搜罗后学，而行不法之事。隐处则渔利渔色，聚天下之财，不足慰其贪；淫天下之色，不足满其志。出则连合同类，建立党羽。始而分派执事，继则兴造叛逆。于是因道而乱天下，阐其妖邪之术，毕竟因道而亡身家，致遭戮尸之惨，此其害之大者也。纵然不以财利而锁其心志，无在不谋贪得之计，以脂粉而惑其清真，无在非奸淫之策，更以财利而诱贫人，以脂粉而诱富家，各投其好，广结人才，作为同类。内而设坛供献，以仙佛为惑世之具；外则逢人化引，以积善为拐骗之媒。而且，恐人不信，借大道之名色，以遮饰其非为之事；盗圣贤之书语，以证其邪妄之行。或假扶乩降笔，冒充鬼神，妄谈祸福。或另开一径，不信鬼神，结连权贵。如此等类，何堪发数。更有创立美名，合成一局，茹素谈玄，修其外法，持经讲道，炼其小乘，广立教门。鼓动男女，废时失业，不婚不嫁，妄作妄为。使无知之人，如狂如癫，作奸作怪，将好好人家，弄成庵坛寺庙，非亲非戚，恁其男混女杂，不明不白，说是师傅弟子，于是大伦败坏，人理何存？旁观早已不雅，彼竟以为得计。即无不法之事，真有炼道之诚，揆诸道理之中，未免狂妄太甚。试看古来修道神仙不少，谁是如此而成道哉？况有邪教，如白莲、红莲、灯花、习水，披发执剑，纸人纸马，召鬼召神，一切伪术邪教，以杂其间，岂可不慎乎？如果真心慕道，贵在清净，养炼神丹，不无口诀。已不必出家，又何须结党？只求真师一示，便明大药玄关。后世迷徒，不究正道，偏为不法。譬如孟子时之杨墨，以异学而乱圣道。又如乡愿之与仁义，以伪行而盗美名。适足以害天下后世而已。故吾等不得不苦口力惩辩其大道之正，以辟其非。如有从前误入邪教者，见吾此注，必细思细想，弃暗投明。如有从前错立教门者，见吾此注，必细思细想，改过迁善。自能超凡入圣，得成正果。倘执迷不悟，反生忿怒之心，出毁谤之言。或暗地扯焚是书，或假刊邪书以辟是书，或翻刻是书而变易其注，徒掩一己之过，使正道淹没，皆地狱种子，万恶小人，必遭雷劫，打入九九，永无出期。如见此书，广为流通，重刻刷印，扶助正道，吾即命真师接引，登真成道。有志圣真，慎勿自贻伊戚。

**要之，诚者圣人之本，静者仙道之宗。至诚不息，至静不觉。恬淡虚无，真炁从焉。**

吕注：圣人者，为天地立心，为万民立命，与天地万物相流通也。然其功用，有自诚而明者。德无不诚，而明无不照。此诚者，天之道也。有自明而诚者，先明夫善，而后实其德。此诚之者，人道也。原其始，虽有安勉劳逸之殊；究其终，实无精粗大小之别。盖人至于诚，大可为也，化亦可为也。天地之生物不测，无过诚而已，诚者非天地之心，圣人之本乎？故至诚不息，则博厚也，高明也，悠久也。既能与天地同其体，而覆物也，载物也，成物也。自能与天地同其用，则至诚一天地矣。惟天下至诚，能与天地合其德，日月合其明，四时合其序，鬼神合其吉凶。先天而天弗违，后天而奉天时。由是范围天地而不过，曲成万物而不遗，知周万物而道济天下。所谓形形色色，蕃变而不可名，化化生生，充满而不能量者，无他，诚而已矣。故曰微之显，诚之不可掩如此夫。人能效法天地，宗祖圣人，怀诚无妄，其成己成物，希圣希天，抑又何难？大哉！其惟圣人乎？若夫仙道之宗，则必以静。静者，虚无不妄之义，亦诚之道也。能静而不动，自能诚而不妄。能以诚守身，未有不能以静守心者。是圣人之诚，即仙道之静；仙道之静，亦圣人之诚也。其中有别者，圣人造到至诚之地，便以理合道，而全受全归，行仁义礼乐之教，论修齐治平之功。仙道造至诚静之地，以法效天，而炼炁结丹，长生不死，统理乾坤。此二者，功用不同，其道则一。此圣人设教，知而不言，只教人以根本之学，不妄以虚缈立论，使后人无从宗考也。然则，又何必学仙道乎？要知仙道，最大最秘，圣人虽未明言，而《中庸》一书，已括仙道之旨；《周易》一经，已露仙道之机。无奈后儒，词藻是尚，智不及此，便妄辟仙道。岂知道在天地间，隐显莫测。显则为圣，隐则为仙，并垂万世而不朽者乎？人能先尽儒功，由儒悟道，因道证果，自有大异于人之觉悟，而知圣之所以为圣，仙之所以为仙，原出一途，而无稍差者。至仙道之言静，不徒静中静，必要动中静，虚极静笃，人我俱化，不觉不知，浑噩无名，乃有作用，乃为真静。若知其静，则非静，觉其静，则着魔也。此一"静"字，诸仙诸佛，皆必由此而结丹神化，岂非仙道之宗乎？然修此静工，必恬淡虚无，久久抱顾，常常如是，方能无中生物，静里产珠，而真一之元炁，自油然生矣。

**炁乃神之祖，精乃炁之子。炁者，精神之根蒂也。**

吕注：所谓炁者，乃先天虚无之炁，即元炁也，非后天口鼻之气。凡人之身，以炁为本，有此炁则生而灵，失此炁则死而坏也。如手足举动，知识营谋，虽系后天有形之作用，实赖先天元炁以生化，大矣哉，其惟炁乎！故为圣贤，是得此炁之真；作仙佛，亦由此炁之用。天地虽广大，由此炁以成；日月虽精华，由此炁而莹。炁能充足，其炁自化而为神。是神为炁之孙，炁乃神之祖也。炁又能成精，是炁乃精之母，精乃炁之子也。无炁则神何由化，精何由成乎？故云："炁乃神之祖，又为精之母。"诚有奥义存乎中，吾不言明，终于难解。要之人贵有神，其本属阴，无元阳真炁以化之，则神无所住而灭也。能养此真阳之炁，炁统夫神，而神自强，岂非神以炁为祖乎？至于真精，亦由炁化所成。有精之质，无炁以统之，则为后天之浊精，有何用哉？必使精返合炁，而炁自育精，乃为阳精。丹经云"留得阳精，必定长生"者，此也。又云"神炁相住，金丹稳固"者，此也。由是观之，此先天真阳之炁，非精神之根蒂而何？

**神闲则炁定，炁固则精藏。天君洞空，玄鹿驯服。太和洋溢，于中宫而施其妙用，何道不成？**

吕注：此节乃金丹大道，入门下手切要工夫。能神闲则炁自定，而无外至之魔；能炁固则精自藏，而无内生之障。即百万神仙，皆由此下手修炼而成；千万佛祖，皆由此下手修炼而得。非世间采战之邪术，炉火之妄言；非世间教门之怪事，狂夫之强为。种种丹经，说东说西，七扯八扯，总不道破其中奥义。兼之后世轻率，不苦志求师，遂将此中作用，轻轻看过，以为纸上空谈，舍却一条正大之路不行，偏为异端假道，深为可惜！然其中妙法，有一定工夫。吾不指出，仍遗误后学，今为未来之圣真泄之。何以得炁定？必先养其神，使天君清静，洞洞空空，复还先天虚无之象，自然而然，不动不乱，于是神化无相，真是虚空粉碎之景，而炁自定。如此以神摄炁，不离不杂，将元海真炁，炼至坚固不散之时，候坎宫一点蟾光透露，用智慧剑，斩断情魔，使玄鹿不跃，五体伏地，而真精自深藏不露，有变为无，应命逆行，化为一团阳炁，同来太和宫中，绵绵不竭，若存若否，洋溢蕴抱，充积于中。而后用圣师口口相传之秘，以黄婆说合，木公、金母入房，雌雄相交，会聚阴阳，都来片饷工夫，便成上品金仙。此中妙用，玄奥莫测，一得真传，飞腾天外。今世道流，开口谈玄，开口悟道，曾梦见过否？妙用者，即大道之真机，修仙之法则，炼气之工夫，还丹之口诀。果能施其妙用，而金丹圣胎得矣，又何道之不成乎？是则是也，大道不传恶人，狂夫岂作天仙？有志者，当积德以求之。诚之所感，未有不得者。倘捕风捉影，妄猜妄行，去道远矣，焉望得此妙宝乎？

**积神生炁，积炁生精，积精生寿，此自然之理也。**

吕注：人能养神，神积而炁自生焉；人能养炁，炁积而精自生焉；人能养精，精积而寿自生焉。此自然之理，不必用工而可成者。何以积神？心不妄思，而神自积。何以积炁？身不妄劳，而炁自积。何以积精？肾不妄举，而精自积。何以生寿？广种福田，栽培德行，而寿自生。奈何凡夫愚昧，不惟德行不修，而于子臣弟友之间，大失其道。自晨及夕，总是满腔妄念，糊行乱思，于是精以思耗，炁以思散，神以思伤；口多妄言，精以言耗，炁以言散，神以言伤；目多妄视，精以视耗，炁以视散，神以视伤；耳多妄听，精以听耗，炁以听散，神以听伤；身多形劳，精以劳耗，炁以劳散，神以劳伤。久而精竭则衰，神伤则病，炁绝则亡，只落得荒郊一堆黄土，了却平生大事，岂不哀哉？

**炼精化炁，炼炁化神，炼神还虚，此颠倒之法①也。**

吕注：此节是三关三候之工夫，九琴九剑之作用。要知爻铢老嫩，要明火候秘旨。由筑基、得药、结丹、炼己、还丹、温养、脱胎、玄珠、神化，循次渐进，如法修养。而初关炼精化炁，用筑基、得药、结丹工夫，精既化炁。中关炼炁化神，用炼己、还丹、温养工夫，炁既化神。末关炼神还虚，用脱胎、玄珠、神化工夫，神既还虚。而仙道已成，自觉山河大地，如在掌中，万劫不坏，与天齐寿，何乐如之？然此乃颠倒妙用，不可错误勉强。至于工夫时日，再为汝等众生宣示之。能由此做工夫，至一月已满，即能生胞，金丹一还；至二月则生胎，金丹二还；至三月生魂，金丹三还一返；四月生魄，金丹四还二返；五月生五脏，金丹五还三返；六月生六腑，金丹六还四返；七月开心中七窍，金丹七还五返；八月八景生神，金丹八还六返；九月开通九窍，金丹九还七返；十月形神坚固，脱胎神化。此中诀窍，仍不离夫颠倒妙用，而按时炼习，依法修养，方能有成。人能知此妙用，悟此奥机，扫除一切邪淫诈伪之术，以这个如此如此做去，岂有不能成道乎？总之，顺则生男生女，逆则成仙成佛。善于逆者，自得逆中之妙；不善于逆者，虽逆亦犹之夫未逆也。此等工夫，非真师口诀，恁汝智过颜闵，亦难解悟。吾今痛下一针，当头一击，将此千古不传之秘，略露一班，望汝等言外

①《黄帝外经·阴阳颠倒篇》："广成子之教，示帝行颠倒之术也。""颠倒之术，即探阴阳之原乎！窈冥之中有神也，昏默之中有神也，视听之中有神也。探其原而守神，精不摇矣；探其原而保精，神不驰矣。精固神全，形安能敝乎？"

求旨，自然有得。若拘泥于字句之间，更河汉矣。古书云："书是筌蹄，道是鱼兔。"以筌蹄而求鱼兔则可，若认筌蹄为鱼兔则不可也。须知未得鱼兔，必要用筌蹄；既得鱼兔，筌蹄亦何用哉？后学有缘，慎毋胶柱鼓瑟。

**丹道虽玄，贵乎得诀。后学从师，务宜辩正。大药不外三品，秘炼岂离一爻。筑基炼己，自有真工。金鼎火符，不容假借。**

吕注：故金丹之道，虽玄妙莫测，必要得乎真诀，而真诀必赖真师口传。后学之士，岂可悠忽自处，而不以求师为急务哉！然今世道流，或出家离俗，道袍道冠，深山独处，或三三两两，合伴云游，口唱道情，怀抱道器；或在俗家居，未离烟火，孤修独炼，茹素持经；或连结一党，立为教门，聚集男女，分别行辈。以上等类，无非借道为名，以道偷安，甚则邪行，暗谋不法，切不可宗。即或其中龙蛇混杂，真伪相兼，有能悟道，可作真师者，亦必深察斟究。果是真师，然后拜求，不可错误，以害终身。何以知其真伪？即以《丹诀辨正》质之，自杲日当空，水雪皆化也。至于市场闹地之中，及清静幽僻之所，常有真仙游玩，或化病躯，或为丑丐，或成疯者，或作贱役，以行救世，应运而降，汝等务宜加意，慎勿错过。此云后学求师，必不可忽。务宜辩正者，诚恐真师当面，反不能识，而邪师勾引，便入其党，以伪作真，以真作伪，而误求道之诚也。若夫大药，非凡砂、黑铅；水银、白锡，无非精、炁、神三品之物。而秘修秘炼之工，即是玄关一窍<sup>①</sup>之用，并无别地可炼，并无他处可修。诸书所说，名目最多，总不出一窍之义。其筑基炼己之工夫，自有一定之妙用；金鼎火符之真机，不容借假而妄指。苟能具智慧之心，破疑妄之团，必悟其道而怡然乐、欢然喜也。岂必予之谆谆然言哉？诚有望于众生。

**果能修性了命，尽人合天，阴阳交感，而逆其机，大道成矣。**

吕注：性为神，属阴；命为炁，属阳。天之所命我者炁，而我之所抱负者神。神也，炁也，性命之谓也。故《易》云："乾道变化，各正性命，保合太和。"是命者，性之所从出；性者，命之所由始。有此形，即有此炁；有

---

① 窍，底本作"爻"，校者改。

此炁，即有此理。理之所在，性即在焉；性之所在，命即在焉；命之所在，道即在焉。故有性必有命，有命即有性，性不离夫命，而命亦不离夫性也。修道求真，必性命双修，乃得阳神出现。若修性不修命，虽能养神不散，然是阴神不灵之物，所谓"寿同天地一愚夫"者，此也。《辨正》中言"修性了命"者，教人性命双修，然后可了道成真，脱免轮回生死也。至"尽人合天"句，又有至理存焉。天以道赋于我而为人，人必以道全还于天而成圣，故天有天之道，人有人之道。人道者，五伦五常之道也；天道者，阴阳造化之道也。必先克尽伦常之道，夫然后行阴阳造化之道，未有不敦伦常以尽人道，而能修阴阳造化之机以成仙道者。古仙云："上天无待罪之神仙，洞府惟忠孝之真人。"若不克尽人伦，又焉望其得仙乎？所言"尽人合天"者，教人修道，必由人道始也。果能如此用工，心诚志笃，真师踵门。得诀之后，访求外护，置造法具，勤办丹财，选卜地基，而后行先天大道、金液还丹之秘。夫所谓大道，即阴阳交感之道；所谓还丹，即逆机法炼之丹。人能以阴阳交感，而逆机炼法，岂有不成道乎？此中奥义，贵在"得师"一语，便能知道。体太极之所以判，死生根基之所以始，乾坤阴阳之所以乘，天地玄牝之所以交。而如法遵修，炼丹出神，了道成真，超玄拔祖。既到地仙、神仙之境，尤有最上一乘之工，必重安炉鼎，再兴造化，由神仙复炼神仙，足到天仙之位，自能与天地同体，日月同明，形神俱妙，与道合真也。于是三千功满，八百行圆，朝谒上帝，敕封真人，西池赴宴，玉殿称臣。视凡间镜花水月之富贵，不啻天渊之隔，岂非功成名遂、大丈夫得意之时哉？

今世众生，生在中国，四体无故，人道完全，家室无忧，心志清静，何不割爱求真，以逃沦没之苦，以避浩大之劫，而甘为世上愚夫、地狱种子乎？吾今细指详示，注此《丹诀辨正》一篇，虽论理处多，论法处少，当知法即在理之中，理乃法之义。如能熟读深思，悟其理即知其法。而以遵修苦炼，无论智愚，无分贫富，不拘男女，及到功成道备，与张、葛、旌阳为友，浮邱、钟、李并驾，又有何难？你等众生，每以为不能行之，非不能也，是不为也。有为者，亦若是。后来学道君子，果有大志，当奉此篇为玄门宗旨乃可。此书在处，有百万神兵护守，慎勿轻亵！

诗曰：万劫千生得个人，须知前世种来因。

此身不向今生度，更向何生度此身？

# 坤维秘旨

涵虚李真人　手著

## 太阴炼形全旨

夫人之有身，造道不分男女，何可以性天稍异，遂隔膜而不相援耶？余幸云游滇省，遇蒙乌女学，执经问难，得晤薪传，乃知先天玄微。女子未生之前，自得母之铅气一两，先生两肾，牵一条丝于上而生双睛，一条丝于下而生金丹。十二日，生癸水一铢；二百八十八日，生癸水一两。自兹以往，一十五日生癸水一铢，十二月生癸水一两。至十四岁，生癸水十四两于血海中。同前胎内带来二两，共积成一斤之数，三百八十四铢，合周天三百八十四度。一年得三百八十四日，又合易卦三百八十四爻。天地之数，阴极阳生，癸浮铅现，故二七而天癸降矣。斯时若遇明师，教以摄性了命，不上一二月间，即可于丹田之内，照出纯阳至宝，终宵大火连天。由奈河度过爱河，转到银河，稳步鹊桥，醍醐灌顶，往南华莲花世界恭己无为，而作女中尧舜，其福果为何如哉！

无如兰姿蕙质，永滞深闺，欲闻大道，自古为稀。盖行年至此，不免桃夭载咏，瓜瓞兴歌。自十四岁，天癸降后，每二十六月零七日半，耗去癸水一两。迨四十九岁，耗散无多，虽欲修真，究将何以为道乎？所以女工修炼，皆是年轻向上为犹愈也。近代以来，抡珠念佛者多，积气炼形者少。可见内丹之不讲，皆由内丹失传。虽欲修之，能免混于男工哉？

《修真辩难》或问曰：男女下手，分别何如？尔时告以男子下手，以炼气为主；女子下手，以炼形为要。炼气者，伏其气也，伏气务期气回[1]，乃能虚极静笃，归根复命而丹液结；炼形者，隐其形也，隐形必冀灭形，始可淘污荡秽，入浑返虚而赤脉断。故太阴炼形之法，先以揣摩尽致，然后熟运凝脂。其妙在入室之初，打扫灵台，致五蕴俱空，一私不杂，乃于两

---

[1] 回，底本作"曰"，据刘一明《修真辩难》改。

脚双盘之际，收拳合掌，搓至掌心微热，加于白鹤双龙，左揉三十六次，右揉二十四次。遂以眼光绾摄心光，临于先天祖窍。呼至乳林，吸从元海。一度一度而上升，且一度一度而下降。炼至一身百脉，似山鸣谷应之奇。或一七二七，三七二十一日，恍然血化为气，如竹炉汤沸，水吐泡而纷腾；金灶火纯，影消烟而闪烁。盖中宫寒满，非武火炼之而难平，而外药滋多，岂尘心引之而易返。所贵女中君子，节烈自持，于泥中捞出真金，海底捧来明月，将见滴滴归源。先往斗母宫中，礼拜七元真宰。辙欲离欢喜地，直循鸠尾而狂奔。于此鼓动巽风，逼伊向平易穴，冲开谷道，达玄枢而登天柱。离天柱而上泥丸，至泥丸而投绛宫。久久填离取坎，无殊男子之精修。其中沐浴、抽添、火候，丹途庶可于性命双修参之也。推之，筑基炼己，何难之有？

## 女工修炼再说

夫坤维立命之传，肇自金母元君，品列二十四真之行，以广内修。他如中条神女、无极仙女、那延溪女、谌母、洛神、麻姑等女，尝于炉火，指陈金石，简编详明丹诀。降至末劫之年，世失宗旨。虽少阳开化女真，吕祖宏开女派，而其微言寥廓，卒难率女流而同归道岸。其或惑于情欲之私，迷于室家之好，则清静无为之本体，何由养卫调营，证无漏之果？故欲夺乾坤之造化，完日月之精华，坠诸化境而生之，邻诸危途而拔之。必须拜访明师，慨然相助，求斩赤龙，脱离苦趣。赤龙者何？女子成形受气之初，血包精而成孕。是以有生而后，二七落红，天癸兆于北方。以经贯纬，透下元而通上焦，络乳房而循幽谷。前既斩关夺隘，将回净土之金，灵山之玉，寄香车满载，依次而献于琼宫也。可候月信之频来，遣弄潮儿两个，站镜心台，撒下南天大网。咬牙错齿，放胆凝眸，犹七世童真舞剑，交臂斩之而不可得，只好就下莲池，雷音寺内，祷告观音老母，借去脚下金莲一只，攀湾塞定海门，致赤龙无地奔驰，而为烈火腾腾所化。然必照以神光，使一氤氲氲而固结。守以真意，俾三田灌溉而融和，庶橐籥之吹嘘，消镕败血，卦爻之通变，拨转真铅也。以此勤修密炼，真阳渐渐归炉，太素微微伏鼎，自能于风信初交之际，拔其根株而尽之矣。所谓风信，月信、潮信云者。如人在外经营，尚未言旋<sup>①</sup>，而信音早至，其家人妇子，必怡然期许，待其捆载还乡而领受焉。内玄知此，复于信通之日，察其腰疼腿疼，目眩而心酸，气倦而神疲，兼以饮食不思，语言不快，即可安排炉火，趁三日前、两日半，仿照前功而预斩之。倘试之以白绫，则经残秽罢之余，色之赤者可以变黄，色之黄者可以变白，白尽而血归无，尚何赤龙之不潜退哉？此节所言，皆以有还无之道也。得其转圆，状如童女，允宜开关守塞，效男子返还之法，造乎最上一乘。然女子以血为肾，至四十九岁，腰枯血窘，几无生理。倘遇师传，清静摩挲，尚可自无生有，补其血元而若处子。此时见其有而斩之，一斩即除，命蒂生焉。夫而后复命归根，务求真息弥满之久，脐轮风吼，电闪雷鸣，不禁木液之滋，散作云蒸霞蔚，花笑鸟飞，而法轮且重转也。何难炼成舍利？超出欲海而至曹溪，越曹溪而登鹫岭，离鹫岭而投白鹤寺中，亲奉觉胤而为一朵莲花，一观音哉！

## 斩龙经

自来阴阳乾坤判，男女修持略分班。

男降白虎时照管，女修赤龙莫等闲。

女子十四天癸满，名为赤龙造化全。

一月一行如轮转，阴火下降出玉函。

未行之时有信见，急须诚意守玄关。

正行之时要散淡，潇潇洒洒过时间。

经罢之后两日半，依然内观心志坚。

真呼吸动太极现，逆转黄河水升天。

点点滴滴入丹院，暂停一刻又照前。

昼夜工夫不间断，赤龙一斩女成男。

三百数足周天限，坎中一点把离填。

此是斩龙经一卷，万两黄金不虚传。

---

① 旋，似宜作"归"字。

## 跋语

原夫丹非外至，丹本中藏。若紫若赤，非白非青。提玉壶而灌顶，炼金液以藏身。辩无差谬，可作仙道梯航。注有条纶，原非邪径曲学。还按丹诀，进质红尘，或为野狐所惑；丹非大丹，或为巫僧所迷。道失正道，惑恋妇女以娱色；借道饰非，或诱秀士以图财。从邪舍正，异端崛起于海宇，正学将没乎寰区。若杨墨之横行列国，乡愿之乱德春秋。辩之何可不详，注之乌容或缓。爰有三圣，位列天仙，悲悯常怀，仁德为念，持著篇章，别道门之真伪；详加注释，判仙术之正邪。明如星罗棋布，今古为昭显；似井定疆，分经纬毕具。不独为一时模范，还期作后世典型。倘秘而不宣，有负吾师之教诲，必广为传播，乃见圣道之公平。

仆俯察当代行为，仰观前朝制作，天下道书，何止千部。玄中真奥，莫此一篇。于是付剞劂而新镌，广刷印以流传。使文人学士，得遇真诠；牧隶愚夫，不容假冒。悟真玄而从实学，讲大道以绝非为。丹成九转，飞身直上天庭；神聚三花，托足不迷地网。超生死，度人天，惟此注释；脱轮回，离苦海，岂外斯文。将见个个回心，人人悟道。刀兵虽凶，何敢侵凌我体；水火即猛，焉能害及己身？此时德备道全，金童捧旨而上奏；指日功圆行满，玉女持幢而下迎。谱霓裳之曲，披锦绣之衣。受敕封于金阙，领诰轴于玉京。仙佛咸喜，圣贤共尊。庶几方丈瀛洲随缱绻，蓬莱海岛任傲游也。岂不美哉？是以不揣愚陋，再补之跋。

全阳子南阳主人谨识

## 后跋

偶得《连城碧》一书，乃民初痴道人新镌，为《丹诀辨正》并《坤维秘旨》之合刊本。《丹诀辨正》，题李祖手著、东祖补明、吕祖注解。李祖或为涵虚，东祖则未详谁是，是书为仙真降笔、显灵度世之作。其文多判教之辞，然皆一如绪言所谓理明词达、崇正辟邪之良药也，实晚清丹经中较为纯正者。《坤维秘旨》一书，为女工修炼之法诀，题涵虚李祖手著，云其游滇遇蒙乌女学而得正传。此书未见刊本流传，可补涵虚文集之阙。因此合刊本，成之于战乱之际，流传未广。今得是书，不欲其深藏匣内而人不能知，有违于痴道人之遗愿，故重新刊刻而流布，以馈于同好者。

玄复堂主人识于乙未年卯月

# 天仙正理直论

## 明·伍冲虚

〔提要〕《天仙正理直论》，伍冲虚著。伍守阳（1574—1644？），原名阳，字端阳，号冲虚子，江西南昌县人。伍氏族谱载："幼习儒书功甚勤敏，长见明季阁宦专权，时政颠倒，哲人知几，厌薄荣利，慕留侯赤松之游、希夷华山之隐，超然有出世之想，与同祖弟守虚师事曹还阳真人。"明万历二十一年（1593年）得曹还阳亲传丹法，至万历壬子（1612年）历二十年始得"仙佛合宗全旨"全诀。受曹氏丹诀后，苦志修持，始得道成真。自称"豫章三教逸民丘长春真人门下第八派分符领节受道弟子冲虚子伍守阳"。清·闵一得《金盖心灯·伍冲虚律师传》称也曾师事李泥丸、王常月，授三坛大戒，为龙门派律师。侍母至孝，"为母在，故训徒奉养母终。仙隐，宗党咸称为孝弟神仙"（伍氏族谱）。母逝，遂隐迹而去。至清朝中叶复出，传柳华阳后不知所踪。亲传弟子伍太初、朱太和、顾与弢、朱星垣等，著述有《天仙正理直论》《仙佛合宗语录》《丹道九篇》等。

本书前有自序，首为《道原浅说篇》，次为直论九章，包括先天后天二气、药物、鼎器、火候、炼己、筑基、炼药、伏气、胎息等内丹精要之论。自序指出："以二炁为论，所以明生人、生仙佛之理也；药物为论，所以明脱死超生之功也。而火候集古为经，所以合群圣仙机，列为次第之宜也。喻筑基，论二炁渐证于不漏；借炼药，论二炁成一而不离；阐伏炁，论藏之内而不驰诸外。虽反覆言炁，而不见其繁，立一名，彰一义也。论炼己者，论其成始成终之在真我；专言神，而不见其简，操一机，贯一义也。鼎器之论，见神炁之互相依；胎息之论，密指胎其神而息其炁。此又合神炁而归其妙化于神而虚者也。"诚如伍冲虚自谓："仅仅九章，完全画出一个天仙样子，令有缘有志者见为顿悟。"

《天仙正理直论》，以清乾隆二十九年甲申（1764年）申兆定重修康熙五十八年己亥（1719年）本为底本，参校清嘉庆二十四年己卯（1819年）重修乾隆二十九年本、清《道藏辑要》与清光绪二十三年（1897 年）二仙庵《重刊道藏辑要》本、清光绪二十三年丁酉（1897 年）邓云笠《伍柳仙宗》本。原文作者加注，初学读之不免病其文繁义断，为方便学者现节出无注原文，先研读原文后再细译注解可矣。

## 刻伍冲虚子《天仙正理直论》序 [①]

论天仙正理而说及道原者，伍冲虚子度世之深心也乎？抑亦成自利利人之法宝也乎？伍子去余家二里许之戚属，师余东家邻曹还阳老师，尽得传闻。其异人正授，作为是书，亦大任曹老师度世之志，遵张真人度世之命哉！余昔事曹门者，八周霜露，而与伍子比肩北面者，在于先太上皇帝万历时之己亥年也。余以二白责菽水资，远违玄范，再请师片言，盖已寒光矣。恳之久，乃云"火药已尽大纲，上达由心自悟往哉，勉旃"！遂治任来白下，一毡于兹矣，每持钟离真人九难之语为歉。而道念为切，凡诸谈道之家无不印，止见其所谓自立门户也者；云水名师无不遇，止见其所谓师师有道也者。购录书虽千万种，出高真者正而深，莫不烂然眩目，高视之若望洋，令人退席。出时人者邪而幻，快然迷心，耽人之而叛道，令人堕趣。余又志于删繁显正为歉。及伍子来馆南都，连居论道，乃出示所著《直论》《浅说》者，承群仙之正统，集玄秘之大成，见之洞然，即曹老师面命在前也。正使人目空全藏，耳接高真，上达之机，不在是乎？请速寿诸剞劂，广为当世时后世科益。获睹之者，谁能不黜邪归正，从繁择精，而甘自暴自弃也哉？或有务驰繁言而莫知所宗，或有溺彼邪趣而不求正果，吾且预为之一笑矣。呵呵，何人斯！

时当崇祯年冬日同门派弟旧社弟御虚子骆守一谨序于冲虚道隐斋中

---

① 选自抄本《伍冲虚仙佛合宗语录》。

## 重刻《天仙正理》序

余慕玄学，历久而不得其旨圭者。盖为婴姹龙虎之法象、火药男女之譬言，兼遇黄冠者指炉火为服食，贪彼家作真铅，或执于有为，或偏于枯寂，茫然多歧，罔有适从，以致眩目惑心有年矣。继因虔诚感格，得获《天仙正理》。潜心细阅，其尽性至命之学、先天后天之分、何者为药、何者名火，讲解详明。俾数载疑团，一旦冰释。虽未敢曰见是书便见是道，然参此可以征吾学之邪正，执此可以辨遇师之圣凡，实能不为玄学津梁者哉？

但惜原板藏于楚北长春观中，购求甚难。而浅见之夫，虽有秘藏，或藉以此射利欲，宁不负真人染笔时，一字一泣之慈心者耶？由是与冉君性山，互相推美，付之剞劂，公诸同志，使好学者见之，豁然心目，庶不被邪说之惑矣。

余本无学识，岂敢言明此理？只以深体真人救迷之心，急欲相传，故序明篇首，愿我同人宝之勿秘是幸。

时嘉庆七年壬戌之夏后学弟子李纯一敬书于古渝之静观斋中

## 复刻《天仙正理》序

盖闻皇天无二道，道、释之所谓仙佛，即儒之所谓圣贤，教虽分三，理则一也。故儒无不克己复礼之圣贤，道、释亦无不欲净理纯之仙佛。然而丹经众矣，门户多矣。在祖师要皆度世婆心，无奈后之人，言高远者每忽近以求，守卑近者恒执迷不悟，是以学者众而成者难。

真人伍冲虚公，悯念后学，不惜苦口，著为是书。自下学以至了却，直指详言，尽泄天机，虽时子月圆，不无口诀。然未有不身心清净，而能窥其藩篱者。冲虚公由儒悟道，因道证果，而其始不外扫净灵台，独露真全，所谓明善复初，而后可语超凡入圣，仙则天仙，理则正理也。

独惜是书，虽有藏板，尚未及广行宇内，遍播寰中。冉子清真，久思重刊，恨力不及，谋诸李子文粹纯一者。庚申冬，方欲付梓，而仆有嘉陵之游。癸亥返渝板成，冉子清真命仆为之序。仆何知，安敢应命？却之至再。第思君子不没人之善，李子文粹，髫龄好道，参学有年，即与清真诸子，朝夕讲贯，已非一日。晚年有悟，奉是书为珍璧，一片婆心，独力刊行。是伍真人以度世为念，而能体真人之志者惟李子，则李子亦真人高弟也。读是书者，倘能悟澈本来，直达彼岸，真人之赐也，而李子亦与有微劳焉。是以不揣固陋，而为之序。

皇清嘉庆九年甲子春虔撰于渝郡巴子园寻源旅邸茅山二十二代弟子武定全薰沐稽首

## 叙①

冲虚真人著《天仙正理》，谓尽精微于《直论》，致广大于《浅说》。广大之不废详，精微之不废捷，道之全体，已无不著明矣。而真人启迪后来之心，有加无已。复以门人平日讲习语录，集而成帙，名曰《仙佛合宗》，欲后之读《正理》未贯通者，参之《合宗》而益备。且以仙佛之名虽殊，而功法纤细，无不相合，正以见："只此一事实，余二即非真。"庶后世知仙佛无二致，而一切旁门异术，无容惑其意见，舍正道不由，而自趋于邪慝焉。

夫儒者存心养性以合天，佛氏明心见性以大觉，仙家清心炼性以了道。三教之所以为教，无非此身心性命而已。仙佛之道，即圣贤之道也。虽修炼精微，古圣真惧违天诫，借炉鼎铅汞，以罕譬而喻。名固纷歧，其实不外命与性，而别有所谓炉鼎、道路、铅汞、药物也。仙可合于佛，不即合于儒耶？宗二氏者，岂容分道扬镳、矜尚新奇以惑世而诬民？是真人《合宗》一书，不特阐发渊微，而其维持斯道者，益深切著明矣。读真人之书，其抑识真人之意也夫！

光绪二十三年丁酉中秋日古云安云笠邓徽绩谨叙于自然自在之轩

---

① 出自清光绪丁酉年西蜀云笠邓氏养云仙馆藏板《伍柳仙宗》。

# 本序

伍冲虚子自序曰：昔曹老师语我云："仙道简易，只神、炁二者而已。"予于是知所以长生者以炁，所以神通者以神。此语人人易晓，第先圣惓惓托喻显道。而世多援喻诳人，致道愈晦，故先圣又转机而直言神炁矣。群书之作，或有详言神，则未有不略于气者；或有详言气，亦未有不略于神者。是亦天机之不得不秘也者。奈后世又不能究竟，无全悟何？无完修何？予亦正欲均详而直论之。

夫既谓炁为长生之本，宁不以神受长生之果者乎？将谓神为修长生之主，宁不以炁定长生之基者乎？是炁也，神也，仙道之所以为双修性命者也。且谓今也以二炁为论，所以明生人、生仙佛之理也；药物为论，所以明脱死超生之功也。而火候集古为经，所以合群圣仙机，列为次第之宜也。喻筑基，论二炁渐证于不漏；借炼药，论二炁成一而不离；阐伏炁，论藏之内而不驰诸外。虽反覆言炁，而不见其繁，立一名，彰一义也。论炼己者，论其成始成终之在真我；专言神，而不见其简，操一机，贯一义也。鼎器之论，见神炁之互相依；胎息之论，密指胎其神而息其炁。此又合神炁而归其妙化于神而虚者也。

如此语成九章，道明无极。复以曹老师昔为我浅说道原者发明之，亦成一篇，冠之《直论》之首，先揭其大纲。而道体之全，已尽精微于《直论》，又致广大于《浅说》。且广大之不废详，精微之不废捷。二者全备出世，而世始全仙道矣。

倘有不彻诸书之简语，必当从此证会其全；有不悟诸书之隐言，必当从此证钻其显。读此者了然解悟，则其超凡入圣，端在兹乎！

时大明崇祯十二年己卯秋丘真人门下第八派分符领节弟子冲虚伍守阳序于南都灯市道隐斋中

# 道原浅说篇

伍子《道原浅说》发明曰：仙家修道为仙，初证则长生不死，极证则统理乾坤。古今人人羡慕而愿学者，但道理精深，人人未必能晓。予欲为众浅说之，以发明前圣之所未发者。

夫所谓道者，是人所以得生之理，而所以养生致死之由；修道者，是即此得生之理，保而还初，使之长其生而不死之法。得生之理者，一阴一阳，为一性一命，二者全而为人也。

何以谓之阴阳性命？当未有天地，未有人身之先，总属虚无，如《易》所谓"无极而太极"时也。无中恍惚，若有一炁，是名道炁，亦名先天炁。此炁久静而一，渐动而分。阳而浮为天，比如人之有性也；阴而沉为地，比如人之有命也。阳动极而静，阴静极而动。阴阳相交之气，而遂生人。则人之所得为生者，有阴阳二炁之全，有立性立命之理，故曰："人身一小天地者也。"禀此阴阳二炁，顺行随其自然之变化则生人，逆而返还修自然之理则成仙成佛。是以有三次变化而人道全，亦有三关修炼而仙道得。

顺行人道之三变者，言一变之关，自无炁而合为一炁也。父母二炁，初合一于胞中，只是先天一炁，不名神炁。及长似形，微有气，似呼吸而未成呼吸，正神气将判未判之时；及已成呼吸，而随母呼吸，则神炁已判。而未圆满之时，但已判为二，即属后天。斯时也，始欲立心立肾，而欲立性立命矣。神已固藏之于心，炁已固藏之于脐。及至手足举动翻身，而口亦有啼声者，十月足矣，则神气在胎中已全。此二变之关，言一分为二也。出胎时，先天之炁仍在脐，后天之气在口鼻。而口鼻呼吸，亦与脐相连贯。先天之神仍在心，发而驰逐为情欲。由是炁神虽二，总同心之动静为循环。

年至十六岁，神识全矣，精炁盛矣，到此则三变之关在焉。或有时而炁透阳关，则情欲之神亦到阳关。神炁相合则顺行，为生人之本，此炁化精时也。谓之三变者如此。修炼三关者，使精返为炁，炁炼为神，神还为虚。即是从三变返到二变，从二变返到一变，从一变转到虚无之位，是为天仙矣。

此处合用修炼之工，正宜浅说之者。夫炁与神，皆有动静。而静极之际，正有动机。炁动，即有神动。即此动机，便可修仙。缘此机为生人、生仙佛之分路，入死、入生之要关。炁机既以属动，将欲出阳关，而为后天之精者。《道藏》经云："精者妙物，真人长生根。"正言此未成后天精质之先天炁，名"元精"者是也。夫此炁虽动，不得神宰之，而顺亦不成精；不得神宰之，而逆亦不返炁。修仙者于此逆修，不令其出阳关。即因身中之炁机，合以神机，收藏于内，而行身中之妙运。以呼吸之气，而留恋神炁，方得神炁不离，则有小周天之气候。

夫"小周天"云者，言取象于子、丑、寅十二时，如周一日之天也。然气有行住，必有起止；气行有数，忌其太多；气行有时，忌其太久。不使之似于单播弄后天气者，恐以滞其先天炁之生机故也。生机滞，则后天呼吸无所施。此修仙之至紧至秘之工，故以周天三百六十限之。子行三十六，积得阳爻一百八十数；午行二十四，合得阴爻一百二十数。以卯酉行沐浴以养之。运此天周，积累动炁，以完先天纯阳真炁。故凡一动，则一炼而周，使机之动而复动者，则炼而复炼，周而复周，积之不过百日，则精不漏而返炁矣。

此三关返二之理，已返到扑地声离胎，七窍未开，神识未动，真炁在脐之境也。所以庐江李虚庵真人曰："阳关一闭，个个长生。"言得长生之基也。精既返而成炁，则无复有精矣。如有精，则未及证于尽返炁也。则亦无复有此一窍矣。如有窍，则未及证于真无漏也。真炁亦不得死守于脐矣。若只守于脐而不超脱过关，不过暂有少得长其生之初基而为人仙也，未能永劫长生，故有迁移之法，古人所谓"移炉换鼎"之喻者是也。施祖、钟离、吕祖三仙《传道集》所谓"三迁"者，此当用其一迁矣。

即以七日口授天机，采其大药，取得下田先天真炁，名曰"金丹"。用以服食飞升拔宅者，皆此耳。待到尾闾界地，乘其真炁，自然冲关向上之机，加以五龙捧圣之秘，转尾闾、夹脊、玉枕三关，已通九窍，直灌顶门，夹鼻牵牛过鹊桥，下重楼，而入中丹田神室之中，而亦通彻于下田，若合中下为一者，以行大周天之气候。

大周天者如一日，实周一天也。一符如是，十百千万符皆如是；一时如是，三千六百时亦皆如是，以周十月之天也。怀胎炼炁、化神入定者之候如此。其中有三月定力而能不食世味者，有四月、五月而或多月始能不食者。唯绝食之证速，则得定、出定亦速；绝食迟者，则得定、出定亦迟。所以然者，由定而太和元炁充于中，则不见有饥，何用食？又必定心坚确，故得定易，而有七月者，有八九月、十月而得定者；若定心散乱，故得定难，而有十月之外者，及不可计数之月而始得定者，即歇气多时，火冷丹力迟之说也。今以十月得大定者言之，其中又有神胎将完，第八九个月、十个月之时，外景颇多。或见奇异，或闻奇异，或有可喜事物，或有可惧事物，或有可信事物。或有心生妄念，或有奉上帝高真众圣法旨而来试道行，或张妖邪魔力而来盗真炁。凡此一切，不论心妄见魔，果邪果试，一切不着，俱以正念扫去。只用正念，以炼炁化神，自然得至呼吸绝，而无魔矣。昔丘长春老祖师扫去魔后，曾云："魔过一次，长福力一次；魔过十分，长福力十分。每当过一番魔，心上愈明一番，性愈灵一遍。"此修士所以不可不知者。既得呼吸无，则气不漏，而同炁返纯神，则无复有炁与气矣。如有炁，则呼吸虽暂似无漏，未为真绝也，必至无炁而后已。

此第二关返一之理如此，正已返到如父母初交入胞之境矣。但父母初交时，只虚无之炁，神未分于炁中也。此则炁返合于神，只存一虚无之神在焉。神已纯全，胎已满足，必不可久留于胎。如子胎十月，形全则生；神胎十月，神全则出。理势之必至也。此则再用迁法，以神之本长着于中下而离着，自中下而迁于上丹田。以加三年乳哺，九年大定，炼神而还虚也。

当此迁上之时，非只拘神在躯壳之上，犹似寿同天地之愚夫者。须用出神之理，调神出壳，而为身外之身。依师度法出神，自上田出念于身外，自身外收念于上田。一出一收，渐出渐熟，渐哺渐足，如是谓之乳哺。三年而神圆，可以千变万化，可以达地通天，可以超海移山，可以救水救旱，济世安民，诛邪除害。任其所为，皆一神所运，神变神化，所以谓之神仙。从仙而还虚，则又三迁，至于天仙之虚境矣。此皆十六岁以后，至八八六十四岁，已化精而已耗精者之修也。

又有童男未化精之修焉，皆世所不知，而亦欲浅说之者。夫人自未生之前，谓之胎；既生之后，谓之童。历年至于十六岁，炁足极矣，炁已纯阳，精犹未漏，是为全体之童。古人云"返老还童"者，还成如此不漏之全体而已。且童必至十六岁，阳炁极而精将通。末劫之世，人人习为淫欲之风，未至十四五、六，则有交姤之败。炁不旺而精不壮，夭而不寿者多矣。

若举斯世，设有一人，逾十六而未漏者，必为愚痴。不知淫欲之事，不足以行道者也。又或有一人能至十六，炁极足而未漏，此最易化神而成仙者也。若有能得成仙者，名曰"童真"。若缘分浅薄，不遇圣师点化，又不自知参究，采此真炁而炼为神，亦不足以行道者也。百千万年，或有一人，既足十六阳极之炁，又有仙师密旨，因其未漏之炁，不用炼精之工，遂以七日天机秘法，采得真炁，捧过三关九窍，以行炼炁化神之工。所以无炼精之工者，正以炁未化精，而采之即得。

故炁未化精者，修之有四易：易于时、易于工、易于财、易于侣也。易于时者，不用百日之工，从七日而十月、三年，可计之程也；易于工者，不用小周天采补薰蒸，从采大药服食，而胎神、乳哺，可必之果也；易于财者，自七日而十月、三年，可数之费也；易于侣者，因童真之神清而明，炁完而足，用其护力而扶持，颠危昏眊者少也。斯谓之"四易"。

其炁已败于化精者，则必用炼精之工，故有四难，难亦时、工、财、侣也。难于时者，精已虚耗，无大药之生，必采炼精以补精，返炁而补炁，则真炁大药始有所生，多百日之关。如有年之愈老，则不能以百日而返足炁，亦不能以百日而止工也。难于工者，工曰百日，有期内、期外之不同。是以年之渐老，则用工渐多。如神已昏眊，必先养其清明；精炁已耗竭，必先养其充实。岂朝夕之力而能然哉？古人教人得之者早修，"莫待老来铅汞少"者，皆为此也。难于财者，以行道之期久，日费之积多，不可以数限也。难于侣者，用工日多，则给使令之久；扶颠危之专，遂致护道未终；或以日久功迟，而疑生厌心；或以身魔家难，而变轻道念。此往往有之者矣。

又观古人所谓"同志三人护相守"，又曰"择侣择财求福地"。而福地者，不过不逢兵戈之乱，不为豪强之侵，不近往来之冲，不至盗贼之扰。略近城市，易为饮食之需；必远树林，绝其鸟风之聒。屋不逾丈，墙必重垣，明暗适宜，床座厚褥。加以洁精芽茶、淡饭，五味随时，调养口腹，安静气体，亦易易事耳，然亦古人之长虑也。

又有极口称为"财不难兮侣却难"者，是何也？盖为学道本皆智士，而每人品不同。或以德胜，而行道之心不专；或以志欲为仙，而德不足；或以始虽勤，而终则怠；或喜于谈笑，而问道若勤，其力行实悟全无有；或初一遇，待师家以杯茶，便问如何成黄芽；饮师家以杯酒，便问如何到了手；轻视如俚言之笑谭，即持谭笑之闻，认为得理；或以好胜务奇，而欲闻独异于人，称独胜于人，徒务知道而不行道。或有徒务博闻而唯自夸为能士，如遇一宾友曰能这件，则亦曰这我也能；遇一宾友曰能那件，则亦曰那个我也能。不论邪正是非，一概俱闻，实无学道、行道之志。又或有狡诈医士，谈学道而涉猎却病旁小坐功。遇富贵者，用药无功，又恐他人夺其主顾，故传以坐功而却病，为钩连擒拿之法耳，何有于学道之心？或本志不真学道，但借学道为芳名，而阴行不道之事；或以口称学道、知道、行道，而心实不学、不知、不行者；或以父母妻子恩爱太重，而道念亦重，欲割然修仙，则恩爱不能尽舍。欲系恋恩爱，又恐无常速到，失却千万亿劫难逢之道。此谓两持之心，而亦两失之心也。无常速到，道果得乎？恩爱在乎？所以行道、护道三人，须要决地立志，修德修道，于此前列假心学道数事，辨得分明，全无所犯，不妨道行，而后可称同志。

但侣之难于同志者，又有难于择者也。以同志者，未必出于一家一乡，而为两相素知。如一身之德行不臧者，暂遇之不识也；如一心之邪慝深邃者，面交之难察也；如祖父辈之基恶种祸者，远见之不及也。此皆上苍之必不付道者也，如何而能以一晤一言知择耶？假令即有全德坚志之士，必于学道修仙，于师家之逢，邂逅难于相信。所以难于相信者，又系认道不真，不素识其道德有无，果邪果正，而不敢轻于信，此尤见侣之所以难也。

彼世人，遇区区奔走者于一倾盖间，而曰得遇仙、曰得遇侣，果何所得哉？觅师侣者，尤当以此为鉴戒。但后来修士，必于人道中，先修纯德，又能信奉真师，慎择贤友，精心修炼。于此《浅说》中语，一一勘得透彻，则长生不死、神仙、天仙、佛世尊，可计日而皆得矣。予又愿同志者共勉之！

## 先天后天二炁直论第一

冲虚子曰：昔读《玉皇心印经》云："上药三品，神与气精。"固然矣。然其间有秘密而当直论者，正有说焉。唯是神与精也，只用先天，忌至后天。而炁则不能无先、后天之二用，以为长生超劫运之本者。所以吕祖得"先天炁、后天气"之旨而成天仙也。

然所谓先天炁者，谓先于天而有，无形之炁，能生有形之天，是天地之先天也。即是能生有形之我者，生我之先天也，故亦曰"先天"。修士用此先天始炁，以为金丹之祖。未漏者，即采之以安神入定；已漏者，采之以补足，如有生之初，完此先天者也。

夫用此炁者，由何以知先天之真也？当静虚至极时，无一毫念虑，亦未涉一念觉知，此正真先天之真境界也。如遇混沌初分，即有真性始觉，真炁始呈，是谓真先天之炁也。修士于此下手，须要知采取真时，知配合真法，知修炼真机，而后可称真仙道。

所谓后天气者，后于天而有，言有天形以后之物，即同我有身以后有形者也。当阴阳分而动静相乘之时，有往来不穷者，为呼吸之气；有生生不已者，为交感之精。故曰"后天"。自呼吸之息而论，人之呼出则气枢外转而辟，吸入则气枢内转而阖，是气之常度也；自交感之精而论，由先天之炁动而为先天无形之精，触色流形，变而为后天有形之精，是精之常理也。皆人道，若此而已，后天而奉天者也。修士于此，须不令先天元精变为后天，又必令先天之精仍返还为始炁，是以后天气之呼吸，得真机而致者。

故于动静先后之际，用后天之真呼吸，寻真人呼吸处。一意归中，随后天气轴而逆转阖辟。当吸机之阖，我则转而至乾，以升为进也；当呼机之辟，我则转而至坤，以降为退也。修炼先天之精，合为一炁，以复先天者也。

世人乃不知先天为"至清至静"之称，所以变而为后天有形之呼吸者，此先天也；动而为先天无形之精者，亦此先天也；化而为后天有形之精者，亦此先天也。此顺行之理也。至于逆修，不使化为后天有行之精者，固此先天也；不使动为先天无形之精者，定此先天也；不使判为后天有形之呼吸者，伏此先天也。证到先天，始名"一炁"，是一而为三，三而复一。有数种之名，即有数种之用。故不知先后清浊之辨，不可以采取真气；不知真动真静之机，亦不可以得真炁。不知次第之用，采取之工，又何以言伏炁也哉？古人有言"药物"者，单以先天炁而言者也；有言为"火候"者，单以后天气而言者也。不全露之意也。有言"药即是火，火即是药"，虽兼先后二炁而言，盖言其有同用之机，药生则火亦生，用药则亦用火，故曰：即是亦不显露之意也。后来者何由得以明悟耶？修天仙者，不可以不明二炁之真。

## 药物直论第二

冲虚子曰：天仙大道喻金丹，金丹根本喻药物，果以何物喻药也？太上云："恍恍惚惚，其中有物。"即吾身中一点真阳之精炁，号曰"先天祖炁"者是也。夫既名曰"祖炁"，则必在内为生气之根者，而又曰"外药"者，何也？盖古云"金丹内药自外来"，以祖炁从生身时，虽隐藏于丹田，却有向外发生之时，即取此发生于外者，复返还于内，是以虽从内生，却从外来，故谓之"外药"；炼成还丹，斯谓之"内药"，又谓"大药"。实止此一炁而已。

今且详言外药、内药之理，而所以名外药、内药之由。既曰"药本一炁"也，非有外、内之异，而何有外、内之名者？以初之发生，总出于身外，而遂曰"外药"。若不曰"外"，则人不知采之于外而还于内，将何以还丹？及精补精全，炁补炁足，神炁俱得定机。于此时发生大药者，全不着于外，只动于发生之地，因其不离于内，故曰"内药"。若不曰"内"，则人一概混求于外，则外无药，无所得，而阻于小果空亡，将何以化神？所以先圣不得已而详言内、外也。既有外、内之生，所以采之者亦异。盖外药生而后采者也，内药则采而后生者也。

此亦往圣之不轻言直论者。我今再详言之，以继世尊所为"重宣偈者"云。此炁在人，未有此身，即此炁以生其身。既有此身，则乘此炁运行以自生，故曰：修士亦惟聚炼此炁而求长生也。但其变化，虽在逆转一炁，而其为逆转主宰则在神。若念动神驰，引此炁驰于欲界，则元神散，元炁耗，变为后天有形之精。此精必倾，不可复留，亦不可复返，终于世道中之物而已，乃无益于丹道之物也。若人认此交姤之精为药，即为邪见。如遇至静至虚，不属思索，不属见闻觉知，而真阳之炁自动。非觉而动，实动而觉，觉而不觉，复觉真玄，即是先天宜用之药物。此时即有生化之机，而将发生于外者在。如天地之炁，过冬至而阳动，必及春而生物者然也。

故顺而去之，即能生人；逆而返之，则能生仙、生佛。修士最宜辨此一着。以先天无念元神为主，返照内观，凝神入于气穴，则先天真药，亦自虚无中返归于鼎内之炁根，为炼丹之本。古云"自外来"者如此。此外药之论也。将此药之在鼎者，以行小周天之火而烹炼之，谓之炼外丹。外丹火足药成，方是至足纯阳之炁，方可谓之"坎中满"者。曹还阳真人口授以采大药之景，及采大药之法者，正为此用也。

夫采之而大药生而来，斯固谓之得内药矣。或有采之而大药不生者，有三故焉：一者，或外丹已成，而采此药之真工不明，而不知所以采药之，故不得；二者，或小周天之火，传之真而行之不真，而外丹不成，虽知采之，而无药可采，故不得；三者，火传之真，行之真，而候不足，而药炁不至于纯阳，虽知采之而药不为之采，故亦不得。药之不可得，则不得曰"内药"也。采得此药以服食，而点化元神，张紫阳谓之"取坎填离"，正阳真人谓之"抽铅添汞"，只皆言得此内药也。欲将此炁炼而化神，必将此炁合神为炼，炼作纯阳之神，则有大周天火候在焉。当是时也，火自有火而至于无火，药自有药而至于无药，自纯阳炁之无漏以成纯阳神之无漏。而一神寂照，则仙道从此实得矣。皆药之二生之真、两采之真、两炼之真以所证者。

辨药者，为仙家之至要秘密天机，学者可不知辨哉！然古人但言药物，而不言辨法，不言用法，又不言采时、采法，一药之虚名在于耳目之外，故后人无以认真。我且喻言之：如一草一木之为药，有生苗之时，有华实之时，自一根而渐至成用者如此。真阳之药，自微至著，采而用为修炼者，亦如此。

我所以直言此论者，正以申明古人所谓"药生有时"，令人人知辨而知用也。世人见此论而信不及者，则将何处得真阳？将指何者为真药物哉？吾愿直与同志者共究之，慎毋信邪说淫精不真之药物为误也。

## 鼎器直论第三

冲虚子曰：修仙与炼金丹之理同，圣圣真真，无不借金丹以喻明夫仙道。仙道以神炁二者而归复于丹田之中以成真，金丹以铅汞二者而烹炼于炉鼎之内以成宝。故神炁有铅汞之喻，而丹田有鼎器之喻也。

是鼎器也，古圣真本为炼精、炼炁、炼神所归依本根之地而言也。世之愚人，遂专于炼铅、炼汞，而堕弃其万劫不可得之人身。妖人淫贼遂妄指女人为鼎，指淫姤为炼药，取男淫精、女淫水败血为服食，诳人自诳，补身接命。而误弃其性命本自有之真宗，尽由鼎器之说误之也。一鼎器之名，而迷者与悟者判途，敢不明辨而救之哉！

夫是鼎器也，为仙机首尾归复变化之至要者也。若无此为归复之所，而持疑无定向，则神何以凝精炁归穴耶？然鼎器犹是古来一名目也。不知身中所本有者，有乾坤炉鼎之喻，亦有内鼎、外鼎之称者。言外鼎者，指丹田之形言也；言内鼎者，指丹田中之炁言也。以形言者，言炼形为炼精化炁之用，故古云"前对脐轮后对肾，中间有个真金鼎"者是也；以炁言者，言炼炁为炼炁化神之用，故古云"先取白金为鼎器"，又曰"分明内鼎是黄金"。言白言黄，皆言所还之炁是也。

兹再扩而论之，无不可喻鼎器者。当其始也，欲还先天真炁，惟神可得。则以元神领炁，并归向于下丹田，而后天呼吸皆随神以复真炁，即借言"神名内鼎"者也可。若无是神，则不能摄是炁。而所止之下田为外鼎者，又炁所藏之本位，即所谓"有个真金鼎"之处。必凝神入此炁穴，而神返身中炁自回。炁所以归根者，由此也。及其既也，欲养胎而伏至灵元神，惟炁斯可。则以先天元炁相定于中田，似为关锁。而神即能久伏、久定于中，即如前言"炁名内鼎"者也可。若无是炁，则不能留是神。而所守之中田为外鼎者，又神所居之本位。故神即静定而寂照者，如此也。尽皆颠倒立名，以阐明此道耳。故吕仙翁又曰"真炉鼎、真橐籥"。知之真者，而后用之真；用之真者，而后证果得其真。岂有还丹鼎器之所当明者而可不实究之耶？又岂有取诸身外而可别求为鼎器者耶？昔有言"总在炁圣性灵而得"者，斯言亦得之矣。夫还神摄炁，妙在虚无，必先有归依，方成胜定。

此鼎器之辨，不可忽也。

# 火候经第四

冲虚子集说《火候经》曰：天仙是本性元神，不得金丹，不能复至性地而为证；金丹是真阳元炁，不得火候，不能采取烹炼而为丹。故曰：全凭火候成功。昔我李祖虚庵真人云："饶得真阳决志行，若无真火道难成。周天炼法须仙授，世人说者有谁真？"且谓上古圣真，不立文字，恐人徒见而信受不及；中古圣人，借名火候而略言之，而世又不解知。及见薛道光言"圣人不传火"，遂委于不参究。虽有略言者，亦不用，竞取信于妖人之口而已。我故曰："火候谁云不可传？随机默运入玄玄。达观往昔千千圣，呼吸分明了却仙。"岂不见陈虚白曰："火候口诀之要，当于真息中求之。"《灵源大道歌》云："千经万论讲玄微，命蒂由来在真息。"陈致虚曰："火候最秘，其妙非可一概而论，中有逐节事条。"可不明辨之乎？

张紫阳曰："始于有作无人见，及至无为众始知。但信无为为要妙，孰知有作是根基？"纯阳真人曰："一阳初动，中宵漏永。"魏伯阳真人曰："晦至朔旦，震来受符。"陈朝元曰："凡炼丹，随子时阳气生而起火，则火力方全。余时起火不得，无药故也。"陈泥丸曰："十二时辰须认子。"白玉蟾曰："月圆口诀明明语，时子心传果不讹。"彭鹤林曰："火药元来一处居，看时似有觅时无。"予老祖师李虚庵真人曰："一阳动处初行火，卯酉封炉一样温。"此皆言药生即是火生，以明采药起火之候也。

正阳真人曰："结丹火候有时刻。"萧紫虚曰："乾坤橐籥鼓有数，离坎刀圭采有时。"王鼎真人曰："入鼎若无刻漏，灵芽不生，时候不正，有何定其斤两升降哉？"《玄学正宗》曰："刻漏者，出入息也。"广成子曰："人之反覆呼吸彻于蒂，一吸则天气下降，一呼则地气上升，我之真炁相接也。"予师曹还阳真人曰："子卯午酉定真机，颠倒阴阳三百息。"张紫阳曰："刻刻调和，真炁凝结。"薛道光："火候抽添思绝尘，一爻看过一爻生。"陈泥丸曰："天上分明十二辰，人间分作炼丹程。若言刻漏无凭信，不会玄机药不成。"又曰："百刻之中，切忌昏迷。"陈希夷曰："子午功，是火候，两时活取无昏昼。一阳复卦子时生，午后一阴生于姤。三十六，又廿四，周天度数同相似。卯时沐浴酉时同，火候足时休恣意。"许旌阳曰："二百一十六，用在阳时；一百四十四，行于阴候。"金谷野人曰："周天息数微微数，玉漏寒声滴滴符。"《真诠》曰："火候本只寓一气进退之节，非有他也。真火之妙在人，若用意紧则火燥，用意缓则火寒，勿忘勿助，非有定则，尤最怕意散，不升不降，不结大丹。"王果斋曰："口不呼，鼻不吸，橐天籥地徐停息。巽风离火鼎中烹，直使身安命方立。"陈泥丸曰："行坐寝食总如如，唯恐火冷丹力迟。"纯阳老祖："安排鼎灶炼玄根，进退须明卯酉门。"正阳老祖师曰："旦暮寅申知火候。"又曰："沐浴脱胎分卯酉。"又曰："沐浴潜藏总是空。"《〈悟真篇〉注疏》曰："子进阳火，息火谓之沐浴；午退阴符，停符亦谓之沐浴。"正阳老祖曰："果然百日防危险。"萧紫虚曰："防火候之差失，忌梦寐之昏迷。"《天尊得道了身经》曰："调息绵绵，似有如无，莫教间断。"张紫阳曰："谩守药炉看火候，但安神息任天然。"石杏林曰："定里见丹成。"紫阳曰："火候不用时，冬至不在子。及其沐浴时，卯酉时虚比。"又曰："不刻时中分子午，无爻卦内定乾坤。"此皆言炼药行火，小周天之候也。

《心印经》曰："回风混合，百日工灵。"正阳老祖曰："丹熟不须行火候，更行火候必伤丹。"崔公曰："受炁足，防危凶，火候足，莫伤丹。"紫阳曰："未炼还丹须速炼，炼了还须知止足。若也持盈未已心，不免一朝遭殆辱。"萧了真曰："切忌不须行火候，不知止足必倾危。"此皆言丹成止火之候也。故陈致虚亦有云："火候者，候其时之来，候其火之至，看其火之可发，此火候也；慎其火之时到，此火候也；察其火之无过不及，此火候也；明其火之老嫩温微，此火候也；若丹已成，急去其火，此亦候也。天仙九还丹火之秘候宜此。"若此数者，炼精化炁之候备矣。

予故曰：自知药生，而采取封固、运火周天，其中进退颠倒、沐浴呼嘘、行住起止，工法虽殊，真机至妙，在乎一气贯真炁而不失于二绪，一神驭二炁而不少离于他见。三百周天数，犹有分余象闰数。一候玄妙机，同于三百候，方得炁归一炁，神定一神，精住炁凝，候足火止，以为入药之基，存神之舍也。而道光薛真人乃有"定息采真铅"之旨。既得真铅大药服食，正阳谓之"抽铅"；即行火候炼神，谓之"添汞"。若不添汞行火，则真炁断而不生；若不炼神，则阳神不就，终于尸解而已。

故《九转琼丹论》云："又恐歇气多时，即滞神丹变化。"纯阳真人云："从今别鼓没弦琴。"紫阳曰："大凡火候，只此大周天一场大有危险者，切不可以平日火候例视之也。"广成子曰："丹灶河车休矻矻（音恰），鹤胎龟息自绵绵。"白玉蟾曰："心入虚无行火候。"范德昭曰："内气不出，外气不入，非闭气也。"白玉蟾又曰："上品丹法无卦爻。"彭鹤林曰："若到丹成须沐浴。"正阳老祖真人曰："一年沐浴防危险。"又曰："不须行火候，炉里自温温。"王重阳真人老祖："圣胎既凝，养以文火，安神定息，任其自然。"道光曰："一年沐浴更防危，十月调和须谨节。"陈虚白曰："火须有候不须时，些子机关我自知。"紫虚曰："定意如如行火候。"又曰："看时似有觅时无。"又曰："不在呼嘘并数息，天然。"又曰："守真一，则息不往来。"古云："《火记》六百篇，篇篇相似采真铅。"马丹阳曰："工夫常不间，定息号灵胎。"石杏林曰："不须行火候，又恐损婴儿。"《中和集》曰："守之即妄，纵又成非，非守非忘，不收不纵，勘这存存存的谁？"鹤林曰："及至打熬成一块，试问时人会不会？不增不减何抽添，无去无来何进退？"我祖师张静虚真人曰："真候全非九六爻，也非颠倒非进退。机同沐浴又还非，定空久定神通慧。"丘长春真人曰："息有一毫之不定，命非己有。"此皆言炼炁化神、十月养胎，大周天之火候也。

予亦曰："大周天之火，不计爻象，固非有作，温温相续，又非顽无。初似不着有无，终则全归大定。切不可执火为无，以为自了，则落小解之果。又不可住火于有，以为常行，则失大定之归。将有还无，一到真定，则超脱出神，飞升冲举之道尽矣。"

若此天机，群仙直语，固非全露。然散之则各言其略，集之则序言其详。完全火候，不必尽出予之齿颊。而此集出世，则为来劫万真火经根本，后来见者自能从斯了悟，不复疑堕旁门，而胎神自就，阳神自出，劫运自超矣。

但于出神之后，炼神还虚九年之妙，虽非敢言，而《中和集》曰："九载三年常一定，便是神仙。"亦且言之矣。实非世学所能轻悟轻用者，必俟了道之士，以虚无实相而用之。第不可以一乘既得，遂妄称了当，不行末后还虚，则于神通境界，毕竟住脚不得，后来者共勉之！

豫章三教逸民丘长春真人门下第八派分符领节受道弟子冲虚子伍守阳书于旌阳谶记千二百四十二年之明时万历乙卯春日云

## 炼己直论第五

冲虚子曰：诸圣真皆言最要先炼己。谓炼者，即古所谓苦行其当行之事曰炼，熟行其当行之事曰炼；绝禁其不当为之事亦曰炼，精进励志而求其必成亦曰炼；割绝贪爱而不留余爱亦曰炼，禁止旧习而全不染习亦曰炼。

己者，即我静中之真性，动中之真意，为元神之别名也。然必先炼己者，以吾心之真性，本以主宰乎精炁者，宰之顺以生人，由此性；宰之逆以成圣，亦由此性。若不先为勤炼，熟境难忘，焉能超脱习染而复炁胎神哉？

当未炼之先，每出万般变幻，而为日用之神，犹且任精任炁，外驰不住。古云："未炼还丹先炼性，未修大药先修心。"盖为此而言也。能炼之者，因耳逐声而用听，则炼之于不闻；目逐色而用观，则炼之于不见；神逐感而用交，则炼之于不思。平常日用必须如是先炼，则己念伏降，而性真纯静。及至炼炁炼神，则不被境物颠倒所弄，采药而药即得，筑基而基即成，结胎而胎必脱，方名复性之初，而炼己之功得矣。有不得其先炼者，当药生之时，不辨其为时；炼药之候，不终其为候。药将得，或以己念而复失；神将出，或以己念而复堕。欲其炁之清真，己不纯，必不得其清真；欲其神之静定，己未炼，必不得其静定。或遇可喜而即喜，或遇可惧而即惧；或遇可疑而即疑，或遇可信而即信。皆未炼己之纯也。

又有内本无，而妄起一想念，谓之内魔障。或有生此而不知灭，不能即灭者；或有灭其所生，而复生复灭者，皆障道。必炼己者，而后能生灭灭已。又有外本无，而偶有一见一闻，谓之不宜有之外魔障。或用见用闻，与之应对，而不即远离者，亦障道。必先炼己者，而后能无见无闻。此己之所以不可不先炼也。

昔有一人，坐中见承尘板上一人跳下，立于前，没入于地，复从地涌出，立于前。见其神通变化，而认为身外身，不识为身外之天魔，即为魔所诱动。出圜而远叩丘祖，祖曰："见者不可认。"乃不知信。又谒郝祖，祖曰："丘哥说者便是。"惜乎犹不知信，不复更居圜中，而废前功矣。此亦己未炼纯之证也。昔丘祖坐于崖下，崖石坠压折肋，知是天魔，祖不为之动。如是当过五番，不动一念。直证阳神出现，见山河大地，如在掌中。此得炼己性定之显案也，并书以励同志。

## 筑基直论第六

冲虚子曰：修仙而始曰筑基。筑者，渐渐积累增益之义；基者，修炼阳神之本根，安神定息之处所也。基必先筑者，盖谓阳神，即元神之所成就纯全而显灵者，常依精炁而为用。精炁旺，则神亦旺而法力大；精炁耗，则神亦耗而弱。此理之所以如是也。欲得元神长住而长灵觉，亦必精炁长住而长为有基也。自基未筑之先，元神逐境外驰，则元炁散、元精败，基愈坏矣，所以不足为基。且精之逐于交感，年深岁久，恋恋爱根，一旦欲令不漏而且还炁，得乎？此无基也。炁之散于呼吸，息出息入，勤勤无已，一旦欲令不息而且化神，得乎？此为基也。神之扰于思虑，时递刻迁，茫茫接物，一旦欲令长定而且还虚，得乎？此无基也。古人皆言"以精炼精、以炁炼炁、以神炼神"者，正欲为此用也。是以必用精、炁、神三宝合炼，精补其精，炁补其炁，神补其神，筑而成基。唯能合一则成基，不能合一则精、炁、神不能长旺，而基即不可成。及基筑成，精则固矣，炁则还矣，永为坚固不坏之基而长生不死，证人仙之果矣。为出欲界升色界之基者，以此；为十月神定之基者，以此；而九、十月不昏睡者，有此基也；十月不饮食、不寒暑者，有此基也；十月神不外驰而得入大定者，有此基也。所以炼气而气即定，历百千万亿劫而绝无呼吸一息；炼神而神即虚，历百千万亿劫而不昏迷一睡，亦不散乱一驰。与天地同其寿量者，基此。与圣真齐其神通灵应者，基此；此所谓阳神之有基者。基成，由于阳精无漏而名"漏尽通"。不然，无基者即无漏尽通矣。虽证人神通，不过阴灵之性，五通之果，宅舍难固，不免于死此而生于彼。若有秘授，躲横生而择竖形者，犹且易姓改名，虚负今生矣，阴神何益哉？阳神之基，可不亟筑之哉？可不急究之哉？世有以淫姤败基者，反诳人曰"采补筑基"，欺骗愚夫，共为淫乐。一遇淫姤，而精无不损者，炁无不耗者，神无不荡者，基愈灭矣，直误至于死，而后知彼淫邪术假之悖正道，可不戒之哉！

## 炼药直论第七

冲虚子曰：仙道以精、炁、神三元为正药，以炼三合一，喻名炼药。其理最精微，其法最秘密。昔钟离曾十试于吕祖，丘祖受百难于重阳，我伍子切问二十载于曹还阳，方才有得。是以世之茫然学道者，及偶然漫谈者，皆不知何者是真药？而何法为真炼？徒然空说向自己身心中而求，实不知有至静之真时、真机也。夫至静之真时者，是此身心静极，即所喻亥之末、子之初也。阴静极必有阳动，则炁固有循环真机，自然复动，此正先天无形元炁，将动而为先天无形之元精时也。即此先天无形之精，便名药物。既有药炁生机，必有先天得药之觉。即以觉灵为炼药之主，以冲和为炼药之用，则用起火之候以采之。

须辨药之老嫩，采之嫩则炁微而不灵，不结丹也；采之老则气散而不灵，亦不结丹也。得药之真，既采归炉，则用行火之候以炼之。药未归炉而先行火，药竟外耗而非为我有，不成大药；药已归炉，而未即行火，则真炁断而不续，亦不成大药。若肮肮然加意于火，则偏着执于火而药消耗；若悠悠然不知有火，则迷散失于火而药亦消。皆不成大药。若火间断，而工不常，虽药将成而复坏；若久执行火而不知止足，虽药已成而亦坏。皆不得服食。

后世圣真修此，必使神气相均相合，火药适宜，以呼吸之气，乘真炁为动静；以真炁之动静，定真息之根基。则火药既不着于一偏，又无强执纵失之患。如此而炼，方得小周天之妙理，方成长生之大药，始名外金丹成也。祖祖真真，服食飞升之至宝，乃最上上之玄机，最宜参悟而精修者也。

得此真药服食，自可进修，行大周天之火候。以炼炁化神，炼炁而息定，化神而胎圆，阳神升迁于天门而出现，神仙之事得矣，中关十月之事完矣。其后面壁还虚，九年一定，以神仙而顿悟性于无极，形神俱妙，总炼成一个不坏清虚圣身。皆由炼药合仙机，而得成丹成神者之所至也。

故凡大修行上关大成事，必如此则毕矣。于此毕法中，始于百日炼药而成服食者，无量寿之地仙也；中而十月炼成脱胎出阳神之果者，超出阴阳之神仙也；终而九年面壁，炼成还虚之果者，超出尽天地劫运之天仙也。

有仙缘者，遇此《天仙正理直论》，其亦斋心以识之。

## 伏气直论第八

冲虚子曰：人之生死大关，只一气也；圣凡之分，只一伏气也。而是伏义，乃为藏伏，而亦为降伏。唯能伏气，则精可返，而复还为先天之炁；神可凝，而复还为先天之神。所以炼精者，欲以调此气而伏也；所以炼神者，欲以息此气而伏也。始终向上之工，只为伏此一口气耳。所以必伏，而始终皆伏者，是何故？盖当未生此身之时，就二炁初结之基在丹田，隐然藏伏为气根。久伏于静，则动而生呼吸，是知由静伏而后生呼吸之气以成人道者，曰顺生也。而是逆修，曰成仙者，当必由呼吸之气而返还，藏伏为静。此气伏、伏气之逆顺理也。及呼吸出于口鼻，而专为口鼻之用，真气发散于外，遂至滞损此气则为病，耗竭此气则为死。盖不知伏为所以复之故，而亦不知行其所以伏，安保其能久生而超生死于浩浩劫之外耶？

有等妄言伏气者，而不知伏气真机，终日把息调，而口鼻之呼吸尤甚；痴心执闭息，而腹中之逼塞难容。哀哉！此妄人之为也，安见其气之伏而静定也？昔丘祖云："息有一毫之不定，命非己有。"而伏气之要，正修士实用所以证道之工也。但此天机之妙，绝与世法不同。古人托名"调息"者，随顺往来之理，而不执滞往来之形，欲合乎似无之呼吸也；托名"闭息"者，而内则空空，如太虚无物，欲合于无极中之静伏也。

总之，为化炁化神之秘机。古人云"长生须伏气"，故自周天而历时、日、年、劫，惟伏此气。此气大定，则不见其从何而伏始，亦不见其从何而伏终。无始无终，亘万古而无一息，与神俱虚俱静，斯谓之形神俱妙之境也。唯闻天仙正道者，方能识得此理；唯有三宝全功者，方能行及此工。有大志圣真，请究之而实悟之。

## 胎息直论第九

冲虚子曰：古《胎息经》云："胎从伏气中结，炁从有胎中息。"斯言为过去未来诸神仙天仙之要法也，予愿再详译而直论之。夫人身初时，只二气合一，为虚空中之炁而已，无胎也，亦无息也。因母呼吸而长为胎，因胎而长为息。及至胎全，妙在随母呼吸而为呼吸。所以终日呼吸而不逼闷，此缘不由口鼻呼吸，只脐相通，故能似无气息一般，此正真胎息景也。离胎而息即断，无母脐与子脐相通，不得不向自身口鼻起呼吸，即与胎中呼吸同，而暂异其窍耳。逆修返还之理，安得不以我今呼吸之息，而返还为胎中息耶？凡返还呼吸时，以口鼻呼吸之气，而复归于胎息之所，如处胎息之时，渐渐炼至胎息亦真无。真无者，灭息尽之义也。方是未生时，而返还于未有息、未有胎已前之境界，不落生死之途者矣。

所以得如此者，亦非蓦然无所凭依配合，便以呼吸归中而可胎息者。所谓孤阴不成者，此亦其一也。必要有先天炁机发动之时，又有元灵独觉及呼吸相依，三宝会合，已先炼成大药者，而转归黄庭结胎之所。于此之时，而后以胎息养胎神，得神炁乘胎息之气在中一定，即是结胎之始，正《入药镜》所谓"初结胎，看本命"而得者。虽似有微微呼吸，若在脐轮，而若不在脐轮在虚空，正《度人经》所谓"元始悬一粒宝珠，去地五丈"，如世尊之前，"地涌之宝塔在虚空中"等语，皆是也。皆用运旋○●，以渐至成胎，顿然绝离口鼻，不存呼吸，灭却有作，恰然处胎相似。而胎中之息，始虽似有，而终绝无，即是真胎息，所以成阳神者。

如是而久久无间断，绵绵密密，无时无刻，而不是在胎中无息之景，真证阳神大定，绝无动静起灭，即是胎圆，乃返还到如母胎初结一炁，未成我而未分精炁与神之时，正《入药镜》所谓"终脱胎，看四正"而得者。胎息还神，固曰："毕矣。"毕其十月中关之事，神仙之证也。犹有向上田炼神还虚而证天仙者，在所必当知。故迁神于上田而出天门，以阳神之显见者，倏出倏入，何也？当前之十月之内，而或有出者，是不宜出之出也。由六根之为魔而妄出，妄出则神走而着魔境，而息亦走，着于口鼻。必急入，则依于息而归胎。此时之出，是当出而出也。故起一出念，而出阳神于天门。若出之久，恐神迷失而错念，故即入上田，而依于虚无之定所，以神既出胎，喻同人生之幼小，须三年乳哺者，以定为乳哺也。又言九载三年一定者，言出定之初，时而入定，以完成还虚之天仙也。证到至虚至无，即证天仙矣。然是定也，入定时多而出定时少，又宜出之勤而入之速也。我故曰：出定之初，即为入定之始也。虽天仙已证，亦无不定之时也。故世尊亦曰："虚空界尽，我此修行，终无有尽。"正如此也。至于终天地之后，超过劫运，亦无不定之时也。此犹仙佛以上，无仙无佛之妙境，而天仙佛之至者也。后来圣真，共知之，共证之。

## 《直论》起由

予作《天仙正理直论》，仅仅九章，完全画出一个天仙样子，令有缘有志者见为顿悟。非敢曰轻泄天机，妄拟无罪，只为度尽众生，为自度计者，于是冒干天谴而直论。亦缘我老祖师张静虚真人得道后曰："今日四大部洲，全无半个人儿知道，今当广开教门。"奉此仙旨故也。历十五年间，再传而递言于予。予初若为骇闻，而久之，真见同世斯人，不同闻斯道，故作此以指引后来。

凡我丘祖门下符节正传弟子，得师口诀，凡药生内景、采药真工、行火工、止火景、采大药工、得大药景、三关工、服食工、守中理、出神景、出神收神法、炼神还虚理，历历秘授。闻人世所不知，见凡书所不载，当下工修炼时，更以《直论》相印师言，得了然无疑无碍，直证天仙，唯我作书助道之一愿也。后来圣真未及得正传者，尤当从斯入悟，究其逐节工景违合，则不为妖人邪说所惑矣。

如有真志精修，不参此论，是自绝于仙佛正道者也。窃谭此论而行邪行以诳世者，天律王章共诛之。并揭禁誓书末，以为诵书者知诫。

# 后跋

冲虚子跋云：道为天仙之秘机，凡夫之罕见。或百劫百年一传于世，或片言数语密度于人，三口不谈，六耳不闻，不经纸笔，何敢浅其说、直其论，而谆谆然数万言为镌哉？此大罪也。

曾见一人，截然向道，而竟无觅处；举世多人谈道，而悉堕旁门。谓道不在世，而人必误陷于邪者也有；谓人心自邪，不求闻道，而规正者也有。借令百劫百年生一圣真，将何入悟？所以得圣真于学者，必由此论；得圣真于师者，亦必由此论。

故钟离云："吾之求人，甚于人之求我。"人不及于求我，我不及于求人，乃以一笔救天下后世迷。然而迷自轩辕氏御女保生之术一倡，而真伪争途四千余年矣。真者，幸有天降异传而作仙佛；伪者，自愈炽说，遍天下而迷人。以此大迷之世，而论说之宜直、宜浅，其可少乎哉？泄论说之功，岂不大哉？然泄道未必无干于天罪，敢望曰天不之罪而故意冒干之耶？即此一点破家学道、慈心救世之为功抑可赎罪哉？得悟于天下后世劫，独超出大迷而为圣、为真者，又可无此泄道功之报哉？

见此者，幸毋谓我一见是书已尽见其道。见之固易，而生易见之心，靡不亦自轻易视其性命。毋谓我一见书，便见此道实可易行，正遂我畏难之心。即此易行而易行之，自执善悟，不求师而按图索骏，焉能了悟到至玄至妙之真实处而修证性命？尤毋谓盗此为说，言可应世，理可惊人，足以师任之于己，以徒视乎其人。有此诳人之心，为障为碍，耻于低头实学，竟不自悟、自修、自证，而亦不免于失性命。

于是三者能不肯犯，诚心参悟，即《直论》以究仙理，征《直论》以印师传。真修实悟，证圣证真，斯不负我染笔时一字一泣，为终天地劫运之圣真直而论，将流行于天地之终，而度尽仙佛种子，为圣为真、成仙成佛之心也欤！

## 重修《天仙正理》书后[1]

伍冲虚真人《天仙正理》，书成于前明天启壬戌，至崇祯十二年己卯，鹊桥成渡日增注，姑苏弟子吴澄川命梓，金陵齐惠吉及南昌旧及门涂之芬辅成之，板藏南都灯市西廊之道隐斋。历年既久，原板世罕觏。国朝康熙八年己酉冬，新建涂叔朴诸君，再刻以广其传。序之者，邑进士黎博庵，名元宽，学使也。真人堂侄达行，复叙事略于篇首。康熙五十八年己亥，谢君嗣芳等，再刊于姑苏老君堂，汲引后学。既迁阊门外之崇寿道观，而人间遂鲜有知之者。

予生年三十矣，每以迷昧本明，悲深涕下，而丹经万卷，读之又无异荆棘中行。久之，恍然曰：言也，象也，道之筌蹄也。以筌蹄获鱼兔则可，谓筌蹄为鱼兔则不可也。况大事因缘，又天实定之者耶。

今年夏，闻北平王买痴先生韬光吴门，往谒之，告以度世本志。先生慨然良久，手一编曰："此伍祖《天仙正理》也。天不爱道，此书传世久矣。子尚未之见耶？"急敬读一过，觉荆棘顿扫，心目豁然。呜呼，筌蹄诚非鱼兔也，乃竟具鱼兔于筌蹄之中，即谓筌蹄为鱼兔也，乌乎不可？

爰偕弟玉井，友杨砥堂，遍访之。既得一本，全缺《道源浅说篇》，复请先生西江原本正之，而是书始为全璧矣。

夫伍祖作书，距今百四十三年，其间授受非易。在伍祖当时，亦且弃田园，历艰险，从师十九年而始得全旨。而如予者，长于世胄，德薄孽深，只以一念坚持，仅五阅寒暄而已得探心源于百年之上，亦何幸也。

因所得系老君堂原板，复踪迹之，始知迁于崇寿道院。而《浅说篇》第三、第四两页已朽蠹久矣，旋倩工镌补。又《增注说》一篇，亦系真人自定，目录中未曾载入，并更定之。从同志邹君之请，仍归板于老君堂，垂示

---

① 出自清康熙己亥重镌、乾隆二十九年重修《天仙正理》。

久远。而自书其得书、重修之由于后。

乾隆二十有九年岁次甲申金鼎满日晋阳私淑弟子铁蟾申兆定敬书

## 伍真人事实及授受源流略

谨按：真人，故明嘉靖乙卯孝廉，维摩州刺史，讳希德，号健斋先生之季子也。世居南昌辟邪里，幼孤，家贫力学，持身高洁，一介不苟取。长而薄荣利，笃好道德性命之言，造次颠沛弗离也。性至孝，以母在，故岁授生徒博馆谷。母九十余而卒，而先生世寿亦七十矣，遂隐迹仙去。所著《天仙正理》《仙佛合宗》二书，扫尽旁门，独标精义，诚无生之宝筏也。真人为龙门嫡嗣，原序谓龙门授之张静虚，即俗所谓"虎皮张真人"者。李虚庵师静虚，曹还阳师虚庵，而真人为还阳弟子。据此，则真人为龙门四传弟子矣。间考龙门二十字派，真人适当第八字，即真人亦自书龙门第八派弟子。然则博庵之序，果无据耶？因重修《天仙正理》，复以得之买痴先生及西江板原叙诸说，辑而志之，以存什一于千百云。

越日铁蟾又书

# 金仙证论

清·柳华阳

〔提要〕《金仙证论》，清人柳华阳著。柳华阳（1736—？），清代洪都（今江西南昌市）人。据《慧命经·序》称，柳自幼好佛，因入梵宇有悟，常怀方外想，见僧辄喜，出家为僧人。闻长者讲，昔五祖弘忍三更时私授六祖慧能道法。侧听欢然，憬如梦觉，始知修炼家必赖师传。乃寻求不已，足迹遍荆楚间，迄无所遇。后乃投皖水之双莲寺落发，愈加咨访。凡三教之师，靡不参究，竟无悉慧命之旨者。因自叹曰："人身难得，遂此虚度乎？"忽发一念，于每夕二鼓余，五体投地，盟誓虔叩上苍，务求必得。阅及半载，幸遇合洪、冲虚师，传之秘旨，豁然通悟，乃知慧命之道。嗣至匡庐，又遇壶云老师，窃聆论绪，开悟微密，罔不周彻。及临行，嘱说："佛教双修，今已断灭，子当续其命脉，以度有缘。"柳隐迹江左，与二三道侣焚修切究，苦修而成舍利，默契师传，纂集著书，开古佛之秘密，泄师祖之玄机，为接引后学之梯筏，著有《金仙证论》《慧命经》。

陈撄宁先生（1880—1969）曾指出：修炼"宜从《天仙正理》《金仙证论》等书入手，方不失全真派家风也"（《答浙省天台山圆明宫虑静道人》）"伍冲虚、柳华阳二位所做的工夫，下手着重在调息，而不在乎守山根。'心息相依，神气合一'是他们最要紧的下手诀"（《湖南省常德电报局某君来函并答》）"《金仙证论》所言阳生时候、呼吸烹炼等作用，亦不妨算是有为法。其法可以奉行，口诀都在书中，但有两种困难，一则必须有过来人讲解传授，方可试做。做不得法时，须要逐渐改良。若完全照书上行事，未必就能顺利。二则此法年青人容易见效验，年过五十者，身中阳气衰微，在短时期中，药产之景，恐不易得见，必须有恒心与毅力方可"（《答瑞安冯炼九君》）"再者伍、柳一派方法，对于在家而有俗务及不能持斋的人，大都不甚相宜"（《答吴悟灵君问题七则》）。

伍、柳著述原本各自独立成书，至清光绪年间邓徽绩感伍、柳之书"条分缕晰，不厌求详，不惟读者易解，且可使修炼家不误歧途，诚至道之津梁也。无如书各为部，求全匪易，而坊本复谬误不堪。……遂募资勤厥成功，合二子之书为一秩，题曰《伍柳仙宗》"（《合刻伍柳真人书叙》）。本篇以清乾隆五十八年（1793年）原刊、嘉庆四年（1799年）补刊本《金仙证论》为底本，清嘉庆十六年（1811年）本、同治九年（1870年）本、光绪九年（1883年）本、光绪十二年（1886年）本、光绪二十三年（1897年）本为校本。原文作者加注，初学读之不免病其文繁义断，现节出无注原文研读，再细译注解可矣。

## 叙

金丹大道，自《参同契》合《易》与《道德经》发其秘奥以来，著书者累千万言，拨雾指迷，亦已至矣。而能言者多，行者什不得一二，何也？言此道者，类皆指为神仙，秘而密之，智者笑而不信，愚者又不及知，是故行之卒鲜。自余论之，非曰神仙之道，直活人之道耳。人之受生也，莫先于脐之蒂，所谓肾也。五脏以次渐生，百脉以次渐具，而莫灵于心之一窍。及其死也，下必绝乎肾之本根，上必亡乎心之神明，此明白易晓者也。禀厚而寿，禀弱而夭，常也。至于禀弱而善调护，亦可不夭；禀厚而重斲丧，亦必不寿。或曰：天地之气，六淫所中辄病且死，疑于人事无功。然而风之摇枝，柔脆者先折；水之激岸，浮薄者先崩。是以经云："邪之所凑，其气必虚。"未有内自谨其闭，蛰封藏之本，平其喜怒忧思悲恐惊之情，而外不足以御六淫之气者也。

金丹之道，自炼己筑基，以至还虚证空，中间节次条目甚多。而曰坎离、曰铅汞、曰精炁神，则心肾二者尽之矣。火本虚也，物感实之，空心之境为性功之始；水本实也，作强伎巧虚之，绝肾之欲，命功之始。是法也，愚夫愚妇知之，皆可行之。过此以往，人缘天缘，合并而成大道，岂不甚善？即不然，而以已筑之基，待可进之道，安其体，平其气，优游长年，亦无智愚，皆知其乐者也。更有说焉，心即不能骤空，省之可乎？欲即不能骤绝，寡之可乎？若夫性功命功，究其义，不外乎穷理尽性以至命，去私遏欲以存心，则金丹之道，亦即圣贤之教，并不必以黄老家言目之矣。

余幼业儒，长通《灵》《素》。昨岁稍求金丹之说，兹读《金仙证论》一书，喜其言与《灵》《素》相表里，因抽其秘为活人之说以弁之，欲使人人晓喻，故卑之无甚高论也。

壬子六月望日浙西吾祖望叙

# 叙

大道本来无言，以言诠者易涉迹象，故冥悟甚希，而谬言日出。不得真传，岂不入于歧路哉？况古人之巧喻异名，每索解而不得。不特难窥大道之阃奥，且因喻而执名，反失其性命之真源。观于此，而怀存经度人之念者，安得不浅说而直论之乎？

惟华阳禅师，幼而好学，夙禀灵根，积数十年心无他用，苦志不懈，得合洪、冲虚二真人之奥旨，著为是书，剥尽皮毛，独留骨髓。将古之异名扫除涤尽，直说小周天，重论下手工夫，发前圣之未发，启后人之未启，使苦志之好道者，且得升堂入室，而后超登彼岸，复还无极，岂不快哉！是书虽出自一人之著述，真乃后世师教之规则也。读之者无不谓之仙佛之舟梯，修真之简径，美乎幸矣；闻之者亦无不为之了然彻悟，豁然贯通，信乎至矣。

余自幼慕道，力搜群书，而莫能入悟。时至庚戌春，幸遇禅师，片言相投，示此书与余。余开卷读之，心目通明，不觉手舞足蹈，涣然冰释。其中条理次序，犹如亲口相传。而论小周天之工法，不杂一字，意则实贯串诸经之骨髓。然老师犹不自以为是，恐后人疑惑不能彻解，又广引先正之秘文，以为凭证。由是独显一真之实，直辟傍门之非，谓之仙佛之功臣，谁曰不然？且也前五条，慨然出自直说，后数条亦非出于荒诞；《风火经》原集诸圣次第用功之正文，以为注脚；《总说》直泄天机，使人下手调药采取，工夫不失迟早之误，则炉鼎火候，一以发明；《图》论下手之窍妙，而采取薰炼即在其中；《顾命》之说，示人性命不可须臾离也；《赋》《歌》《论》即显己所得之意，而大小周天即存乎其内。用尽婆心，平空泄漏。惟欲志士，同成道果。是书不独有益于当时，并大裨于后学。有缘遇之，犹如云开见日，潭月双辉，岂不欣然叹赏乎？

余自愧管窥之才，喜悦同志，愿普证公用，因而为序。

时乾隆庚戌春洪都后学无霞道人高双景序

# 序

　　盖道不得其真传，由来久矣。自世尊开化，愚智而同度，性命而异指，性阐迷开而渐修，命附灵利而证果。至于西天二十八祖，及东土六代慧灯，心口授受，莫不以性道慧命之兼修。由六祖之后，性法单扬，慧命演秘。悟之者私附密语，独修超越祖位，故为教外别传。今之为学，不得慧命之嫡旨，阐扬性法，则性亦不得其真，是为识性之障露。而差讹错认，或以灵觉为真性，或以正念为真性，逐妄迷真，失却如来之旨；盲修瞎炼，身根不能坚固而成金刚之体；长自下漏，故有转劫迷失之误，何况念坐乎？

　　惟华阳禅师慈悲，另通消息，得师所授之真旨，会同元释，吐露慧命之真传，泄漏明星之真性。拔救迷妄，开通智慧，使见之者立今劫而成佛，免坠他生再修。何等切近，何等简易？愚迷不明双修之理，分别教相智慧，参悟性命之原，融会其法，不分彼此。在释有缘遇真道，得性命之真旨，修成性命，即道是佛也；在道有缘遇真僧，得性命之真旨，修成性命，即僧是仙也。释道原本一法，大则同，小则异，清静自然，觉王如来菩萨，即玉帝所自称也。大仙、七仙、众仙、金仙，亦是世尊之所自称也。一道坦坦，有何此何彼之分别乎？

　　余募觉真宗，涉步山川，叩求丛林知识者，竟不少矣。究其所然，无非提公案、参话头、打七坐禅之谈。数十年来都成虚涉，并无慧命之师。忘食失寐，念念不休。感苍天，辛亥岁幸遇禅师。禅师见余志心苦切，便以开示心肝，决其疑妄，欲指而又未露。余虑为此道之尊重，诸佛之所禁秘，非师之不慈悲，诚心焚香立誓，恳求至切，方才决破根由。一言之下，顿悟全旨，原来成佛作祖之道，即在动静顺逆之间，岂有难哉？盖禅师三十余年觅道之苦志，今舍慈悲，备著此书，古佛不露的今始露，祖师不传的今始传。将慧命、寿命、佛性、真性，和盘托出，愿人人成等正觉，超越佛地，不使后世烦劳他人之父母，现今成就，其功岂小哉？

乾隆辛亥岁重阳月灵台庵僧妙悟序

## 序炼丹第一

### （尽言小周天）

华阳曰：欲修大道者，理无别诀，无非神炁而已。先须穷其造化，究其清浊，则精生方可探摄；次察其呼吸，明其节序，则神凝方自恋吸。然后可施可受，而精可化。

余见世人亦知阳生，而炼精不住，金丹不成者，皆因不知其自然而然，以混采混炼之过也。且观古书之所作喻名炉鼎、道路，则人被炉鼎、道路之所惑；喻名铅汞、药物，则人又被铅汞、药物之所误。故假道愈显而真道愈晦，世因喻而惑人诳人者众也。由此观之，智者得师而明，愚者被师而误，皆因不悟群书简易之妙，而竟失于正理矣，故予正欲详而直论。

夫仙道者，原乎先天之神炁。炼精者，则炁在乎其中；炼形者，则神在乎其内。炼时必明其火，用火必兼其风。存乎其诚，入乎其窍，合乎自然。若能如此，依时而炼，则药物自然生矣。生，竟游其熟路者有之。若不起火归炉，难免走失之患也。

然药物既归炉，又当速起火，逼行其周天。倘不明其火候之精微，虽有药而药亦不能成丹。不知橐籥之消息，不明升降之法度，不识沐浴之候，不晓归根之所。如此空炼，何得成其道也？大凡临机之时，必须畅明其神，勇猛其志，立定天心之主宰，徘徊辐辏之运转，内鼓橐籥之消息，外依斗柄之循环。如此神炁，相依而行，相依而住，则周天之造化，无不合宜矣。

时乾隆庚戌春传庐柳华阳序于皖城中洁庵中

## 正道浅说第二

### （尽言小周天）

华阳曰：仙道炼元精为丹，服食则出神显化，世闻无不喜而愿求者。奈何天机秘密，学者未必穷其根源，故多在中途而废矣。所以予今浅说，使学者概而证之。夫精为万物之美，即养身立命之至宝。如精已败者，以精补精，保而还初，所谓得生之由。未败者，即以此而超脱，养胎化神，则亦易为、易修、易成之果也。若以神顺此精，由自然之造化，则人道全；若以神逆此精，修自然之造化，则仙道成。

故精者，乃是入死入生之关锁。其名虽然称之曰精，其里本自无形，因静中动而言之曰"元精"矣。当其未动之前，浑然空寂，视之不见，听之无声，亦非精也，亦非物也，无可名而名，故名之曰"先天"，《易》曰"无极"时也。斯时则神寂机息，万物归根，此正谓之"虚极静笃"。静中恍惚，偶有融会之妙意。便可名而有其名，故名之曰"道"，《易》曰"太极"时也。因此机一萌，曰"元炁"也；炁既以萌，而又旋动，曰"元精"矣。修仙作佛之造化，即从此而入手。若夫尘念兼起，必化淫精，顺阳关而出。

修士正当此时，正念为主，以神驭炁，起呼吸之气，留恋元精，可谓还原之道矣。真精既得还原，取其神炁混合，两不相离，使其二物镕化，合而为一也。如《易》所谓"天地氤氲，万物化醇[1]"。然后先天真一之炁，仍旧从窍中发出，而为金丹之主宰。所以古云："未有不交媾而可能成造化者也。"

夫既知此炁之生机，即可以行火补炁而炼丹，故有辨时采取周天之候。古云"时至神知"，正言此药产之先天炁者是也。修士宜当此时，须用凝神合炁之法。收付于本宫，则是为我所有之妙药矣。药炁既承受以归炉，须当徘徊于子午，运动身中之璇玑，又必须假呼吸之气而吹嘘之，方得乾坤于元关，合而为一，循环之沟管矣。故神炁承呼吸之能，才得相依同行，而不外游矣。

且气之行住，又怕有太过不及之弊，故必依周天之限法。夫周天法者，言十二时如一日一周也。故冲虚云："子行三十六，积得阳爻一百八十数；午行二十四，合得阴爻一百二十数。"外兼卯酉之法，中途行沐浴，完成周天。所以古云：气有行、住、起、止、多、少之限法。学者不可不察也。

夫既得周天之妙用，积累动炁，时来时炼，补完真炁，则精窍不漏，便可谓之长生矣。

如有精窍漏者，则未及证不死之果。必加精修，以元精尽返成真炁，

---

① 化醇，底本作"发生"，校者改。

则亦无其窍，而外形亦无萌动之机。则是名为大药成矣，便可作大周天之工法也。

## 炼己直论第三

华阳曰：昔日吕祖云："七返还丹，在人先须，炼己待时。"盖己者，即本来之虚灵。动者为意，静者为性，妙用则为神也。金丹神虽有归一，则有双发之旨。先若不炼己还虚，则临时熟境难忘，神驰炁散，安能夺得造化之机，还我神室，而为金丹生发之本耶？故古人炼己者，寂淡直捷，纯一不二。以静而浑，以虚而灵。常飘飘乎，随处随缘而安止。不究其所往，不求其未至，不喜其现在。醒醒寂寂，寂寂醒醒，形体者不拘不滞，虚灵者不有不无。不生他疑，了彻一心，直入于无为之化境。此乃智者上根之炼法也。

若夫中下之流则未然。当未炼之先，每被识神所权，不觉任造化之机而顺化。欲炼精者不得其精住，欲炼炁者不得其炁来，古云"不合虚无不得仙"，盖谓此也。故用渐法而炼矣。

且谓炼者，断欲离爱、不起邪见、逢大魔而不乱者曰"炼"；未遇，苦行勤求、励志久而不退者曰"炼"；虚心利人，不执文字、恭迎而哀恳者曰"炼"；眼虽见色，而内不受纳者曰"炼"；耳虽闻声，而内不受音者曰"炼"；神虽感交，而内不起思者曰"炼"；见物内醒，而不迷者曰"炼"。日用平常如如，而先炼己纯熟。则调药而得其所调，辨真时即得其真时，运周天始终如法升降。己有不得其先炼者，则施法之际，被旧习所弄，错乱节序，故不得终其候也。世之好金丹者云"有不炼己而能成道者"，谬矣。炼己者在于勤，若不勤则道遥也。昔日吕祖被正阳翁十试，正念而不疑；又邱祖受百难于重阳，苦志而不懈；费长房静坐，偶视大石坠顶，不惊不动。此得炼己定心之显案也，并书以告同志。

## 小周天药物直论第四

华阳曰：仙道元精喻药物，药物喻金丹，金丹喻大道，何喻之多也？《道藏》经曰："精者妙物，真人长生根。"圣圣真真，莫不由此元精，以阐名药物也。夫药物既根于元精，而又曰元炁者，何也？且此炁从禀受隐藏于炁穴，及其年壮炁动，却有向外拱关变化之机者。即取此变化之机，回光返照，凝神入炁穴，则炁亦随神还矣。故谓之勒阳关，调外药。及至调到药产神知，斯谓之"小药"，又谓之"真种子"。因其有顺逆之变化者，故曰元精、元炁也。若不曰元精，则人不知调外药，以混采混炼于周天。不知既无其药，且落于空亡，将以何者为小药哉？

然古人但言调药，而不言调法，不言调所，又不言调时。一调药之虚名，在于耳目之外。未得师者，茫然无所下手。故我今直论之曰：既知调药矣，则元精不外耗，而药炁自有来机焉。此古圣不肯轻言直论，予明而显之曰：未有知机而不采者，未有未调药而先采者，如此或缺焉，是不得药之真故也。

且欲得药之真者，惟赖神之静虚，炁则生矣，冲虚谓之"动而觉"；以此不惧不惊，待而后起，冲虚谓之"复觉"；此时即药炁之辨机，不令其顺而逆之，斯谓之"采药"；鼎中既有药炁，则有周天之火候。起刻漏之息火以烹炼之，古人谓之"升降"也；然采得此药来，斯固谓之"金丹"。即可以行大周天之法，则小周天之造化，从此毕矣。余愿同志者，休误入于邪师，以淫精之邪药认为真药，则非药也。

## 小周天鼎器直论第五

华阳曰：仙道以神炁二者，薰蒸封固，喻之曰"炉鼎"。如炼外丹者，以铅汞烧炼之炉鼎也。悟之则在一身，迷之堕入别途，故世因炉鼎之喻而惑者众矣。且有一等妄人，见炉鼎之喻，因诳人曰：以女人为鼎，以淫妬为药，取男淫精、女淫水败血为服食，补身接命。殊不知诳人自诳，返堕弃其万劫不可得之人身。又有愚夫，泥其迹象，专喜烧铅炼汞，世莫不由鼎器者误也。

夫欲明炉鼎者，在夫神炁之机变。当其始也，精生外驰，以神入精中，则呼吸之气，随神之号令，摄回中宫，混合神炁。神则为火，而炁为炉。欲令此炁而藏伏者，惟神之禁止，炁则为药而神为炉，即古人所谓"炁穴为炉"是也。乃其采药运周天者，当从炁穴坤炉而起火，升乾首以为鼎，降坤腹以为炉，即古人所谓"乾坤为鼎器"者是也。见神炁之起伏，而鼎器在是矣。

然古人将神炁二者借喻鼎器，或以丹田为炉，而以炁穴为鼎者；或以坤为炉，而以乾为鼎也。一鼎器之名目，纷纷引喻，故后人无以认真。余若不推明直论，将何处炼精、炼药、为结金丹也？此古圣皆不轻露，今予阐明，正合吕祖所谓"真炉鼎，真橐籥"。知之真者，而后用之真；用之真者，而后证果得其真矣。冲虚子不云乎："鼎鼎鼎，原无鼎。"若不明火药次第之妙用，执著身体摸索而为鼎器者，则妄也，非仙道金丹神炁自然之鼎器也。

## 风火经第六
### （尽言小周天）

华阳集说《风火经》，曰：仙佛成道，是本性元神。不得元精漏尽，不能了道，还至虚无而超劫运。元精漏尽，不得风火，则不能变化而成道，故曰：修炼全凭风火耳。往古圣真，禁而不露；中古圣真，略言其始。而人不究其始，往往搜寻其中，徒劳精力。

不知中宫周天之说，或显于周天炼法而隐于采取中宫，或显于采取中宫而隐于周天炼法；或显于火而秘于风，或显于风而秘于火。或有言之简而论之详者，皆宜一一体玩，不可浅视也。使徒执其偏见，取宗于妄人之口，何其诬耶？

余曰："觅法寻师问正传，若无真诀难成仙。谷精火到风吹化，髓窍融通气鼓煎。物举潮来神伏定，情强性烈意和牵。青阳洞里须调炼，炉内铅飞喜自然。"抑闻之《玉芝书》曰："元黄若也无交娠，争得阳从坎下飞？"冲虚子曰："有机先一着，而后生药以行火。"朱元育曰："晦朔之交，即活子时。"觅元子曰："外肾欲举之时，即是身中活子时。"俞玉吾曰："内炼之道，至简至易，惟欲降心火，入于丹田耳。"又曰："肾属水，心属火，火入水中，则水火交媾。"《六祖坛经》曰："有情来下种。"元育曰："要觅先天真种子，须从混沌立根基。"正阳祖师曰："南辰移入北辰位。"纯阳祖师曰："我悟长生理，太阳伏太阴。"觅元子曰："始则汞投铅窟。"海蟾翁曰："先贤明露丹台旨，几度灵乌宿桂柯。"旌阳祖师云："与君说破我家风，太阳移在月明中。"李真人曰："金丹大要不难知，妙在一阳下手。"重阳祖师曰："纯阴之下，须是用火煅炼，方得阳炁发生，神明自来。"又闻之龙眉子曰："风轮激

·317·

动产真铅，都因静极还生动。"《入药镜》曰："起巽风，运坤火。"《黄庭经》曰："呼吸元炁以求仙。"李清庵曰："得遇真传，便知下手，成功不难。鼓动巽风，扇开炉焰。"李道纯曰："炼精其先，以气摄精。"无名子曰："精调炁候。"冲虚子曰："调定其机。"又曰："药若不先调，则老嫩无分别。"李虚庵曰："忙里偷闲调外药。"冲虚子曰："调到真觉，则得真炁。"《楞严经》曰："愿立道场，先取雪山大力白牛。"《涅槃经》曰："雪山有大力白牛，食肥腻草，粪皆醍醐。"栖云先生曰："人吃五谷，化为阴精，不曾煅炼，此物在里面作怪。只用丹田自然呼吸之气，吹动其中真火。水在上，火在下，水得火，自然化而为炁。其炁上腾薰蒸，传透一身之关窍，流通百脉，烧得里头神嚎鬼哭，将阴精炼尽，阴魔消散矣。"又觅元子曰："阴精者，五谷饮食之精。苟非巽风坤火猛烹极炼，此精必在身中思想淫欲，搅乱君心。务要凝神调息，使橐籥鼓风，而风吹火烹，炼阴精化而为炁。其炁混入一身之炁，此炁再合先天之炁，然后先天之炁再从窍内发出而为药。"朱元育曰："晦朔中间，日月并会北方虚危之地。天入地中，月包日内。斯时日月停轮，复返混沌，自相交媾。久之渐渐凝聚，震之一阳，乃出而受符矣。"

此上数者，《金仙证论》之妙诀，风火化精之秘机，具在斯与。而其调药之法，亦不外是矣。予故曰：自始还虚而待元精生，以神火而化，以息风而吹，以静而浑，以动而应，以虚而养，则调药之法得矣。

不闻邵康节之言乎："恍惚阴阳初变化，氤氲天地乍回旋。"尹真人曰："俄顷痒生毫窍，肢体如绵，心觉恍惚。"紫阳真人曰："药物生元窍。"《六祖坛经》曰："因地果还生。"太初古佛曰："分明动静应无相，不觉龙宫吼一声。"《元学正宗》曰："弹指巽豁开。"混然子曰："时至炁化，机动籟鸣，火从脐下发。"冲虚真人曰："觉而不觉，复觉真元。"又曰："则用起火之候以采之。"又曰："采药归炉。"又曰："封固停息，以伏神炁。"玉鼎真人曰："入鼎若无刻漏，灵芽不生。"上阳子曰："外火虽动而行，内符闭息不应，枉费神功。"守阳真人曰："起火炼药。"

混然子曰："火逼金行，当起火之初，受炁宜柔。"又曰："采时须以徘徊之意，引火逼金。"又曰："运动坤之火，沉潜于下。"混然子曰："鼓吾之橐籥，采药之时，加武火之功，以性斡运于内，以命施化于外。"邱祖师曰："采二炁升降之际，若不以意守中宫，药物如何运得转？"混然子曰："内伏天罡斡运，外用斗柄推迁。"许旌阳老祖曰："冲开斗牛要循环。"《金丹赋》曰："子时河车耸驾，火销金而神炁不败。"纯阳祖师曰："凭君子后午前看，一脉天津在脊端。"又曰："寒泉沥沥气绵绵，上透昆仑还紫府，浮沉升降入中宫。"广成子曰："人之反覆呼吸彻于蒂，一吸则天气下降，一呼则地气上升，我之真炁相接也。"觅元子曰："乾坤阖辟，阴阳运行之机。一吸则自下而上，子升；一呼则自上而下，午降。此一息之升降也。"冲虚子曰："当吸机之阖，我则转而至乾，以升为进；当呼机之辟，我则转而至坤，以降为退。"萧紫虚曰："乾坤橐籥鼓有数。"薛道光禅师曰："火候抽添思绝尘，一爻看过一爻生。"陈泥丸曰："天上分明十二辰，人间分作炼丹程。若言刻漏无凭信，不会元机药不成。"钟离祖师曰："生成有数。"金谷野人曰："周天息数微微数。"陈泥丸曰："乙阳复卦子时生，午后一阴生于姤，三十六又二十四。"守阳真人曰："子行三十六，积得阳爻一百八十数；午行二十四，合得阴爻一百二十数。"《悟真注疏》曰："子进阳火，息火谓之沐浴；午退阴符，停符谓之沐浴。"曹还阳真人曰："十二时中，时时皆有阳火阴符。凡进则曰进阳火，凡退则曰退阴符。亦以阳用者曰火，以阴用者曰符。"冲虚子曰："凡一动则一炼而周，使机之动而复动者，则炼而复炼，周而复周。"又曰："积之不过百日，则精不漏而返炁矣。"正阳祖师曰："果然百日防危险。"萧紫虚曰："防火候之差失，忌梦寐之昏迷。"石杏林曰："定里见丹成。"正阳祖师曰："丹熟不须行火候，更行火候必伤丹。"萧紫虚曰："切忌不须行火候，不知止足必倾危。"此皆言小周天造化，火到丹熟，止火之候也。

冲虚真人曰："有止火之景。"守阳真人曰："且待其景到之多而止，大药必得矣。"又曰："初炼精时，得景而不知，猛吃一惊而已。乃再静而景再至，猛醒曰：师言当止火也，可惜当面错过。又静又至，则知止火用采而即得矣。是采在于三至也，今而后当如之，及后再炼不误。景初而止，失之速；不待景至四而止，失之迟。不速不迟之中而止火，得药冲关而点化阳神。凡有真修仙真，千辛万苦，万万般可怜，炼成金丹，岂可轻忽令致倾危哉。"

此以上皆言炼精化炁成金丹之元功，风火同用之妙旨，尽在斯欤。余不敢谓此集为自论之妙道，然皆会萃先圣之真传，即后来万劫高真，用风用火之根本。使见之者即自了悟，契合仙佛之真旨，成己成人，仙佛之果证矣。

## 效验说第七

（尽言小药产景）

华阳曰：以前六章，药物、炉鼎、火候，无不表明矣。但药产之景，尚有未全，此篇重以发明，愿有志之士，早成大道，是余夙所怀之志也。

且药产之效验，非暂时可得。至真之道，在乎逐日凝神返照炁穴之工纯熟，而后有来之机缄。夫或一月元关显露，或数月丹田无音，迟早各殊，而贵乎微阳勤生，不失调药之工夫，则药产自有验矣。且炁满药灵，一静则天机发动，自然而然，周身融和，苏绵快乐，从十指渐渐至于身体。吾身自然耸直，如岩石之峙高山；吾心自然虚静，如秋月之澄碧水。痒生毫窍，身心快乐。阳物勃然而举，丹田暖融融。忽然一吼，神炁如磁石之相翕，意息如蛰虫之相含。其中景象，难以形容。歌曰："奇哉怪哉，元关顿变了，似妇人受胎，呼吸偶然断，身心乐容腮，神炁真浑合，万窍千脉开。"盖此时不觉入于窈冥，浑浑沦沦，天地人我，莫知所之，而又非无为。窈冥之中，神自不肯舍其炁，炁自不肯离其神，自然而然，纽结一团。其中造化，似施似翕，而实未见其施翕；似走似泄，而实未至于走泄。融融洽洽，其妙不可胜比。所谓一阳初动，有无穷之消息。少焉，恍恍惚惚，心已复灵，呼吸复起，元窍之炁，自下往后而行，肾管之根，毛际之间，痒生快乐，实不能禁止。所谓"气满任督自开"，又云"运行自有径路"，此之谓也。迅时速采烹炼，烹炼复静，动而复炼，循环不已。少年不消月余，中年不过百日，结成金丹，岂不乐哉！

此一篇故不当安于此。效验原是调药后之事，理当安于调药之下，因句法多之故耳。读者当默会于调药之下。假若有此效验，不可认为怪事，即是药产之真景，当自保护真种矣。

## 总说第八

夫金丹之道，从静而入，至动而取。若不静则神不灵，而炁亦不真。于此妄炼，即属后天，与先天虚无金丹之道不相契也。盖静者，大道之体，造化之根，唯静则可以炼，不静则识性夹杂，终与道相违矣。故幻丹走泄而道不成就者，皆由未静而夹于识之过也。

夫静者，静其性也。性能虚静，尘念不生，则真机自动。动者非心动，是炁之动也。炁机既然发动，则当以静应之。一动一静，不失机缄，是谓调药，是谓交合；行乎造化，性命双镕，是谓真旨妙用矣。苟或专以静而不识动，或专以动而不复静，皆非正理也。次当明其药产老嫩：老则炁散不升，嫩则炁微不升。务在静候动旺始采，是谓当令，故曰："时至神知。"以顺行之时候，即逆行之时候矣。故又曰："药炁驰外，则外别有景。"前所谓调药用之日久者，是为虚耗之躯言之耳。若壮旺之体，只于运周天之当时调之，不用日久。若调之日久，不运周天，则阳极而精满，满则又溢矣。不知法则活而诀则一，故童真只用大周天，不必用小周天。壮旺之体，虽不可不用小周天，亦不必调之日久，只候药产景到时，调其老嫩。凡元炁一动，伺阳之长旺，即当采封，运行周天。运而复静，动而复运，循环不已，是谓之进退行火，是谓之采取周天也。勤行不惰，道有何难哉？故曰："丹田直至泥丸顶，自在河车已百遭。"又云："以虚危穴起，以虚危穴宿。"盖虚危穴，即任督二脉之交处。立斗柄，运河车，皆由此而起止。故冲虚曰："起于是，止亦于是。"且运必假呼吸而吹之。若不以呼吸吹嘘，则神炁不能如法。似有似无，合乎自然相依之运行。盖行以神为之主宰，不见有炁之形迹。元炁乃无形之行，随元神之运行，听呼吸之催逼，故曰："夹脊尾间空寄信。"而呼吸乃采运元炁之法则。逆吹微缓，谓之文火；紧重，谓之武火。数息运元炁者，为爻为时、为度为位，而周天之造化，以此为规模，非真有三百六十有余也。故曰："每时四揲。"所以然者，使其水火不致太过不及也，是范围元炁而成其度数，为造化之总序耳，故曰"以息数定时数"也。

或又问炉鼎道路、药物火候？曰：能此虚危任督运用，即炉鼎道路；明此阳动升降，即药物火候。而道即在是也。除此皆非正理，尽属筌蹄，惑人矣。借筌蹄获鱼兔，谓筌蹄为鱼兔则误也。去筌蹄专鱼兔，朝采暮炼，自然精化炁足，丹成景至。再行向上工夫，炼炁化神，超凡入圣，出定千百亿化身，皆可由此书而上达矣。

## 调药炼精成金丹图第九

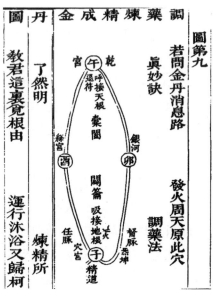

真妙诀，调药法。了然明，炼精所。

若问金丹消息路，发火周天原此穴。

教君这里觅根由，运行沐浴又归柯？

## 图说第十

　　金丹之道，前八篇已尽之矣。尚恐学者不知窍妙，故备此图以补全书之要诀。愿有志者，一览无疑，不为旧图所惑。庶知阳生在此，调药在此，鼓巽风在此，药产在此，采取在此，归炉在此，驾河车在此，还本复位在此，金丹造化之元功，莫不在此矣。然窍本无形，自无而生有，则谓之元关、中宫、天心，其称名固不一也。夫虚无之窟内，含天然真宰，则谓之君火真火、真性元神，亦是无形。静则集氤氲而栖真养息，宰生生化化之原，动则引精华而向外发散。每活子时二候之许，其窍旋发旋无，故曰"元关难言"。其炁之行，后通乎督脉，前通乎任脉，中通乎冲脉，横通乎带脉，上通乎心，下通乎阳关，上后通乎肾，上前通乎脐。散则透于周身，为百脉之总根，故谓之先天。其穴无形无影，炁发则成窍，机息则渺茫。以代成全八脉，则八脉凑成，共拱一穴，为造化之枢纽，名曰炁穴。譬如北辰居所，众星旋绕护卫，即古人所谓"窍中窍"也。窍即丹田。上乃金鼎，鼎稍上即黄庭，窍下即关元，古谓"上黄庭，下关元"是也。关元下即阳关，亦名命门，乃男女泄精之处，肾管之根由此而生。但黄庭、金鼎、炁穴、关元四穴，俱是无形，若执形求之，则谬矣。又谓夹脊两肾中藏元炁，则亦谬矣。此书图之所作，实发古人所不尽泄之旨，而又有以辟其诞妄也。

## 顾命说第十一
### （此炼己立基之首务）

夫顾命者，乃是收视返听，凝神聚炁之法，岂有他术哉？古圣有言曰："命由性修，性由命立。"命者，炁也；性者，神也。炁则本不离神，神则有时离炁。俞玉吾云："心虚则神凝，神凝则炁聚。"欲其炁之常聚而不散者，总在炉火勿失，温养其元，使神炁如子母之相恋。左慈云："子午顾关元。"元即命之蒂也。若不顾守，则火冷炁散，久而命亡矣。黄帝云："存心于内，真炁自然冲和不死。"故性命二者，不可须臾相离也，离则属于孤偏矣。崔公云："十二时，意所到，皆可为。"混然曰："无昼无夜，念兹在兹，常惺惺地，动念以行火，息念以温养火。"玉蟾云："神即火，炁即药，以神驭炁而成道，即以火炼药而成丹。"有药无火则水冷而炁不生，火养锅底则水暖而炁自腾。古云："火烧苦海泄天机，红炉白雪满空飞。"雪即炁也，故炁因火而升，火因风而灼。十二时中，回光返照，刻刻以无烟之火薰蒸。使性命同宫，神炁同炉，绵绵息息，似有似无，内外混合，打成一片。黄帝曰："火者，神也；息者，风也。以风吹火，久炼形神俱妙。"人能如此，何忧命之不固也？夫命之元炁乃月魄，神之灵光乃日魂。以魂伏魄，则先天之炁自然发生。人多不测造化，盲修瞎炼，性命各宿，孤阴寡阳，自谓长生得道，而不知其违道甚远也。

夫修炼者，方入室之时，当外除耳目，内绝思虑，真念内守，使一点元神，浑浑沦沦，随其形体荣枯，听其虚灵自然，融然乎流通，湛然乎空寂。于此常觉常悟，冥心内照，防其昏沉，昧乎正念。《参同契》云："真人潜深渊，浮游守规中。"规中，指元关一窍也。然又不可执著，以致真阳不生。其妙总在不急不怠，勿助勿忘而已。《清静经》云："空无所空，寂无所寂，真常应物。"果如此，则神炁浑然如一，恍恍惚惚，若太虚然。古云"先天一炁从太虚而来"者，即此也。夫机之未发，静以俟之；炁之既动，以神聚之。而《顾命》之旨，尽在斯矣。

## 风火炼精赋第十二

### （总言大小周天）

炼者，造化之工；精者，变化之源。火因风而焰灼，精得火以镕铅。勒阳关谓之调药，

摄炁归即是还元。察其机，煅谷精而调燮；辨其候，运百脉以归源。会其源，则神炁相依；鼓其风，则真精朝元。夫精者，乃天地之源，造化之本。逢时节而旋机动，得火以磁恋；达关窍而流变泄，吹风则还壶。是故坎宫森布，元神摄而徘徊；离中橐籥，真炁旋而运转。炉内火逼，白虎朝于灵台；鼎中水融，青龙游于深渊。阳关禁闭，元窍门开。果然风火既同炉，久而水暖自生霞。月华吐，则汞引铅而铅引汞；日精射，则蛇交龟而龟交蛇。造化之变迁兮，待静观动；药物之老嫩兮，伺机听命。杳冥中起，恍惚中迎。自无炁而生炁，本无名而喻名。知其时者，能夺天地之真炁；顺其机者，即有升降之法程。薰之炼之，则超凡而入圣品；食之饘之，化枯骨以登太清。

嗟乎，今之学者，奔山驾海，坦坦之大路偏过；劳形兀坐，赫赫之明珠抛播。利驰而名谩，德薄而垢重。识性以妄谈，去正而归左。彼夫道本至近，情隔遥偏，理自不远，性失违天。殊不知精者炁之融，风者息之源，火者神之灵，炼者会之坛。以风而扇火，则老还少而形长存；以炁而留神，以神而运息，则情复性而神自纯。自然可与赤松、彭祖之优尊。

## 禅机赋第十三

（恐后世学禅者，不明佛之正法，反谓吾非禅道，故留此以为凭证耳。）

道者，化育天地；法者，返本还元。柄动静而同用，随有无而自然。体

本来之正觉，威音恍惚；持无生之妙用，极乐幽元。显优昙之家风，秋水皎月；隐惠能之法语，春雾藏烟。是故浮云散而天心现，濛雨开而壁峰存。潭水清兮澄月澈，黑漆镕兮物形明。情寒而禅心定，意灰而性朗清。若夫黄芽白雪，当求元关之妙义；地涌天花，即凿混沦之面目。会则有，散则无，出为尘，入为默。有情下种，乃如来之妙用；无法枯禅，即道人之顽空。水清月现，达龙宫而演法；风传花信，坐竭陀而受供。朗朗兮皆拱北，荡荡兮尽归东。降蛟龙于北海兮，烈焰腾空；伏猛虎于南山兮，洪雨普济。搏虚空而作块兮，刀兵奚伤；收毫芒而藏身兮，鬼神莫测。展则包罗天地，定则入于微尘。悟之者，顿超上乘之法；迷之者，带了六道之根。禅固自参，无非一念之定静；机由师授，能吸法水之鸿滋。正法眼藏，尽隐祖师之秘旨；涅槃妙心，微露如来之浅辞。由是能宣漏尽之法，方称马阴之师。尔乃机来有时，非顽空而长坐；禅主斗柄，见明星而团旋。灵台极乐，通行菩提之坡；净土家乡，秘锁慧命之奥。教外有因，不明元机，苦劳累世魔婆；谩守三更，强留一宿，暗通密印关锁。识重智少者，则曰不然不然；突然朗见者，乃云如是如是。慧性灵而道眼开，头头尽是；魔王迷而法窍闭，处处皆偏。人有迷悟，佛无后先。达之者，融会天机；迷之者，执定死禅。打七跑香，即禅和夙业之责；黄花翠竹，乃高人得意之时。千里因缘若至，方晓禅外之规。偶逢决破铁牛血，笑煞禅机有两期。

## 妙诀歌第十四
### （大小周天）

大道渊微兮，现在目前。自古上达兮，莫非师传。

渺漠多喻兮，究竟都是偏。片言万卷兮，下手在先天。

有名无相兮，元炁本虚无。阳来微微兮，物举外形旋。

恍惚梦觉兮，神移入丹田。鼓动巽风兮，调药未采先。

无中生有兮，天机现目前。虎吸龙魂兮，时至本自然。

身心恍惚兮，四肢酥如绵。药产神知兮，正是候清源。

火逼金行兮，橐籥凭巽旋。河车运转兮，进火提真铅。

周天息数兮，四揲逢时迁。沐浴卯酉兮，子午中潜。

归根复命兮，闰余周天。数足三百分，景兆眉前。

止火机来兮，光候三牵。双眸秘密兮，专视中田。

大药难采兮，七日绵绵。蹊路防危兮，机关最元。

深求哀哀兮，早觅真传。择人而授兮，海誓相言。

过关服食兮，全仗德先。寂照十月兮，不昧觉禅。

二炁休休兮，性定胎圆。阳纯阴尽兮，雪花飘迁。

超出三界兮，乳哺在上田。无去无来兮，坦荡逍遥仙。

夙缘偶逢兮，早修莫挨年。休待老来临头兮，枯骨无资空熬煎。

## 论道德冲和第十五

道高龙虎伏，德重鬼神钦。斯言也，盖道以载德，德以植道也。夫道者德之用，德者道之体。人能明乎其德，而天性自现；体乎其道，而冲和自运。是之谓寂然不动，感而遂通也。

盖人禀虚灵，原本纯静。至德体纳太和，浑然一团，天理一发，皆能中节，何劳修乎？但人被情欲之私所隔，忘本逐末，竟昧其真。故元和之正炁，纯静之天心失矣。所以圣人表虚极而养己德，论易理以明天道，则尽性致命之学，可以穷神知化矣。然学者欲体乎道德，当寻来时之消息，而穷本然之根苗；欲探造化之机缄，须察迟促之景象。则临时有把柄而无危险之患。然后得入道德之门，可造冲和之境矣。

盖至人能权动静之消息，须用智慧而浑然无我。故能默运化育之道，长定中正之理。活活泼泼，则随中极之冲和，而充塞乎两间，达逍遥之境，乐无何有之乡。大至默默，还乎无极，此乃至人之大德也。苟内怀私欲，外沽名誉，假善法以遮雨，暗取泥水之资，非惟无德，实贼德也。

惟天地滋万物而无心，圣人顺万物而无为，亦何期德之洋溢乎？古圣云："德者，性道中求之耳。"夫德非道则无著，道非德则无主。道外觅德，其德远矣；培德体道，其功切矣。故曰："天心居北极而众星拱，东海纳细流而百派归。"人若能静心养炁，何虑道德之不成哉？

吾尝自内观而无心，外觅而无体。飘飘乎寻之不得，恍恍乎觉而虚灵。似鱼之随水，如雾之笼烟，一派冲和，萦卫天地。但人不能深进，故本然之道昧却矣。纵元文奥辞，无非口头三昧，又乌能尽道德之本然，明体用之精微，解冲和之奥妙哉？

## 火候次序第十六
### （尽言小周天）

夫道从炼己起手，次下手调药，既了手行周天，三事非一也。己熟，或坐或卧，不觉忽然阳生，即回光返照，凝神入炁穴，息息归根。此神炁欲交未交之时，存神用息，绵绵若存，念兹在兹，此即谓之武火矣。神炁既交，阳炁已定，又当忘息忘意，用文火养之。不息而嘘，不存而照，方得药产。但忘息即不能以火薰之，但用息即是不忘。息无不泯之谓嘘，欲嘘不觉之谓忘。但用意即是不忘，但忘即不能以意照之。古云："心无不存之谓照，欲无不泯之谓忘。"忘与照，一而二，二而一。当忘之时，其心湛然，未常不照；当照之时，纤毫不立，未常不忘。是为真忘真照也，此即谓之文火矣。文火既足，夜半忽然药产神知，光透帘帷，阳物勃然而举，即当采封运行。采运之时，存神用息，逆吹炁穴，谓之武火也。封沐归根，即用上文文火之法，照顾温养之，谓之文火矣。但不在交媾与周天之时，俱是用文火之法，以时刻温养之。而炼己之工，亦是用此法，不然不能还虚。

然阳生谓之活子时，而药产亦谓之活子时，两段工夫当明次序。而运周天谓之周天之子时，用火调药炼药，谓之火之活子时也。然候者，亦非一说。不论阳生及药产，但有炁动者，即为一候；以神用炁，又为一候。此乃神炁会合之二候也。又曰：阳生为一候，而药产又为一候，此乃药炁所生之时节之二候也。故曰"二候采牟尼"者，即此也。药炁既产往外，采归炉为一候；而炉中封固，又为一候。亦谓之"二候采牟尼"。升降沐浴谓之四候，总谓之六候。此乃周天一时工法所用之六候也。候虽多，亦不必执著。不过是阳生调药，调到炁满药产时采归，运行子午卯酉，归根即是也。然其中候法，亦要明白。当用呼吸，变文武火之时候，不明白则文武不能如法。所谓火候不传者，非不传也，即此难言也。夫火是火，候是候，岂混而一言之？其中文武火候，逐节工法，师所传之口诀，尽备此书。余虽为僧，自幼觅此道，励志江湖三十余年，方得全旨。后人有缘遇之，不要三日，即明乎斯道，则不为诬徒所惑矣。

华阳云：此篇重所言候者，非余之好事也。因群书所言候者，前后混杂，则令人实难悟。余前文虽表六候者，尚不能决人之疑，故添此篇，以决同志读群书候之疑病也。

## 任督二脉图第十七

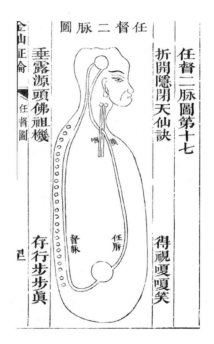

折开隐闭天仙诀，得视嘎嘎笑。

垂露源头佛祖机，存行步步真。

华阳曰：此图直泄元机，实愿得药之士，不失运行之路。丹道最秘，非余之敢妄泄也。古圣虽无图，却有言存留，奈何不全之过耳。又因旧说，谓督脉在脊骨外，而任脉止于上下唇。此二说皆俗医之妄指，岂知仙家说任督，实亲自在脉中所行过，以为证验。非但行一回也，金丹神炁之元妙，必要在脉中所行过数百回，方得成就。谬妄不但俗医乱指，今之修元者，亦此谬妄乱指，愈加纷纷。苟不亲自领会境遇，妄亿猜指，浅学信受，误丧励志，岂不痛哉？故余将师所授之诀，以亲自领会之熟境，画图以证其非。然而此图一出，游方之士与那假道学，则无容身之地矣。

# 决疑第十八

## 僧谿然七问

问之一曰："弟子愚暗，蒙老师传授火化断淫之法，行四个月得景，海中火发，对斗明星。又蒙传授法轮常转之密语，行持五十日，淫根自断，永无生机。反照北海，犹如化银之光，其光浩荡射目，自知成舍利子矣。弟子昔在打七一门，不见成道，反人人吐血，是何故也？"

答曰："自如来开化，西天二十八祖、东土六代，并无此门。乃僧高峰门人，诬捏坑害后人。况高峰所习是闭息之傍门。何见得也？高峰自曰：忍气急，即杀人。吾云：吐血因跑香忍气，伤其脏腑，坐打香板，伤其脊络，就是卢医、扁鹊，莫能救之。"

问之二曰："参禅问话头，不见成道，何也？"

答曰："如来有所问试者，是看学人性道明与未明。明则教外别传慧命，不得慧命无所成也。"

问之三曰："专念经念佛，不见成道，何也？"

答曰："经，路境也；佛，名字也。譬喻考试官，欲取第一名，求圣人唱四书可进否？六祖云：'东方人造业，念佛求生西方；西方人造业，念佛往生何方？'"

问之四曰："我释教参禅人，灰心长坐，不起欲念，凡有走漏，不能成坚固之体，是何故也？"

答曰："为人至十六岁，关窍开，既开无有不走泄之理。况且念经伤其中气，枯坐心肾又不能交会，走漏格外多矣。所以近代出家人，反得痿症、水枯、吐血、枯目，皆谓此也。坚固实有火化之法，譬喻铛水在上，灶火在下，水得火，自然变化为烝矣。如来云：'火化以后，收取舍利。'实有真传也。"

问之五曰："今之参禅人，而不问走泄之事，自言修道，可得成道否？"

答曰："天上未有走泄身子之佛祖。走泄一回，与凡夫交媾一回，其理一也，故无所成矣。"

问之六曰："佛是何法起手？"

答曰："佛以对斗明星起手。对即中华，返观是也；斗即北斗，丹田是也；明星，即丹田之炁发晃是也。不对斗明星，万万不能成道。释教下手一著最秘，吾今全露，尔当默思默思。"

问之七曰："今之释教传法，得者以为出头，自称为大和尚，可是真法否？"

答曰："得者，如梦得金；称者，如戏台上汉高祖、楚霸王，何曾有实也？自达摩六祖，以口传心受，故五祖云：'密附本音。'今之所传，纸上传某僧某僧之名为传法，志者观之，嘎嘎一笑而已。"

## 王会然七问

问之一曰："弟子蒙老师传授下手工夫，修炼两月，得药产之景。又蒙传授周天之口诀，行运三月，外肾不举，丹田常自温暖，自知丹成矣。不知别门亦有可成之理否？"

答曰："不得神炁交合，产出真种，万无所成。或有行之专者，无非却病，所谓'万般差别法，总与金丹事不同'。"

问之二曰："有一先生自言得药产之景，能以升降，又长坐数十年，凡有走漏，不结丹，何也？"

答曰："虽得药产，不知火候；虽是升降，不知阖辟度数。强运故不结也。"

问之三曰："有一位言，教人凝神入炁穴，阳生之时，后升前降，不结。何也？"

答曰："不知起手之法，无药先行升降，水火煮空铛，故此不结也。"

问之四曰："有一位言，阳生之时，以舌抵住齿，往上提之，吞津降下，不结。何也？"

答曰："此阳乃微阳，非药产之阳，升降无用。况又不知路道，乱提起邪火，必得吐血之症。吞乃有形之物，落于肠，出二便，有何益也？"

问之五曰："有一假道人，教人阳生时用息采之。一息采，一息封，谓之二候；左边上，右边下，一息一转，谓之一周天，不结。何也？"

答曰："此亦非傍门，乃未得诀者，自诬造作此言，诳哄愚夫耳。真人云：凡流不知道运行，由五脏而循环，非周天也，故此不结矣。"

问之六曰："专凝神在炁穴，能出阴神，不结丹。何也？"

答曰："不知阳生用呼吸之法，故不结也。"

问之七曰："不打七亦吐血，得疾病，何也？"

答曰："误信盲师之过耳。冲虚祖师云：外道邪法行气，必至有病。何以为病？升提太迟重，则提为邪火，其病头晕，病目赤肿、翳障，病咳嗽、痰火、吐血，病疮肿等症。若降下而迟重，则逼沉粗气贯入肾子，为疼痛偏坠病、腹胀水蛊胀病等症。上下两病，皆致人速死。"

## 了然五问

问之一曰："弟子傍门外道不必问矣，愿闻正道之火候。有钟离云'乾用九，坤用六'，可是此理也？"

答曰："而名是，法不是。"

问之二曰："冲虚谓'子行三十六，午行二十四'，可是此理也？"

答曰："而名是，诀不是。"

问之三曰："真人谓'阳爻一百八十，阴爻一百二十'，可是此理也？"

答曰："而名是，事不是。"

问之四曰："许旌阳谓'阳用二百一十六，阴用一百四十四'，可是此理也？"

答曰："而名是，火不是。"

问之五曰："其四非也？"

答曰："道最重在口传。不得真传，四皆非矣。如果得真师，其四俱真。不但四真，千真万圣俱合此火之元妙，而三教成道者，亦此火之元妙。"

## 危险说
（此言下手调药及小周天事也）

华阳曰：学道者，外道纷纷，及其成功，未有一人。何也？盖不知其中性命之修持，危险之防虑，以错修错炼之妄为也。或者闻其性命之门户，正理不明，根源不透，入于旁门，执于一边。虽曰归道，奈性命不合，神炁不交，纵自修为，真元暗耗，终归于无所成也。或有凤缘相逢，言语相投，知乎调法，未能彻乎精微，炼己之生浮，行功之沉睡，及至阳生时，迷而不自觉灵，炁薰形起，昧却采工。炁之极动，变而外施，既无主则无所留。拱关一旦泄去，安有药之可调、可炼乎？

且既知乎灵觉之调法，而又无所成，何也？盖不知其中丹法之逐节、火候之次第，是以盲修瞎炼。不知调药者，武火采之，文火封之；武火炼之，文火养之。忘火以待其自生之故耳。

且既明其逐节，晓其炼法，何以张脉偾兴？无意之欲起，种种阴魔阴怪来扰。或沉寐时，外阳不举，竟自泄之，又何故也？此乃火候用不到处，尽是阴气变幻，不识此时用武火鼓巽风，煅去阴气之法也。

且夫真修之所为者，外若痴若愚，内安然逍遥。最忌身之劳碌，心之外驰。苟不勤慎，则炉火断而不续，失其文火。炁既无主而无所钩，不落下而变为后天者，未之有也。此皆因当其际，不知有武火为救护命宝之法也。盖其精泄去，其炁亦泄之，安得不谓危险哉？

夫采取明乎二炁，阴跷知乎道路，是为勒阳关之法也。若夫归炉之后，不知回风混合、煅炼之法者，其元精与阴精，依旧藏而不化。阳之暂伏，顿然又生，名虽调药，实不知炉中调法。然后阳之复生者，竟将以前未化之精，拱而射之。则其药之无所产。不思己之不精，返谓师之诀不真，何不悟之甚也！

且药产薰炉之际，危险大矣哉！彼愚昧，不早自提点，贪着其乐，内失其照，已交将别之时，若不即生复觉者，则昧却采工矣。所产之真种，不能自归炉，洋洋乎，竟自泄去，累积之工，空无所有，岂不悲乎？

若乎升降之机，又在乎斗柄，神息之力也。炁之行而息不逼，乃导引旁门，非阖辟之道也。息之应而度不合，乃无知外道，非周天之数也。不但炁之不结，亦费药之空生，则周天之危险即藏其内矣。夫药之归炉，若文火之失薰蒸，则阴气又存之，诸般怪现，皆由此之故也。且平常无事，若失其薰蒸，误食香辣，劳其身心，昧其动静，丹则异生。或时迫炉而出，或时火生，或时见水生，或阴人现象。若不得其法救之，丧失在顷刻之间。夫炁之满而丹成，其危险者，在当止不止，不当止而止之诀焉。

若夫火之圆足，又勤勤于薰蒸，相护于性命，或有意放，则汞散铅冷。丹之异怪，不又重生乎？非师之诀不真，乃己之失照。然丹已成者，急于超脱，若贪著尘俗，待以年月，一时不觉丹之迫炉，汞飞铅走，哀哉，空空已乎。余愿同志者，将此危险审而查之，细而悟之，精而行之，则永保无失矣。

## 后危险说

自古丹书，多引而不发，欲求其全诀全火者，尤难之。学者虽从末由，岂不可叹哉！故予前《危险说》，补《金仙证论》及《慧命经》所不足之处，使苦志者得下手调药，及小周天之工法也。

夫篇中所谓凝神者，是凝于道心之所。道心而得人心之翕聚，则元炁聚而不散，为孕药之工，即为双修性命之苗也。夫神既凝住炁穴，而炁穴之神不又有当知乎？盖觉其呼吸之往来，是为炼精之风火也。且神又不可泛驰于外，息又不可断续无嘘。神息之相炼，动静之相依，不出乎范围，不执乎有无，是谓化精之诀也。且又当知乎神安于阳动之所，以协乎其机，莫离乎其炁，炁化之所在，即神安之所在也。

篇中又曰武火者，是采药、炼药、炼阴精之妙诀，内外呼吸之秘机，故曰阖辟。其妙在乎二炁逆用之工，故谓之采外药矣。且炼之者，是化精也。即元关之中，意鼓息吹之元机，谓之阖辟，即所谓"鼓巽风，运坤火"，又云："风轮激动产真铅。"因坎中之阴精难以制伏，便使风火而化之，神炁相摩而激之，如二物之相摩而生火也。悟一子云："欲降而静之，必先激而动之。"此诚言其妙诀，是指元关中神、炁、气三物相动相激之机欤。且炉内神炁既以相炼，不可息乎其风，不可出乎其外，不可离乎其炁。神炁之二意，同此相翕，如雌雄交合，当其际，二物周身之意尽归于此处。如此得法调药，何患精之不化，欲之不死，而真种不产者哉？

且又曰炼阴精者，谓人食五谷百味所化之精华，名曰津液，是滋养五脏之后天，皆属渣滓。昼夜滋润乎周身，而至于丹田者，则为阴精已。此精时刻作怪，搅乱心君，引动元炁之散泄。所谓炼之者，因有先觉之坏景来前，即当以后天之神火注于炉中，是为火种火引也。便使橐籥之鼓风，以风扇火，以火鼓动先天元炁之真火。二火之相摩相激，阳火胜乎阴精，融透周身，何患精之不化，怪之不灭，道之不成者哉？

且又曰文火者，乃神炁相定而不动之旨也。真人云：修之首务，潜之深渊，韬明养晦，而后可以善其用也。夫既曰不动，而又曰文火者，何谓也？盖神炁虽曰不动，而呼吸之气又在此吹嘘，绵绵不断之旨也。古曰吹嘘，曰温养，是定而嘘之意也。且火得风之所嘘，火不息冷，药则融而温暖，故文武火者，调药之的旨也。夫药既调而自产者，莫当去其武而用其文欤。不知药产时，呼吸之文武火俱无所用也，故曰："定息候真铅。"

夫既曰不用呼吸之火，而药之产岂不散欤？盖妙在乎神炁之相就、相照、相顾之旨也。且当此际，药之老嫩，铅之迟早，又必叩乎秘传相合相离之机采取，安敢妄泄哉？然采取之诀，非用武火，药焉能归炉哉？

夫升降之火，兼文武而用之。故曰："柔而变刚，刚而变柔。"刚柔乃丹道之妙旨。及乎六阳吸机之入而升是谓武，然呼机之回而定即属文；且以六阴呼机之退而降是谓武，然吸机之进而定即属文。故曰"时时有沐浴"者此也。盖卯酉者，去武全文，不息息中而暗息息者，谓养其生杀之机也；且子午妙在于升降，而又云有沐浴者，是谓一时八刻，而一日有百刻，谓此四刻即属乎沐浴之法也；且归根之文火薰蒸补助，乃养丹之的旨，为返照之工夫，而丹之成时，去武火，用文火，是谓薰蒸养丹之法也。

嘉庆四年端阳前五日华阳著于北京仁寿寺

# 谭仙传全集

白云真仙　著

民国庚午年[1]秋九月新镌

（板存德阳全善慈善会。有愿送者，自备纸张，不取板资）

## 白云仙子序

《谭仙传》，为源清古佛之历史，其前因后果，事虽特奇，而理则确确可凭。俺忆自前清辛未[2]上元日，随同诸仙佛，庆祝天官寿宴罢，偕游徜徉，到光明玉阁，列坐谈玄。刚到妙处，倏见阁上金光射目，群仙诸佛惊起，往视光由，见光自书出，取书观之，乃《预卜经》也。仙佛同声，高吟一遍，叹未曾有。

时有纯阳祖师，对众仙佛言曰："大道之运将昌，预卜之言将应。今日今时，机缘已动，所以光生卷帙。此《经》既已生光，则不可久留天上，应当早传下土，作为征兆，使下界群生，知晓将来之事，实由天命预定，非关人力也。但是，降传此经，当叙明此经之始末原由乃可。其始末原由，各仙兄佛友，谁能记忆者，请道其详？"诸仙佛皆曰："知而不详。"

惟铁拐仙，笑而不答。纯阳祖师曰："汝知其详乎？"铁拐仙答曰："《预卜经》，原为谭仙而作，当其会垂此《经》之时，吾已知有今日之事，故将谭仙前因后果、始末原由，详细汇记成帙，藏在吾这壶芦中以待。今机缘已至，当与《预卜经》，共传下土，发幽光而昌道运，显仙踪以证修持，为度

---

① 民国庚午年，即1930年。

② 前清辛未：自1636年皇太极称帝改国号为大清，至1911年，计276年，共有5个辛未年，即1631年、1691年、1751年、1811年、1871年。此处当指1871年。

世之慈舟焉。"即从壶芦中，取出谭仙历史卷帙，言曰："详记帙事，是吾愿也。若临凡传降，则吾谢不敏矣。"纯阳祖师曰："传降之事，非白云仙友不可。此事，即仰劳白云仙友一行。吾观卷帙中，记事虽详，而词多玄奥，世俗难明。仙友勿辞烦劳，可依传记例，分章分节，随土俗音，载歌载咏，务令雅俗共赏，与道合真，方不负此奇缘也。"言罢，群仙诸佛，皆大欢喜，一体赞成而散。

俺兢兢业业，承此法旨，捧《预卜经》、谭仙历史，下奔红尘，周游浊世。经五十载，未得其缘。至壬戌①春，始闻谭仙大开中一西派，于蜀西桂湖②之滨，乃来蜀而住云。于九峰之巅，应感临坛，随缘传降，时经三载，至今乙丑③而稿始告成。稿成之日，俺略叙其作传根由，以志其实。《传》共八万馀言，其中所言，无非大道。道之三乘九节十八梯，层层点醒；道之旁门左术诸邪说，明明指穿。

下界群生，读此《谭仙传》时，当存一片恭敬信仰心，视为保身大法、救命金丹。读一章，务必学一章；学一句，务必行一句。果能得其一句之真、一章之妙，则八万馀言，全神会聚，食则见谭仙于羹，立则见谭仙于墙，卧则见谭仙于梦寐，刻刻与谭仙相周旋。凡谭仙之一言一行一修持，无不酷肖，则读者今日之言行修持，居然是昔日之谭仙，至此而即力辞曰"吾实不愿作神仙"，亦不可得也。此《传》之感应效果，有如此其神妙莫测者，群生不信，请尝试之。是序。

民国十四年乙丑上元日降于新邑④庆馀堂同仁阁
旌阳鹿关率真居士何凤鸣沐手敬书

---

　　①壬戌，当指1922年。
　　②桂湖，四川省成都市新都区境内。明朝学者杨慎（号升庵）居新都时，曾沿湖遍植桂树，"桂湖"由此得名。
　　③乙丑，指1925年。
　　④新邑，即今成都市新都区。

# 《谭仙传》校刊序

《谭仙传》一书，系白云大仙奉吕祖法旨，依谭仙历史真相，演传于四川西道新都县庆馀堂者也。其书分四卷廿四章四十八节，共计八万馀言。捧读之下，如见先师，思其容貌。时刊未忘，至通梦寐，顿觉前此之言行举止，污秽尘垢，涣然尽去。而心意性情，精神气象，焕然一新，此书诚为换骨金丹也。盖谭先师，由儒而仙，由仙而佛，经历既遍，道自无边。虽垂有仁化，经无名经，有有经，逆承经，中枢经，以及造化天机，西宗三乘。谭子法言三教，心经串注，三科训词，中一章程、延年实事等书，宣明性命工夫，然皆东鳞西爪，而必于此《传》，会其全神，故于校刊诸经之馀，又必校刊此《传》也。此传，自乙丑稿出，数年来，同人争相抄写，都恨拜读之晚。至今庚午①，会议校刊。于时，闻者赞成，见者踊跃，德邑全善杨守清、杨利清、黄探虚、杨正虚诸君，董其事；王崇清、林宽清、李道成、巫道果诸君，助其赀；新都即善、繁邑忠义、成都安澜、什邡全义、广汉全义、连镇敦伦、小汉德正，各堂诸君，襄其力。中一无名子，重核其稿；张道亨君，校书其字。经众赞襄，不日功成。将见此《传》，所到之处，定然风清俗美、世泰时和。读此《传》者，无不心身泰然，精神焕发，家室和顺，眷属平安。此书之美好，固当人置一部，朝夕诵读也。然刷印无多，远近购取者众，恐有应接不暇之处。希望各界慈善诸君，翻板翻印，以补其阙，则同人幸甚。是序。

民国十九年庚午岁六月六日中一同仁会生等会序于德邑全善堂之洗心池上
旌阳浩然居士敬书于来鹤楼头

---

① 庚午，指 1930 年。

先师明季纯儒，性孝友，兼通玄学，道号定一。弃家游滇蜀，与陈奕友善，同师许刚山，得真传，道成。清初，吕祖度朝金阙，封太极金仙。常抱悲悯，救济民生，旋证源清古佛。民国初，蜀西桂湖，敕建中一儒林，师主其事，著书立说，阐扬三教。壬戌三月，奉敕开派西宗主教，昌明大道，会启同仁，撰述三乘心法，及门诸子日益。今则，证位光明玉阁中一仁化大天尊。注想金容，实深敬畏；立德言功，天经地纬。

中一西派同仁弟子杨正虚敬述

# 《谭仙传》目录

## 《谭仙传》卷一

道言：

> 人人有个玄关窍，只是自己不知道。
>
> 今日空闲无别事，精神爽健无俗扰。
>
> 天气晴和日光明，香呈瑞霭花含笑。
>
> 诸君请坐缓吃茶，细听山人唱道窍。

## 第一章　白鹭洲冷仙吹铁笛，黄鹤楼吕祖授金书

却说这部《谭仙传》，原是唱道之书，内藏三关、九节、十八乘性命工夫，三教圣贤宗旨，真正先天大道。这大道，人人都是有的；唱出来，人人都是能的。但是，从前未曾指点，故不晓得。今日空闲无事，天气又晴明，诸君静坐，细听山人唱来。正是：踏破铁鞋无处觅，说出无非在眼前。

> 大道流行宇宙间，群生万物尽包含。
>
> 太极阴阳男女判，五行变化地天宽。
>
> 日月星辰光灿烂，山河社稷气盘旋。
>
> 人生其中如梦幻，瞬息光阴即百年。
>
> 帝王事业空争战，富贵功名葬草原。
>
> 夫妻儿女终分散，阿谁能免到黄泉。
>
> 有其死后空悲叹，不如生前早看穿。
>
> 看穿世事休贪恋，细听山人唱道玄。
>
> 唱道玄，说道玄，说起道玄有根源。
>
> 道玄演说谭仙传，层层节节说详端。
>
> 三入幽冥不忙叹，九回考试不忙言。
>
> 先把根源说明显，方知谭仙非偶然。
>
> 根源要晓来何处，细听山人说冷谦。
>
> 谭仙本是冷谦转，冷谦才是到根源。
>
> 是如无极中一点，虚灵不昧道先天。

　　却说这冷谦，乃是得道仙人。心同无极，虚灵不昧，悠然自在、快乐逍遥。只因静极而动，心中忽生一点念头，遂堕尘凡。于大明万历年间，化作一个书生模样，自称冷生，善医药，吹铁笛，遨游中华地面，云水之间。一日，游至湖南、湖北交界之处，地名白鹭洲，青山环绕，白浪平铺，秋水共长天一色，夜月与清风偕来，真好时景也。乃雇扁舟，随流赏玩。兴来时，取出铁笛，吹以自乐。吹了几曲，兴犹未已，乃信口作歌以唱之。正是：云水逍遥俺自在，兴来吹笛作讴歌。[1]

> 道包天地外，浩渺无边界。道充六合中，饱满无空解。
>
> 道实若金刚，万劫不朽坏。道虚若琉璃，光明无障碍。
>
> 道生人物形，形成道即在。日月道流行，山河道依赖。
>
> 飞潜动植纷，各沾道一芥。人为万物灵，独得道真派。
>
> 得真须悟真，方保无灾害。
>
> 可叹而今世上人，在道不识道中情。
>
> 日用伦常无一点，中和涵养没毫分。
>
> 悖逆圣贤真道理，痴心妄想作仙人。
>
> 仙人惟有吕纯阳，先天大道不寻常。
>
> 传来三个大弟子，各将大道化一方。
>
> 刘海蟾为南派祖，教开北派王重阳。
>
> 陆潜虚又开东派，惟有西派缺人当。
>
> 西派祖，缺人当，西方大道焉能昌？
>
> 苍天若能如我愿，愿拜吕祖化西方。

　　却说冷仙歌罢，又吹一曲，仰望彩云，回绕中天，心中想道："彩云中，莫非是吕祖来了？然何又不见现身出来，真是闷损人也。"冷仙正在想望之际，忽觉岸边阴风四起，月暗天昏，毛发悚然，怕是妖魔作弄，乃收笛返舟，登岸归旅而去。只因这篇讴歌，惹出后来多少魔障？有诗为证：

> 自在闲身世外游，随缘适兴弄扁舟。
>
> 只因一曲新腔调，惹动群魔作对头。

---

　　[1] 李涵虚《道窍谈、三车秘旨合刊》道情诗词杂著："自记前身是冷生，湖南湖北一舟轻。为何惹下西方愿？云水烟山浪荡行。"

却说冷仙心念吕祖，却无处寻觅。一日来至黄鹤楼，四顾无人，独登其上，推窗一望，注目遥观，吕祖来也。正是：一念至诚通碧落，感得纯阳跨鹤来。

冷仙独上黄鹤楼，推窗远望水东流。
万里无云天净朗，四山映日气清幽。
村樹纵横浓淡合，稻田高下曲斜钩。
天籁无声人寂静，凝神忽见彩云浮。
从空冉冉来切近，云中黄鹤舞楼头。
上坐仙人真潇洒，纶巾道服貌风流。
颏下胡须飘五绺，背揹宝剑鬼妖愁。
手执拂尘真吕祖，先天祖气道根由。
入无极中开太极，仙缘凑合到此游。
冷仙一见忙叩首，口称师父吕王侯。
思念多年今始遇，恳师要把弟子收。
先天大道要传授，口诀不可把筋抽。
愿开西派把世救，愿将真道作慈舟。
愿辟异端扶圣教，愿度群生上玉楼。
望仙师，把恩留，望仙师，把恩留。
说一句来一叩头，纯阳一见开了口。
叫声弟子不须愁，汝既有愿红尘走。
俺将大道付全周，金书一本亲传授。
性命工夫第一筹，依法行持皆能够。
团炼虚空真妙诀，遵行即可步瀛洲。[①]
但是今朝时尚早，时至送汝把生投。
今乃万历丙午岁，再二百年丙寅秋。
锦水之湄谭姓后，看破红尘把道修。
大阐玄风明至道，为俺西派作龙头。

———————————

① 李涵虚《道窍谈、三车秘旨合刊》修行人，上等的，要从无中生有下手："我家丹法出瀛洲，提个虚无便起头。不怕全然没影响，要从无里问根由。"

纯阳说罢毫光闪，驾鹤高飞无法留。①

却说冷仙手接金书，正欲进叩玄关口诀，忽见金光一闪，鹤已高翔。乃大呼："祖师留驾，祖师留驾。"呼声未已，纯阳又到面前，挥尘说道："汝在白鹭洲，吹笛唱歌，惊动了远近山精水怪，都要随缘下世，与汝作对。更有要想夺你金书，窃开西派者。俺今再赐汝玉印一颗，镇压金书，保护圣道。群魔见此，自然消退。谨记俺言，后会有期。汝去汝去，毋相念，毋相忘也。"冷仙听罢，方欲再问，转瞬之间，但见天高日午，吕祖不知去向矣。自古大道，皆有亲传授受，岂是凭空妄想可得？有诗为证：

先天大道岂寻常，一握金书万法藏。

黄鹤楼头亲授受，宏开西派自纯阳。②

## 第二章　乘危机群魔害道，奉天命真性临凡

却说冷仙，在黄鹤楼上，忽不见了纯阳，怅望久之。只得藏好了玉印、金书，步下楼来，依然四海云游。欲把金书一阅，奈无静处。一日，游至一座高山，上与云齐。上至山顶，四顾苍茫，坐卧一阵，忽想起所受的金书，其中口诀心法，不知如何奇妙，此处人迹不到，可以翻阅了。乃取出，从头翻阅，篇篇都是金纸，却无一字，心中忽地烦恼。因此一烦恼，遂惹动群魔，出来作对，所以说"相由心生，祸由自招"也。正是：魔鬼原难干正道，只因烦恼惹出来。

高高山顶接云霄，四顾群峰只及腰。

冷仙登上至高处，更有何人敢比豪？

清净高山天凑巧，好把金书读一遭，

①《海山仙迹·卷六·示冷生》：万历间有冷生者，不知其名字里居，业岐黄，喜游云水。每来湖南湖北，风月扁舟，吹铁笛以自娱。或言冷谦显相，或疑冷谦化身，皆无定论。生尝云："古来神仙，吾仰纯阳祖，及今张三丰，隐显人间，逢缘普度。"又云："纯阳有三大弟子，为群真冠。海蟾开南派，重阳开北派，陆潜虚汇东派，吾愿入西方，化一隐沦，亲拜吕翁之门，身为西祖。"一日上黄鹤楼，忽遇吕祖从空而下，谓之曰："汝欲临凡耶？今乃万历丙午（1606年），再候二百年丙寅（1806年）之岁，手握金书，降生锦水之湄，精修至道，阐发玄风，为吾导西派可也。"言讫，吕祖即乘鹤飞去，冷亦不知所之。

②李涵虚《道窍谈、三车秘旨合刊》吕祖题大江西派词："大江初祖是纯阳，九转丹成道气昌。今日传心无别语，愿君个个驾慈航。"

附编

翻开只有金光冒，却无一字怎开交。

无字从何寻诀窍，无字从何识根苗。

翻著翻著心焦躁，骂声纯阳太蹊跷。

说你是假，你又骑鹤道；说你是真，你又卖鬼妖。

无字书无字书，惹我冷先生笑，欺哄人怕要犯点天条。

听冷仙这几句话，便违背了圣贤道，可见得冷仙心高气更高。

心高气傲道失了，道去魔来祸自招。

冷仙把书翻几道，寻不出一个字来瞧。

心中正在加烦恼，忽见现出一个"魔"字大如桃。

太极阴阳本一窍，阴魔阳道互相交。

盈虚消长由心造，魔来由于道先消。

烦恼一生道消耗，冷仙焉能把魔逃。

见了魔字心嚇跳，赶忙将书藏在包。

忽地一阵狂风到，声吼犹如海波涛。

一只猛虎风中啸，向著冷仙耸起毛。

冷仙忙将玉印照，猛虎不见风亦消。

方欲起身把路找，路旁又闪出一个女多娇。

开言便把郎君叫，聪明人然何拿给妖道嘲。

金书无字叫什么宝？不如拿出弃荒郊。

要成佛，同奴两相好；功圆满，携手赴蟠桃。

缠得冷仙无处跑，忽来一个大汉解了交。

大汉带领人不少，捉住那女子就往山下抛。

回头叫声大老少，你父与我是旧交。

你把金书借与我看一道，即刻还你不过宵。

一个说我也要看一道，一个说我也要粑边瞧一瞧。

那边忽又来一个云游道，骂声列位休放刁。

上前稽首开言道，尊声师兄听根苗。

我们二人是同道，不比他们外三桥。

你的金书我担保，拿来装在我的包。

万一不能来失弔，弔你一本赔一挑。

更有几个背揹礚，又有几个手拿刀。

都来围住冷仙闹，闹得冷仙皱眉梢。

忙中心却忘怀了，忘却玉印能照妖。

欲待要走走不了，仰天长叹气冲宵。

想这金书乃是招魔票，初次翻开就惹糟。

翻开就有魔来到，日日如此怎开交？

二百年光阴时不少，难保清净过一朝。

不如把书拿丢了，依然随我乐逍遥。

却说冷仙心中如是在想，纯阳吕祖早已知道，怕他当真把金书拿出，被群魔得去，下世胡为，败坏了大道，为千古世界之害，乃忙上凌霄宝殿，百拜朝天，奏闻玉皇上帝。正是：为持世界千秋道，不惜凌霄百拜朝。

冷仙心里正在想，早已感动吕纯阳。

纯阳嚇得魂飘荡，恐怕这回要带汤。

倘若金书归魔掌，下世定然闹乱堂。

这是我爱收弟子上了当，师不管、又有何人肯帮忙？

忙忙急把凌霄上，百拜朝参大玉皇。

口称臣是吕岩把本上，奏为金书事一椿。

金书原是臣执掌，先天大道内包藏。

前有蓬莱散仙冷谦立志向，愿开西派助道昌。

臣查气运推数理，西祖应在他身旁。

黄鹤楼头亲授受，命他转世谭家庄。

二百年华过未几，今遇魔缠在山岗。

群魔欲把金书抢，投生混世灭纲常。

冷谦又无大力量，恐怕群魔把他伤。

伤了冷谦非小可，大道从此付东洋。

因此奏恳我皇上，降旨降魔到下方。

玉帝闻奏把旨降，此事吕卿少筹量。

道高一尺魔高丈，二百年久岂易妨。

不如命他早下降，早成道果待时光。

待至奇缘天榜放，宏开西派度冥阳。

朕传旨意卿捧往，速命冷谦赴锦江。

二十年间丙寅岁，早三花甲朕主张。

大道仰卿作保障，钦哉勿负朕恩光。

却说玉皇上帝，护持大道，保成西派，传下旨意，命冷谦即速投生下世，免受天魔之灾，将二百年之丙寅，改早一百八十年，即是大明天启六年之丙寅岁也。纯阳吕祖领得玉旨，谢恩下殿，翻身出了南天门。慧目观见冷仙，正在着急，忙按落云头，将拂尘一挥，叱声"呀呀呸"。冷仙一惊，定睛细视，一群人皆不见了。正是"一正压百邪"，有诗为证：

弥漫六合动群魔，方寸惟危却奈何。

一念至诚朝上帝，自然清静息风波。

却说冷仙，被纯阳"呀呸"一惊，不见了群魔，只见纯阳站在面前，忙倒身下拜，口称："弟子有罪，望恩师赦宥。"纯阳开口说道："汝因烦恼未除，无明火动，招来群魔，险坏大道。俺今捧得天命到来，汝冷谦跪听宣读。"冷仙闻言，慌忙跪地。纯阳稽首顿首，拆开玉帝诏旨，朗声念道：

"玄穹主宰玉皇上帝诏曰：大道虚无，待人而兴。人心陷溺，待道而明。咨尔冷谦，救世情殷。救生下世，修炼道真。以谭为姓，以尚为名。仙成太极，佛证源清。成仙佛后，再下红尘。宏开西派，普度群生。功圆中一，位证天尊。兹垂恩命，保尔灵根。降生以后，勿昧初心。汝其钦哉，毋负朕命。右诏敕蓬莱散仙冷谦，准此钦遵。"

却说冷仙，听得天命已下，就要投生，心中着急，正欲开言，求师解缓。纯阳吕祖，已知其意，冷仙不曾提防，却被纯阳"呀呀呸"一声，一拂尘挥来，遂忽昏迷，无知无觉，化作一团白光，随风晃动。纯阳忙把袖口张开，纳入袖中，用手一招，黄鹤飞来，跨上鹤背，浮空而去。常言道："生人怕死，死人怕生。"这冷仙，原是得道的仙流，虽未到天仙品位，也是逍遥自在，岂有还喜欢投生，受红尘苦恼之理？只因当初一念之差，遂生出后来万般境界，所以说"人的心，总要止定，不可乱想"也。正是：只因心动境随至，逼堕红尘却奈何。

生人怕死死怕生，既怕然何要动心？

心一动时缘即至，缘至要躲躲不能。

冷仙虽是神仙体，却亦怕生下红尘。

只因当初差一念，遂使今朝玉旨临。

听说要投人世去，心想恳求缓日辰。

纯阳不敢违天命，呀呸一声化原形。

先天无极真元性，三阳变动不由人。

化作白光随地滚，装入袖内绝知闻。

跨鹤直寻锦水去，一心寻访姓谭人。

来到川省目观论，山河地理察情形。

锦水通流几县郡，几县谭家都访明。

富贵贫穷不一等，工商耕读各分门。

却无一个有缘分，可把神仙作后人。

吕纯阳无奈，才把城隍问，叫他拨选一个道母种仙根。

都省城隍忙奏本，孚佑帝君尊一声。

卑职奉命亲检选，选得一个谭元亨。

此人三生皆好善，今生历代亦善行。

世族祖居始康郡，父母已亡无弟昆。

元亨今年三十五，到还有点道根茎。

但是而今出了省，除此之外没处寻。

纯阳闻奏开言问，可惜一个道祖根。

因何出省在何地，他家还有甚么人。

何时方得回原郡，你可从头细奏明。

城隍俯首又奏本，奏道此事有原因。

因为川省不久要遭大劫运，张献忠造反要收生。

杀得川省莫人剩，鬼哭神嚎地天昏。

关帝君不忍他百姓，暗令卑职调善人。

调了三百八十四，分遣各处去逃生。

因此元亨出了省，山东钜南县安身。

娶妻乜氏无生育，安家落业不回程。

此是实言容奏本，仰恳帝君核夺行。

吕祖闻言心喜幸，别了城隍驾起云。

翻身跨鹤往前进，霎时来到山东城。

钜南县中一访问，果有一个谭元亨。

按下云头施敕令，土地城隍搞不赢。

却说纯阳来到山东钜南县，按落云头，土地城隍都来叩首迎接。纯阳吕祖吩咐道："城内北街玄妙观，香火兴隆，俺今敕令尔等，可用心勾引城西谭元亨夫妇真魂，齐到观中，即是尔等之功，速去勿违。"土地城隍各领敕令，慌忙暗中办理。正是：道妙幽深真莫测，不经说破岂能知。

山东有个钜南城，风清俗美世太平。

杏坛阙里依然在，孔圣遗踪古到今。

城西百里山连接，最高一峰号锦屏。

城南一水流荡漾，四时不竭有清音。

寻水源自锦屏出，因此遂得锦水名。

锦水曲回三十里，曲处即是庹家村。

村中有个庹老贡，他与元亨是近邻。

谭元亨本来生长在川省，幼帮广货当先生。

前三年下广把货运，路遭拐骗难回程。

流落到钜南客店困，帮办慈善当讲生。

庹贡生家中把他请，讲一载就劝化了多少人。

一方老幼都喜幸，帮佃田地凑成银。

暗地回川把妻领，去年十月到家庭。

夫妻勤俭又和顺，衣丰食足过光阴。

那夜元亨扯个混，梦见白发一老人。

手拿柬帖把他请，请他在玄妙观中讲劝世文。

元亨即随老人去，去到观中冷清清。

殿下忽然现个井，井中冒出一个绣球白如银。

用手去拿只是滚，滚去滚来不住停。

拿滚滚拿多一阵，弄得元亨汗满身。

坐在殿前长板凳，忽见乜氏走进门。

一身穿戴多齐整，手拿香烛来敬神。

元亨有话无处论，一见忙与说知闻。

携手同到殿前看，白球忽爆似雷鸣。

夫妻二人齐惊醒，说来两梦共同情。

虽说是梦境无凭证，冷仙真灵已附身。

先天已成后天体，真性内凝真息生。

道以无形施妙用，人以形感立命根。

乜氏自此身怀孕，一十二月始临盆。

正是天启丙寅岁，七月初八申时生。

夫妻二人多喜幸，喜幸谭家有后根。

焚香炳烛把神敬，答谢祖宗天地恩。

却说谭元亨得了儿子，虽知是有个梦兆，却不知是冷仙转世。原来土地城隍奉了纯阳敕令，化作老人，于梦中请得谭元亨夫妇真魂，齐到玄妙观。纯阳把冷仙化为白球，从井中冒出。待他夫妇同看之时，放出雷音，于有无虚实之间，一惊而合，神化之妙，真有令人不可思议，不能测度者也。有诗为证：

天恩降下九重来，一点真灵结圣胎。

妙有无为功密密，冷仙化作小婴孩。

## 第三章　悬慧剑纯阳显法，昧本性谭子遭灾

却说谭元亨夫妇，得了儿子，欢喜不得了。岂知群魔要与儿子作对头，寻机扰害，凡胎俗眼，那能知道。正是：稚阳潜伏遭魔弄，暗里生灾不易防。

世道太平人欢笑，贪嗔痴爱把罪造。

酒色财气日贪求，精神气血齐消耗。

罪恶造到贯满盈，震怒天心施惨报。

刀兵水火一齐来，身家性命齐要吊。

可怜各处有灵根，无功无善怎能跳？

天公排定莫兑挪，仙佛慈悲不敢照。

自己跌倒自己趴，快快回头修善道。

元亨本是大善人，仙降为儿把善报。

岂知儿是冷仙转，偏与群魔不咬叫。

群魔暗地起风波，元亨那得知其窍。

一群水怪与山精，白鹭洲边起了窖。

听说冷仙得金书，便皆乘势大家闹。

有愿冷仙西派开，挤拢沾点便易道。

有说冷仙功行浅，够不上西派当主教。

有说他虽奉天命，我总要将他西派来掇到。

有说趁他未降凡，我先下世去，开一个西派更为妙。

有说虽要抢得金书方才好，有说硬抢不如用软套。

大家追访到高山，各显妖风鬼计较。

有变猛虎发咆哮，有变钗裙呈女貌。

有变朋友假相邀，有变强徒相贼盗。

都想来把金书吞，好奔红尘去阐教。

不料纯阳法力高，呀呸一声魂吓弔。

魔怪抱头各窜逃，逃下红尘把反造。

各奔投生路一条，各去撞缘把娘叫。

前前后后几年间，妖魔投生有亿兆。

但都不想归正果，妖言怪说兴邪教。

妄称东南西北派，假托圣神仙佛号。

要与冷仙作对头，遍地洒下钩和钓。

今听冷仙已降生，生在谭家尚怀抱。

不如趁此把他枭，我们方好胡乱闹。

　　却说群魔谋不到金书，遂各奔红尘，寻了爹娘，投生出世，要与冷仙后身作反对，惊动各省各县土地城隍。土地城隍把他莫奈其何，忙忙奏报三官，转奏天曹。玉皇上帝，传下旨意，说是："大明天下，气数将终，浩劫将临，山精水怪，应该投生下世，扰乱世道，迷惑人心，收生填劫。尔等各处当道神祇，但把忠孝之子、善良之人，严为保护可也。等候谭仙道成，昌明圣教，再来三荡妖魔，廓清宇宙。"玉旨一下，诸神听命，各各留心，保卫忠孝善良。钜南县土地城隍，更加留意，时时刻刻，都派有神丁，在庞家村谭家左右，逡巡防守。虽是如此严防，而群魔偏偏要来作祟。正是：种植嘉禾犹未茂，四围莨稗已成林。

群魔胆子大如天，不怕神丁保卫严。

偏要来在谭家闹，闹得谭家夜不安。

元亨那得知机变，只说得子心喜欢。

八月初八弥月满，十八就是四十天。

抱出堂前仔细看，顶平额广耳垂肩。

光头就像和尚样，就取名尚告祖先。

乳名就叫谭和尚，原定自天非偶然。

元亨夫妇笑开眼，争相抚抱在堂前。

欢喜老鸦打破蛋，飞灾忽降在眉尖。

门外妖魔真大胆，一股妖风入门帘。

和尚虽具先天性，已降为人属后天。

婴儿命蒂未牢固，稚阳焉能保性元。

当即惊啼面色变，元亨吓得身抖圆。

夫妇忙熬汤药灌，只是啼哭不安眠。

一连三日声不断，惊动纯阳又下凡。

却说纯阳吕祖，正在八景宫中，与太上道祖议论中一大道、普度心法。忽然心血来潮，袖中掐指一算，知道西宗教主谭尚，身遭魔难，啼哭不安。慌忙辞别太上，出了八景宫，飞云来到山东钜南，按落云头，化作一个游山医士，向谭家而来。正是：暗里邪魔施恶毒，空中降下救星来。

西宗教主未长成，邪魔把他当仇人。

放出妖风把他害，害得连宵哭不停。

元亨赶忙将医请，用尽千方都不灵。

正在惊惶无法治，忽听门外有铃声。

跨出槽门观动静，才是一个老先生。

布服芒鞋须五绺，身背葫芦手摇铃。

忙走上前一声问，先生可是卖药人？

你那葫芦装甚药，药又能医那几门？

你试说来我一听，看这生意成不成。

纯阳即便开言道，我这葫芦药甚灵。

一丸医尽天下士，万病回春妙入神。

但是不要钱和米，端医尘世有缘人。

不是扣门求人请，无非路过但留名。

惊动主人把我问，想来府上皆安宁。

元亨闻言心喜幸，尊声老伯听分明。

我本姓谭妻乜氏，所生一子一月零。

前日堂前得下病，啼哭至今未住声。

妙药良方皆用尽，不能医治半毫分。

今日有缘长了运，忽遇高人驾降临。

请到堂前施恻隐，救度小儿免难星。

倘能医好小儿病，愿拜门下作门生。

元亨上前礼恭敬，纯阳还礼笑盈盈。

二人谦让把门进，同到堂前叙主宾。

见礼鞠恭方坐定，和尚哭得更高声。

纯阳侧耳凝神听，知是邪把中气侵。

法当回阳扶正气，忙取葫芦把药倾。

倾出回阳丹一粒，亲手交与谭元亨。

说道此药非凡品，乃是先天气造成。

放在令郎脐眼内，上用艾茸盖一层。

艾上再用新布盖，口衔度气要亲人。

轮流换度休停顿，燃香寸久即安宁。

元亨闻言喜不尽，手捧丹药进房门。

乜氏依言如法用，艾茸新布盖妥停。

二人轮换将气度，顷刻果然歇哭声。

夫妇欢喜商量道，难得这个好先生。

定要留他耍几日，酬谢更当不可轻。

同齐走出堂前看，不见先生著一惊。

忙出槽门四处望，无踪无迹无影声。

回到堂前同嗟叹，嗟叹先生无处寻。

抬头忽见粉壁上，几行大字放光明。

从头至尾仔细认，乃是七言四句文：

中土妖兴蔽太和，一丸砥定旧山河。

西风剑气青蛇影，派自东华口口歌。

这四句诗，纯阳吕祖题在谭元亨华堂壁上，大意是说："谭和尚之病，是由中土之气，为邪掩蔽，失其太和，故腹痛而啼哭不止。今以一丸辅正驱邪，恢复精神，如砥定旧日之山河一般。盖此丸药，乃宝剑所化。纯阳吕祖的青锋宝剑，一挥动之时，如青蛇之影，如西风之气，森威肃杀，群魔灭迹。今将宝剑化成丸药，以之治病，故效如神。此不神奇之神奇，所以为先天大道也。"纯阳说："此先天大道嫡派，实自东华帝君传来，故我口口作此歌也。"口口者，纯阳自隐其姓也。又以此诗，各句首一字观之，已预兆谭和尚后三百年当为"中一西派"之祖也。此是纯阳吕祖道法之妙，世人凡胎俗眼，那得知之。有诗为证：

纯阳道法比人高，剑舞青锋意倍豪。

捏拢化成丹一粒，飞空借气斩群妖。

却说谭元亨夫妇，见子病愈，心中大喜，壁上诗句，不能解透，但知是神人救治，无从报答，只得当天礼谢而已。三年之后，又生一子，取名谭瑞，合家欢喜。次年庚午，元亨忽得下病来，百般医治，不能全愈。原生于辛卯年，才满四十岁，竟自一梦归西。乜氏生于乙未年，才三十六岁，恸夫身死，哭绝几次。和尚方才五岁，只晓啼哭，不知事向。幸而邻友，素来敬服元亨好善乐施，一闻凶信，知他人口单薄，都来帮忙，备办衣衾棺椁，掩殓成服，择日安埋。这正是谭元亨善功圆满，仙缘有分，数应归班。世俗凡人，那能知道。但是，自此以后，内外皆靠乜氏一人支持。不觉就过两年，和尚已交上七个年头，满六岁了，遂送在邻馆，骆春晖学堂内，发蒙读书。这谭和尚，原是仙根，孝友性成，聪明迈众，过目不忘。三年之久，五经读完。老师夸奖，同学钦仰，赠他一个名号，曰"定魁"，颂其定能魁多士之义也。庹贡生闻之，心中欢喜，要将谭定魁选为乘龙娇客。正是：要问聪明多少价，试观老贡掷千金。

定魁聪明赛团转，三载五经都读遍。

贡生闻之心喜欢，与妻陈氏私撺算。

要将女儿庹秋英，许与定魁成姻眷。

商量已定请媒人，媒人就请黄老汉。

黄老汉同黄溲婆，说合两家皆意愿。

四月初八八字开，十八看人人体面。

五月初八换红庚，就在谭家摆酒晏。

会亲礼物简而文，通令合古不浓淡。

纳聘一对玉连环，报聘一方端石砚。

一诺千金莫二言，三家晏罢各分散。

贡生回家教女儿，德言容工常习练。

孝善慈和俭与勤，莫到后来有缺陷。

乜氏堂前教和尚，读书不可功间断。

快快换衣上学堂，将来好把鳌头占。

定魁闻言喜在心，即往学堂读书卷。

都说人生要读书，谁知不读不得滥。

只因读书到学堂，真人险被群魔陷。

却说次年乙亥，谭瑞已满六岁，同定魁一路去，在骆春晖馆中读书，聪明过于其兄，人皆惊为神童。三四年间，下笔成文。骆春晖以女许之，看人换庚。乜氏又费一番心苦，然却亦心欢意乐。谁知群魔，偏又生灾。

戊寅年，白鹭洲老蟹精，又暗约了锦屏山狮子怪，要想害杀谭定魁。一日，驾动妖风，率领群魔，变出奇形怪相，涌进学堂，来寻定魁。定魁却因腹痛，服药回家，早已去了，未受此劫。只把一堂学生，吓得东西乱窜，魄散魂消。五分钟久，方才风定影灭。查视学生，吓死二人，跌伤四五人，余皆各奔回家去了。骆春晖吓得呆痴，后虽医好，却不能再教书了。谭瑞却将右膝跌损，昏倒在地。定魁闻知，忙去将弟搬回，医治数月方愈。行动艰难，遂立誓不出门读书，愿在家中，半耕半读。次年己卯，有几位朋友来约定魁，去大学堂读书。定魁禀告母亲，以定可否。乜氏乃是女流之辈，焉能辨得好歹，只得答应他去。定魁去读了两年，诗文出众，声名大噪。自己意气，亦觉自高。只因这一自高，遂渐渐流入恶习而不觉也。正是：转世顿忘前世愿，后天泪没先天真。

人生要紧在少年，少年教训要森严。

不可使他随恶俗，朋友交游慎择先。

年少性质如丝素，一朝染坏洗则难。

所以孟母择邻处，不辞劳苦宅三迁。

乜氏虽然有才干，焉能上比孟母贤。

不晓择师择学馆，只将名望论师传。
又况此时魔出现，各自投生在世间。
群魔出现世道变，大小学堂皆一般。
魔根子弟谁能辨，也同一处读书篇。
老师教他把书念，多念几句就厌烦。
性根蠢钝而且懒，习恶容易习善难。
聚处一堂为不善，骄傲满假酒赌烟。
老师无法去教管，大小妖怪焰滔天。
父母面前礼不见，服劳奉养不知焉。
出不告来反不面，双亲几似路人般。
弟兄不和常吵闹，路不同行各一边。
饮食衣裳各顾各，彼此痛痒不相关。
毫无一点人气象，鼓动魔风撒野蛮。
定魁本是仙根转，良知良能本自然。
初入学堂心鄙厌，各自埋头不与缠。
群魔偏要厚起脸，强同饮酒估撺拳。
摆尾摇头舒笑脸，引同赌博昼夜盘。
虽是仙根日与染，不能逃脱魔套圈。
人鬼关头分扦扦，只在一心正与偏。
稍不谨慎心偏点，顿教变鬼堕深渊。
本性一迷遂习惯，要想逃脱难上难。
定魁不上一年半，身面容颜变不堪。
赌博耗去多财产，熬夜更将精血干。
酒醉失红背药罐，恃强斗狠不怕天。
学堂闹个浠巴滥，口舌牵连要见官。
定魁得病常呻唤，手又无钱作尽难。
情不得已回家转，堂上母亲难隐瞒。
乜氏一见泪流面，哭声姣儿我心肝。
读书就该把细点，然何要受朋友牵。
看你容颜今大变，毫无一点像从前。

一身瘦得骨头现，走路气喘背腰弯。

你父早早把命短，丢你弟兄靠娘盘。

前年兄弟脚跌断，在家行动都艰难。

你今又成这样范，你叫为娘心怎安。

当初梦你是仙转，而今一看像不然。

枉自你父常作善，枉自为娘费包缠。

枉自庹家乘龙选，枉自神仙救命丹。

越思越想心越淡，不如随夫丧黄泉。

哭骂一阵长呻唤，定魁跪地不敢言。

谭瑞前来讲情面，尊声母亲要耐烦。

哥哥虽然得病患，请医调治自安然。

母亲须把儿曹念，念儿幼小错当前。

弟兄下次再不敢，愿奉双亲寿百年。

双膝跪地苦哀劝，声声劝母心放宽。

过于忧气精神欠，生出疾病更难安。

乜氏闻言心肠软，忙起身来用手牵。

一手一个同牵起，眉头勉强开笑颜。

说道你们休怠慢，快请医生我有钱。

定魁弟兄弯腰杆，深施一礼谢恩宽。

堂前母子重嗟叹，嗟叹世道如云烟。

谁知皆是魔弄幻，暗中受害不知焉。

看来魔力真凶险，险把仙根来弄翻。

奉劝世人早打点，早早熟读感应篇。

却说谭乜氏，虽然是不知择师教子，却亦是魔力太大，难于抵敌，阴旺陷阳，自然之理也。然人气禀之清浊，从天所赋，天命之谓性，人固不得而与焉。而人品行之邪正，实由人自造。率性之谓道，天又不得而司之矣。夫谭定魁，原是仙根，自然有清无浊，似不能受群魔之害，然本性方才一昧，反正为邪灾害，遂至缠身。魔之害人，乘隙即入；人之克治，时不可疏。稍一疏忽，即受其害，可畏也哉。有诗为证：

世上人当幼小时，天良本性贵扶持。

若教昧失真常道，转瞬灾生悔后迟。

## 第四章　遇良师启发天良，赴科考克尽人事

却说谭定魁，魔气受深，心急难回，虽在家中，难忘旧习。但是一怕老母忧气，二怕官司连累，只在家中躲藏，不敢言赌，并不敢言酒。然口虽不敢言，而心常牵挂，梦中时闻喝彩撺拳之声，遂致药难速效，病息奄奄，日久不能愈。度过残年，早是二月天气。听得官司无事，乃勉强步出村庄，见得风日晴和，遂到钜南县内，游转一番。游到北街，只见玄妙观中闹热，进去一看，才是一个老先生在讲格言，遂寻到靠壁一凳坐下，且听他讲些甚么。正是：世间好话书说尽，不经指点不知因。

老先生登台把书讲，讲的是人生第一桩。

凡为人投生在世上，幼小时当先保天良。

不知道当听父母讲，学慈仁休把物命伤。

弟与兄当先明礼让，少勿傲长者勿恃强。

敦信实言语勿扯谎，守礼法举动勿轻狂。

别称呼声音要明亮，分人我钱物勿偷藏。

知饱足心意勿贪妄，明公理饮食勿私尝。

听教训性情休傲犟，戒卤莽凡事学隄防。

学从容又要手快当，学勤快又要不慌张。

更要学光明大气象，切莫学害人歹心肠。

能保得天良不断丧，送读书再说讲伦常。

事父母当先请奉养，早问安夜晚理被床。

提衣襟盥沐随履杖，奉酒菜添饭捧茶汤。

出门时躬身禀去向，回家时将事告端详。

康强时拜礼承欢畅，有病时拼命求药方。

孝父母伦常头一样，能孝顺五伦都在行。

爱弟妹敬嫂敬兄长，和以礼喜笑共搓商。

忠君主守法不犯上，不怕死保国定家邦。

别夫妇莫信枕头状，礼节爱寿命共延长。

交朋友眼睛要放亮，虽同党品格有低昂。

是好友与他相来往，是歹友外和内分张。

伦常敦父母心快爽，能悦亲即是保天良。

我而今举眼观世上，昧天理第一是学堂。

凡训蒙孝弟全不讲，无礼让好似牛马场。

大学生都把功名想，只知道读书读文章。

把天良放在背心上，把伦理抛弃在东洋。

在家庭父母不孝养，既不孝还说那几行。

弟与兄不和常闹嚷，些小事同室动刀枪。

爱娇妻纵欲把命丧，听妻言发气做过场。

假斯文妄想登金榜，未做官先学振钱粮。

朋友间骄傲不忍让，起私心欺诈似豺狼。

闹花酒醉得血涌荡，爱赌博输得空包囊。

贪酒色拉下风流帐，恃勇猛酿出大祸殃。

正是那一群狐狗党，岂尚能显亲把名扬。

子弟去定受他魔障，把天理一概尽灭亡。

弄得来一身都带帐，根本坏倒败大纲常。

纵然是灵根仙下降，到此去也定见阎王。

世上人许多上了当，身家败怎样对爹娘。

对不起爹娘天理丧，枉自在人世走一场。

这都是当初未思想，随浪滚自己失主张。

到此时受苦心明亮，快回头苦海有慈航。

将恶习一瓢水洗荡，另起头从新保天良。

敦五伦先把礼法讲，勤忏悔默佑靠上苍。

罪孽消功名自有望，精神长身体自康强。

寿命延家业自兴旺，魂梦稳灵爽步天堂。

浅俗言大家记心上，教子孙此是好良方。

普遍传远近皆照仿，风俗改世道自光昌。

　　却说谭定魁，听了这篇格言，心中忽然醒悟，汗流浃背，一时天良发现，知错在前，痛心改悔。缓步回家，将此格言，记忆出来，抄写一张，立愿遵行，训戒其弟，不可虚延岁月，振起精神。对弟将此格言，朗念一遍，贴诸座右。日与其弟，讲解诗书中孝弟之义，以佐证之，朝夕率领，行持不息。正是：理正自然堪入耳，聪明到底肯回头。

> 定魁昔日病春愁，一日含愁郊外游。
>
> 风日晴和人意好，悄然信步到城头。
>
> 玄妙观中人辐凑，先生朗朗唱歌讴。
>
> 细听格言因坐久，回想当初泪欲流。
>
> 归来痛改前番错，要把天良细讲求。
>
> 率弟行持无懈怠，每日堂前礼毕週。
>
> 老母床前亲问候，衣裳杖履细绸缪。
>
> 三餐茶饭承欢笑，晚点明灯下帐钩。
>
> 见必鞠躬施一礼，一旁侍立候青眸。
>
> 母有教言恭听受，有禀声低气和柔。
>
> 弟兄忍让情义厚，徐行后长似沙鸥。
>
> 日同棹橙相讲授，夜同床帐共衾绸。
>
> 真是聪明天生就，一听良言便回头。
>
> 不怕群魔下毒手，回头即上渡人舟。
>
> 从前相好诸朋友，今朝想起视如仇。
>
> 所有一切财气酒，连根拔去付东流。
>
> 如此行持功未久，不曾服药病全瘳。
>
> 肌肉丰肥神抖搜，眉宇之间紫气浮。
>
> 乜氏老娘欢纳受，家有孝子赛王侯。
>
> 合家欢庆长聚首，孝善慈和万古留。

却说谭家，孝善慈和，一堂聚庆，都是讲格言的那位老先生所赐。那位老先生，真可谓良师矣。所以说，一个人不怕年轻走错路，只要受教晓回头。有诗为证：

> 良师姓字惜无传，独向洪流驾法船。
>
> 几句格言如药石，令人复见性中天。

却说定魁，病愈之后，谢绝交游，闭户读书。庹贡生闻之甚喜，托人求定魁诗文一看，心中惊喜道："此聪明文字，无人可及，但字句间，稍欠洗刷整炼。"乃略为改更驳解，定魁于是文思大进。

是年一十八岁，正值大明崇祯十七年癸未三月初旬。朝廷旨下，各省州县考试文童。庹贡生致书，劝赴童试。乜氏心中，亦望子成名。定魁顺承母意，欢喜进城，投考应试。正是：学就圣贤平治策，逢时献与帝王家。

> 有道天子开文运，天下文童把试应。
>
> 定魁十八幼冲年，文章诗赋比人胜。
>
> 依期赴考把卷投，钜南县里把场进。
>
> 一场一场又一场，连进三场完功令。
>
> 炮响榜文贴照墙，人人拥挤观名姓。
>
> 定魁考个第一名，一时喜报传远近。
>
> 乜氏接报喜洋洋，庹家得报亦喜幸。
>
> 更有闺中女秋英，梦中笑出声响应。
>
> 定魁回家拜母亲，一堂欢喜难详论。
>
> 六月去过府试场，九月就把院场进。
>
> 一举成名远近闻，不枉寒窗读孔圣。
>
> 喜报回家老母欢，亲友齐来相贺庆。
>
> 庹家央请黄婆来，喜中催把喜期定。
>
> 乜氏闻言口问心，这事拏来怎安顿。

却说庹家请媒人黄婆来催报期，老太婆谭乜氏无处商量，只得心问口，口问心，计算到不如就在今年，儿子振下学酒接媳妇，一枪下马，岂不省事？于是定下了主意，遂吩咐定魁，去查喜期。定魁谨遵母命而行。正是：金榜动名时已到，洞房花烛夜将来。

> 谭定魁遵从母话，开生庚去把期查。
>
> 查冬月大利行嫁，二十四日子最佳。
>
> 查定了忙回家下，办酒菜请媒来家。
>
> 黄老汉双双降驾，把喜期送到庹家。
>
> 有礼物样样值价，胭脂粉珠玉翠花。
>
> 果饼多红蛋董大，细衫料时派绸纱。
>
> 庹贡生当时回话，请转拜谭府亲家。
>
> 既承蒙结为姻娅，凡百事不在奢华。

说陪奁我就莫啥，不过是单夹棉纱。

把抬盒少来几架，方免得临时放罅。

黄老汉装聋卖哑，广吃酒不说唎哪。

到临期谭家潇洒，下学酒接媳回家。

两锅面一锅来下，办酒席肯把钱花。

搭棚厂灯彩高挂，杀条猪二百七八。

众邻朋来把红挂，喊道喜都把门跨。

么舅母鞋小脚大，门坎绊跌一撲趴。

花轿拢回了车马，华堂上点对大蜡。

吹鼓手吹进院壩，吹得来唎唎哪哪。

谭定魁打拌儒雅，身披红帽猷金花。

赞礼生长袍短褂，站两旁唱赞不差。

请新人来把轿下，下轿来头盖红纱。

一双双天地拜罢，转面拜宗祖菩萨。

入洞房盖头揭下，都称赞美貌如花。

眉毛湾笔都难画，樱桃口半露银牙。

乌云鬓耳环倒挂，戴凤冠肩佩彩霞。

云合衫香露罗帕，百褶裙蝴蝶穿花。

观气象光明正大，不愧是书香女娃。

龙虎榜鹊桥高架，双登科个个奖夸。

摆酒晏上宾量大，都陪他来把拳撝。

酒席罢红叶起马，齐道谢各散回家。

庹秋英来把厨下，样样事有理有法。

勤勤做轻轻说话，喜煞了堂上老妈。

用银钱算不了啥，媳妇好准定兴家。

这就是太极图阴阳顺化，乾坤体坎离用传衍无涯。

却说定魁，夫妇和睦，孝顺老母，友爱兄弟，尽人道之常情，叙天伦之乐事，虽非大富大贵，却亦心满意足，率性之谓道，应如是矣。有诗为证：

先天大道在伦常，尽得来时庆衍长。

自古圣贤仙佛辈，别无妙法谒虚皇。

## 第五章　斩爱情袖括孩尸，延宗祀腹遗人种

　　却说谭定魁，克尽伦常，不恋新婚，仍与其弟，讲论诗文，朝夕不怠。甲申正月，双双去拜新年，庾贡生翁婿相见，谈论诗赋文章，津津有味，以为明年乙酉正科，皆有侥倖之望。座间有一陈怀榕，系是庾贡生远房妻弟，去岁自京中归来，今日亦来拜年。听他二人说到科场，便开言笑道："你们未曾出门，不知北京的事。现在北京崇祯皇帝，他自己的龙位尚不知能保守得住么，还有甚么工夫来办科场？"庾贡生、谭定魁惊问道："我们未曾出门，当然不知，却是何等大事，敢惹动皇帝？"陈怀榕道："你们要问，听我道来。"正是：世道至今逢劫运，刀兵何日得太平。

　　　　　　这场砍杀事非小，题起令人心内焦。

　　　　　　陕西两个大强盗，一张一李逞英豪。

　　　　　　前十几年把反造，山西湖广闹浠糟。

　　　　　　大明天子传口诏，命左良玉把兵挑。

　　　　　　良玉奉命去征讨，杀得二贼无处逃。

　　　　　　二贼一见势不好，投降归顺大明朝。

　　　　　　真是贼心人难料，去岁又反动枪刀。

　　　　　　二贼分兵分路道，各走一处逞横豪。

　　　　　　张献忠往四川跑，大队贼兵似涌潮。

　　　　　　杀进四川胡乱闹，各州府县都闹交。

　　　　　　逢人便杀如割草，大小房廊一火烧。

　　　　　　全省成了死尸窖，杀得鬼哭与神嚎。

　　　　　　李自成往河南闹，取得荆襄路一条。

　　　　　　自称闯王领大哨，攻打北京战海濠。

　　　　　　我见世道太不好，才收生意往家逃。

　　　　　　此处幸而贼未到，家家犹得庆年宵。

　　　　　　可怜北京魂吓弔，四川百姓命难逃。

　　　　　　虽是群魔奉天诏，也是人民罪恶滔。

　　　　　　当此刀兵乱世道，清静就算点儿高。

还想甚么名显耀，不如作善把罪消。

把这几年躲过了，再说乌纱与紫袍。

　　庹贡生、谭定魁二人闻听此言，把方才论诗文、望功名的兴致，如热汤泼雪一般，消融得干干净净，转念只愿刀兵不到此处才好。此话一传出去，钜南连封人民，都是胆战心惊过日子。定魁回家，从此看淡功名，不读诗书了。正是：英雄气短缘非偶，儿女情长事更奇。

定魁闻言世道变，回家思量一二番。

功名从此来看淡，诗赋文章丢一边。

学做庄家事田产，无事只把佛经看。

岂是英雄真气短，只因大道一层缘。

倘若不使遇世变，功名富贵紧纠缠。

何日方能登道岸，宏开西派在何年。

故天处处施磨炼，造就仙材把道肩。

魔贼四方来造反，都是凑成大道缘。

谭定魁是冷仙转，愿开西派言在先。

今朝断绝功名念，只把佛经道理研。

光阴真来如放箭，不觉就是腊月天。

厨前正煮腊八饭，煮好还未把碗端。

庹氏忽然来生产，生产一个小儿男。

到了三朝洗视看，硃砂卍字在胸前。

合家欢喜称稀罕，因此取名叫佛缘。

爱之犹如珍珠宝，欢欢喜喜过残年。

正月初八弥月满，庹家来了几掌盘。

衣帽鞋衫数十件，金银首饰百多端。

这个家婆真体面，谁知体面才是憨。

十八便把轿子喊，庹氏引儿去拜年。

耍了几日回家转，路遇魔风妖气缠。

回到家中神色变，定魁吓得喊皇天。

忙请医生来视看，说是惊风即开单。

开起药单把药捡，灌完一剂病依然。

再捡一剂赶忙灌，灌倒灌倒眼睛翻。

眼睛几翻气息断，手脚不动肚皮奄。

夫妻吓得齐叫唤，叫声佛缘痛心肝。

定魁哭得泪满面，庹氏哭得死回还。

太婆流泪心伤惨，谭瑞一旁亦泪潸。

可怜一个佛出现，出世方满五十天。

只因定魁心爱恋，招来魔鬼暗摧残。

魔把医生心迷乱，乱开方药送黄泉。

儿女爱情今割断，天意其间非偶然。

闲言不必长叙叹，接把谭家事说完。

佛缘既死当埋掩，席包放在门外前。

天明起来尸不见，大家都说是狗衔。

满屋内外都寻遍，寻不见尸怪长年。

长年气得精叫唤，这个才是冤上冤。

却说佛缘的尸身，到底哪里去了？诸君不知，正是纯阳吕祖请得观音大士打救去了。正是：先天袖里乾坤大，福地壶中日月长。

群魔暗弄众医生，乱开方药误灵根。

惊风一剂回肠饮，断送佛缘命丧倾。

魔怪心肠真凶狠，还要偷尸炼药吞。

驾起妖风正鼓劲，将尸方才搬出门。

忽遇纯阳施恻隐，要救定魁一脉根。

忙到南海游一转，请来救苦观世音。

观音一到魔潜影，袍袖一展括尸身。

仙家果然法力大，小小袖内有乾坤。

将尸送往福建省，牟尼屋内认娘亲。

牟尼夫妻五十岁，膝下无儿家道亨。

半夜忽闻声响震，疑是盗贼入门庭。

起视内外皆寂静，回头忽听婴儿声。

细视一孩在榻橙，夫妇二人心著惊。

忽见裙头有字纸，取来灯下认分明。

上写此是谭家后，甲申腊八巳时生。

送来与汝亲抚引，后来归根靠此人。

老仙言语牢记定，准尔灵魂朝玉京。

要问老仙名和姓，白衣送子观世音。

夫妻看罢心喜幸，真心抚养长成人。

后五十年父子认，方知仙家道妙深。

可怜谭家不知信，寻尸不见闹沈沈。

观音原无袍袖，只因送子要用袍袖括尸，故著了白衣大袖，所以至今称为白衣送子观世音。却说谭家寻不见佛缘尸身，闹了一日，终寻不见，却是无法，只索罢了。唯有庾氏，思念儿子，过于哀恸，得下病床来，卧不能起，服药不效，半月身死。合家哭绝几次，只得报知庾贡生，一同视殓，择日安埋。谭定魁当此妻亡子丧，岂能忘情，然正有天意在也。有诗为证：

五伦虽说尽无情，独有妻儿爱最深。

一剑斩除丝不挂，天将境遇助功成。

却说庾氏安埋之后，骆家亦遣人来吊唁，一面来催报期。原来乡村人民见闻不远，只晓得随同众人，说世道不好，究竟不知如何不好。及到二月，方听得北京去年的事。北京自去年，李自成打入内城，大明崇祯皇帝在梅山晏驾。明将吴三桂，救驾不及，便投降了满清，请得满清桂花王，领兵来京，将李自成杀起走了。桂花王便定鼎登基，做了中国皇帝，即改甲申为顺治元年。今年乙酉，顺治皇帝又传下榜文，令天下人民都要薙去头发，只留一圆顶辫，成毛搭子，有不遵者，立即杀死。乡村人民，听得此信，方才着急，说道："世道当真不好，朝代虽改，刀兵未息，恐怕闹到山东来，就不得了。"乡村中，于是纷纷嫁娶。骆家亦来，催谭家报期。正是：

刀兵处处惊离乱，男女纷纷巧结婚。

谭家乜氏老太婆，哭孙哭媳痛心寡。

可惜孝贤好媳妇，可惜孙儿莽陀佗。

想起想起泪双堕，愿同死去见阎罗。

正在愁烦气不过，忽听骆家遣媒婆。

来说世道大不妥，催将媳妇渡银河。

忙叫定魁堂前坐，母子二人细刀磋。

365

定魁闻言口称贺，尊声母亲老太婆。

家中不幸媳妇墓，起眼一看人不多。

不如接回来帮佐，母亲亦少受奔波。

三餐茶饭帮烧火，合家欢聚事如何。

乜氏闻言心喜诺，命查年月接娇娥。

定魁奉命查期课，四月廿四吉星多。

恰恰又逢母亲寿，五十晋一寿巍峨。

母子商量事定妥，临期治酒满张罗。

亲友邻朋都来贺，寿酒喜酒一口呵。

酒满金杯客满座，管他世道动干戈。

骆氏过门得其所，高堂孝顺室家和。

乜氏稍得清闲坐，眉生喜色影婆娑。

荏苒光阴容易过，平安岁月快如梭。

不觉一年事又簸，谭瑞房中又遇魔。

　　却说谭瑞，自娶骆氏，和气倍常，痴贪过度，次年六月，病卧不起，合家忧虑，只得延医，尽心调治。正是：和顺虽能偕白发，痴贪难免入黄泉。

先天大道首伦常，瓜瓞绵延百代芳。

生生不已传今古，岂是伤身送命场。

但是有个真妙法，能遵能守方为良。

房中妙法在何处，我今说出记心旁。

法在和而有节制，一月一度是良方。

新婚年少休贪恋，淡淡相交得久长。

性命精神当保养，保养同偕百岁康。

莫说伦常是正项，正项须留缓缓尝。

莫说父兄难阻挡，无阻全凭自主张。

莫说天不加罪障，精枯无罪命亦亡。

莫说心痒情难制，回思病苦自心凉。

莫说自己身强壮，内虚外实空包囊。

不信不信试看样，试看谭瑞卧牙床。

谭瑞娶妻本正当，骆氏亦不好艳妆。

只因谭瑞遭魔障，一心迷恋不隄防。

魔鼓香风心发痒，不知节制任情狂。

过后汗流呼吸喘，天明失悔夜又忘。

不上一年现病相，四肢无力眼落眶。

脚轻头重身飘荡，咳嗽无痰吐白浆。

面黑懒言腰溲胀，骨瘦如柴睡在床。

见妻犹然舒笑眼，迷而不醒实堪伤。

可怜母亲与兄长，四处求神问药方。

神灵谁管红罗帐，妙药难医白面狼。

延至十月寒霜降，一气不回入梦乡。

吓得骆氏悲声放，老太婆亦哭声扬。

定魁哭得泪长淌，喊天呼地闹一堂。

这就是痴贪不知自保养，寿星老吊头嫌命长。

枉死城中添一位，自寻死路见无常。

少年快快回头想，要保长生快分房。

却说谭瑞一死，合家伤悲。是时骆氏，已有数月身孕，乜氏反转多方劝慰之，望得一孙，以延宗祀。婆媳含愁过日，至次年丁亥二月，骆氏产生一子，乜氏大喜。谁知骆氏产后风温，医治不愈，方交四月，一命呜呼。遗下乳子，因无父母，四月八日，拜寄在佛祖莲下，取名佛保，为谭氏百代根种。有诗为证。

无极性灵是种根，阴阳顺化妙生生。

乾坤破处真机动，一气流传古到今。

## 第六章　伤孤另月下怀人，遇奇缘沙中指点

却说谭乜氏，子死媳亡，伤心百倍，一眼只看着一个佛保孙儿忙，请一个乳母抚育孙儿，就在自己房中安歇，以便料理饥寒。定魁自庾氏死后，便同谭瑞，都在母亲住宿。谭瑞娶了骆氏，定魁遂独自一人服侍母亲。今因乳母在母亲房中住了，只得将自己旧日卧室，重新整顿，独自歇宿。正是：一身之外无余物，百虑莹中不尽愁。

定魁独宿夜无聊，起视明月霜天高。
静听上房声寂寂，回思往事恨滔滔。
生才五岁无知晓，父就离尘把我抛。
弟才一岁尚怀抱，养育多亏母氏劳。
幸而读书天佑保，香生泮水姓名标。
一心只望龙门跳，尽忠报国保皇朝。
谁知逆贼把反造，逼崩君主夺黄袍。
满清更是无理道，顺捡他人落地桃。
恨我秀才身份小，国恩未报恨难消。
不能尽忠当尽孝，回思父母泪双抛。
父年四十死得早，母三十六守节操。
只望名成亲显耀，谁知世变改了朝。
扬名显亲事算了，亲恩未报恨难消。
不能光前将亲报，只望裕后旺宗祧。
回思那年喜期报，癸未冬月咏桃夭。
娶来庚氏颇贤孝，次年引个小姣姣。
只说养成身有靠，谁知一病赴阴曹。
可怜尸都不见了，而今想起恨难消。
子虽然死妻年少，蓝田另都玉根苗。
谁知妻亦三魂渺，镜破钗分断鹊桥。
正是果落连根倒，恩情折断恨难消。
兄弟谭瑞诗书抱，弟媳骆氏品德高。
只说孝贤能永好，谁知弟又命不牢。
骆氏今年亦死了，同坟同墓葬荒郊。
可惜雁行今断了，情关手足恨难消。
虽然遗下小佛保，抚养反又累年高。
成否成人还未料，谭氏香烟风里摇。
亲祖自来修善道，慈和忍让过终朝。
乐善后人遭此报，皇天不佑恨难消。
想我生平孽未造，不知何罪犯天条。

二十二岁人财耗，孤独冷静坐深宵。

卧房好似一僧庙，只少一个钟磬敲。

越思越想心越躁，转恨明月把人撩。

明月你到团圆好，九州万国任逍遥。

可怜我年少遂成孤独老，到此中秋转寂寥。

却说定魁，在月下思前想后，叹不尽无数愁怀。忽听上房佛保啼哭，忙走到窗前叫声"母亲"。母亲乜氏，听是定魁声音，便喊道："和尚你还莫有睡么？"定魁答道："是儿方才起来，问一声母亲安否？"乜氏道："我到安好，但是还未睡着，佛保方才啼哭，此时正在喫乳，不必惊动他。儿呀，你快去睡了。"定魁答道："遵命。"便自回到房中，勉强睡去。定魁半夜问安，向来便是如此，非独今夜也。今夜月下，伤怀一阵，回房睡去，便得一梦。正是：识神用事因成梦，万相皆由心造来。

定魁月下写愁怀，万相随心入梦来。

头方著枕眼便见，忽见书友李秀才。

约他去把科场下，遂同一路出书斋。

同到山东三场毕，高中进京夺首魁。

会试殿试君恩重，状元及第拜金阶。

攻打自成亲挂帅，贼寇扫平御晏开。

辞朝衣锦还乡井，一家相见喜盈腮。

堂前白发双亲拜，弟兄共坐饮金杯。

佛缘佛保长得快，各见完配引儿孩。

门庭赫赫生光彩，喜煞庹氏女裙钗。

灯前叙说前思爱，红锦被中云雨偕。

一惊梦醒人不在，玉液如泉涌出来。

定魁起视罗帐外，纱窗斜月照灯台。

回思梦境口叫怪，明是然何醒又乖。

好梦安得重圆满，此身不必到蓬莱。

却说定魁，因思成梦，因梦添思，心中一切情怀，愈觉放置不下，此正是殉情丧性，无中生有，一个识神，变作种种幻境，以迷真心。若使沉迷不醒，便遭堕落矣。有诗为证：

功名富贵心中境，儿女夫妻梦里人。

一枕沉迷何日醒，与君携手上蓬瀛。

却说定魁，心念梦境，闷闷不乐，遂往郊外闲游散淡。忽遇丈人庾贡生，将他约去。庾贡生为何将他约去？有段原故在内。原来庾贡生，生平好善，敬礼神明。上年，在一个朋友家中，见过请占降神作诗，判事奇妙莫测，后来因世道变迁，人事不齐，不复再见。有时心中想起，到处访问，无有能扶乩者。且并无知者，只得心中自叹，缘分浅薄而已。昨日，那个朋友，忽来相访，并同那位能扶乩者俱来了。贡生一见，喜出望外，留在家中，意欲请乩问事。却少一人誊录，却想到定魁身上，便亲来相约。不期在郊外邂逅相遇，更喜形于色。正是：郁郁愁怀阴已极，奇缘引动又阳生。

贡生立意请乩鸾，一见定魁带笑言。

尊声贤婿休迟漫，快同我去会神仙。

这件事情真稀罕，静室之中设沙盘。

沙盘上悬笔一管，二人对面扶一圈。

圈转沙中字即现，一字一字逗成篇。

随你叩问何事件，都能一一判详端。

我在幸家亲眼见，至今已有十几年。

只说今生缘薄浅，谁知忽遇大奇缘。

幸袁两个扶乩手，昨日来到我家园。

我意欲把乩鸾办，将我的事问了然。

但少一人抄写字，故我来把贤婿攀。

你亦算是缘不浅，方能遇合这易便。

许多白发大老汉，尚未见过这乩坛。

但是心总要诚念，方能感动神喜欢。

若是欺诈轻亵慢，定遭罪过受灾缠。

神灵真是活显显，只争形影现坛前。

不信少时就得见，方知真是有神仙。

却说庾贡生，一路走，一路说。定魁心中，半信半疑，又转念自己满腹愁怀，借此一解，也是无妨。于是同到庾家，互相见礼，问起姓名，一个名袁功祖，一个名幸志才，大家欢喜，谈叙一阵。贡生已将静室整顿，香案摆好。大家起身，盥洗毕，一同入室。只见袁功祖，焚符诵咒，噀酒，一连三次，便去扶起乩圈，顷刻蠕动，渐渐旋转，如风沙飞飒飒，继而纵横停顿，沙面现出字来。共目细认，却是六个字，乃"纯阳吕祖至也"。于是，众皆跪拜。参谒毕，起视沙中，却是诗曰：

> 黄鹤楼头一枕眠，觉来飞上九重天。
>
> 惺惺放出慈悲眼，看破古今事万千。

纯阳吕祖，又判曰："诸生，请俺到此沙坛，有何叩问？"庹贡生忙跪下，说道："目今世道乱离，刀兵未息，凡生庹官，如欲求一保身家之法，祈上仙沙中明示。"说毕，但见沙中，判以诗曰：

> 身家二字最难言，谁识身家有两般。
>
> 两个身家同样保，一遭危险一平安。

> 古今将相帝王侯，富贵功名盖九州。
>
> 岁月无常催逼去，真身不见泪双流。
>
> 夫妻儿女挂心肠，一世奔波昼夜忙。
>
> 放下自家真实事，为他人作嫁衣裳。

却说庹贡生，不解诗中之意，复又跪下，说道："我们都是凡生身家，若有危险，望上仙垂救。"说毕，又见沙中笔转，判以诗曰：

> 可叹庸愚见识浅，误把他家作自家。
>
> 费劲心思劳尽力，到头方悔是空花。

> 轮回难得是人身，抑既为人要觅真。
>
> 觅得真身长自在，让他不老是乾坤。

却说庹贡生，仍然不悟，又跪下，说道："上仙所示，乃是释老修道的事，我们凡生，焉能做得到？"说毕，又见沙中，判曰：

> 寻得自家即圣贤，世人甘愿堕深渊。
>
> 真身不向生前了，枉到红尘走一番。

> 红尘男女尽庸愚，谁把自家大事图。
>
> 眼底分明身即在，不知向此用工夫。

却说庹贡生，凤根原来浅薄，诗意未能领悟，不知如何回说才好，亦就不敢再回说了。只见沙笔不停，判以诗曰：

俺今跨鹤到坛来，不问贡生问秀才。

梦里荣华今在否，为何月下苦徘徊。

却说定魁，起初见丈人，叩求保身家之法，心中暗喜，想道："我一家死丧，一身孤苦。若是得点仙家妙法，看可以保得还原否？"及见了前几首诗，莫甚妙法，心中更是怀疑，以为是扶乩者，预先编成诗句，借沙传出，以惑众人的。及见到这首诗，指出月下梦中，前夜隐情，心中大惊，不敢怀疑，慌忙说道："凡生愚昧，望大仙指示。"说毕，只见沙中判以诗曰：

身家须向道中修，妙法玄微不易求。

肯拜门墙称弟子，一言指引出人头。

定魁见诗，慌忙说道："愿拜门下，望仙师拔度。"说毕，便三跪九叩，四礼八拜，惊得庹贡生，及袁功祖、幸志才，皆来跟着行礼，异口同声，皆愿皈依门下。礼毕，仍然扶起乩圈，只见沙中判曰：

拜师容易尊师难，特虑诸生志不坚。

轻浅试尝中辄止，不几辜负纯阳俺。

定魁及众人，于是皆跪坛前，各立誓言，永遵师训，不敢稍忘大德。各各立誓毕，又见沙中判曰：

既属师徒谊更亲，一言妙法示诸生。

敦伦饬纪皈依圣，大学中庸细讽吟。

圣道仲尼集大成，一中心法有传人。

他日遇缘亲授受，性命身家万古存。

乩书至此，便不动了。袁功祖道："仙师去矣，快叩头送驾。"众人慌忙，面外行礼。送神礼毕，定魁将抄誊诗稿，拿出客座，对众细读一遍，觉得意味无穷，共相欣喜，各抄一张，遵照行持。定魁辞别了诸人，归到家中，先问母亲安否，然后细将前事对母亲一一说明。乜氏说道："我儿与这位神仙有缘，当初你啼哭不止，就是这位神仙来医好的。今又拜他为师，你就要遵依他的教训，发奋读书才好。"

再说《大学》《中庸》，入德之门；敦伦饬纪，入道初基。仙佛乩沙指引，止此而已。至于真正心法，上天秘密，必须人师亲传口授，仙佛淡不肯泄于众耳之前。世之求大道心法者，当于人师求之可也。然人师虽难遇，正道难逢。未得人师指点大道心法之时，又须此奇缘为引线也。纯阳三次指点，此是第一次。有诗为证：

> 大道真传世绝踪，天机一线白云封。
>
> 仙凡阻隔何由达，恰遇奇缘沙上通。

## 《谭仙传》卷二

道言：

> 自古圣贤仙佛，都由一心造成。
>
> 心一专诚法则灵，大道油油征进。
>
> 若是浅尝辄止，丢三歇四无恒。
>
> 虽遇奇缘指示明，还是无益性命。

右调西江月

## 第七章　化渔樵重来训戒，甘炊臼不再联婚

却说前日，纯阳吕祖，降临沙坛。谭定魁、庾贡生、袁功祖、幸志才，皆遇奇缘，同受指点，似此就该同成圣贤仙佛了，何以他三人皆无成就？只因心不专一、恒诚也。惟有定魁，心专意诚，谨遵师训，回家将佛经放下，取出《大学》《中庸》，从新读起，果然有味。正是：内圣外王真道理，从新咬出汁浆来。

> 可叹而今世上人，读书只想得功名。
>
> 不解书中真道理，枉自称为读书人。
>
> 幸或祖宗有德行，入学中举佐朝廷。
>
> 为官爱钱欺百姓，知法犯法背圣经。
>
> 功名或是居乡井，包揽厘税弄钱银。
>
> 或谋学校当师范，只将科学了课程。
>
> 谁将内圣工夫问，谁晓书中道理深。

谁个将他来讲解，谁知他是性命根。

谁知中有先天道，谁个把他放在心。

虽遇奇缘来指引，过后仍然抛海滨。

惟有定魁心诚信，前身不枉是仙根。

回家不敢忘师训，放下佛经读圣经。

大学中庸长讽咏，一日百遍不留停。

读到百日不松劲，心中顿觉发光明。

解去愁怀生喜兴，时时刻刻挂嘴唇。

就是夜间床上困，就是田坝去耕耘。

都把天命之谓性，放在口中不住声。

像这专诚天下少，从古至今有几人？

却说定魁，原是秀才，如何还要耕耘？只因他老太爷谭元亨，当年落业，只佃得田二十余亩，勤俭耕耘，收成皆好，每年除了纳租、衣食之外，俱拿来助了慈善阴德，毫无留存。及身死之后，全靠老太婆乜氏操持。自庚午，至今戊子，十八九年间，喜忧事重三叠四，费用过多，入不敷出，不但慈善少做，即衣食亦觉艰难起来。近来三四年，定魁放下书本，辛勤耕种，方得温饱如初。或是稍有盈余，仍作慈善阴德。做这慈善阴德，原是谭家祖传，故定魁不敢违背，一有余钱，则必做去。盖这慈善阴德，实为人生之本，亦即为入道之基。古之成圣贤仙佛者，莫不由此起首，故积德立行，所以为三乘九级、十八梯之第一梯也。定魁虽是仙根，亦必由此做起，方能有成，更可见天律森严，不徇情面也。《太上感应篇》曰"欲求天仙者，当立一千三百善"，其是之谓乎？有诗为证：

人心何以合天心，慈爱为怀养性仁。

德行圣门推首选，道基立处保长生。

却说定魁，这一日正在田间薅草，口中正在念："天命之谓性，率性之谓道，修道之谓教。道也者，不可须臾离也，可离非道也。"正念之时，忽听见歌声，抬头一看，见是老幼二人，唱歌而来。细听那老者，唱道：

大道原来在静中，何须枉用吟诗工。

孰知神气从唇散，转瞬青年作老翁。

老者唱毕，而笑幼者道："头头是理，面面是道，听我唱来。"乃唱道：

层层道理在书中，不读焉能一贯通。

漫谓咏吟工枉用，许多静亦未成功。

幼者唱毕，笑道："到底读的好，不读的好？两般道理，谁拙谁巧？"老者笑道："读亦好，不读亦好，其中道理，谁人知晓？"二人旋走旋笑，走到近前，定魁细视二人，一是老翁，戴笠披蓑，手持钓竿；一是壮者，荷揹携绳，腰插砍斧，似是渔翁、樵子。二人由锦水下流而来，转向锦屏山而去。定魁心中想道："他二人说的，皆有道理，莫非是个人师，我何不追上，求他指示大道。"于是，荷锄急步，尾之而行，细细听之。只听渔翁笑道："樵哥，你的歌中意思，是说要读书，我且问你，读过多少书？"樵子答道："书何在多，《大学》《中庸》，也就够了。我只读过《大学》《中庸》。"渔翁道："你读过《大学》《中庸》，我就要盘你。"樵子笑道："我既读过，岂怕你盘？"渔翁笑道："如此，听我道来。"正是：学堂廊庙趋名利，反让渔樵讲大中。

圣贤书籍有多卷，何书何书是同串？

何为中庸何人作，何为大学何人传？

大学中有几纲领，条目又是那几件？

学者又以何为本，何地何法是至善？

道何由近何由得，事事与我说明现。

中庸一部分几支，何章方为大关键？

天道人道何样分，达德达道各几件？

何为中来何为和，何为诚者何为善？

全书以何为真宗，工夫如何为操炼？

大学中庸两部书，或是相贯不相贯？

看你说来差不差，若有差时失脸面。

免你下次绷斯文，免你冒充读书汉。

樵子闻言笑嘻嘻，尊声渔翁听我辩。

圣贤书籍虽然多，只将邪正分两卷。

邪书邪道共一宗，正道正书同一串。

不偏为中正道明，不易为庸定理见。

孔门心法子思传，三十三章分节段。

一部中分三大支，第二十章大关键。

诚者为天道自然，诚之者人道择善。

达德有三知仁勇，达道伦常分五件。

君臣父子夫妇和，昆弟朋友不混乱。

未发为中真性本，发出为和人情验。

全书以性为真宗，以一诚字为索线。

能尽人性以合天，万物并育天地赞。

大人之学为大学，圣门曾子作十传。

三个纲领有所在，明德新明止至善。

条目格致与诚正，修齐治平共八件。

学以修身为根本，寸地活法是至善。

知所先后则近道，知而能止勤修炼。

炼到定静安虑时，自然得见真性面。

天命之性即明德，大中原是一理贯。

你看说来差不差，看我是否假充汉。

渔翁闻言笑起来，果是饱学非半罐。

但我还有一首诗，说来胜你书千万。

樵子笑道："老渔翁，还有甚么诗？请念出来看。"渔翁念道：

大中德性理如斯，当进研求身命基。

寡欲清心严守戒，心传莫令外人知。

樵子笑道："我们渔樵问答，有何外人？"渔翁回头，笑道："你后面，不是外人来了么？"樵子回头，看见定魁，惊问道："你是何人？何时到此？"定魁慌忙跪下，道："二位所言，弟子谭尚，皆听得明白，愿拜二位为师，领受心法。"渔翁道："心法，要纯阳吕祖才知，我们不晓得。你看，那边纯阳来也。"定魁掉头一看，只见黄鹤冲霄，腾空而去。回转头来，连渔翁、樵子，皆不见了。此正是，纯阳吕祖二次指点。有诗为证：

渔樵岂是等闲人，吕祖纯阳气化成。

造就仙材非易易，连番叠次费师恩。

却说定魁，既不见有纯阳，又不见了渔翁、樵子，当时失悔，遇缘失缘，痴痴想念，无从再遇，只得转身而回。回到家中，已经三日了。老太婆乜氏，依门望得眼穿，一见定魁，便问道："这几日，你往何处去了？叫我放心不下，夜不成眠。我正有一事，要对你商量。"定魁失惊道："奇事，奇事！"遂同到堂前，将前事细细说明，老太婆亦惊疑莫测。定魁又问道："母亲说有何事，要对儿子商量？"老太婆道："昨日有个媒人，来与你说个亲事，我都欢喜，不晓你意下如何？故要等你商量，定了才好回复他的话。"定魁一听此言，恐误大道，当时便对母亲禀道："母亲，恕儿之罪！儿自此，不愿娶媳妇了。"正是：凡人食色皆天性，得诀归来不用情。

定魁自从庾氏亡，伤心独自守空房。

几次有媒来说合，只因喜忧事物忙。

耽延自今未成就，乜氏时刻挂心旁。

昨日媒人又来讲，端等定魁共商量。

定魁闻言将禀上，尊声慈爱母亲娘。

想你媳妇身死丧，五载于今已丢凉。

你儿命该是和尚，孝贤媳妇莫命当。

单身已惯再不想，不愿重婚再拜堂。

佛缘尸虽莫影响，想来不是遇虎狼。

定有神仙搭救去，异日必能转故乡。

佛保今已两岁满，行走已不靠乳娘。

孩童长来风快当，不到几年就成行。

况这几年钱耗丧，进不敷出费筹量。

慈善几处都赊账，焉有余钱娶妻房。

媒人虽是又来讲，各家的事各主张。

好言回绝他来往，稍等几载再商量。

母亲年老福未享，儿的心中亦惨伤。

无奈事事遭魔障，银钱耗散人又亡。

一家三口无别望，只望上天降吉祥。

佛保姪儿容易长，母亲福寿永安康。

儿愿在家勤奉养，三餐厨下煮茶汤。

洒扫门庭点灯亮，早晨擂米晚舂糠。

运水搬柴儿自往，洗浆衣服儿承当。

母亲闲坐萱花账，抚弄孙儿百事忘。

377

还望母亲施恩广，准儿这点苦衷肠。

有朝一日天心向，大发财丁家道昌。

却说老太婆，见儿甘心劳力，不愿联婚，又说来头头是理，也就不好勉强，遂将媒人推却，不再题说接媳妇的话了。定魁从此，立定志向，一心悟道，将烟酒赌，及一切嗜好，戒除得干干净净。当初看过佛经，守定禅门大戒，净修三业：一曰净修身业，不杀、不盗、不淫；一曰净修口业，无妄言、无绮语、无两舌、无恶口；一曰净修意业，除贪爱、除嗔怒、除邪念。又守定儒门大戒：四勿，曰非礼勿视、非礼勿听、非礼勿言、非礼勿动；三戒，曰在色、在斗、在得；九思，曰视思明、听思聪、色思温、貌思恭、言思忠、事思敬、疑思问、忿思难、见得思义。至于饮食，则荤素随缘，比世之只以吃素为斋戒者，大相悬殊。有诗为证：

戒律森严三教通，摄心慎独勿放松。

守持功到精深处，梦亦惺惺在矩中。

却说定魁，守戒如此其专，虽是每日劳力苦作，而私欲一寡，则心境常清常静矣。定魁不再联婚，于"色欲"二字，可算能绝者也。世有不能遽绝色欲者，亦当守定戒律而节欲寡欲，方于身命有益也。有诗为证：

微茫元气易消磨，近色随精耗奈何。

寡欲清心严保守，伦常日用叶中和。

凡人之色欲，生于性，发于情，而限于命。世有贪色丧命者，皆纵情害性者也。定魁不愿联婚，可谓能"摄情归性"者矣。凡喜怒哀乐、忧思恐惧、爱恶之关于情者，皆当作如是观。有诗为证：

性灵外动七情生，用智自私蔽不明。

观理物来顺以应，两相忘处见天真。

定魁守戒摄情，寡欲清心，炼己纯熟，而命基已立，于道大有进境，所以"炼己筑基"为第二梯也。有诗为证：

意如野马心如猿，放出收回万倍难。

炼去炼来归掌握，筑成基础命宫安。

却说定魁，当此家败人亡之余，独能好道专诚，身虽劳苦，而心常快乐。将乳母送去，仍到母亲房中歇宿。爱姪如亲生，持家如奴仆，不厌不倦，承欢膝下，老太婆亦觉欢喜过日，不知老之将至也。有诗为证：

祖孙老幼家三口，儿媳女男共一人。

逆境偏能生快乐，方知大道胜黄金。

## 第八章　初入冥恬延母寿，三指点巧得玄机

却说定魁，奉母抚姪，敦伦饬纪，勤俭安常，一家安乐。光阴易逝，不觉就是六七年。是年乙未，正是满清皇帝顺治十二年，佛保已上九岁，虽已发蒙，而聪慧平常。定魁耐烦教训，老太婆虽是年老，都还康健。无如妖魔阴险，偏要暗中撩人，常来谭家左右哨望。是年二月，正遇老太婆乜氏，婆孙在门外闲耍，妖魔遂鼓动妖风，将老太婆吹倒在地，昏迷不醒，佛保吓得只晓啼哭。定魁闻得哭声，忙出来一看，见母亲倒地，呼之不应。慌忙扶起，背到房中床上卧下，忙熬汤药灌下，渐渐苏醒。请医调治，一月有多，不能痊愈。定魁思想无法，只得焚香祷告上天。正是：世间药饵全无用，天上神明或有灵。

> 谭定魁跪天阶焚香祷告，尊一声虚空中过往神曹。
>
> 念下民无知识多把罪造，遭报应连累了堂上年高。
>
> 生身母谭乜氏得病久了，自二月就害起害至今朝。
>
> 有灵丹和妙药都皆无效，怕的是魂魄飞性命不牢。
>
> 想当初抚育儿费力不少，到今朝劬劳德未报丝毫。
>
> 望苍天施怜悯恩光普照，赦民罪宥老母病退灾消。
>
> 纵然是命该死大限已到，纵然是前生罪注定不饶。
>
> 我情愿减己算益亲寿考，望神灵齐保本奏上天曹。
>
> 望诸神显灵应顷刻病好，颁赏财作善事报答恩膏。
>
> 正祷告忽听得佛保喊叫，忙起身进病房细问根苗。

却说定魁，正在祷告，忽听佛保，喊道一声："伯伯快来，婆婆要起来小解了！"定魁闻听此言，忙到房中扶起母亲，背下床来，解了二便，复背到床上，盖好被条。又去取盆热水，替母亲净了手面，复又去熬了药汤，进与母亲服了。便在床前，坐着片刻，问道："母亲腹中，饥饿否？"老太婆道："我想吃点稀粥。"定魁忙到厨下，煮好端来。老太婆吃了半盏，沉沉睡去。定魁坐守床前，不敢走开。日夜如此，真诚服事，不觉就到四月。这四月

二十四日，乃是老太婆寿辰。今年又是六十起一，几位至亲好友，不免都来庆祝。午后各散，惟有老太婆两个亲家母，庹陈氏、骆张氏未去，都在房中陪老太婆谈笑。日落黄昏，点上灯亮。定魁正在厨下整备晚饭，忽听庹陈氏喊道一声："谭相公快来，你母亲，这阵子不好得很！"定魁闻言大惊，忙放下锅铲，跑进房中，急到床前叫声："母亲，母亲！"不见答应，用手一探，已无气了。定魁心中一痛，忽然昏绝，仰面倒地，人事不省。正是：一气不来人是鬼，三魂渺渺入幽冥。

> 谭定魁叫母不应，天良发气急攻心。
>
> 心血涌头昏脑晕，一仰面跌入幽冥。
>
> 两童儿将他搊定，魂渺渺忽见一村。
>
> 四面山中有曲径，男和女老幼纷纷。
>
> 空起手都往前进，却不见自己母亲。
>
> 谭定魁开言动问，问童子此地何名。
>
> 我母亲怎无形影，你两个快说分明。
>
> 两童子带笑回禀，尊一声谭大真人。
>
> 此已是黄泉路径，富与贵一事无存。
>
> 阴阳界前去一问，老太婆自有佳音。
>
> 谭定魁为母心甚，往前走快似腾云。
>
> 见一位官长恭敬，在路旁执笏相迎。
>
> 谭定魁遂礼动问，尊一声官长何人。
>
> 那官长鞠躬回禀，卑职是阴阳界神。
>
> 凡人死都由此进，对册簿查点姓名。
>
> 定魁说仰即查问，看有否乜氏母亲。
>
> 官长说我已查问，你母亲尚未来临。
>
> 翻簿看期以相近，在今秋八月中旬。
>
> 谭定魁闻言拜恳，望尊官开点宏恩。
>
> 把我母死期改更，我与你换袍穿金。
>
> 官长说生死天命，我怎敢私做人情。
>
> 谭定魁跪地哀恳，悲切切总望调停。
>
> 官长说我不能定，转指你一条路程。

神教子管由关圣，要如何须上昭明。

快快去休要迟钝，免误你这点孝心。

神道设教，自古昭然。儒释道三教，各有所宗。儒宗孔子，道宗太上，释宗牟尼。三教之未成仙佛圣贤者，死后仍归阎君管束。独有一等男女，身在三教之外，而三教并行。所谓神教，即今之善堂生是也。真诚奉教者，经神收录、赐名之后，则天堂注册，地府除名，死后则归昭明宫掌管。谭定魁虽是仙品，一经降世，本县城隍，例应注册，因受纯阳收录，遂为神教弟子，应归关圣帝君掌管。定魁三魂，渺渺茫茫，听说神教子虽求关圣，遂转身而行。往前一望，不知何处是昭明宫，心中着急，想道："童子又不见了，不如转回阴阳界，问个明白。"遂转身而行，遂觉在殿宇中行走，抬头一看，是"仁圣宫"三字，心中想道："仁圣宫，是东岳大帝。常闻人说东岳大帝，管人生死，我不如就求东岳大帝便了。"正是：欲报劬劳生受福，不辞辛苦死求神。

谭定魁方欲进东岳大殿，忽来了一武士立在面前。

叱一声是何人如此大胆，抓进去见大帝打你皮鞭。

一只手抓住了定魁腰胛，就像那饿老鹰抓鸡一般。

顷刻间似过了几道门坎，到一处大殿中身落平川。

谭定魁跪尘埃偷眼一看，两旁站众甲士威武森严。

上面坐东岳帝高齐楼枕，开口道你谭尚前是冷谦。

降尘凡不在家勤修苦炼，到此来因何事细说根源。

谭定魁跪上前一声禀见，东岳帝听谭尚细说的端。

尘世上凡为子当尽孝念，报劬劳报养育毕世难完。

他人的二双亲俱各康健，独有我父与母不能完全。

想我生才五岁父归梦幻，乜氏母今又病我心怎甘。

听说是中秋节就是大限，母子们要分离痛入心肝。

因到此求大帝宏施恩典，消母灾加母寿活到百年。

东岳帝叫判官将簿查看，谭乜氏注死期果在秋间。

因说道这死期三曹定案，岂能够顺人情格外加添。

谭定魁闻此言泪流满面，我愿短己岁数益母寿元。

我更愿颇银钱修功作善，我更愿参圣道解罪消愆。

再不然换金身浑猪奉献，声声喊东岳帝格外垂怜。

不垂怜我谭尚誓不出殿，不开恩加母寿誓不回还。

东岳帝闻此言骂声大胆，许穿金许浑猪把我戏玩。

倘若是天下人都来许愿，把我这生死薄都会改完。

尔谭尚休执傲快快回转，生与死是大事我不管闲。

东岳帝话说毕退回宫殿，掩神光忽然的黑地乌天。

却说定魁，方欲再诉，忽然天乌地黑，觉得自己身重沉沉，往下坠去，一时方定，心中着急，用手摸索，四面皆空。坐地摸之，忽然摸着一物，如黄鳝一般，大如杯面，徐徐蠕动。心中惊恐，用力将他丢开，缩手不敢再摸。觉得膝股间，又有物跃动，渐渐跃上身来。放出大胆，用手一摸，仍是前物，再三挥之不去，遂用力将他擒住不放。那物左右彻跃，不能脱身，渐渐不衷不动，缩小如指，坚硬如铁，不知何物。正在惊疑，忽见空中，远远有两线光明，斜斜射下，手中之物与之斗光，埋头细视，乃是金龙一条。忙放入怀中，自觉身轻，渐渐升上，与光相近。一看，却是灯笼之光，光中照见，灯笼上现出"通明首相"四个大字。灯笼近前，晃见数百余人，皆排立左右，正中红马，上骑着一位尊神，赤面长须，勒马说道："谭尚听著！你方才所诉，吾已尽知。念尔是纯阳门生，作善参玄，减寿益亲，一点真诚，准延尔母之寿。吾转昭明，即行飞勅三曹四府，查核改注。今赐尔一偈，尔当牢记。"偈曰：

死生大事谁能了，海底金龙无价宝。

三七一蛇火里来，猴儿冒雪游仙岛。

却说定魁，当时听得清楚，知是关圣帝君，准延母寿，心中欢喜，慌忙叩头拜谢。关圣帝君又说道："此间不是尔久留之地，大道在尔躬。童子何在？速速送他还阳去。"定魁正在叩头，忽见两个童子，一左一右，将他扶起，乘势往后一推，仰面倒地。定魁用力一挣，似觉有物压在身上，用手一摸，却是被盖，用力一枭。只听得庹陈氏，喊道："谭相公，你醒来了。这一日一夜，你往何处去来？"定魁忽然醒悟，忙扒起来，问道："亲母，我母亲这阵如何？"庹陈氏道："你母亲昨夜昏死，渐渐苏醒转来。这阵吃了稀粥，方才睡去。你昨夜气死在地，不敢使你母亲晓得，怕他忧气加病，故把你抬在这空屋中睡着，哄他说'你去请医生去了'。我在此，将你守住一个对时，幸而还阳。"定魁说道:"多承亲母费心,容后报答。"说毕,走到母亲床前,喊道一声:"母亲安否?"恰好乜氏醒来,问道:"和尚,你往何处去来?"定魁不敢瞒哄老母,将冥中之事,细说一遍。庾陈氏、骆张氏、佛保,一闻此言,各皆大喜。老太婆从此,果然不药全愈。中秋节过,似比前更是强旺,此正是定魁孝心所感。有诗为证:

　　　　孝心一片达天都,母寿增延疾病除。

　　　　若昧善功违大道,神前那怕许浑猪。

　　却说定魁,见母康健,欢喜万倍。夜来服侍母亲睡了,上床静坐,忽然想起怀中金龙,乃是无价之宝,用手一摸,却不见了。"可惜!可惜!"心中念念不舍,思之不得,至忘寝食。老太婆见他近来,朝日或坐或立,如痴如呆,定睛出神,若有所思,便叫道一声:"和尚!你在想甚么?"定魁一惊,忘乎其境,顺口说出"金龙"二字,忽然醒悟,即住口又不说了。老太婆曾听他说过冥中偈句,今又听他说出"金龙"二字,料他是思念那冥中所摸的金龙,便笑道:"你是否思那无价宝么?那是你闭着眼睛做的事,而今你睁开眼睛,如何还想得到手?真是瓜呆子了!"这句话,原是老太婆责饬他游冥虚渺的话,岂知正合了"回光返照"一点玄机也。有诗为证:

　　　　一点真神机在目,光明四照物交物。

　　　　收回返景入深深,自有金龙时现出。

　　却说定魁,无意中听了老太婆这句话,遂信以为真。果然闭著眼睛思之,即见金龙出现,但是却在身中虚空处,或上或下,跃跃不定,无从摸捉。心中想道:"我虽摸捉不住你,我总不准你出我这个身中,看你在我身中,如何结局?"于是时时省察,不敢须臾忘怀。有诗为证:

　　　　金龙走失最难防,省察工夫岂可忘?

　　　　不睹不闻严戒恐,时时觉照我中央。

　　却说定魁,得此玄机,虽是出于老太婆之口,实是纯阳道妙,借口指点。无心一言,正与有心针锋相对,所以为巧也。有诗为证:

　　　　道在寻常话语间,不须典籍苦穷参。

　　　　一言说出玄中妙,虽是无心却有缘。

## 第九章　觅亡母再入幽冥，别家人独游云水

却说定魁，虽得玄机，而人事未完，故纯阳三次指点之后，不再指点。定魁奉母抚姪之余，初心不退，博览丹经，皆无从悟入。光阴易逝，倏忽十有余年，佛保成立，勤力农事，稍有余积，乃为之迎娶孙氏。孙氏亦贤能和敬，内外得力。定魁乃得清闲过日，然于奉侍老母，却未尝一刻稍懈。不觉又是数年，孙氏已产生二子一女。是年乙卯，老太婆八十一岁大生，诸亲友齐来庆祝，老太婆欢喜无涯。又两三年，尚然康健。一日，呼定魁道："和尚，与娘择个吉日，娘要去也。"定魁失惊道："母亲，何出此言？"老太婆随口说四句道：

> 尘寰正是苦人场，空被情牵毕世忙。
> 看破不如归去好，陶然无事乐徜徉。

定魁闻言，忽然想起前偈"一蛇火里来"之句，心中醒悟，今年丁巳，丁属火，巳属蛇，心知母寿将终，不觉流下泪来。说道："虽是如此，还望母亲再留几载，稍尽瞻依孺慕之怀，于万分之一也。"老太婆闻言，又随口说四句道：

> 生逢一世了前缘，聚处同堂彼此欢。
> 先后去来终各散，何须悲苦泪流连。

定魁闻言，心中又回想道："好好的人，焉有择吉日而死的道理？但是年老的人，须防跌蹼为要。"于是亲身服侍扶持，寸步不离左右。老太婆连催几次，选择吉日，定魁只推无有吉日。四月二十四日，老太婆寿诞已过，便自己掐指算道："八月十八日好否？"定魁想道："还隔百余日，未必就算得准。"便随口答应一个"好"字，心中犹不以为然。不觉夏去秋来，中秋节过。十八日早饭后，老太婆便叫孙媳，孙氏烧了热水净身洗脚毕，又叫定魁，将箱内衣服取出，穿戴齐整，走到堂前，对祖宗拜了四拜。定魁扶起，高椅坐下。佛保捧过茶来，老太婆呷了两口，放下杯子。说出四句道：

> 人身难保百年存，孝善慈和早认真。
> 守分乐天延性命，临终遗训永遵行。

老太婆说罢，瞑目不语，佛保、孙氏同两子一女，都在堂前嬉笑，说道："婆婆方才说话，就睡著了。"连叫数声，不见答应。定魁起初，亦不以为意，

及见叫不应了，方才著惊，忙用手一探，已无气了。忽地恸哭起来，佛保、孙氏亦皆悲啼，忙点香烛，烧了老钱，查看本日正是庚申，正合了"猴儿冒雪"那句了。定魁忙叫佛保，报告诸亲邻友。次日，备棺、掩殓、成服、择吉、祭奠、安葬，不必细表。又说定魁，思念母亲，虽是无疾而终，到底黄泉孤苦，谁来服侍？于是搭一茅庐，于母亲墓侧，日夜守之，不忍远离。凡人子之于亲丧，理当如是。有诗为证：

> 庐舍依依守墓前，子心不忍别亲颜。
>
> 尸骸虽已埋黄土，魂在青山何处边。

却说定魁守墓，思念母亲。一夜静坐，忽见金龙飞去，定魁追之，至一山前，忽然不见。定魁细认山景，忽然想起是阴阳界口。心中想道："我母亲死后，定从此去。我何不从此，追寻踪迹，得会一面也是好的。"于是走进阴阳界口。正是：心念母魂思一会，真性追寻到九泉。

> 定魁欲见母亲面，走进界口看的端。
>
> 老幼男女牵线线，挂号点名等过关。
>
> 挨一挨二细查看，不见母亲在那边。
>
> 心正愁烦口嗟叹，忽来一位阴阳官。
>
> 半边红脸半白脸，开口叫声谭大仙。
>
> 仙母过此已月半，今要见面难上难。
>
> 定魁闻言不迟慢，辞别官长往内钻。
>
> 行不多时抬头看，一座城墙在面前。

却说定魁来到城边，抬头一看，见是"枉死城"三字，城下冷冷浸浸，正欲寻人访问母亲去向，忽见一人走来，叫声："哥哥！"呜咽哽哽，便说不出话了。定魁闻呼，仔细一看，认得是胞弟谭瑞。其黑瘦狼狈，仍如病死时一般，不觉悲伤，问道："兄弟，然何在此处？"谭瑞哭道："此城是枉死城。凡人未奉勾票，自去寻死者，魂入此城受罪。至该死的年月，勾票到来，方去过殿。我的岁数，原该六十五岁，只因纵欲殒命，魂归此处，受皮囊吸髓之罪，算来已有三十二年了。还有一十六年，方得脱离此苦。不知过殿时，又受何等罪苦，望兄长早早度我一度！"定魁道："耐烦等候，自有得度之日。弟可看见母亲否？"谭瑞道："母亲未到此处。母亲是何时去世？我未能养生，又未能送死，真是不孝之子也！"定魁又将前事，说了一遍，方才洒泪分别，又往前行。正是：枉死城中无限苦，都是生前自造来。

谭瑞本是长命人，寿享花甲还有零。

只因纵欲精神损，青年早到枉死城。

皮囊吸髓油刮尽，欲火焚烧痛彻心。

奉劝世人须早醒，看穿色欲保命根。

试问人谁不怕死？当于未死早警心。

试问人谁不怕病？当于未病早保精。

色即是空休过分，一月一度合天心。

延寿真言君记定，再把定魁说分明。

定魁别弟往前奔，不觉来到会府门。

会府门前闹热甚，夜叉鬼卒闹沈沈。

定魁站定一声问，此处可有我母亲？

鬼卒闻言礼恭敬，尊声大仙谭真人。

在此稍候我去禀，一刻自然见信音。

却说幽冥会府，这日如何这等热闹？只因当初，群魔降世，寻娘投生，为匪为兵，扰乱大明天下，煽动刀兵，收取逆子忤媳、贪官污吏、背理灭伦、一切横恶男女。自崇祯初年，至今康熙十六年丁巳，已前后四、五十年间，杀死、打死、烧死、淹死、瘟死、咬死、饿冷死，已有九万万之谱。恶人将尽，惟有群魔，贪恋红尘，仗恃魔力，尚然在闹。故天帝勅令三曹，大开会议，追取群魔魂魄，故地曹十王，及各县城隍，皆在幽冥会府会议此事。这日正在会议，鬼卒忽来报，说谭真人到了。十殿冥王，闻报慌忙出迎。正是：幽幽黑暗黄泉路，皎皎光明赤子心。

一殿秦广二楚江，三殿宋帝五官王。

五殿阎罗包丞相，六殿卞城泰山王。

八殿平等九都市，十殿转轮十冥王。

闻道谭仙来到此，慌忙执笏整衣裳。

一齐迎出会府外，迎接定魁到公堂。

推尊定魁登首座，十殿冥王坐两旁。

定魁如何这样大，无非学道敦伦常。

忠孝节义神尊仰，胜过人间将相王。

世人快快崇善道，魂到阴司亦显扬。

十殿冥王开言讲，尊声谭仙听端详。

我等会议未远望，鬼卒来报亦慌忙。

不知大仙光下降，未曾远接望包荒。

大仙原在家修养，来在冥府为那桩？

定魁闻言称冒闯，望祈恕罪莫较量。

只为我母把命丧，不知魂魄在何方？

三魂渺渺来泉壤，黄泉路上受凄凉。

痛念劬劳恩德广，未曾报答竟分张。

夜守坟台苦思想，因来到此问行藏。

各位大王知方向，望祈指示见亲娘。

若得亲娘见一面，指示宏恩永不忘。

却说定魁说毕，十殿冥王欠身，说道："前月十八，令仙慈真魂从此经过。弟等早奉天帝勅旨，说令仙慈抚育仙躬，守节四十八载，教养有方，功绩可纪，应受清闲天福。弟等当即加派金童、玉女，送往清闲宫去了。"定魁闻言，说声："多承指示！"起身告辞。十殿冥王，送出会府，鞠躬作别。定魁又往前行。正是：生前不肯将亲盼，死后相逢一面难。

定魁辞别十阎君，一心要会老娘亲。

清闲宫来料不远，恨不一步即到门。

忙忙急急往前走，忽到一座大山林。

山中楼阁多得很，不知何处是宫庭。

走到一屋用目论，竹帘高挂不见人。

站在门前一声问，门内可有我母亲。

语未说完帘内应，问声来者是何人？

定魁即便回言论，我是山东钜南人。

姓谭名尚黉门进，世居锦水庹家村。

说毕忽见一人影，来到面前叫夫君。

定魁仔细用目瞬，才是庹氏女钗裙。

分别三十二年整，不期相会在幽冥。

叫声贤妻你且听，婆婆老娘何处存？

庹氏回言说音信，尊声谭郎奴夫君。

早来三日娘见面，迟来三日无处寻。

夫君今日才到此，要见嫘婆万不能。

定魁闻言珠泪滚，叹声苦命老娘亲。

自从那日归冥境，无有一刻不痛心。

坟前思念无由见，才追寻到这幽冥。

只说到此能一会，谁知来迟三日辰。

母亲到底在何处，还望贤妻快说明。

庹氏即便开言论，嫘婆前月到此行。

数十人送到山顶，大清闲宫养性灵。

九月九日重阳庆，观音大士法旨临。

将他取到白雀观，九还七返炼真魂。

白雀观知在何处，故此难见嫘婆身。

定魁闻言心思忖，纵会不著也要寻。

贤妻与我同一路，去寻白雀会娘亲。

却说定魁叫庹氏，一路去寻母亲。庹氏道："找寻母魂，原是为人子者，应分去的，我不能去。请问夫君，本是儒生，然何道装打扮？"定魁道："只因满清制度，要剃头辫紮。我想身体发肤，受之父母，不敢毁伤，故戴上逍遥巾，作道家打扮，已二十余年了。请问贤妻，簾内还有何人？"庹氏道："此屋只我一人居住，奉观音法旨，在此清修。"庹氏虽是女流，却能幽闲贞静，故死后得遇仙缘也。有诗为证：

人人皆有道根基，祇要清真不染尘。

漫谓红颜多薄命，慈航普渡及幽冥。

却说定魁久别相逢，凡心忽动，便说道："我这阵，走得身倦，在此住一宿，明日再去寻母罢。"庹氏道："观音大士曾说：修道的人，若是夫妇同居一宿，将来定遭九魔十难，大道难成。夫君请自保重，各自去罢，后会有期！"庹氏此言，自是定论。有诗为证：

修持最怕动情魔，失足定教坠爱河。

曾记观音垂戒律，应同遵守沐恩波。

却说定魁，心不能已，遂说道："暂宿一宵不妨！"遂步上台阶，掀开竹簾，只见一个道人在内，盘膝而坐，心中勃然大怒道："原来是你另配了丈夫，故叫我走！"遂转身向外，欲打庾氏，却被庾氏迎面一掀，定魁一退，被门坎一绊，往后一跌，坐入门内，正坐在那道人身上，这个道人是谁？却是定魁本身也。神形相合，有如是者。有诗为证：

<blockquote>
真我摇摇欲返家，忽将假我认为他。

相逢真假天然合，是我是他影映纱。
</blockquote>

却说定魁，坐不能起，反手一摸，不见有人，却摸著茅壁，飒飒声响。心中警觉，开目一视，月光满床，忽然醒悟，在母墓前，回思冥途境遇，似梦非梦，千真万真。慌忙起来，对墓礼拜，道："恭喜母亲，得了好处！虽未会面，儿心中，亦是安稳的了。"正是：阴阳一理，非实非虚；意之所至，大道可知。有诗为证：

<blockquote>
孝道完全在一心，亲存亲殁有何分？

但能念念生身者，踏破乾坤骇鬼神。
</blockquote>

却说定魁，虽未会见母面，却亦知得所在，心稍安稳，渐节悲哀。

不觉就是三年，遵礼除服，封墓回家。自念入道二十余年，读遍丹经，毫无寸进，都由未得人师之故。前者游冥，冥王皆以"谭仙"称我，又况母受炼度，妻亦清修，未必我如此就罢了？光阴易逝，岁月难留，我不如趁此弃家，出外访求人师，早成大道为是。于是立定主意，更号"定一子"，择吉起身。期前一夕，将佛保夫妻、子女，叫到堂前，嘱咐一番。正是：含情欲说心中事，念到分离不忍言。

<blockquote>
谭定一坐草堂咽喉哽哽，叫一声佛保儿泪湿衣襟。

你夫妇在堂前听伯教训，我将这衷肠话说与你听。

想当年我谭门常遭不幸，到今朝只留下你这根根。

我先祖几代人都在川省，始康县锦水河小小地名。

老祖爷因好善家财费尽，身死后端丢下祖父元亨。

在成都帮管事下广货运，遭拐骗才流到钜南县城。

讲格言多感得朋友撺兴，才在此佃田地勤苦耕耘。

回四川迎祖母数千路径，到此来才生我弟兄二人。

庚午年我五岁祖父丧命，你的父才一岁孤苦零仃。

我虽然游泮水幼年侥幸，不幸得遭世变四处刀兵。
</blockquote>

你伯母生佛缘死尸无影，因忧气乙酉年二月归阴。

丙戌年你父死你母身孕，第二年方生你一个根根。

可怜我谭门中财丁不顺，你的母交四月又入幽冥。

丢下你完全靠祖母抚引，小而长长而大费尽多心。

又与你娶孙氏祖宗庇荫，三个儿一个女渐渐成人。

不幸得祖母亡魂归仙境，守坟墓三年满今已除灵。

我今年五十五筋力强盛，欲上川访一访谭氏家门。

听说是四川省大遭劫运，到而今不知道剩有多人。

我今去问归期迟早不定，将家事交付你贤姪保存。

这几年庄家好钱米有剩，庹外公还上有二百会银。

凑积来一家人尽有根本，能勤俭自不难衣食丰盈。

一家人虽遵守祖母遗训，守本分作功善苦读苦耕。

孙女子在家中操持内政，戒奢华戒懒惰戒走四邻。

厨房内丈夫前须存恭敬，教儿女要慈良保养天真。

两孙儿读诗书要晓发奋，莫相交无赖子染坏性情。

我今朝将宗派与你立定，到后来子而孙方好更名。

想祖父创家业基开东省，就从祖开宗派十六字成：

　　元谭宗祖，德泽延长，光荣家国，百世其昌。

十六字你弟兄好生记定，佛保佺名宗保族谱注明。

姪孙儿长祖寿次名祖胤，两岁多小婴孩更名祖斌。

一家人总当以和气为本，每早晨见面揖相敬如宾。

逢朔望一叩首尊卑分定，祖宗前亦如是预把香焚。

凡家中内外事一言难尽，总之要遵祖训不改章程。

愿你等兴家业百代隆盛，不枉我谭定一学道修行。

却说定一于，一一嘱咐毕，又将簿据纸约，及所存银钱，一并交付清楚。自己留了散碎银十余两，铜钱几百文，收拾衣服行囊，辞别祖宗父母灵位，就要起行。一家大小，见此光景，悲哀惜别，苦留不住。有诗为证：

　　弃家入道意如飞，不为情牵又恋依。

　　死别生离非是忍，志高自与俗相违。

又有一诗，说凡人的家业，终久必弃。既已学道，不如早弃。世之入道，而不肯弃家者，由于未勘破此理也。其诗曰：

> 家业原如借宿庐，谁能挟带入冥途。
>
> 百年终有抛离日，勘破须当早改图。

却说定一子，斩然弃家，一丝不挂，鸡鸣起程，望川省而行。正是：不辞跋涉风霜苦，只为寻师访道真。

> 定一鸡鸣早起床，背包挎伞出门墙。
>
> 行了一程回首望，故乡不见觉心伤。
>
> 自叹我是为那样，奔走道路受凄凉。
>
> 只为寻师将道访，抛离乡井独游方。
>
> 家中男女空劳想，从今不能聚一堂。
>
> 祖宗父母神龛上，从今不能再烧香。
>
> 几处坟台青草长，从今祭扫永抛荒。
>
> 几个亲邻情义广，从今不能话衷肠。
>
> 东一想来西一想，含情不觉泪汪汪。
>
> 转念想起尘世上，死生大事岂寻常。
>
> 岂可恋家遭魔障，将我性命送阎王。
>
> 想到这种真情况，一刀斩断这家乡。
>
> 硬着心肠朝前往，一心只望遇纯阳。
>
> 饥餐夜宿无阻挡，遇了许多州县场。
>
> 南北两湖东西广，陕甘游遍又荆襄。
>
> 风俗人情无心相，不觉一日到川疆。
>
> 来到四川举目望，人烟稀少路荒凉。
>
> 要访家门无处访，说到人师更渺茫。
>
> 枉我奔劳把川上，不如归去再商量。

却说定一子，来到川省，访了数月，家门人师，皆无着落，盘费将尽，遂转身而回。有诗为证：

> 漫道人师容易求，也曾跋涉遍湖洲。
>
> 茫茫世界知谁是，游倦不如归去休。

## 第十章　回家路遇许刚山，绝食店逢陈奕友

　　却说定一子，从康熙十九年庚申八月出门，将近三载，游遍几省，终无一遇，盘费将完，只得转身回家。正是：茫茫四海人无数，那个男儿是丈夫？

康熙皇登基封三藩，吴三桂平西镇云南。

耿精忠靖南镇福建，尚可喜广东为平南。

三藩王统兵镇三省，清天下太平十几年。

吴三桂惧祸又造反，耿与尚响应破江南。

清将军图海能征战，直杀得三王心胆寒。

耿与尚怕死抽身转，独丢下三桂势力单。

三桂死世璠孙接管，守湖南云贵与四川。

辛酉年势败齐奔散，吴世璠受逼死于滇。

庚申年四川正在乱，谭定一出门走江南。

由江南各省漫游转，大战事都已躲脱完。

到四川世璠已去远，因此上一路得平安。

到今年壬戌两载满，无一遇抽身返故园。

一路走一路自嗟叹，叹川省人民把劫填。

张献忠起初动杀砍，杀得来尸骨堆如山。

几州县杀死一大半，几州县杀绝无人烟。

田地荒无人来照管，草木深野狗把人啖。

清将军带兵把狗赶，派五省人来把川填。

五省人来川方刹站，吴三桂造反又伤残。

这都是奢淫恶贯满，遭大劫算是自招愆。

要逃脱除非是孝善，无孝善一定命难全。

可怜我谭门尽遭难，纵剩有不知在哪边。

川省中这样遭糜烂，还有什么道根源？

无人师只好自嗟叹，叹自己大道似无缘。

正行走忽见一老汉，发苍白眉目甚鲜妍。

叫一声谭尚休迟慢，快同我三叠出阳关。

定一子闻言惊稀罕，知我名此人定非凡。

放开步随后急追赶，快与慢都只隔一田。

赶得来一身都是汗，赶不上歇脚叹无缘。

方歇脚老汉又在喊，叫定魁快来休迟延。

定一子无奈颇命赶，赶到黑形影忽杳然。

第二日早晨方出店，那老汉依然走在前。

定一子不言心计算，这老汉莫非是神仙。

既相遇不可来怠慢，不停步总要赶上前。

赶到黑依然人不见，次早晨他又在眼前。

你停歇他又不去远，你起身他又走在前。

定一子不舍心恋恋，日日赶不觉到云南。

那夜晚宿在滇城县，算店帐囊中没了钱。

人地生饭食难赊欠，没奈何解带卖衣衫。

脱下来冷得身打战，无人买急得喊皇天。

这就是出门钱用断，真英雄到此也艰难。

却说定一子，原是在家学道的人，不晓得出门赶斋、挂丹、化缘的法则。脱衣去卖，又是道衣无人肯买，遂困在滇城店中。又是寒冬天气，进退无路，心中躁急，仰天长叹一声，说出四句道：

都说出门世界宽，谁知到此受熬煎。

而今方信钱神论，不帝不王掌大权。

却说定一子，正在嗟叹，忽见对座一人，满清打扮，立起身来，带笑问："道长已经看破红尘，跳出三界，然何又发此长叹？"定一子见问，慌忙站起身来，也不晓得称"师兄"，仍是称"先生"，便说道："先生不知，听我道来。"正是：口头能道非真道，言不在行是实言。

定一起身漫开言，尊声先生听根源。

草字定一名谭尚，生长山东小钜南。

父母已亡妻子丧，无挂无碍一身单。

将家付与侄照管，出门寻访道先天。

河南陕甘游年半，今年二月到四川。

盘费将无欲回转，因好神仙到此间。

路遇稀奇一老汉，知我名姓像是仙。

我故连日将他赶，赶到此地受作难。

盘费用完他不见，长叹不期犯尊颜。

那人闻言笑满面，尊声道长有奇缘。

老汉不是别一个，就是吾师许刚山。

前日吾师对我叹，命我到此结个缘。

果然不出吾师算，三生缘结在古滇。

店账多上我开片，以后盘费我承担。

同我去见吾师面，自晓先天道妙玄。

定一闻言称稀罕，不期在此遇真仙。

既遇须当亲拜见，劳烦指引到门前。

但是先生把钱垫，此恩此德何时还。

请问姓名好记念，萍水相逢有大贤。

那人回言称不敢，我名陈奕字复先。

离此不过百里远，五百里外是刚山。

吾师姓许名未见，到此刚山不记年。

在此山中藏修炼，因号刚山远近传。

门徒数十遍州县，今无一个在面前。

此去定然容易见，好快起程莫迟延。

定一此时如心愿，欢然就道拜刚山。

却说定一子，此时喜出望外，遂同了陈奕，算给店账，一路起身，路宿一宵，方到陈奕家中。定一子一看，林园畅茂，房屋高深，窗户华丽，花木清幽。进到几重门内，一个小花园中，见礼坐下，奴仆献茶进盥。陈奕道："谭道兄若不择弃，就在寒舍住，耍几日，择定吉期，小弟同道兄，一路去拜见老师便了。"定一子不好推却，只得唯唯应命。此正是陈复先，两家调和，五行攒簇。定一子一心信服，诸妄皆绝，群魔俯首，安然无事。调和绝妄，道进一梯。有诗为证：

水火不亲金木争，念随情发内魔生。

调和不外居中土，一点信心是至诚。

却说谭、陈二人，言语相投，遂成莫逆之友。数日后，即逢吉日，陈奕带了路费，又代定一子，备下赘仪，一同起身。行经七日，到了刚山，入山口，三里之谱，只见中峰高耸，秀插云霄，山腰亭阁，随山高下曲直，其布置如画。由山下石磴，层层步上，泉石怪奇，竹木交加，直到门前，草屋傍岩，门上横书五字，曰"刚山涵养处"。正看时，一童子出迎曰："老师在止心斋等候。"谭、陈二人，慌忙入门，跟随童子来到止心斋。一见到老师，倒身叩拜。许公起身，说道："来得正好。"童子燃点香烛，定一子呈上贽仪，先拜历代宗师。三跪九叩首毕，次拜许老师，八揖四跪四叩首。许公答以拱揖。礼毕，许公命谭定一，称陈奕为世兄，对拜四揖二叩首。礼毕，侍立两旁。许公开口，说道：

> 无极本空空有中，因中分判阴阳充。
>
> 两仪四象八卦立，二四七二三六通。
>
> 上天下地三才列，人在阴阳夹缝中。
>
> 天道刚健阳之用，地道柔顺阴之功。
>
> 人道中和阴阳协，生生不已道无穷。
>
> 人有五等仙为上，阴净阳纯处玉宫。
>
> 阳多阴少贤人体，阴阳各半平人躬。
>
> 愚人阴多阳微少，阳绝纯阴死人同。
>
> 汝等都是平庸辈，渐入贤关近上峰。
>
> 得法炼到阴净尽，仙佛圣真共一宗。

却说许公说毕，赐座，童子献茶。少时，进膳。食毕，静坐，无一语传授。谭、陈二人，就在右手丹房安宿。侍立几日，未闻一语，遂辞别老师，回到家中，共相研究，各有会悟。定一子自见许刚山，诚服信受，以铅制汞，又进一梯。有诗为证：

> 七般灵汞我离阴，假物终难百岁存。
>
> 端用他家铅气制，填还固有结丹成。

却说谭、陈二人，每隔月余，又同到刚山一次，住三四日又回。如此数年，不厌不倦。有一次，二人侍立止心斋，许公道："《大学》《中庸》，孔氏入德心法，汝二子知之乎？"定一子答道："当初蒙纯阳吕祖指示，亦曾用心研究，终未悟入，祈老师慈悲，开通茅塞。"许公道："《大》《中》心法，朱子不敢明注，世已失传。今为汝等详解，汝可将原文读来。"定一子承命，遂将《大》《中》经文，朗声读道：

"大学之道，在明明德，在亲民，在止于至善。知止而后有定，定而后能静，静而后能安，安而后能虑，虑而后能得，物有本末，事有终始。知所先后，则近道矣。古之欲明明德于天下者，先治其国；欲治其国者，先齐其家；欲齐其家者，先修其身；欲修其身者，先正其心；欲正其心者，先诚其意；欲诚其意者，先致其知。致知在格物，物格而后知至，知至而后意诚，意诚而后心正，心正而后身修，身修而后家齐，家齐而后国治，国治而后天下平。自天子以至于庶人，壹是皆以修身为本。其本乱而末治者，否矣。其所厚者薄，而其所薄者厚，未之有也。"

"天命之谓性，率性之谓道，修道之谓教。道也者，不可须臾离也。可离，非道也。是故君子戒慎乎其所不睹，恐惧乎其所不闻。莫见乎隐，莫显乎微。故君子慎其独也。喜、怒、哀、乐之未发，谓之中。发而皆中节，谓之和。中也者，天下之大本也。和也者，天下之达道也。致中和，天地位焉，万物育焉。"

却说定一子，将《大》《中》经文，缓缓读完。许公一一解说祥明，指出心法所在。定一子心领神会，豁然贯通，觉比渔樵问答者，更为玄妙。次日，二人辞归。陈奕犹然未悟，定一子复述师言，为之解说，渐亦通澈。慎独工夫，在绝念忘情也。有诗为证：

> 性之所发号为情，念念不忘害道真。
>
> 断绝牵缠观自在，无知无觉步瑶京。

却说谭、陈二人，共相研究，各自行持，严加克治，深为涵养。二人交相进益，所谓"德不孤，必有邻"也。有诗为证：

> 穷途末路遇相知，得友欢然更得师。
>
> 漫谓天涯无道德，终身独立叹支难。

## 第十一章　待月楼对坐谈心，静观亭许公授道

却说谭、陈二人，友爱甚于弟兄，左右不离。一日，共读《玉皇心印经》，殊多不解。二人遂往刚山，叩问老师。这日，许公正在止心斋静坐，一见谭、陈二人进来，便说："汝二子，将有问乎？吾之教人，譬如洪钟，不扣不鸣。汝既来扣，吾当为汝等解说之。"定一子道："老师预知所问，可谓

具六通力矣！但不知，如何方修得到？更祈老师，慈悲指示！"许公道："只依吾法修持，自有通时。今但与汝等解经，可将《玉皇心印经》原文读来。"定一子将经文读道：

## 玉皇心印经

上药三品，神与气精。恍恍惚惚，杳杳冥冥。

存无守有，顷刻而成。回风混合，百日功灵。

默朝上帝，一纪飞升。知者易悟，昧者难行。

履践天光，呼吸育清。出玄入牝，若亡若存。

绵绵不绝，固蒂深根。人各有精，精合其神。

神合其气，气合体真。不得其真，皆是强名。

神能入石，神能飞形。入水不溺，入火不焚。

神依形生，精依气盈。不凋不残，松柏青青。

三品一理，妙不可听。其聚则有，其散则零。

七窍相通，窍窍光明。圣日圣月，照耀金庭。

一得永得，自然身轻。太和充溢，骨散寒琼。

得丹则灵，不得则倾。丹在身中，非白非青。

诵持万遍，妙理自明。

却说定一子念毕，许公从头详解一遍，又说道："此经与《崔公入药镜》相表里，汝愿闻乎？"定一子欢喜道："望老师慈悲，一并指示，弟子等愿躬听受。"许公乃先将原文念道：

## 崔公入药镜

先天炁，后天气，得之者，常似醉。

日有合，月有合，穷戊己，定庚甲。

上鹊桥，下鹊桥，天应星，地应潮。

起巽风，运坤火，入黄房，成至宝。

水怕干，火怕寒，差毫发，不成丹。

铅龙升，汞虎降，驱二物，勿纵放。

产在坤，种在乾，但至诚，法自然。

盗天地，夺造化，攒五行，会八卦。

水真水，火真火，水火交，永不老。

水能流，火能焰，在身中，自可验。

是性命，非神气，水乡铅，只一味。

归根窍，复命关，贯尾闾，通泥丸。

真橐籥，真鼎炉，无中有，有中无。

托黄婆，媒姹女，轻轻运，默默举。

一日内，十二时，意所到，皆可为。

饮刀圭，窥天巧，辨朔望，知昏晓。

识浮沉，明主客，要聚会，莫间隔。

采药时，调火工，受气吉，防成凶。

火候足，莫伤丹，天地灵，造化悭。

初结胎，看本命，终脱胎，看四正。

密密行，句句应。

却说许公，将原文念完，又逐句解说，指示明白。定一子言下了悟，次日辞别老师，同陈奕回到家中，依法行持。不觉三月有余，正值七夕，陈奕知道明日初八，是定一子生辰，于是备了酒肴，与定一子贺寿。是年康熙二十五年丙寅，定一子六旬晋一之辰。定一子思念父母劬劳，在花园右手，待月楼上，焚香炳烛，对天四礼八拜。拜了母亲，二人遂在楼中，漫酌谈心。正是：遇饮酒时须饮酒，得高歌处且高歌。

定一子停金杯开言谈论，尊一声复先兄细听分明。

人生在尘世上离合不定，想起来无非是缘在前生。

想小弟父母亡妻子丧命，侄在东伯在南离散零丁。

在滇城遇世兄银钱不吝，萍水间偶遇合友爱情深。

拜老师许刚山蒙兄指引，在府上厚扰兄三载有零。

这深恩无处报心留余恨，对苍天立誓愿报在来生。

许老师传心法大家鼓励，同修持同证果同步瑶京。

倘若是有差池果不能证，愿世世为朋友同悟道真。

无上道谁先得谁作援引，或隔世或隔地誓相找寻。

但愿得在今生各了性命，不枉兄仗义看淡红尘。

叹光阴如放箭百年转瞬，死将至道未得枉自为人。

弟今年花甲周难期上进，怎比得复先兄丰壮精神。

精气神三宝足容易见性，先天道倘先得望勿忘今。

陈复先听此言心中忧闷，尊一声谭贤弟好友知心。

说甚么年富强容易上进，论大道知固难行更艰辛。

想愚兄到今年五十翻进，家中事虽未管其实费心。

二双亲年老迈难忘孝敬，两兄长一个弟家已早分。

三小儿两完婚一未聘定，两小女一干归一未适人。

家中事我都已交妻执政，家事外我请有两个先生。

我虽然身无事心不能静，一打坐种种念环绕不停。

也知道要降伏奈力难胜，念方息神又倦睡梦沉沉。

我夫妇已十年身未相近，却奈何隔一月又要走崩。

看起来这大道我像无分，道要望谭世兄另眼关情。

定一子闻此言心生怜悯，尊一声陈世兄不必忧心。

心境中既然有种种毛病，明日里同一路去问师尊。

务必要同得道方足我兴，弟与兄做一个携手蓬瀛。

却说谭、陈对坐谈心，至亥末子初，方各静养。谭、陈二人，虽是异姓，胜于同胞，似这样朋友，古今罕闻。有诗为证：

何期异姓竟同心，两两相知誓死生。

自古交情推管鲍，而今至友说谭陈。

却说谭、陈二人，心性相孚，痛痒相关，未知未能，视同一己。待月楼谈心已后，过了几日，遂同到刚山，叩问老师。二人走到止心斋，不见老师，只见童子说道："老师山中采药去了。临去时，吩咐说道：二位世兄若来，可在静观亭等候。"二人遂随童子，穿过止心斋，转过山坳，登上十余步，进入静观亭中，童子退出。谭、陈二人，各在蒲团打坐。回光未久，许公到来。二人觉起，慌忙叩首拜见。许公吩咐，仍各坐下，问道："汝等近来行持，工夫景象如何？可直说来我听。"陈奕见问，拱手答道："弟子蒙老师德教，家事已丢，嗜好已除，但是一至打坐，事便萦心，及到昏沉方休。月余难免走漏，祈老师慈悲，指示未悟！"许公道："未止于至善，故心无定而不清，识神为魔，怎免昏沉、走漏之患？古有《太上清静经》及《般若波罗蜜多心经》，可研究也。今为汝等详解之。"乃将二经，原文念道：

## 太上老君说常清静经

大道无形，生育天地；大道无情，运行日月；大道无名，长养万物。吾不知其名，强名曰道。夫道者，有清有浊，有动有静。天清地浊，天动地静；男清女浊，男动女静。降本流末，而生万物。清者浊之源，动者静之基。人能常清静，天地悉皆归。

夫人神好清，而心扰之；人心好静，而欲牵之。常能遣其欲，而心自静；澄其心，而神自清。自然六欲不生，三毒消灭。所以不能者，为心未澄，欲未遣也。能遣之者，内观其心，心无其心；外观其形，形无其形；远观其物，物无其物。三者既悟，唯见于空；观空亦空，空无所空；所空既无，无无亦无；无无既无，湛然常寂；寂无所寂，欲岂能生？欲既不生，即是真静。真常应物，真常得性；常应常静，常清静矣。如此清静，渐入真道；既入真道，名为得道，虽名得道，实无所得。为化众生，名为得道。能悟之者，可传圣道。

太上老君曰：上士无争，下士好争；上德不德，下德执德。执著之者，不名道德。众生所以不得真道者，为有妄心。既有妄心，即惊其神；既惊其神，即著万物；既著万物，即生贪求；即生贪求，即是烦恼。烦恼妄想，忧苦身心。但遭浊辱。流浪生死，常沉苦海，永失真道。真常之道，悟者自得，得悟道者，常清静矣。

## 摩诃般若波罗蜜多心经

观自在菩萨，行深般若波罗蜜多时，照见五蕴皆空，度一切苦厄。舍利子，色不异空，空不异色，色即是空，空即是色，受想行识，亦复如是。舍利子，是诸法空相，不生不灭，不垢不净，不增不减。是故空中无色，无受想行识，无眼耳鼻舌身意，无色声香味触法，无眼界，乃至无意识界。无无明，亦无无明尽，乃至无老死，亦无老死尽。无苦寂灭道，无智亦无得。以无所得故，菩提萨埵，依般若波罗蜜多故，心无挂碍，无挂碍故，无有恐怖，远离颠倒梦想，究竟涅槃。三世诸佛，依般若波罗蜜多故，得阿耨多罗三藐三菩提。故知般若波罗蜜多，是大神咒，是大明咒，是无上咒，是无等等咒，能除一切苦，真实不虚。故说般若波罗蜜多咒，即说咒曰：揭谛揭谛，波罗揭谛，波罗僧揭谛，菩提萨婆诃。

却说许公，将二经原文念完，又详细讲解一遍。又说道："经中'观自在''常清静'，及诸'无'字，最为紧要。汝等当遵照行持，自然诸病消除，而活子时见矣。"许公此言，正是教以克治涵养工夫也。有诗为证：

克治工夫在一无，涵灵止善养如如。

能清能静心常定，活子阳生万病除。

却说许公，又问定一子道："汝谭世兄，近日进境，又是如何？"定一子拱手，答道："蒙老师指教，弟子勉力行持，觉得近来活子时不见了，更得个缩阴病症，望老师搭救！"许公笑道："此所谓漏尽通也。心空性见，神气凝而命根固，方有此景象也，长生之道，有路可寻矣。汝好造化，这般容易，切勿懈怠自误也。"此正是，定一子还丹已结。有诗为证：

还丹一粒结规中，方得阴藏漏尽通。

漫把气虚阳痿病，欺心说是道成功。

却说定一子，闻许公之言，慌忙起身，再拜叩首，俯伏在地，恳求长生之道。许公道："古来圣圣，相传一十六字：'人心惟危，道心惟微，惟精惟一，允执厥中。'即是长生真道也。"定一子恳求详明指示。许公道："汝号定一，可自去参悟之。今日吾不留汝等，汝等可速回去，勿忘勿助可也。"谭、陈二人，不敢违傲，拜辞而回。古来大道，原本至公，许公一样传授，却有两般关照。许刚山之于定一子，铅汞相投，道进一梯。有诗为证：

铅汞相投一念间，两家会和结为丹。

个中消息如能识，便是长生不老仙。

却说二人回到家中，陈奕不晓"汝号定一，可自去参悟"的禅机，只去依法行持，渐亦病除道进。许公可谓善治人心病者。有诗为证：

自家有病自家知，能说出时便可医。

窃叹世多愚蠢辈，欺心讳病耻求师。

却说定一子，将自己"定一"二字，反复参求，忽然解悟，道："原来如此。"与陈奕言之。陈奕终难彻悟，定一子亦莫如何也。此正是"定"字心法。有诗为证：

一字之中即道心，定兹至善两端衡。

顾名思得精微义，识破佛仙众圣人。

却说定一子，参破玄机，定力自是不同。又能依法行持，不忘不助，温养还丹，道进一梯。有诗为证：

> 还归固有号还丹，初乘工夫已了然。
>
> 温养时时防走漏，勿忘勿助守真元。

却说大道至公，原在天壤，不有人师，却又猜不出来。所谓人师者，指路碑也。虽然是要有人师，亦要自己能参悟、能行持，方可修成。书云："德无常师，主善为师。师无常主，协于克一。"信不诬也。尊师重道，一字传心，神而明之，存乎其人。有诗为证：

> 指示先天道不差，顿教顷刻放心花。
>
> 一言纸上分明是，能悟能行在自家。

## 第十二章　无言教默示玄关，欲速成误入魔道

却说定一子，自纯阳吕祖沙中指示之后，直到而今，经四十余年辛苦，始得大道，一贯心法。虽是前根不同，亦必至诚乃至。正是：大道原非容易得，半生苦尽始回甜。

> 昔日纯阳降沙中，指示先天一贯功。
>
> 定一虽是仙根种，四十余年未放松。
>
> 今朝方得还丹道，苦尽甜来道气充。
>
> 面赤发青肌润泽，气象比前大不同。
>
> 时时定静常温养，虚极静笃忽有通。
>
> 两耳忽闻天上语，渐渐分明说天宫。
>
> 惊疑细对陈奕表，陈奕亦疑是邪风。
>
> 二人不解玄中妙，同到刚山问许公。
>
> 许公当时回言道，这个正是天耳通。
>
> 六通还有四通在，天眼宿命他心通。
>
> 神境通时道成就，六通通时作仙翁。
>
> 切勿惊疑为怪异，亦勿欢喜惹魔攻。
>
> 正觉待时河车转，轮回在手地天空。
>
> 三关九窍皆危险，恐惹天魔遭大凶。
>
> 勿忘勿助循循进，听其自然到上峰。

定一闻言欢喜道，老师慈爱启童蒙。

更祈指示上乘道，宏恩大德感无穷。

定一旋说旋叩首，只望老师说始终。

谁知许公已入定，默默无语若哑聋。

再要问时问不应，正是以身示厥宗。

却说许公，然何不应？盖先天大道，本无心法，只是如是而已。此正是许公，以身示教也。有诗为证：

先天大道本无言，做出明明在眼前。

昔日许公身立教，今人何不细详参？

却说定一子，见许公入定，三问不答。候了七日，还未出定，只得同陈奕叩首拜辞。一路回家，陈奕喜道："谭贤弟，六通已得二通，成仙可望。我自愧一无所通，如何是好？"定一子道："我听得天上说道，说成仙还是容易，只要炼得天地人三元神丹，立刻仙成，鸡犬亦皆升举。但是不知法则，如何炼得？"陈奕喜道："如此说来，则机缘到了。贤弟不知，听我道来。"正是：从前岁月皆虚度，醒悟今朝觉未迟。

陈奕开言把话论，尊声贤弟听分明。

若说修持我不很，若说炼丹我有凭。

当年我得书一部，名曰金火集大成。①

上面名目多得很，略说一二与弟听。

三元秘范神丹论，金药秘诀火莲经。

我度法藏鸿炉宝，金诰摘锦金花吟。

名目颇多难说尽，卷卷皆是炼丹经。

鼎炉药物皆详论，依法炼之丹立成。

此书共载数十本，看过一遍未留心。

---

① 陈国符《道藏源流考》载："《金火大成》，收有二十五种外丹要籍，其中多明人撰述。总目如下：卷一，《金火集要自序》《龙虎上经》《金药秘诀》《明镜匣经》《金谷歌》《火莲经》；卷二，《铜符铁券》；卷三，《我度法藏》《金诰摘锦》《无极经》《还金术》《地元真诀》《答神丹论》；卷四，《渔庄录》；卷五，《十段锦》《洞天秘典》《地元正道》《三种金莲》；卷六，《秋日中天》《黄白破愚》《黄白镜》；卷七，《承志录》；卷八，《黄白指南车》《金火灯》《了易先资》。"（中华书局 1963 年 12 月第 1 版）按：《金火大成》初刊于清同治十三年（1874 年），删订后改名《金火集要》，再刊于光绪年间。

附编

贤弟今日来提醒，奇缘暗助定有神。

我说贤弟不忙信，等我拿来看分明。

陈奕忙把书房进，开箱开柜把书寻。

寻齐堆了几棹凳，二人翻阅不住停。

看了一本又一本，看了一门又一门。

连更晓夜忘食寝，耿耿看了一月零。

看得二人心喜幸，准拟神仙立刻成。

把前一切修持法，一并丢在九宵云。

每日只把金火论，睡中梦里未忘情。

思想如何起首炼，计算何时丹即成。

拟议如何服食下，揣摹如何上飞升。

注想如何朝金阙，拟摹如何驾彩云。

种种妄想心无定，惹动群魔闹纷纷。

天上魔王传号令，地下魔王暗起兵。

内魔勾通将路引，外魔环绕扎大营。

西派正宗遭蹂躏，先天大道化灰尘。

这场魔折事非小，欲速成时反不成。

却说谭、陈二人，迷信《金火大成》，痴心妄想，惹动群魔，都来作害。这场魔折，几害前根。盖道与魔，原不两立，道长魔消，魔进道退，一定之理势也。然天下事，莫不由心而生，道亦由心所造，魔亦由心召。心乎心乎，岂可一息放纵乎？有诗为证：

道可伏魔魔化道，魔能害道道成魔。

入魔入道原无定，只看存心是若何。

天运丁卯年五月二十五日，中一弟子张道亨沐手年敬书，时年三百七十八甲子，录于清心室以便随时展玩，并存手泽云。

## 《谭仙传》卷三

道言：

天气弥漫满太空，人生长养在其中。

一吸一呼气出入，天人一气感应通。

天气感人有邪正，人气应之有吉凶。

人气感天有善恶，天气应之祸福从。

天气人气相感应，捷如桴鼓快如风。

## 第十三章　诏群仙瑶池开议会，奉师命上海觅方诸

却说人生在天气之中，犹鱼在水中。人身内外，皆气由呼吸，通其出入。内气一动，外气即知，感应之速，捷于桴鼓。所以定一子，妄心一动，气感于外，群魔立刻响应，都要来乘机害道，捣乱西宗，破坏圣学。慌得吕祖，奔上南天，奏闻上帝。上帝旨降，瑶池命集群仙，大开议会。正是：天上人间同一理，礼文制度不相殊。

玉皇旨意出南天，惊动天宫大小仙。

齐到瑶池开议会，议会群魔大道干。

瑶池王母不迟慢，安排座次候群仙。

敞开八德琉璃殿，香焚七宝绕云烟。

玉皇圣旨供上面，群仙到此九叩参。

霎时群仙都来到，齐听纯阳把旨宣。

纯阳把旨宣一遍，摘录问题牌上悬。

上写群魔害大道，将用何法保万全。

看罢问题依序坐，安排纸笔写毛单。

公推王母主议案，各将道理议一番。

有说道为天地胆，应宜保护莫摧残。

有说群魔该问斩，不该害道乱坤乾。

有说魔由自召见，谭尚不该起心贪。

有说不如不消管，凭他造化去闯关。

有说谭尚纵遭难，阐扬大道另派仙。

有说纯阳存偏见，祖护冷谦理不端。

有说西派皆可演，何必拘拘保冷谦。

纷纷议论各有见，吕祖一旁不开言。

王母主裁来决断，尊声大小众群仙。

既奉玉旨立议案，话须归一始完全。

若是乱扯便振滥，大道从此付深渊。

大道振滥无人管，帝天降罪谁承担？

群仙听我来相劝，和衷共济保道原。

谭尚本是冷谦转，宏誓大愿立在前。

愿将中一西派阐，昌明圣学演先天。

玉印金书收付管，曾奉天命降临凡。

今虽着魔心放散，理宜设法使收还。

保他早早登道岸，成仙证佛掌道权。

三扫邪魔把圣显，垂经阐教度女男。

二百四十年不还，开宗只在转瞬间。

别个神仙都懒惯，勤不辞劳只冷谦。

今若不成将世转，倘再轮回事更难。

不如趁此功已半，助成大道结奇缘。

大道虽归太上管，中天命令玉尊专。

天命森严谁敢玩，议案不公怎奏天？

俺今秉公来立案，西宗谭尚定不迁。

诸仙保护休怠慢，助扫魔氛莫畏难。

随时随地加检点，驱邪辅正暗帮拳。

秘密玄机书诏柬，白鹤童儿送刚山。

命他一一依诏辨，不可违误泄玄关。

再命观音随试验，九九神功炼妙玄。

务将谭尚道成就，蟠桃等候你十年。

王母说罢都称赞，愿遵懿旨助道玄。

案定群仙将会散，纯阳缴旨奏天颜。

却说纯阳吕祖，将瑶池议案，奏上玉尊。天颜大喜，降下旨意道："谭尚大道若成，圣学昌明可期，西宗有主，中一完成。吕卿还须时加指点，早日度归，以慰朕心，汝其钦哉，勿负朕命！"纯阳领旨而退。此正是：修持由人，成就由天。有诗为证：

大道修持固在人，天如不佑道难成。

快将心意存诚正，免使群仙费品评。

却说谭、陈二人，迷信《金火大成》，误入魔道。天耳虽通，焉能知得天宫真正的事？每日还在商量举办，定一子道："鼎炉药物，须费千金。"陈弈道："千金不难，须去求老师，主火方妙。"定一子点头称是。二人各皆热心，遂同到刚山，来见许公。许公奉了瑶池诏柬，早已知道定一子大道将成，应受魔难，却不敢预泄天机。乃问道："汝二人，来此何事？"陈弈便将"炼三元神丹，求老师主火"的话，说了一遍。许公道："汝等要炼神丹，求得速效，须听我道来。"正是：鼎炉药物原比喻，不经试验不知真。

谭尚陈弈听我言，汝等要炼三元丹。

炼此神丹非容易，药物鼎炉非等闲。

金火大成书一部，各种丹法汇归全。

所说朱砂矾铅汞，皆是借来作鉴观。

所有上品真正药，未曾注在此书间。

所有神炼真正法，此书一点未说穿。

汝等若依此书炼，虽是结丹是凡丹。

银钱枉费事犹小，岁月虚抛老病缠。

误人性命归泉下，失去失天大道源。

不信汝等试去炼，炼不成时悔后难。

先天道炁全消散，空余尸骨葬荒山。

枉自修持功已半，枉自半生圣学参。

炼丹若是这样易，世上人民半是仙。

非是此丹不可炼，要炼须先采先天。

先天阴阳藏日月，日精月华真汞铅。

要采太阳真汞气，须得太阴月内铅。

要采月内真铅气，须得方诸映月前。

方诸映月真铅降，真铅映日真汞攒。

采得日月真铅汞，天罡时日鼎炉安。

火候九九功圆满，神丹方得结三元。

地元点石成金宝，起死回生是人元。

天元身飞天上去，此法他书皆未传。

但是方诸不易得，一得方诸万事全。

却说谭、陈二人，原具一片热心，欲炼三元神丹。起初见许公答应主火，心中更热。及听到《金火大成》是比喻，虽结丹亦是凡丹，二人热心，遂冷去大半。及听说，另有真的，心中又热起来。后又听到，方诸不易得，心中又觉忧闷。定一子忍不住口，便问道："请问老师，方诸何形？出在何处？祈老师指示明白！倘得仙缘有分，则受益当不仅弟子一人也。"许公道："汝问方诸，听我道来。"正是：方诸不是人间物，须向人间去访求。

方诸径寸透玲珑，外方内又起圆纹。

圆中又是六方正，方方圆圆直到心。

中心一默虚灵活，耀耀光生六合明。

观来有影无形质，象皮封固不离身。

浑沌未分潜无极，天地开张落人群。

人得此珠人不觉，自古怀藏直到今。

此刻寄居上海地，贪嗔痴爱一先生。

觅得其人珠自得，归来丹就大功成。

却说定一子，听得师言，就要前往。许公道："不须忙迫，汝等回去，收拾盘费，七日后来此，听吾吩咐，起程可也。"谭、陈二人，不敢违傲，只得回家。陈弈忙备了路费行囊，过了七日，来到刚山。许公吩咐道："此去归期难定，吾有一偈，汝当牢记。"偈曰：

见可贪者勿贪，见可爱者勿爱。

林中犬子来，万里青山在。

许公说毕，定一子拜而受之。二人辞别许公，下得山来。定一子取路，往上海而去。此正是定一子，闻天上言语，着了天魔，此心放去，不可收拾。许公暗奉天命，以方诸指点，使自求之。方诸者，比方如珠也。所以孟子说："学问之道无他，求其放心而已。"有诗为证：

> 此心已放不能留，试看许公设法收。
>
> 玄妙天机谁悟得，速从上海自追求。

## 第十四章　陈复先百里送友，观世音一次试心

却说谭、陈二人，辞别许公，下山来，到三叉路口。谭定一转身，要与陈弈作别。陈弈依依不舍，说道："贤弟！自癸亥来游，于今壬申，算来十年聚首。此去上海，不知何日归来？小兄不忍就别，愿送贤弟一程。"定一子道："但是，把世兄多走路了！"陈弈道："贤弟走的路，还怕更多呢！"正是：异姓方期生死聚，同心更觉别离难。

> 谭陈一路下刚山，离情抑郁挂心间。
>
> 二人满腹衷肠话，同行十里却无言。
>
> 不觉来到三叉路，看看分离在眼前。
>
> 定一回头将作别，复先不觉泪珠悬。①
>
> 二人对面路旁站，五分钟久不能言。
>
> 定一勉强开言道，尊声世兄陈复先。
>
> 你我弟兄情虽厚，终须一别出阳关。
>
> 世兄何必深情恋，小弟心中反不安。
>
> 请兄就此将身转，恕未转送到府前。
>
> 小弟近日身康健，行程毫不费苦艰。
>
> 此去上海路虽远，神天默佑定平安。
>
> 倘遇奇缘珠早见，觅得方诸即日还。

---

①《重阳立教十五论》："道人合伴，本欲疾病相扶，你死我埋，我死你埋。然先择人，而后合伴。不可先合伴，而后择人。不可相恋，相恋则系其心；不可不恋，不恋则情相离。恋欲不恋，得其中道可矣。有三合、三不合：明心、有慧、有志，此三合也；不明着外境、无智慧性愚浊、无志气干打哄，此三不合也。立身之本在丛林，合凭心志。不可顺人情，不可取相貌。唯择高明者，是上法也。"

世兄不必常罣欠，恐防抑郁伤肺肝。
就此一别兄请转，暂时分散终团圆。
定一说完施一礼，复先赶忙用手牵。
说道贤弟从此去，小兄心里实难安。
兄愿送弟到前站，一路好把心事谈。
定一闻言说声好，复先挥泪笑开颜。
二人起身往前趱，或前或后或并肩。
说说笑笑话不断，句句不离三元丹。
吃罢午饭又行趱，不觉红日落西山。
谭陈二人投旅店，市沽对饮在灯前。
谈论丹经三更转，联床一夜未曾眠。
天明不忍两分散，依旧同行过前川。
大路一条多湾转，不觉来到下桥边。
下桥中断路沿岸，沿岸又行几大湾。
行了一日天将晚，对面又见一高山。
就在山下寻旅馆，同饮同食共同眠。
次早起来洗了脸，定一开言说一番。
说道世兄美情念，送弟一路到此间。
屈指回头细计算，路程不止百二三。
世兄回家路已远，独步单行费苦艰。
就在此处请回转，不必再送苦流连。
说罢辞别要出店，复先流泪把驾拦。
说道贤弟休嫌贱，兄今不想回家园。
愿与贤弟作侣伴，同到上海觅珠还。
定一回说路程远，弟奉师命难躲奸。
世兄何必苦相恋，同奔风尘受苦难。
不如回家将书看，等待弟回共作仙。
陈弈闻言泪满面，说道贤弟休再言。
总之一路到海岸，同去同回心才甘。
背起包袱挖起伞，先行出店到山边。

定一无法把他劝，只得随行同上山。

谭陈二人相羁绊，真情真性出自然。

虽是异姓同肝胆，不亚桃园刘张关。

人情到处天理现，留到而今作美谈。

二人虽是同心愿，不知天命然不然。

却说谭定一，奉命觅珠，原是瑶池议定，一种天机，岂可泄漏凡间？故所以瑶池王母特命观音大士考试真心，扶持大道。观音大士，于瑶池奉命之后，就敕令下界各处神司，时时报告谭定一言动行止。正是：大道原非容易得，须由天命巧安排。

瑶池母前番议定，命王佛保护道根。

谭定一不知情隐，陈复先更不知音。

觅方诸定一奉命，朝上海复先送行。

送到此变了本性，要一路同到海滨。

同上山同寻路径，有山神忙报观音。

观世音闻言自忖，论道根原止一人。

谭定一早奉天命，须保护磨炼道成。

当先把陈弈止禁，无伴侣方好试心。

观世音主意拿定，驾彩莲下奔红尘。

到山头用目观论，见来了二子谭陈。

忙用下分山本领，把山路断作深坑。

将柳枝上面搭定，化一桥揭木斜撑。

谭与陈同上山岭，行到此心内着惊。

却说陈弈，见此溪桥，便说道："贤弟你看，这样独木朽桥，如何过去得？"谭定一道："来往行人都过得，未必你我弟兄过去不得。"复先道："但是，我心中胆怕得很，如何是好？"定一道："我兄在此稍站，小弟先将行李送过桥去，再来扶你可否？"复先说好，遂将行李交与定一。定一稳步，走过桥去，放下行李。方欲转身，观音大士，在云端上，用手一指，桥忽断下。谭定一大着一惊，道："桥向何处去了？"复先道："我正欲上桥，忽然就断下去了。"不觉流下泪来，又说道："贤弟到过去了，我又如何得过来呢？"定一道："看别有路否？"复先道："两旁都是悬崖千丈，焉有别路？"

定一道:"事已如此,无法可施。陈世兄可请从此转回家园,小弟就此告别。"遂隔山溪,对复先一拜,口占一绝道:

> 山桥忽陷路难通,隔断谭陈两友朋。
>
> 此去有时珠觅得,回来携手话瀛蓬。

陈弈忙还一辑,流泪说道:"小兄本愿送贤弟到上海,岂知天意有在,人力不能勉强。贤弟前途珍重,惟愿此去,早得方诸,早转归来。小兄就此告别,不能远送贤弟了。"说毕,纷纷下泪,站在溪边,望见定一子,拿了行李,起身而行。走几步,又掉头一看,直望到下了山坡,望不见了,方才缓缓转身,从原路回家。说这陈复先,百里送友,一段真性、真情。虽是异姓,胜于同胞。此即《中庸》上说的"率性之谓道"是也。有诗为证:

> 说道分离泪便倾,依依不舍送行程。
>
> 谭陈率性相交处,自古及今有几人?

又有叹世诗一首:

> 可叹而今世道衰,一般朋友性情乖。
>
> 黄金耗尽心肠变,万唤千呼不揽来。

却说谭定一,别了陈弈,一路行来。山路危险,一上一下,行了三四日,过了四五个山头,到了一个所在。忽听一声锣响,举目一看,惊得目瞪口呆。不知为着何事?正是:几句友言犹在耳,一声锣响又惊心。

> 谭定一往前走两脚不歇,一心心到上海去把珠觅。
>
> 精化气漏尽通还丹早得,大药生过三关危险莫测。
>
> 正行走忽听得锣声响彻,不知他是何事心中疑惑。
>
> 想奔逃山上路又多坳折,莫奈何躲山岩偷看行迹。
>
> 只见那一群人手提剑戟,各头上发倒挽红布扎额。
>
> 雄赳赳下山来拦路要截,夺包囊抢货物砍死过客。
>
> 看清楚却原是一伙盗贼,定一子吓得来魂飞胆裂。
>
> 将身体伏岩旁不敢声息,心只望天默佑脱此大劫。
>
> 谁知道贼眼睛早看明白,走拢来一声喊如同霹雳。
>
> 将包囊和衣服一总收拾,说一声饶你命快去逃匿。
>
> 若不走即叫你颈子流血,定一子闻此言汗流浃脊。
>
> 缓缓移漫漫趑趄过山缺,在草中不敢动睡齐天黑。

东方上又现出一轮明月，立起身侧耳听人声静寂。

埋头看两手空一样莫得，细思想进退难珠泪下滴。

到不如寻自缢免此受急，解腰带寻树子高弔气绝。

忽然间带子断身往下跌，一惊醒睁眼见一个老者。

站起身忙上前尊声老伯，多承你救命恩受我一揖。

老者说谭道士休讲礼节，快随我到寒舍静坐一刻。

方能够逃躲这龙潭虎穴，定一子闻此言不敢违逆。

随老者下山坡到一小宅，跨进门灯烛光半明半灭。

仔细看老者外别无人迹，看四面悬挂着高人翰墨。

上正中焚炉香旁堆书籍，下旁边两小榻左右陈设。

定一子到此时悲喜交集，悲的是腰里空盘缠失掰。

喜的是遇救星有地安歇，忙上前重见礼躬身作揖。

那老者忙举手说声显客，请坐下漫消停愿闻道德。

此正是观世音变化莫测，但不知定一子明不明白。

　　却说定一子，天眼未通，焉能识得真假？将老者视为山居隐士。又想道："他能先知我姓，必然有点来头。"心中不敢怠慢，忙上前，重见一礼，开言问道："老先生，高姓大名？先知我姓，令人佩服，道德清高，愿领大教！"老者道："道士要问，请听！"正是：道中玄妙无人识，静里功夫只我知。

道士原来不识咱，海南居士本姓迦。

山中静养无春夏，二百余年马齿加。

看淡功名辞富贵，隐居于此念法华。

万卷丹经都读罢，寻得先天道不差。

参透玄关明造化，午前子后转河车。

一点真精藏坎卦，取坎填离结丹砂。

进火退符劳意马，功成果熟产婴娃。

哺乳三年会说话，日夜随娘跟住妈。

九年面壁神通大，周行四海走天涯。

未来先知你姓啥，六通四达作仙家。

这个法儿真不假，惟我知道非自夸。

许多来求我点化，奈无缘法把门跨。

你今缘法早结下，咱故救你出山岈。

上海方诸千两价，腰无钱钞岂能赊？

况且盘缠少不下，兼之匪盗乱如麻。

不如从我修持罢，三教原来共一家。

你若信从咱的话，咱便指你路三叉。

揭开盖盖明八卦，传你火里种莲华。

传你玄关真图画①，传你炼剑踏龟蛇。

传你安炉把鼎架，传你采药长黄芽。

传你牵牛上田坝，传你动火扯风匣。

传你拐杖颠倒卦，传你月下弄琵琶。

踏罡步斗通神化，上天入地泛仙槎。

点石成金如戏耍，脱壳飞身步彩霞。

此法不是虚假话，临济当年降乩沙。

你我前生缘法大，不然谁肯把你撺。

咱是真心救你驾，你试心中自打捶。

上海知在那里那，方诸不得怎回家。

在不在此试想吓，看你奇缘差不差。

却说谭定一，听了老者这番言语，心中想道："我还在何处去求活神仙？况且我已如此，不如在此，从他学道罢了。"心方如此一想，四体忽然倦困，不觉沉沉睡去。此正是观音大士，暗遣魔匪抢去路费，又于进退两难之际，变化老人救其性命。假托玄门，劝其皈依，以试谭定一，定力如何。谁知谭定一，被抢之后，嗔心未化，故有寻自缢之举。妄心未除，故有在此从他之念，所谓"念随境迁而违背初心"也。中乘六梯，大药发生，三关九窍，处处危险，其是之谓乎？有诗为证：

才来大药发黄芽，境遇无端意外加。

要得三关魔受首，常须慧剑定心菷。

又有诗，单道嗔心未化，其诗曰：

理明嗔化是非无，祸纵切身亦淡如。

① 按：陈毓照先生《西派丹诀泄密》，有《玄关直指图》，乃西派门内所秘传。

顺受安然泯迹象，漫将能忍说工夫。

又有诗，单道妄心未除，其诗曰：

此身犹是梦中看，方寸何须起妄贪。

想煞终归无我分，不如知足乐安然。

又有诗，单道玄门之误，其诗曰：

言来句句是真宗，世上玄门大致同。

一点机关差错处，毫厘千里判祥凶。

## 第十五章　二次试酒醉菩提，宜春院三次考试

却说谭定一，夜来听了玄门那篇言论，便起个"不如在此，从他学道"的念头，不觉沉沉睡去，直到天明鹊噪，方才惊醒。睁目一看，房屋全无，却睡在一株大树之下。坐起身来，只见行李，都在身边，惊以为异。立起身来，掉头一看，只见树上，贴张字纸。忙上前几步，看得分明，上写道：

定一定一，何无定力？心逐境迁，道随境失。

南海观音，指示真切。大道前途，由定而得。

谭定一从头至尾，看了一遍，惊得汗流浃背，心中想道："我本是求了生死大道，然何轻身自缢？我本是奉命觅方诸，然何又欲在此学道？不是大士慈悲救度，险误大事！"慌忙跪在山坡，叩谢宏恩。此正是，观音大士指点定一子，心存正觉，待时过关也。有诗为证：

时未至兮意勿忙，忙忙助长反生殃。

但将正觉存方寸，坚定不移待自昌。

却说定一子拜毕，起来携了行李，寻路下山。正是：红尘变现千般景，端等迷人入个中。

定一下山遇贼人，几乎轻把命抛倾。

观音救度出罗网，闻玄又欲背初心。

年老犹然无定力，何况男女在青春。

慈悲普度观音佛，留传定诀到而今。

凡事皆须定于一，切勿游移失本真。

世间境遇千般态，红绿迷人眼目昏。

一着未防心逐境，轻则丧财重丧身。
古今多少聪明士，皆被勾迷堕劫坑。
回书再说定一子，因无定力故受惊。
山坡拜受观音训，手拿行李又行程。
行程不觉五月尽，六月炎威日日晴。
一心要往上海去，谁知错走到沧城。
一人走得身倦困，寻盏清茶解渴唇。
路旁么店来切近，收伞提包跨进门。
靠壁坐在长板凳，堂倌送上水一盆。
定一缓将脸洗净，漫漫哈茶看分明。
店内来往人不等，男女老幼闹沈沈。
哈茶侧耳细审听，才是观音大显灵。
要办法会酬神圣，在此募化收钱文。
首人拿出捐册本，登台对众说原因。
他说沧城南五里，山地名叫卧牛村。
巫家媳妇牛大笨，不沾茶饭一月零。
那日出门无形影，忽然雷电雨倾盆。
雨过山前见大笨，点雨未沾坐石礅。
众人围拢将他问，他说他是活观音。
曾在瑶池奉佛命，要在此处度灵根。
有心要传经九品，奈无庙宇供香灯。
因此我们众邻近，造册募捐动工程。
而今庙宇已完竣，十九开光请圣神。
七日斋筵经讽咏，还要飞鸾写封屏。
你们出钱把神敬，快来册上写姓名。
出钱多寡都不论，只要心存一片诚。
众人听见都肯信，都愿出钱敬福神。
一齐上前围个紧，写册先生搞不赢。
定一闻言心喜幸，果然大士有威灵。
前次蒙恩亲指引，此恩不报难封神。

上前尊声大首领，册上给我写一名。

你写山东钜南郡，谭尚捐来一两银。

因此惹出祸一秉，自来好事多难成。

却说定一，上前写捐。执册先生，抬头一看，见是个道士打扮，又知是远方人。不敢怠慢，忙将笔放下，起身施礼，说道："有缘有缘！既沐光临，又承捐助敝堂，神人两感，愿道长寿增无量。"定一笑道："区区微悃，何当尊誉！"那先生道："道长请坐，小弟事毕，即来奉陪。"定一道："不劳照管，贫道就此告别。"那先生道："道长既来，即算是原人，请还请不到，何敢当为外人？此去敝堂，不过三里之遥。即请到敝堂住宿，今已十四了，俟飞鸾后，再去不迟。"定一一心要去，那先生千万不肯，忙命人将谭定一的行李收去，又另自招呼一人，来陪定一哈茶。定一无奈，只得住下。正是：黄金到处人情厚，白酒多时客兴豪。

定一莫何且住下，主人爱客另烹茶。

对坐说些谦套话，重将名姓表根芽。

那位先生他姓啥，姓马名骥号飞侠。

三十多点岁不大，乩鸾笔象是行家。

不等他们捐收罢，先陪定一转山岈。

走到山前目观窥，巍巍堂殿放光华。

金字牌匾四字挂，慈航普渡凤穿花。

高楼上盖金黄瓦，两廊对照碧窗纱。

楼下经堂铺设雅，木鱼声响似田蛙。

支客上前迎客驾，进到客堂礼数加。

首领各来相问罢，摆过斋筵又哈茶。

到了晚间齐传话，说是今晚要叩沙。

见一妇人高又大，身上披伴红袈裟。

点起香炉焚钱马，闭眉闭眼桌上扒。

右手对空一阵画，口中不住呱呱呱。

抓把香灰往外洒，两手就把圈圈抓。

转动只听嘎嘎嘎，手在转动口在呇。

呇口说起神仙话，叫声诸子听根芽。

快些叩首来迎驾，观音大士降临沙。

众人赶忙头叩罢，又听妙音说法华。

慧眼遥观劫运大，今夜临沙细调查。

都由男女罪造下，遭劫只好怪自家。

不遵神化遵魔化，心不良善意歪斜。

天不怕来地不怕，不敬神明恼爹妈。

弟兄前后常吵骂，一家老幼乱如麻。

家中有啥就偷啥，暗地卖钱买罗纱。

女在邻居隔壁耍，男在幺店斗子挖。

家事不理垮一坝，父母忧得眼睛花。

不孝不悌该雷打，贪淫好酒短年华。

男不忠良变牛马，女不柔顺变龟蛇。

失却人道人皮剐，永沉地狱变鱼虾。

可怜性命齐消化，要想变人路已差。

今宵指点回头罢，修持大道访仙槎。

免脱劫灾将福迓，裕后光前寿算加。

成仙证佛乐潇洒，一脚踏破轮回车。

九品灵文今传下，灵笔抄誊仰飞霞。

半是梵音半俗话，抄成印送布天涯。

接引灵根归道化，等候奇缘好归家。

奇缘始自川西坝，天生一位祖师爷。

昌明大道将柁驾，冥阳普度及中华。

沧城诸子缘法大，此日先种奇缘花。

花开二百年上下，收缘结果恒河沙。

康熙圣主开文化，此地风清俗美佳。

吾故临沙说实话，显圣传经佐国家。

大笨前根亦不马，送子殿前背儿娃。

下奔红尘罪造大，今世为人孝可嘉。

借他口舌开教化，消他罪过免受枷。

你们谨记今宵话，遵奉行持自不差。

快烧钱纸边神驾，观音大士转莲华。

说毕丢圈倒地下，众人扶起搊住他，

见他一阵呵欠打，清醒转来要吃茶。

定一看罢方惊讶，回头又见马飞霞。

却说牛大笨，乩沙方毕。马飞霞忽又发起象来，跳上棹子，眉瞪目呆，大声说道："本帅尉迟恭到，诸生快来听谕！"众人赶忙燃点香烛，叩首朝参，又听见说道："然何无酒？快拿酒来！"众人忙斟酒献上，飞霞连饮三大碗，又说道："本帅不喜孤饮，诸生快来陪我！"众人忙跪下道："上仙豪饮，凡生等不敢奉陪，望上仙恕罪！"飞霞大笑道："你们没用。我查山东道士，酒量宽宏，可来陪本帅一醉。"定一子慌忙跪下，道："弟子亦不能饮。"飞霞笑道："仙缘所在，道士不必过谦。诸生快斟酒来，一家一碗。"众人忙斟酒献上，飞霞举碗一饮而尽。又举一碗，递与定一，定一无奈，只得饮了。飞霞又叫斟起，强与对饮，一连十余碗酒，醉得定一不省人事，众人将他扶去睡了。飞霞大笑道："吃得爽快，吃得爽快！本帅奉命，到此镇鸾。此时群仙已至，诸生快快迎驾！"忽见楼上金光闪灼，火炮连天，飞霞大声道："群仙已去，鸾书已成。明日清斋，速速解散，迟则大祸至矣。诸生谨记，本帅去也。"飞霞说毕，从棹上倒下地来，众人赶忙搊起，扶去睡了。

次日，众人上楼一看，果然书画齐全，皆臻神妙。各人按名捡好，并收拾银钱器具，一哄而散。端丢下谭定一一个人，酒醉未醒。火房吴老幺，欲走不敢，看看天色已晚，忙将定一呼醒起来，说道："道士好睡呀！他们听见神谕说，明日有祸，心中惧怕，各皆散去了。道士还不快走呀！"定一闻言大惊，忙在枕上一摸，行李还在，慌忙拿了走出门来。不知方向，缓缓寻路，走了三四里之谱，正到分龙山顶上。口中焦渴，酒气忽然涌上，头昏脑闷，一跌下山岩去了。原来谭定一，酒量本大，因守师戒，不敢过饮。昨见飞霞，发象大饮，心中羡慕，神随心转，遂叫他陪饮，故致大罪遭殃。此正是，二次考试也。有诗为证：

秋园锄草未除根，一遇春回又发生。

万般嗜好皆如是，休将欢饮怪乩神。

又有诗，单道乩鸾笔象，灵应丕昭，其法术之妙，令人莫测。其诗曰：

乩鸾体象妙通神，符法全凭一念诚。

术幻自来难忖度，半由天命半由人。

却说乩神言，有大祸到了。次日，果然来了一队人马，将观音寺围了。这人马从何而来？原来此地，有一土豪张虎翼，从前跟随李自成，将大明的天下闹翻。自成贼败死，满清定鼎，后退守家乡，当个保正，侵吞团款，经众告革，贼性不改。今见创修观音寺，莫有约他，心中不服，遂鼓动魔力，暗以妖言惑众、聚众敛财报官。官信以为真，故带人来围。谁知天佑善人，神灵扶助，早泄信音，未曾拿住一人。只见壁上，贴有众姓捐金若干、用去若干的帐目，结尾尚欠银八九十两，方知是张虎翼诳报诬陷，失悔不转，忙将兵调去访明。张虎翼坐宅，一鼓擒回，问出前情，为李贼余党，依律详请，合家正法，家赀抄没入官。拨银二百两，入观音寺，助办慈善。此正是沧城县官，能认错的好处。有诗为证：

公堂秦镜一轮悬，照破欺诬意不安。

认错回头扶善道，好官名誉到今传。

又有诗，单道张虎翼不改过的报应，其诗曰：

当年助贼逞凶横，漏网然何不改行？

胆敢造言将善谤，身家难免一齐倾。

却说谭定一，那夜跌下山岩。山岩下，即属泓门县所管。恰恰有个人家，这人家名叫宜春院。定一从上滚下，恰恰滚到宜春院的屋后平坝上，方才住定。虽未跌伤手足，却亦滚得周身疼痛难当。正是：一跤跌下深岩坎，不知何日始超升。

谭定一那夜晚从山跌下，山脚下恰恰有一个人家。

这人家就名叫宜春院坝，本是个藏娇屋境僻幽遐。

宜春院院主人声名最大，泓门县讲道学第一行家。

有门徒数千人长枪五马，走三州过五县远近奖夸。

讲大中翻河洛行持八卦，敛财物购鼎器私蓄娇娃。

在城中行采补怕人咒骂，将鼎器四五人藏此山岈。

或十日或半月悄地来耍，名之曰试宝剑火种莲花。

这人叫谭敬德名闻天下，前三月制台晓暗放调查。

谭敬德闻风逃不知去向，众们徒一个个各奔天涯。

将这里炉鼎器一齐丢下，四五个独宿久舞爪张牙。

炎威热夜乘凉都在后坝，宽衣服松裙带谑浪相加。

正说笑忽然见一人滚下，各惊散跑进屋大叫王妈。

却说定一，跌下之时，忽听见女子声音，大叫王妈。王妈心中惊讶，忙立起身来一看，却渺无一人，只见几堵明窗，灯光闪闪，知是跌入在人家里，只得高声说道："主人不须惊怕，我是从山上跌下来的道士，是个好人。请方便一个灯亮，指明去路，我自去也。"正是：意外遭逢难逆料，眼前光景却稀奇。

定一正在高声叫，忽听门儿响呀吆。

灯光闪闪檐前照，王妈出来用目瞧。

问声何人在此闹，快快说明免祸遭。

定一赶忙开言表，说声施主听根苗，

我是山东谭老道，六十八岁道德高。

行到山头天黑了，一跤跌下山坳坳。

惊动府上休见笑，乞指上山路一条。

王妈闻言说声妙，敢是神仙下天曹。

天助奇缘既来到，请进宜春把夜消。

此是荒山无别道，只有前门路一条。

况是月黑路难找，不如在此过一宵。

定一闻言心计较，今夜我正无下梢。

何期逢凶化吉兆，难中得遇主贤豪。

忙步上前拿礼套，尊声施主太心操。

贫道无故来搅扰，愿祝主人福寿滔。

王妈还礼微微笑，引进厅堂会多娇。

一个来把伞接倒，一个又来接去包。

一个拿杯把茶泡，一个点火把烟烧。

少时杯筷齐摆好，端出美酒与嘉肴。

娇声齐把师爷叫，请来共饮美香醪。

姐妹四五齐围绕，弄得定一难开交。

坐住不动如神保，心内着急脸发烧。

不知他是甚关窍，想不出他这蹊跷。

他这道理难研考，莫非是鬼是狐妖？

看此光景非吉兆，拿来怎样过今宵？
只听众女齐声道，师爷不必心内焦。
我们都是中和教，不是娼妓卖妖娆。
不是门头把钱找，要奉天命始相交。
天命所在人难傲，千里奇缘一线邀。
该是师爷奇缘到，才得携手咏桃夭。
一个说我才洗澡，一个说我断红潮。
一个说我春信报，一个说我献蟠桃。
一说我是罗纹罩，一说我是锦被条。
一说今夜同我好，一说同我过今宵。
一说不必相争闹，做个群仙渡鹊桥。
拉的拉来抱的抱，弄得定一无法逃。
定一起忙开言道，说声各位休撒娇。
听我一言来报告，人生都是血肉包。
男女欢情谁不爱，谁人不爱枕席交。
奈我修道奉圣教，不敢犯戒望相饶。
王妈接口开言笑，师爷说话太蹊跷。
天下教教皆同道，修道必要阴阳交。
我们老师是儒教，圣贤实学在心包。
遵奉天命行易道，安炉立鼎翻卦爻。
时常来此采至宝，采阴补阳接命牢。
师爷既是在修道，然何说是犯戒条？
况这鼎器皆美好，何必嫌贱误良宵？
不是同门来不倒，天既有命休刁乔。
我劝师爷采点好，好同希圣乐逍遥。
定一闻言心吓跳，世间有此道一条。
礼义廉耻都不要，行同戴角与披毛。
藉口天命把色好，借名试剑把人嫖。
诬圣贪淫把罪造，不知何日赴阴曹。
死后难逃铜柱抱，魂沉地狱万难超。

天以节义为首要，败节丧义天岂饶？

道以精神为至宝，耗精伤神道气消。

就是人皮亦要吊，还说希圣封仙僚？

可怜这等魔入窍，救之不能劝徒劳。

我今误入这圈套，又将何法过今宵？

忽然想起观音教，心定群魔自退消。

再用一个巧计较，安服这等小花妖。

耐到天明寻路跑，逃脱这个粉窠巢。

主意定了开言道，多承眷爱美恩膏。

但是日子要选好，方免你们疾病招。

我算今夜犯勾绞，又犯羊刃一把刀。

又犯官符与大耗，淫心一动祸难逃。

我这算法多神效，你们谨记勿犯高。

定一此计真巧妙，保身护道伏魔妖。

众女闻言心冷了，愿各孤眠待明宵。

忙将杯盘撤去了，各回卧室自煎熬。

隔壁空房铺坝好，明灯净几绝尘嚣。

定一进房心稳了，安然自在乐陶陶。

宜春院内三次考，果然谭祖是贤豪。

却说谭定一，误入宜春院，险被群魔鼎器，坏了大道。幸得观音大士，早示以定法，故免此祸。此正是，初关危险。有诗为证：

邪说横行害世人，敢将鼎器问钗裙。

谁能学得谭翁诀，勘破群魔出火坑。

又有诗，单道定力之妙，其诗曰：

定力原为大法王，不移不破若金刚。

任他魔鬼纷纷扰，知识如无谒玉皇。


## 第十六章　捉妖人同姓株连，通关节易名诈害

却说定一，在宜春院，宿了一夜，只说天明，悄地起身。谁知行李，被

众姐妹捡去，不肯拿出，要留定一多住几天，定一哪里肯住。正在争闹，忽听门外，鼓角齐鸣，人马嘈杂，众皆大惊失色。正是：

定一正在要包囊，却被五阴拒一阳。

阳上危巅成剥象，难逃大祸在身旁。

忽听门外枪声响，人马一涌进院墙。

大叫捉拿谭教长，再拿鼎器女娇娘。

王妈吓得尿长淌，姐妹各朝被窠藏。

定一转身门前望，进来几个手提枪。

一见定一就叫绑，定一慌忙说端详。

我非教长是谭尚，错拿好人要带汤。

兵丁说道总爷讲，姓谭就是正椿椿。

一齐下手无饶让，定一有口难分张。

又听传令搜余党，老幼炉鼎尽遭殃。

衣物银钱水洗荡，房屋一时火放光。

千总率领诸兵将，转到泓门执法堂。

一干人犯齐带上，勘问口供逼证赃。

王妈供称是正项，修持大道理应当。

购办鼎器费银两，并未违法犯王章。

众女供称非淫荡，爹妈将我嫁谭郎。

宜春院内红罗帐，许我得道都沾光。

定一供称我冤枉，宜春并无我在场。

我本姓谭名谭尚，从山落下宿空房。

千总本是武棒棒，未将道理细推详，
只说拿的是教长，不由定一诉衷肠。

大怒骂道休扯诳，既是姓谭敢装盲。

谁教你把廉耻丧，败坏名教乱纲常。

孔孟岂是你这样，捏造邪言哄愚氓。

当今圣主山河掌，岂容邪教乱家邦？

一切妖魔齐扫荡，根种务期尽灭亡。

等候拿齐众逆党，一并上奏当今皇。

今日几个妖魔障，暂为收入禁监墙。

判毕带兵又去访，吓得门徒远飞扬。

捉拿余党我不讲，回说定一进牢房。

却说定一，进得禁监，牢头狱卒，都来苛刻要钱，声言无钱，必加非刑。定一无奈，只得好言哀告。正是：大道将成天考校，刀兵牢狱一齐来。

谭定一在法堂项戴枷锁，进监来看光景伤心惨目。

众犯人赤条条卡床睡卧，肮脏气臭狲狲令人发恶。

禁班头如夜叉吃铁吐火，都围着谭定一把钱搕索。

说无钱要将他非刑弄簸，谭定一没奈何哀告话说。

说贫道并未曾与他合伙，为只为同姓谭无辜受屈。

我原在山东省钜南县坐，遭连累连包囊一并失却。

摸一摸腰胖上钱无一个，拿甚么来孝敬各位大叔。

望垂怜施宏恩把我饶过，愿学那衔玉环报恩黄雀。

谭定一说来由惊动禁哥，禁哥问你这话可是真确。

你可是庹贡生乘龙一个，你可是谭定魁少年入学？

谭定一闻此言说声不错，你然何知道我细对我说。

禁哥说我有个朋友姓左，名静斋亦是那钜南望族。

贩布疋我与他两年合伙，或茶前或酒后常对我说。

说道长又聪明又不懒惰，说与他同学堂三年诵读。

说你的名与姓乡贯住所，将你的好诗文记得惯熟。

你既是他窗友果真不错，可怜你远方人冤枉受辱。

谭定一闻此言尊声禁哥，可怜我到今朝无有挨扑。

左静斋这朋友既然知我，请禁哥将我事转对他说。

说谭尚拜托他请他张罗，再请他设妙法救我出狱。

禁班头答应道这事有我，我即去到西街把他邀约。

不多时禁班头同来一个，果然是左静斋鸳鸯眉目。

一见了谭定一悲喜交错，各谈叙从前事爱如骨肉。

谭定一诉案情莫可如何，左静齐说不妨我有妙着。

我近来红尘事一眼看破，天花坛遇高人曾把道学。

我善能禳星辰消灾解祸，我善能诵神咒看经念佛。

· 425 ·

我再去将道友邀约几个，布坛场踏罡斗祸定可脱。

谭定一闻此吉欢喜应诺，称谢道小弟事把兄烦渎。

静斋道同门人事无不可，到明日自有那好音浮出。

忙辞别禁班头定一谭哥，回西街果然将道友邀约。

在铺内布法坛鸣锣击鼓，申表疏禳星斗拜礼棹脚。

八班忏八班经莫得闪躲，一夜晚直闹到东方日出。

这法事无非是按本宣科，法事毕将判词照书抄录。

众道友神困倦都去睡卧，左静斋送判词来到监狱。

谭定一一见面唱个大偌，喜滋滋将判词细看明目。

却说谭定一，唱偌道劳，左静斋忙还揖道喜，在袖中取出黄纸一幅，递与定一。定一接住一看，只见上面写着四句斗宫判词道："无妄之灾，大蹇朋来。先庚三日，我仇有疾。"谭定一看完，说道："这判词，是如何讲法？"左静斋道："这判词，甚是明显。首句'无妄之灾'，是说定魁兄，过山失脚，误入宜春，同姓株连，无辜受累的意思；次句'大蹇朋来'，是说我们道友，与你禳解；第三句'先庚三日'，我算今日是甲子，后六日是庚午，'先庚三日'，正是丁卯，或者丁卯日，即可脱法矣；第四句'我仇有疾'，不易解释，事后自然明白。定魁尽管耐烦，狱中一切事务，禁哥是我至友，与小弟有几分人情，自然不甚要紧。三日后，即是丁卯。定魁兄暂为受屈几日，小弟要去招待众道友去了。就此告别，明日又来相望。"说毕而去。谭定一见此判词解释，半疑半信，只是深感左静斋，为友一片热心，只得在狱中，静候而已。此为第四次考试，有诗为证：

> 邪魔最是害人精，邂逅相逢祸亦临。
>
> 不幸与他同姓氏，也教连累受官刑。

又有诗，单道天花坛，以诵经为学道之误。盖学道，不是说过便罢、知道便了。诵经拜忏的人，即能知得经忏中妙义，而未能行持，犹是门外汉。况是连经忏意义，都不能知者乎。虽能按本宣科，而于学道无进益也。虽能诚通上圣，而上圣亦惟怜其诚，惜其误而已。其诗曰：

> 诵念真诚格帝天，圣真仙佛亦垂怜。
>
> 虽能说得莲华现，若不行持是枉然。

却说谭定一，在狱中闷坐二日。这日，忽闻要提堂审问。原来千总，又捉拿了两个传教的大徒弟，名叫汤中、汤和，交与泓门县官。县官用刑一拷，招出借道惑世、买奸贪淫的实情，都推在谭教长一人身上，故要提出定一质对。定一随了提牌，来到大堂，跪下称冤。县官怒道："你徒弟，皆已招承在案，你胆敢称冤强辩？"定一听道："谁是贫道的徒弟？"官指二人，道："你自去认来！"定一掉头观看，旁跪二人，皆鬃黑眼窠，貌略有四十岁之谱，便问道："你二人，是贫道甚么？"徒弟二人抬头一看，说道："此人不是我教长老师。"县官听了，沉吟半晌，向定一问道："你既不是教长，然何又姓谭呢？"定一禀道："天下同姓的人不少，岂止姓谭的，方有同姓？"县官道："你不是教长，又是教长的何人？可从实说来！"定一说道："大老爷在上，容贫道诉来！"正是：同姓岂皆为败类，他乡谁晓有冤人。

谭定一法堂明告禀，大老爷详细听原因。

我生长原在山东省，钜南县城西庹家村。

我先祖历代皆谭姓，我的父名叫谭元亨。

我名尚自幼读书本，号定魁泮水采香芹。

不料得合家遭不幸，父早亡母氏守孤灯。

妻子死兄弟又丧命，遗一姪婆孙共三人。

因改号定一把道进，奉慈母不再染红尘。

丁巳年母又归冥境，庚申年弃家出远门。

访大道游遍北五省，走西蜀又转到滇城。

许老师传道先立品，讲行持八德与五伦。

三心扫四害除干净，酒色财看淡若浮云。

岂有个还把女色近，岂有个敢去伴钗裙？

虽说是炼丹用炉鼎，采铅汞无非日月精。

我因此奉了老师命，觅方诸要往上海行。

那一日黄昏过山岭，跌下山不料在宜春。

宜春院妇女相缠混，用妙语劝慰各回心。

若不信传来相质问，看贫道此言是否真？

我一夜空房守清静，回光照不觉到天明。

第二早方欲出门径，忽然间来了许多兵。

说声拿便把我捆定，说姓谭就不是好人。

到法堂不容我辩论，可怜我含冤无处伸。

大老爷今日来勘审，容诉禀句句是真情。

甚教长我原不识认，虽同姓事各有攸分。

远方人受冤堪怜悯，大老爷还要沛宏恩。

却说泓门县官，听得定一诉出真情，便说道："据你所供，实是同姓株连，待我详文上司，请恩开释。"传令将汤中、汤和收入狱中，候拿得真正教长再问。又谕道："谭定一，可暂为守法，静候天恩。"定一忙叩首谢恩，转下大堂。左静斋上前接住，贺喜道："仙佛有灵，定魁兄可无须忧闷也。"定一道："多承费心！此恩何日得酬？"于是同到监中，又谈叙一阵，方才分别。有诗为证：

自诩踏罡步斗星，法坛感应甚通灵。

谁知大道为根本，仙佛原来有定凭。

却说观音大士，闻得泓门县城隍奏报："谭定一在狱，心存大道，时刻未忘，感动斗姥，立放星光，照散群魔，将行脱难。"观音大士，大惊道："谭尚危险未极，考试未周，即行脱难，焉能成真证果？"忙驾彩云，飞上摩利支天，朝见大圣圆明斗姥元君，奏明此事。斗姥元君，即将星光掩退，下界群魔，又作怪起来。正是：上天造就真仙品，不使些须得便宜。

北斗星辰光掩退，下界群魔又逞威。

任你踏罡诚拜跪，神纵慈悲天难违。

该受魔考难忏悔，天意茫茫岂易窥。

定一喜欢将脱罪，谁知魔鬼又相摧。

汤中汤和在狱内，暗召群魔到一堆。

商量此案怎刀兑，怎样方能不吃亏。

有个教徒名蓝味，足智多谋号迦非。

说道此案易翻悔，用个妙计巧施为。

眼前有个好机会，谭家道士未放回。

他就是个替死鬼，教长此案要他背。

敬德是师真名讳，定一二字韵相随。

指鹿为马不松嘴，就说他是帽魁魁。

再通关节进点水，咬定是他他难飞。

他若招承把命废，教长即刻免凶危。

一人塌案馀无罪，纵然有罪亦轻微。

狱中花点小使费，你们守法待春回。

等过今冬到来岁，教长进京下北闱。

倘若得意居官位，放你出狱谁敢违？

那时谁敢惹我辈，任我横行遍天飞。

你说此计对不对，既对休打缩脚捶。

商量定妥都赞美，分头各去动鼓吹。

托人去把师爷会，二百银子一大堆。

师爷得银良心昧，谗言冷语说是非。

他说教长谭铁嘴，善能滚案假慈悲。

诉来就像莫点罪，这回滚脱难捉回。

此言吹入官耳内，心夹疑团无法推。

思量一夜未曾睡，天明早起整堂威。

叫提两造重质对，差人衙役走如飞。

一齐提到法堂跪，从头再把案情追。

却说定一，身坐禁监，虽是无辜受累，却亦毫无怨言。只是一心思念，早得方诸，圆成大道。一夜观自在，不觉到天明。忽闻堂鼓声响，衙役走来，说道："大老爷升堂，提教匪一案，赶快赶快！"定一闻言，以为是开释的佳音，慌忙随牌，来到大堂跪下。

县官问道："你果系何人？可从实招来！"

定一照原供，将山东生长，云游失脚，误入宜春，同姓受累，诉了一遍。县官大怒道："一派胡说虚言！"叱令打嘴，打得定一满口血流，称冤不止。

汤中、汤和，起初跪下，便假意叫声老师，故官不信定一的话，此时又假意说道："教长老师，招承了罢，免受苦刑。"

定一忿恨道："谁是你的老师？"

汤中、汤和道："事到而今，怪不得后学，不替你遮盖了。"

定一向官诉道："贫道原不认识他二人，大老爷休听信他欺诈之言，诬枉好人！"

官大怒道："你真是谭铁嘴！本县险被你欺枉。今日真情已露，还不从实招来！”

定一无辜，受此一逼，大叫冤枉。县官哪里肯听，即刻叫打、叫夹，五刑备至，逼他招承。弄得定一，死去还魂，无一字口供。官命收入死囚狱中，即以“匪首谭敬业，即谭定一，虽无口供，确有实证”一禀，详报上司。三四日后，上司回文，著即就地正法。官得回文，即刻升堂验绑，押赴杀场。此正是五次试验，有诗为证：

> 立志修持了此生，殷殷只望大丹成。
>
> 方诸未得身先死，恨煞苍天太不情。

又有诗，单道迦非，诈害之毒，其诗曰：

> 自来邪教没天良，大道根基尽丧亡。
>
> 不信试将蓝味看，心肠恶毒胜豺狼。

## 第十七章　一灯坛虎唼污吏，万化谷兵困真仙

却说定一，那日受刑昏绝几次。睡卧狱中，一心只观自在，略忘痛苦，延过几日，忽然提出验绑，心知必死。虽念方诸未得，有误师友，然亦莫可如何，听之而已，略无畏惧之色，安然就绑。正是：一身四大皆成幻，七魄三魂孰是真。

> 谭定一在禁监心存大道，受官刑不怨恨苦自煎熬。
>
> 想人生在世上须存忠孝，伦常尽参圣学心肾相交。
>
> 男与女各身中各有至宝，各依时各采取各熟蟠桃。
>
> 蟠桃熟会群仙同游蓬岛，道成就朝金阙快乐逍遥。
>
> 岂有个悖伦常能成大道，岂有个坏名节能入仙僚？
>
> 叹世人见识浅偏信邪教，借圣学诬圣经觅鼎贪嫖。
>
> 这都是罪孽深魔鬼入窍，犯王法遭天谴堕落阴曹。
>
> 我想我谭定一运气不好，出世来遂未曾快乐一朝。
>
> 父早亡母居孀六亲无靠，兄弟死妻子丧独处无聊。
>
> 因看淡红尘事参玄学妙，走天下受多少雨打风飘。
>
> 到滇城钱用完险为饿殍，在刚山历十载昼夜勤劳。
>
> 奉师命觅方诸路逢匪盗，到沧城又遇难黑夜奔逃。

误跌入宜春院受冤不小，遭拿获因同姓身坐狱牢。

左静斋踏罡斗吉星高照，又谁知反将我苦打成招。

这就是我运气真来不好，六十八才受此枷锁脚缭。

在狱中静守我先天大道，不敢怨官不明他人放刁。

坐卡床正在那回光返照，忽听要提定一验绑开肖。

谭定一听此言心中一跳，明晓得大限到死在眉梢。

不怨天不尤人潇洒怀抱，将三心和四相一笔钩消。

六次试赴杀场躯壳不要，一心心念大道不挂丝毫。

随提牌到法堂万事都了，跪檐前身受绑背插纸标。

有副爷骑骏马官坐纱轿，开死门押定一来到城濠。

忽听得众衙役齐声喊叫，说前面跑来了猛虎一条。

将定一丢城边回头就跑，众百姓跟着跑挤倒一曹。

王副爷勒转马三魂吓弔，泓门官跌下轿无处躲逃。

抬头看见一个七郎神庙，忙奔进见多人静静悄悄。

原来是一灯坛在此传教，见官来各惊起细问根苗。

却说泓门县官，奔进七郎庙，走到大殿，只见正面摆设神座，点一盏明灯，下面多人，身坐蒲团，眼观鼻梁，无声无息。一见官来，皆各惊起相问。县官慌忙说道："老虎来了，你们快去将门关着！"内中一人，答道："不怕不怕！他来我自有道理降伏他。"正是：身坐蒲团口诵咒，也思伏虎显神通。

城外来了虎一条，吓得县官无处逃。

几步跑进七郎庙，忙叫关门躲猫猫。

内有一人开言道，尊声老兄不用焦。

请在客堂把茶泡，细听小弟说根苗。

小弟曾为兵备道，五府六部有相交。

组织一个大千教，非老非佛佐熙朝。

坛前一盏明灯照，寂静无为坐昼宵。

日月交光成大道，何惧甚么虎咆哮。

我们社会人不少，尽是绅衿与宦僚。

老兄今日缘法到，该得进步赴蟠桃。

请你师爷当介绍，开名具押写愿条。

我们与你申祷告，空准两字莫蹊跷。

拈准点你玄关窍，却病延年止七朝。

说得县官微微笑，允诺皈依把道操。

县里师爷朱云筱，当幕惯把是非叨。

大千教中为首要，阴恶软奸笑里刀。

前日得银把罪造，陷害定一把案招。

今见定一绑去了，悄地来坛望祷消。

起初听见官来了，不敢出头怕背包。

此时听见官入套，方才走出卖鬼妖。

说道东君人年少，我故不敢早相邀。

今既愿来我愿保，朝夕衙中体共调。

说时忽听门外闹，跑进几人战摇摇。

说道猛虎又来了，快寻活路把命逃。

法师说道不必吵，看我作法把虎绚。

南无南无唵佛号，手中不住木鱼敲。

避虎灵章念未了，猛虎一扑到坛坳。

大吼一声张牙爪，两脚站起比人高。

开口就把县官咬，二口云筱咬齐腰。

法师一见魂吓弔，丢下木鱼跌几跤。

老虎把他衣服咬，赶忙脱衣又奔逃。

门坎一绊又跌倒，扒不起来七魄消。

看来符咒是虚套，老虎把他心子摇。

法师原是天恩诏，然何又把虎厄遭。

虎原奉天行考校，驱邪辅正在今朝。

老虎今朝吃个饱，大餐一顿当犒劳。

衔起衣服往外跳，直出西门到城濠。

正遇千总领兵到，拿住定一问根苗。

猛虎一见发长啸，一声长啸澈云霄。

狂风忽起如山倒，石走沙飞天地摇。

兵丁人马如蒿草，风中旋转打飘飘。

风定落地忙齐哨，人马未损半分毫。

独有定一不见了，忙派兵丁四处瞧。

兵丁一时来回报，说有猛虎在荒郊。

家家户户门关倒，三街六巷静悄悄。

请令多置枪刀炮，打虎救民禄位高。

却说千总领兵，四处捉拿教匪。前日拿了汤中、汤和，今日又拿了黄玄、钟妙。等来到城边，忽见地下绑缚一人，细看犯由牌，知是前日所拿的教匪谭定一。既绑到此，然何又未行刑。心中疑惑，叫人将他扶起。正要问他的根由，忽然狂风大作，都吹到空中，转了几转，方才落下。清查人数，独不见了定一。进得城来，只见家家关门，四街清静。来到县衙，不见一人。在公堂坐了一时，渐渐方有衙役到来。问及情由，方知猛虎肆毒，伤了诸人。遂命安葬余尸，设灵祭奠。当即修文，详报上司，请委知县。又将黄玄、钟妙等，收入监禁。随即调兵出城，追赶猛虎。此节正是，谭定一中关危险。有诗为证：

研参圣学道将成，倏尔无辜祸及身。

虽是天公施考校，石人铁汉亦寒心。

又有诗单，道虎伤诸人，祸由自取，其诗曰：

人心奸险胜豺狼，非怪同时饱虎肠。

衙署斋坛无二理，分明大道在天良。

却说谭定一，从法堂受绑之后，自知必死，惟一心念着方诸，不忘大道，听命受刑而已。谁知走到城边，忽见猛虎当道，自念不死于刑，必死于虎。总之一死，不怨不惧，惟一心念着方诸，不忘大道，听之而已。瞥见众人奔逃，猛虎不见，独卧城边，以为已死，不知逃遁，惟一心念着方诸，不忘大道而已。此正是定一痴处。"痴"字，即是"愚"字。孔子曰"古之愚也直"，即是此也。然非乐道之专，不能若是之愚，故孔子赞颜子曰"不违如愚"，赞甯武子曰"其愚不可及"，皆叹赏其能与道合真也，真所谓"大智若愚"也。岂似今之下愚，痴心妄想者哉？有诗为证：

真心乐道始能痴，如石如金不可移。

似此乃名为大智，千秋百世作人师。

却说定一，独卧城外，及千总来到，扶起问时，始知还在阳世。方欲诉说前情，忽又狂风大作，沙石飞来，目不能开，觉得身如落叶，随风起舞，飘飘荡荡，一刻之久，方才沾落实。此正是：一高一下风中舞，半死半生险里来。

谭定一身随风浪滚，一刻时方才落地坪。

两手松似是无索捆，觉身上有裤无衣襟。

摸一摸脑壳还在颈，方醒悟死中又得生。

扒起来走过长田埂，忽然见路旁有衣裙。

手提起用目细观论，是一件道袍半旧新。

心一想为人要公正，守廉洁不可捡相因。

这件衣原与我无分，我岂可因他昧良心。

将道袍丢下方掉颈，忽来了一个少妇人。

谭定一赤身无处隐，没奈何披衣暂遮身。

那妇人近前开言问，问道长要往何处行？

说明白我把路指引，休在此等候大祸临。

谭定一施礼开言论，尊一声菩萨女观音。

我要往上海那条径，觅方诸好炼大丹成。

妇回言上海路非近，无衣服怎样好行程。

我的儿学道把果证，将衣服抛弃在埃尘。

遇缘法今把道长赠，名义顺尽管穿在身。

谭定一闻言心安稳，施一礼道谢说一声。

拂两袖埋头将衣振，抬起头不见那妇人。

见前面一个黄影影，看清楚才是王山君。

王圆嘴变人将衣赠，复原形又像要喫人。

定一见回头跑上劲，到高桥方才站定身。

只说道老虎无形影，谁知道虎正遇总兵。

兵见虎枪刀齐勇进，虎见兵倒退找路行。

虎找路亦往高桥奔，定一见忙躲入松林。

虎过桥亦把松林进，总兵到放火把林焚。

谭定一忙把山口进，进山口湾曲路难寻。

回头看火焰冲天顶，轰隆隆枪炮声不停。

谭定一只得往前进，几转湾走到山心心。

低下头瞥见一潭水，望无涯不知浅与深。

仰面看四围山万仞，前无路后有老虎兵。

谭定一在此身受困，七次试磨炼道成真。

却说千总，领兵追虎，原不知定一，还在前面。至此谷口，猛虎不在，想是入山谷去了。问及谷外居人，方知此谷，名为万化谷，瘴气甚重，无人敢入。千总遂叫兵丁，纵火焚山，一时火焰冲天，四面通红。忽见火光中，跑出数人，忙叫拿下，用刑拷问，招出才是谭敬业、蓝迦非，并其徒四五人。千总喜道："虎患已除，匪首又获，大功成矣。"于是收兵，回泓门县，申文上司，将敬业等，一并处斩。四五鼎器，叫官媒当官遣嫁。从此魔风一扫，邪教敛迹。有诗为证：

挠世群魔造异端，与妖作怪害谭仙。

山王暗助将军力，宇宙阔清数十年。

却说谭定一，困在谷中。谷口火光照耀，潭水光明如镜，站在潭边痴痴看着，正在出神凝想大道。忽听后面，脚步声响，大惊一跳，不知是虎、是兵。掉头一看，才是一个老媪，提桶而来，似是来汲水者。一见定一，惊讶道："道士，从何而来？"定一道："贫道从山东而来。"老媪道："山东到此，数千余里。你姓甚名谁，然何到此？"定一道："妈妈要问，请听。"正是：山穷水尽疑无路，柳暗花明又一村。

尊声妈妈你请听，细听贫道说原因。

生长山东钜南郡，姓谭名尚入黉门。

不幸父亡母丧命，子失尸身妻入冥。

兄弟两口归阴境，腹遗一姪接后根。

因此看穿名与利，学道参玄了此身。

云游走遍北五省，又由西蜀到滇城。

遇友陈弈相援引，师拜刚山大道成。

老媪笑道："大道二字，谈何容易！盘古开天，荒渺无凭。三教圣人，世远年湮。虽有诗书经典，尽属糟粕皮毛。况今群魔扰世，遍地皆左道旁门。你今说你闻了大道，我便要盘你一盘，看你所闻，真与不真。"定一道："管他真不真，你尽管盘来。"老媪道："如此你听。"正是：先天大道人人有，不经盘问不知真。

谭子先师道未成，当年九试遇观音。

观音变成一老媪，万化谷中试道心。

当时开言一声问，说声道士你且听。

而今世上邪正混，休将大道说得轻。

你既说你闻大道，我试盘你看假真。

大道共有几条径，三才六道如何分？

道从何处立根本，如何方得源头清？

恍惚杳冥如何照，天人如何合一真？

群魔害道如何斩，潮浪如何听妙音？

空中浩气从何至，水火如何合中庭？

尘俗如何天上去，如何方得道团凝？

如何方得灵通妙，六合如何立极心？

你能一一皆知晓，所闻大道方为真。

若有一毫差错处，难保今朝性命存。

定一闻言心思忖，不谙此地遇知音。

开言尊声妈妈听，这些玄妙不算深。

大道只有一条径，中正清真古到今。

天地生人三才品，生死死生六道轮。

散为万殊归一本，得万为物得一人。

大道生人人修道，先自伦常立本根。

欲寡源头清澈底，照不下带道长存。

人意天光无内外，大道自然合一真。

未见不思见不恋，焉有群魔扰太平？

念念不移听自在，浩气原从煮水生。

火降水升无上下，上下无中合道心。

后天气变先天炁，尘俗身化光明身。

在世已成神仙样，自然天上任游行。

静而能定道凝聚，神行官止妙通灵。

立极归来忘六合，粉碎乾坤大道成。

三教圣人皆如是，师师传授到而今。

我在刚山亲领受，你看玄关真不真。

老媪笑道："听你说来，闻道虽真，却是难成。虽闻犹如未闻一般。"定一道："就是因为难成，才奉师命，往上海觅方诸。"老媪道："你既要往上海，又到此谷何干？"定一道："这却有个原由，听我道来。"正是：只因误入宜春院，惹下风波到此来。

说修大道要炼丹，丹成方可作神仙。

鼎炉药物容易办，独缺方诸引汞铅。

因奉师命上海去，要把方诸觅回还。

前月走到沧城县，遇修庙宇把银捐。

留到堂中歇一晚，看设乩沙看飞鸾。

马骥忽又像发现，尉迟大帅降临坛。

把酒连斟十几碗，叫我奉陪要吃干。

忽然眼花天地转，一觉睡齐第二天。

挨黑火房把我喊，起来一看人散完。

说有天大祸出现，叫我快逃莫延耽。

慌忙走了三里远，越爬越高到云山。

喉中酒涌心忙乱，忽然一个金斗翻。

一跤跌下深坎坎，误入宜春惹祸端。

宜春才是邪教馆，教长老师亦姓谭。

千总带领兵来按，我因同姓受株连。

一直拿到泓门县，问成死罪坐禁监。

前日绑赴法场斩，走出西门城墙边。

忽然猛虎来出现，吓散衙役惊走官。

又遇千总兵回转，将我拿住正在盘。

忽然一阵风吹散，路遇仙母赠衣衫。

可怜仙母慈悲念，转眼却被猛虎餐。

虎又跟着把我赶，赶过高桥松林边。

兵又跟着虎追赶，赶到松林放火烟。

我看松林难躲难，才入山口到此间。

谁知前面水隔断，两旁山又高齐天。

谷口虎蹲人马喊，正在思量无处闪。

回头忽把妈妈见，从头一一把我盘。

我今一一明说现，你看可怜不可怜。

还望妈妈详指点，指条去路出此山。

倘得出山无患难，早到上海觅珠还。

觅得方诸铅汞炼，好结金丹了道缘。

却说老媪，原是观音大士，恐谭定一，忘却师言，乃化身来，盘问一番。今见定一，丝毫不错，乃说道：“觅得方诸，大道定成。可速往上海去罢。”定一道：“但是出山路径，还望妈妈明示。”老媪道：“此山名为万化谷，瘴气甚重，凡人到此，立化泥沙。你的道气已有一半，故得无恙，但是两面皆山，高而且险，谷口火烈山崩，今已塞断，别无出路。欲要出山，非渡过此潭不可。此潭名为空心潭，水弱不能载羽毛，故无桥梁舟楫。有道者，自能如鹊飞过，故又名为上鹊桥。”定一道：“似此如何渡得？还望妈妈，另指生路。”老媪道：“不妨，不妨！你从我这只桶梁上跨过去，自然有路。”遂将桶放在平处。此时谷口火光，更是猛烈，声如霹雳，看看逼近谷中，定一无奈，只得听从。将身一跃，跨过桶去，转身隔桶，对面向着老媪，道：“路在何处？望说明白。”老媪道：“你须站立稳当，两眼看注此桶，此桶渐渐要大了。”定一果然埋头一看，桶已长大如缸，忽大如仓，忽大如船，忽大如江，忽然之间，桶尽化为碧水，依然一望无涯。桶对面，渐渐连妈妈都看不见了。火光已远，山影全无，心中不胜惊异，但喜此身，已在这边了。隔水怅望，思念妈妈，不知是何许人，有如此法力。忽然醒悟，道：“莫非是观音大士？”赶忙望空一拜。此正是定一子，上关危险。有诗为证：

三关危险困谭仙，谷口泥丸闭塞坚。

幸得鹊桥飞渡过，出危脱险乐安然。

## 第十八章　道却病定里得飞虻，路逢魔险中到上海

却说谭定一子，拜罢观音，转身一看，遍是白沙浅草。缓缓走了十来里远近，方才走上大路。觉得肚中饥饿，且腰无半文，天色又晚，心中好生着

急。正是：碧水仙潭方得渡，黄昏客路又添愁。

定一渡过空心潭，拜过观音又转难。

白沙一望无涯岸，不知何处是阳关。

身无行李手无伞，远望云天直上前。

对直忙行十里远，方才有路见人烟。

撩衣迈步往前赶，不觉红日落西山。

看看黄昏天色晚，心内筹量二三番。

大路两旁无旅店，又在何处把身安。

正在思量无主见，忽见光影出林间。

似是隔窗灯闪闪，似是隔帘门未关。

不知是谁住宅院，循光步影看详端。

走到檐前仔细看，绝无人影在灯前。

心恐又似宜春院，那才叫做冤上冤。

欲待转身往前赶，客栈不知在那边。

无奈只得高声喊，叫声主人我有言。

忽听门响人出现，走出檐前问根源。

你是何人在此喊，更深夜静有何言？

定一闻言举目看，一个老人背腰弯。

赶忙上前拿礼见，尊声老伯心放宽。

我是出家把道炼，云游道士本姓谭。

只为沿途无客栈，欲借宝庄结个缘。

慈悲院主行方便，合家准保享平安。

老人闻言开笑眼，尊声师兄勿多言。

我也曾将大道办，你我皆同是老玄。

同门何敢分扦扦，快快请进小茅菴。

定一闻言生喜念，难得穷途遇奇缘。

说声擅造跨门坎，清风两袖礼当先。

揖罢灯前相对看，大家凝想忆当年。

彼此皆称好面善，一时难把姓名安。

请把行踪说明显，免得大家夹疑团。

定一开言说乡贯，生长山东小钜南。
姓谭名尚曾游泮，弃家云游学道玄。
老人闻言笑满面，接口说道我知焉。
可是定魁久未面，今日相逢天大缘。
记否当年同学馆，打牌饮酒对攥拳。
定一忽然心记念，世兄可是孙耀山。
孙兄原与弟同县，然何又在此处安？
耀山回言具不错，弟兄别有四十年。
天助奇缘相见面，但当一醉尽情欢。
忙进屋去说一遍，片时酒菜摆灯前。
酒过三巡重问探，耀山开口说根源。
说道别后踪迹滥，不堪细对故人言。
自从学下回家转，便随保正操民团。
吴三桂来把兵选，我当书记赶营盘。
跟随三桂跑一转，湖南云贵到四川。
遇一朋友相引荐，投师学道在峨山。
拜个老师名熊干，说他道法广无边。
教我学炼纯阳剑，教寻妇女真红铅。
乳汁更将秋石炼，摩脐再把手足攀。
试剑工夫行采战，鼎器河车子午翻。
许我功成把仙变，飞身直上青云端。
效验说得活显显，教我勿对外人言。
怕犯咒神遭天谴，雷抓魂魄到阴山。
我本是个门外汉，以为得遇活神仙。
那时我才三十满，遵奉行持心喜欢。
秋石红铅吃几罐，买双鼎器赛貂婵。
姊妹二人将道伴，行持梗梗有十年。
谁知越炼越出汗，弄得气喘背腰弯。
三桂造反兵败散，逃得性命莫个钱。
鼎器也就把心变，跟随年少上别船。

又穷又病身遭难，自思无面回家园。

流落江湖学烧蛋，兼送痘痳把胎拴。

到此方遇高人点，才知他是害人圈。

千悔万悔悔不转，不该贪妄想神仙。

银钱耗尽都还淡，怕的病重命难全。

幸遇瑶池沈明简，夫妻把素学参禅。

在此路旁开么店，夫亡无子一身单。

愿与小弟为家眷，同找穿吃共参玄。

我看世上教千万，独这佛堂规矩严。

油荤不敢沾一点，靠定老母消罪愆。

谭兄你今把道炼，切宜仔细莫乱闪。

恐防遇师像熊干，害人不许人乱言。

你我同窗又同县，真话今宵对你谈。

龙华三会真教阐，无生老母掌涅槃。

不如同把佛堂办，功成还可庆收缘。

谭兄你试思量看，看你愿否上慈船。

却说定一，见孙耀山话未说完，痰气喘急，如扯风匣，知他误入左道，将登鬼录。今虽在佛堂，惜未得大道真传，仍是不能却病延年。回想自己，却是在他家借宿，不敢直言其非，只得说道："小弟今奉师命，要到上海，觅取方诸，炼三元神丹。等小弟此事完毕后，再来奉教。"耀山道："烧丹何必要方诸？我们佛堂中，有三位老师，看过《金火大成》，都能炼丹。前月送我神丹一包，尚未服食。听说今冬，又要开火了。谭兄既要炼丹，正好在此，办理佛堂，等候奇缘。何必去上海，徒劳奔走耶？"定一道："师命不可违背，各尽其心而已。"耀山道："难得定魁兄这番真诚，将来定得老母恩典，准赴收缘也。"定一道："小弟何敢虚望。"二人言谈有兴，不觉茶凉饭冷。定一数日饥饿，因多吃了一口，心中不安。睡至半夜，忽然身热，头痛泄利起来。正是：大道修持原却病，凡身变换应倾肠。

谭仙一自入宜春，及到万化渡空心。

行来步步皆危险，饥饱何曾一日匀？

今与耀山谈高兴，不觉茶凉饭似冰。

因多一口遂成病，身热头疼泄利倾。

大道原来能却病，岂有修持病反生？

知因俗体凡肠胃，数十余年积滞深。

不经洗涤难入圣，故将病证变凡身。

若到道成身亦弃，道未成时应留存。

凡身留与神栖隐，应宜清洁透珑玲。

世人不识玄妙蕴，反疑谭仙道不真。

试看当年谭仙病，何曾服药请医生？

不请医生病怎好，治病原来只在心。

定一虽然身受病，心存大道照黄庭。

将身视为身外物，守定真身作主人。

坐镇中宫观自在，会集身中千万神。

身中神将齐听令，振威共把病魔擒。

一时三刻身清静，周身四体放光明。

恍惚之间如梦境，见一老母数钱文。

数毕将钱来穿定，交与定一说分明。

说道此钱须谨慎，不可妄用半毫分。

送到上海无心处，交还贪爱老先生。

还有青布囊一个，内装散钱一百文。

酬劳即以此相赠，买盏清茶解渴唇。

老母说毕不见影，耳边忽听放悲声。

定一忽然来惊醒，起视明月半窗明。

照见钱囊犹在枕，心中惊异想原因。

回想我原在害病，然何这阵身安宁。

此钱原是梦中赠，然何做梦亦成真。

必是上天施怜悯，老母定是观世音。

怜我又病又穷困，故显神通救我身。

看来修道须鼓劲，遇难自然有救星。

我今虽得好报应，算来还是上天恩。

忙在床前礼恭敬，对窗九叩谢神明。

拜罢将钱仔细认，康熙散钱一百文。

又拿一百绳穿定，并装入囊带在身。

收拾方欲再就寝，忽听啼哭转高声。

忙开房门看动静，灯光射出内室门。

知道有事不敢进，忙把耀山叫几声。

连叫几声不答应，心内思量二三分。

莫非耀山亦得病，得病莫非有凶惊。

正在狐疑心不定，忽见出来一个人。

却说定一，正在疑思，只听内室，住了哭声。忽见一个老媪，提出灯亮，向定一叩头，流泪说道："谭伯伯，你孙兄弟，已无气了，如何是好？"定一一见，知是沈明简，而今为孙明简，忙道一声："尊嫂请起。"孙明简立起身来，定一问道："孙世兄，是何病证？然何就无气了？"孙明简答道："夜来，他睡到三更时分，大叫打鬼，把我惊醒。我起来，点燃灯亮，见他气呼呼地说道：'吓人吓人。'我问其故，他说：'看见几个恶鬼，在谭伯伯房中，床上床下，乱跳乱舞。忽然床上，金光射出，满屋光明。几个恶鬼，跑出屋来，便将他围住，乱咬乱打。'他大叫惊醒，才是一梦。梦醒之时，遂说身热头痛，忽然泄利不休。"定一道："既有鬼祟，何不禳解？"孙明简道："如何不禳解？我忙在佛堂，诵经唸咒，祷告了无数一遍，都像靠不住，病反越发沉重。"定一道："何不急服神丹？"孙明简道："如何不服神丹？就是服下神丹，方才气绝。"孙明简说到此处，又啼哭。定一道："既死不能复生，尊嫂不必悲伤，请商后事。"孙明简道："一样俱无，如之奈何？"定一道："丧葬称家之有无，天明可请邻里帮办。小弟又系客路，穷愁在此无益。但是昨宵，厚扰府上，只说弟兄有缘，千里相会。谁知今朝，竟至死亡，心何以安？我这里有铜钱数十文，请尊嫂买几张楮财，化与孙世兄罢了。"说毕，取出青布囊，将散钱数了八十文，放在桌上，对上一揖，说道："孙世兄逍遥蓬岛，小弟就此告别。请了请了。"掉头一看，天色黎明，遂起身出门，上路而去，此正是病佛堂，第八次试验谭仙也。有诗为证：

七情六贼病从生，饮食亦能害及身。

谁识先天无上道，一皆医治尽回春。

又有诗，道孙耀山之误，其诗曰：

幼年迷信觉回头，傍佛徒将外貌求。

不识真修难入道，安能免脱病魔收。

却说谭定一，黎明动身，觉得甚是轻健。走至日午，腹不甚饥，吃了三文钱的蒸馍。走到日落西山，投店住宿。消夜挂号，去钱十六文，囊中只剩得一文钱。定一心存大道，并不计及明日费用。一人走进房中，方欲静坐，只见进来一个少年，头戴青缎瓜皮，身穿枣红领褂，背拖长辫，手拿眼镜，含笑说道："道长走扰几时了？有缘！有缘！后学亦宿在此店，正好攀谈。"定一答道："甚好！甚好！"于是一同坐下。少年谦恭问讯，定一皆以实对。少年笑道："后学有一句心腹话，不知道长肯容纳否？"定一道："但说不妨。"少年道："既肯容纳，听后学道来。"正是：群魔欲害谭仙道，变化万千把眼迷。

群魔下世胡乱挠，一心要害谭仙道。

破坏三纲与五常，臣不忠良子不孝。

礼义廉耻尽丧亡，乾坤正气齐消耗。

夺利争名祸国家，穷奢极艳灭神教。

地暗天昏数十年，灵根男女都迷窍。

逐浪随波死一曹，上帝悲伤珠泪弔。

才命桂枝罗汉尊，降世为君正名号。

康熙圣主坐龙朝，南征北剿收强暴。

扫荡群魔众鬼妖，扶助谭仙成大道。

谭仙本是冷谦转，当年亲奉帝天诏。

下凡开派衍西宗，昌明圣学先天道。

今奉师命觅方诸，一路三三危险冒。

处处有魔作对头，变化般般施计校。

那夜谭仙在店中，魔又勾来一年少。

打扮斯文话谦恭，摇头摆尾眼含笑。

口称后学柳文珠，世居上海白沙壩。

不幸六亲尽丧亡，形单影只身无靠。

千金遗业寄银行，走遍天涯寻学校。

看穿世态厌功名，愿学先天无上道。

未得明师空自劳，何幸今朝瞻道貌。

愿拜门下学修持，还望老师垂盼照。

说完屈膝跪尘埃，定一慌忙开言道。

说道先生请起来，不必这样把礼套。

既蒙不弃讲知音，交以朋友就为妙。

文珠闻言立起身，说道高攀何以报。

愿随步履不辞劳，好向前途领大教。

定一说道我何知，请共研参求至要。

若得一善共相成，自然有日收功效。

彼此言谈到更深，一照黄庭一睡觉。

天明同起出店门，一十二里乱石窖。

二十五里半空桥，三十八里孤忠庙。

文珠说把早饭开，不要老师费钱钞。

一顿斋饭钱不多，后学稍尽门生道。

吃下台来把帐算，三十八文堂观报。

文珠会帐欠一文，堂观不让估住要。

定一说我有一文，伸手去摸惊一跳。

然何散钱这样多，忙拿出来数三到。

散钱仍足一百文，不知这是甚关窍。

口中不语心思量，定是观音显神妙。

莫非就是飞蚨钱，用去自还不消耗。

定一忙取钱一文，补与堂观免争闹。

九十九文装在包，起身出店登大道。

文珠不舍紧相随，见缝插针投所好。

不知能否害谭仙，请听下文详细告。

却说柳文珠，原是上海一个浪子，读了几句儒书，嫌父兄管束太严，私窃银钱逃出，在外嫖赌囊空，学就匀盆钩挂。初见定一老实，只说匀点路费。今见他钱只百文，莫甚么油气。勉强同行，及到半月，见定一囊中，钱尚未完，心中想道："这就怪了，明知他囊中，只有钱百文，用了半月，还未用空，此囊定是个宝贝。"心生羡慕，时刻想方，要弄得他的。此正是定一子的难星，所以说"财就是祸"，况是这飞蛱钱乎，歹人焉得不想？有诗为证：

自来财利动人心，况是飞蛱一宝珍。

谁教收藏不谨慎，险遭祸害丧其身。

却说柳文珠，想弄谭仙的飞蛱钱。想了许久，一日，想出一个计来。晚下灯前，对定一道："这两个月，太把老师厚扰了。"定一道："多承世兄引路，不然又会走错，些须小费，何足挂齿？"文珠道："后学不是无钱，只因事不凑巧。若是有人凑巧，就是日费斗金，也不稀奇。"定一问道："有何事，不凑巧？"文珠道："老师不知，听后学道来。"正是：白璧黄金如粪土，不是知音不与谈。

尊老师不知道后学本领，在灯前听后学细说分明。

我当年曾学得安炉立鼎，炼金丹治百病点石成金。

我师傅曾约我在此候等，访一个太福人共把事成。

事若成这银钱真如土粪，用百年难用去万中一分。

到那时小后学方伸孝敬，随老师尽力量用个遂心。

到今日我师傅奈无音信，老师外又无有一个知音。

这件事不凑巧说起莫劲，看老师将何策教诲门生。

谭定一听此言心中思忖，炼金丹原是要二人同心。

原不料柳文珠是把计定，遂把他假言语都当成真。

回言道柳世兄休得忧闷，师未至可另约帮手同行。

文珠道而今人心多不正，错约人反转是惹火烧身。

我朋友有数十逐一品论，莫一个像老师这样高明。

我有意求老师凑我一阵，得金丹与老师两下平分。

定一道炼金丹不是容易，第一是取铅汞方诸难寻。

我因为寻方诸辛苦受尽，走天涯到今朝还未见闻。

文珠道说方诸我多得很，能帮我事成后送你几升。

谭定一闻此言心中喜幸，有方诸我何妨助他功成。

他得丹我得珠早覆师命，师与友炼三元早日飞升。

因说道柳世兄既如此论，我应承帮助你共把事成。

得金丹分不分都不要紧，将方诸送几颗就算大情。

柳文珠见定一人了他阵，顺着势要弄他飞蚨宝珍。

因说道小后学掐指算定，这几日定要遇大福之人。

相会时当老师要重师品，同吃饭师给钱太不自尊。

师可将钱包囊交我拿定，师会客我给钱方像门生。

虽说是假情面要做干净，方免人谈论我不敬师尊。

谭定一听此言情通理顺，因说道二百钱原有重轻。

一百是神托我还帐要紧，可用者只有这散钱百文。

今日里已用完分文无胜剩，等明日钱回来交你收存。

第二早柳文珠心中忧闷，手接过百丈钱齐出店门。

飞蚨钱明知道包囊要紧，这包囊未到手难以甘心。

心儿里又想方又把计定，定一个绝后计弄他宝珍。

谭定一未提防被他套哄，九次试在上海险把命倾。

却说二人，来到上海。上海在当年，原不甚闹热。二人寻店住下，谭定一心念方诸，次日便问道，"你炼丹在何时日，方诸可是真有的么？"柳文珠答应道："就在这几日，定然成事。"谭定一子，信以为真，后来几乎把性命出脱。此正是，魔乘隙入故，有诗为证：

魔势犹如夜月光，有容必入最难防。

个中勿恃无罅隙，一念外求即受伤。

又有一诗单，道上海觅珠，历经九试危险，所以然者，为助大道也。其诗曰：

方珠原本在身中，何事外求苦厥躬？

只为先天无上道，非经魔考不成功。

## 《谭仙传》卷四

道言：

虚灵不昧在其中，曰性曰命一气通。

小而无内大无外，大道包之不漏风。

戒慎恐惧妨道坏，修持勿断须叟功。

不假修者生知圣，不识持者下愚虫。

先知先觉宏教化，省察涵养保鸿蒙。

真诚信仰皈依受，念兹在兹守厥躬。

止善定中心朗澈，下学上达到天宫。

人身难得法难遇，精神易竭岁易穷。

眼底奇缘休错过，闻风兴起访仙踪。

## 第十九章　得方诸莲台见母，探曲洞桂院逢儿

却说人生在世，人人都有这天命之真性。这点真性，本虚灵而不昧，小则藏于道之中，大不出乎道之外。盖道实为真性之统率，而不可须臾离者也。若防卫稍疏，道开须臾之罅隙，则真性由此罅隙而出，魔即由此罅隙而入矣。希圣贤学仙学佛之君子，当如何戒慎恐惧，以修持此道，于不睹不闻之间耶？当初谭子，因误信《金火大成》，而真性离出道外，故许刚山使之上海觅珠，历经群魔苦境，而后请观音大士点化，使真性复还道中而成，为西宗上圣。世之修士，自当闻风兴起，访求真师，领受此修持口诀也。正是：一言点破从前误，六合收来即是仙。

大道原是一层皮，包括性光随所宜。

子臣弟友分道路，忠孝节义任性之。

能尽其性无差舛，希圣希天道在斯。

性若须臾离道外，魔遂乘虚把性迷。

谭定一子仙根祇，为觅方诸受魔欺。

那日到来上海地，想得方诸心太痴。

柳文珠是浪荡子，把他当成好相知。

店中忽见他来到，忙起欢迎展笑眉。

尊声贤契来何暮，事务当然辨整齐。

柳文珠来回言道，尊声定一谭老师。

方才遇见我故友，他说方诸不稀奇。

大小他有数十颗，愿送一颗与老师。

约定今日同去取，他家就在海南隅。

驾只小舟就过去，去来不过几钟时。

定一闻言心大喜，即同出店到岸堤。
滩口一船垂柳系，上坐老人笑嘻嘻。
招呼一同跳上去，舟子持篙船动移。
破浪冲波烟雾里，霎时撑到一深溪。
船上老人开言问，尊声道长谭老师。
你要方诸我送你，但是莫有空送施。
一颗方诸今在此，要你钱囊作谢赀。
定一闻言心犹豫，思量一阵把话题。
说钱囊是他人寄，要还无心难赠遗。
况有方诸不独你，贪爱先生亦有之。
你不肯时我自去，另寻自有得珠时。
老人听见他言语，随机应变巧计施。
说道我今明告你，贪爱先生即是余。
此处即是无心处，还不献出待何时？
定一不知他是计，认为是真不敢辞。
解下钱囊双手递，接过方珠仔细觑。
看来不合师所示，再看看出是窑瓷。
知是假的不愿意，退还于他他不依。
争持一阵都起气，老人发怒动杀机。
说到我今难容你，容留定种祸根基。
我今送你速回去，灵魂早早转滇池。
说罢将囊放船底，扭将定一推下溪。
文珠将计来就计，乘势在旁脚一提。
老人忙里未留意，一个金斗去摸鱼。
两个一齐沉水底，波浪几翻不见尸。
文珠将囊来捡起，满心欢喜乐怡怡。
忙叫开桡回原地，从此不愁食与衣。
谁知船遇怪风起，吹崩古树一枯枝。
正正落在船仓里，文珠打得像稀泥。
船破太公知水性，逃命归家魂梦迷。

立愿悔心从善道，病愈后亦享期颐。

　　却说柳文珠，暗约其师，共设圈套。其师将飞蚨宝钱，哄到手中，以为得计，不料有他害也。岂知文珠，恐飞蚨宝钱，不得到己手，遂乘势将其师跌入水里，要以为得计，更不料有他害也。岂知图财害命，天理难容。风落枯枝，连宝连人，击入水底，财之害人，有如是者。有诗为证：

　　　　用尽机谋窃宝钱，谁知利害本相连。

　　　　贪图眼底忘身后，雀捕螳螂螂捕蝉。

　　又有诗一首，单道舟子，一骇之余，即能改恶从善，后来得以寿终。所谓"弥天大罪，一悔便消"，斯言信不诬也。其诗曰：

　　　　人生孰免无差错，能改即能消大祸。

　　　　一悔回天信不虚，行为好歹自勘破。

　　却说谭定一子，那日被推落水，争持忽解，火气全消，求珠妄念，到此亦化归乌有。将目紧闭，顿觉规中光明一点，方圆六合，玲珑透激，身外就像无水一般，轻轻落底，脚踏实地。开目一视，四面清光，活泼流动，滔滔之势，如风吹拂，环身而过，抬头一望，浩淼无涯。正是：一念圆明成舍利，万般形质入虚空。

　　　　谭仙奉命觅方诸，千日奔劳万里途。

　　　　道高一尺魔高丈，九试磨勘妄念除。

　　　　妄念消除珠便得，形神俱妙入虚无。

　　　　身在水中不知水，如风吹拂体和舒。

　　　　顺势游行如未步，倏忽面前一国都。

　　　　走进国都用目睹，人形怪异体各殊。

　　　　谭仙此刻臻神悟，天眼通明识物初。

　　　　知是鱼鳖虾蟹伍，虽变人形体貌粗。

　　　　齐将定一来围住，喁喁唧唧语模糊。

　　　　忽来一个黑大肚，鞠躬口把大仙呼。

　　　　说道龙君请下顾，命我欢迎未修书。

　　　　定一闻言忙举步，随同龟相至庭除。

　　　　龙王拱手问来路，定一事事细陈敷。

　　　　话未说完彩云布，报道观音降海间。

忙排香案迎甘露，朵朵金莲遍地铺。

观音大士坐水府，一片慈悲大道图。

却说定一子，自学道已来，虽蒙观音大士屡次救度，实未曾见过真容。到今大道将成，天眼光通，方得亲见菩萨的庄严妙相。一见之时，慌忙拜祷在地，口称："弟子谭尚，屡蒙菩萨救度，感佩难忘。但是弟子愚昧，青蚨误失，方诸未得，还望菩萨开恩赦罪，指示前程！"观音大士慈音说道："善哉善哉！汝尚未悟耶？古有取月华之方诸，取日精之阳燧，乃尘世之宝，非炼丹者所堪用也。惟此方诸，乃先天至宝，得之则成金丹。人人有之而不知，自求于身中，反动妄念而求之于身外，所以世多无成也。前者因汝中心丧失，妄念萌动，欲炼三元神丹，引动群魔，无可收拾，故上帝降诏，瑶池会议。汝师奉诏，才命汝上海觅方诸，以磨炼汝妄念。方诸者，即汝之中心也。妄念生，中心丧；妄念除，方诸得。汝被推落水时，妄念全消，则方诸已得之矣。汝尚未悟耶？青蚨钱，吾已收去。他已明明说出'贪爱无心'的话，汝何罪之有？汝今速即寻路归滇，道成有日。吾当之言，牢牢谨记。"大士说毕，莲座飞空。定一子慌忙趋出拜送，转身之时，却不见了水府龙宫。回忆菩萨之言，心中豁然了悟。定静片时，觉得光从中发，遍体玲珑。此即中乘六梯，服食金丹之现象也。正是：金丹服食原如此，何事痴迷乱作为？

世人妄想服金丹，冤经诬圣弄千般。

或用汞铅炉火炼，或寻女鼎卦爻翻。

种种法门施巧技，及到临头堕劫圈。

惟有当年定一子，先天大道得真传。

磨炼全消诸妄念，无心无意得金丹。

金丹服下形神妙，身化玲珑作地仙。

送罢观音回头看，不见龙宫见一山。

两脚飘然离水面，走到山前见一关。

上有三字阴阳界，定一心中夹疑团。

思量未必我已死，思量未必在梦间。

不然何以来到此，是死是梦难了然。

管他是死是梦幻，不如进去看一番。

此处我已来两遍，今又来游凑成三。

三次游冥仔细看，风景依稀似昔年。
忽然想起兄弟惨，不知曾否脱罪愆。
忽又想起妻庚氏，不知曾否修成仙？
兄弟妻儿都还淡，母亲不知在那边？
不如趁此去寻看，或者总有一遇缘。
于是寻路往前赶，走过茂林又高山。
走过城厢又庄院，访问皆说不知焉。
忽然走到一高岸，登岸一望水连天。
水面忽然莲花现，无数花朵忽成团。
成团忽起如宫殿，闪闪霞光映日鲜。
光中忽有人影现，或坐或立像排班。
高上中间坐一位，衣冠齐整相庄严。
童颜鹤发精神焕，细看好像母一般。
定一一见脚忙乱，不管高低奔上前。
一步脚踏莲花瓣，跑到莲台水未沾。
跳上莲台忙叩见，尊声儿母可安然？
自从母去儿常念，今日方得见慈颜。
听说母亲在修炼，而今可是已成仙？
父亲大人可康健，今在何处把身安？
两个媳妇可看见，兄弟不知在那边？
还望母亲明指点，免儿挂欠念黄泉。
只见老母笑满面，叫声和尚听娘言。
为娘而今蒙拔选，一品仙姑坐宝莲。
汝弟已脱幽冥谴，而今脱化在阳间。
两个媳妇魂修炼，各自辛勤炼妙玄。
汝父南岳司文案，管理生人姓字篇。
娘今个个说明显，汝皆不必挂心间。
各自修持无间断，早成正觉早归班。
不必在此来依恋，各自回头奔阳关。
说毕莲台光闪闪，老母乘莲要上天。

定一不住把妈喊，拉着莲花到云端。

莲花瓣瓣忽然断，母子分离各一边。

老母归空我不叹，端说定一坠尘凡。

手中拿着莲一瓣，飘飘落在一山巅。

站在山巅仰面看，无云无翳一青天。

老母不知何处去，天际空余月一弯。

凝思半晌自嗟叹，梦耶死耶不了然。

却说定一子，三次游冥，得见母亲，方欢聚首，忽痛分离。依恋深情，出于天性之自然。所以说，天上无不忠孝之神仙也。有诗为证：

自古圣贤仙佛神，都由孝道合天真。

试观谭子游冥事，尽性工夫到十分。

却说谭子，站在山头，月色朦胧，略辨高低，但是无路可寻，只得攀藤附葛，移动脚步。不料枝枯藤断，仰面跌下山岩，滚作一团。正是：化将两大为身体，降下重楼结圣胎。

无极一气阴阳分，五行八卦判乾坤。

常言人身如天地，我道天地即人身。

凡胎结在人身内，圣胎结在天地心。

人能修到如胎样，天地怀之候降生。

能将天地为父母，天地即为父母身。

凡胎父母知保护，圣胎天地自关心。

所以定一所到处，天地神祇都效灵。

那夜跌在山岩坎，轻轻一落千丈深。

滚作一团如胎样，眼前虽黑心光明。

定静片时光明出，照见才是一深坑。

仰观不见天上月，环视一旁似有门。

进门三步便转拐，宽仅一尺侧身行。

行过十二湾湾曲，忽然宽敞路亦平。

放胆走出洞口去，一望青天现七星。

远近楼台连竹树，别有天地绝红尘。

定一巡视观一遍，不知此地是何名。

正欲转身寻人问，忽见来了一僧人。

一见定一忙跪定，口口声声叫父亲。

定一说道汝错认，贫道原是无子人。

僧人说道容告禀，儿是甲申腊八生。

胸前卍字朱砂记，乳名佛缘记佛恩。

父亲记否见丧命，不见尸身一段情。

定一闻言泪难忍，题起前事痛肝心。

只说儿尸犬衔去，谁知今日尚然存。

当年何处得活命，又在何处来长成？

为何在此来相认，可将就里说分明。

僧人说儿原不晓，曾听观音说前因。

说儿身命不该尽，大显法力救儿身。

将儿送在福建省，牟尼二老抚养成。

儿成二老齐丧命，丢儿在世立家门。

娶妻白氏生四子，而今已有八个孙。

忽见观音来指引，引儿到此桂香村。

桂香村里把父认，请问排行祖宗根。

定一闻言心喜幸，果是我儿句句真。

当年只说无音信，谁知相会在而今。

宗派我今说你听，好生遵守裕后人。

祖籍原本四川省，祖父名讳谭元亨。

祖母乜氏生二子，谭尚谭瑞两弟昆。

谭瑞骆氏生一子，名曰宗保妻姓孙。

所生三子长祖寿，次名祖胤三祖斌。

今在山东钜南郡，小地名是庚家村。

谭尚定一即是我，庚氏即是你母亲。

生你一人身即死，为父仗义未重婚。

再把排行说你听，一十六字记分明。

"元谭宗祖，德泽延长，光荣家国，百世其昌。"

一十六字心记定，书成谱牒示儿孙。

汝将一子承牟氏，报答牟家抚养恩。

本支三子名更定，祖福祖祺与祖祯。

今再与尔将名更，更名宗佛谨记心。

好好回家勤发愤，修持道德作完人。

定一正在对僧论，忽见僧人倒埃尘。

赶忙去牵方伸手，忽化如烟不见形。

烟忽消散渺无影，一望平坡草色青。

定一一见心疑虑，莫非遇鬼遇妖精。

明明是人忽不见，言犹在耳难丢心。

他曾说在福建省，不如一去访假真。

转瞬天明红日出，照见层峰插白云。

细认四周无路径，缓缓攀枝石上行。

曲折迂回数十里，方下山坡遇行人。

问明直向福建去，不知曾否见儿孙。

却说定一子，自得珠后，上下合中变化，气质神形俱妙，出幽入冥景象，大不同人。工夫到此，正所谓"下重楼，结圣胎"也。有诗为证：

直把身形化作胎，光明隐约坐灵堂。

意随境遇舒神妙，至道凝然契圣怀。

又有诗单，道定一子父子，重逢之奇。其诗曰：

不料山中竟遇儿，重逢悲喜说当时。

忽来忽去无踪迹，真假迷离道化奇。

## 第二十章　回故乡寻师访友，脱凡胎覆命朝天

却说谭定一子，要往福建省，访问其子真假。举步行来，不知怎么这样快，不多几时，就到了福建省城。正是：一身血肉通玄妙，万里山河捷步趋。

谭定一参道妙不厌不倦，到今朝已成了一洞地仙。

要走东要走西任随心念，万重山千重水不能阻拦。

因动念访佛缘要往福建，才举步转瞬间即到面前。

寻遍了城内外巷观寺院，不见得有僧人姓牟姓谭。

心中想这件事怕是虚幻，到不如回山东去望侄男。

出省城正行走毫光一闪，见街口一老人摆个卦滩。

走上前再将他仔细一看，已知他是一个得道神仙。

招牌写梅花数吉凶硬断，心中想我且去问个机缘。

走上前拈一字请他推算，老先生接着字八卦详参。

开口道这个卦你问那件，可将你原由事细说根源。

定一子将原由细说一遍，看是真看是假先生直言。

先生说这件事真确明显，你的儿在牟家算得肖贤。

因他是在枕上梦魂幻变，变僧人现本相父子团圆。

他梦醒故幻形如烟消散，他醒后亦曾来问我一番。

我断他梦是真事须照办，他已将你的话写在书篇。

这件事是老夫亲口裁判，梦遇真真遇梦各了前缘。

知实信又何必定要见面，见面时反多了无数挂牵。

我看你先天道功已过半，只欠那脱凡体面壁九年。

我本是邵康节前来指点，事已明各分手后会有缘。

邵康节语说完忽然不见，定一子到此时心内了然。

敛光明放开步如弓送箭，离福建山东省已在眼前。

到钜南庹家村游转一遍，想归家又恐怕多惹牵缠。

只得在槽门外远远观看，忽然见有祥光笼罩林园。

知家人敦和气爱敬慈善，能遵守祖宗训读书耕田。

定一子点点头欢容笑颜，不枉自我当年辛苦一番。

正在看忽来个邻居老汉，叫一声谭老爷几时回还？

谭定一着一惊回头相见，忙说道我回家已有几天。

我今要进县城喜否同伴，老汉说愿陪你同到钜南。

两个人一路走细问细叹，乡党中兴若干败者若干。

到城门定一说老兄请便，我有点紧要事暂别尊颜。

谭定一分了手脚步开展，天光下转盼间形影杳然。

却说定一去后，那个邻居老汉，逢人便说谭秀才，自庚申年出门，至今年甲戌，算来十五年了。昨日方才回家，年将七十，身体尚然康健，行走如飞，真是世间少有。此话传入谭宗保耳中，宗保忙去西门，问明踪迹，方知是过门不入，只得自嗟福薄无缘，时常念叹而已。后来与宗福儿孙，皆兴隆不替。有诗为证：

> 世说只传抚侄郎，谁知宗佛发他乡。
>
> 谭仙自有真禋祀，不过当年未表扬。

却说谭定一，那日从钜南，与邻人分手，一直往云南而来。走到刚山山前，一望景物依然，不胜今昔之感。正是：上海觅珠成往事，家山此日又重来。

> 谭定一子到刚山，抬头一望觉心酸。
>
> 只为求珠游上海，抛别家山又几年。
>
> 只说归期无定限，谁知此日又回还。
>
> 满山景物无心玩，埋头认路走上山。
>
> 一路走来一路想，心内筹量二三番。
>
> 我是奉命将珠觅，今日回来是空拳。
>
> 虽是观音明神点，珠即是心一段玄。
>
> 无凭无据怎缴案，无珠毕竟措词难。
>
> 纵难终须要见面，见面如何来开言？
>
> 左思右想无主见，不如一直来说穿。
>
> 见面我就谢恩典，拜谢师恩暗曲全。
>
> 明是觅珠将我遣，暗是教我收心猿。
>
> 心收何必珠出现，暗地栽成结大丹。
>
> 如此措词把师见，老师定然心喜欢。
>
> 主意打定往前赶，不觉已到许公庵。
>
> 庵前一看门半掩，推门不见有人焉。
>
> 连声遂把老师喊，旋喊旋走往内闪。
>
> 房空不见老师面，定一惊疑非等闲。
>
> 忙由止心亭子畔，寻过静观亭外边。
>
> 四维上下都寻遍，绝无人影到眼前。
>
> 老师不知何处去，几案尘封灶绝烟。
>
> 呆呆立定心思念，老师未必上了天。
>
> 老师未必归梦幻，老师未必把家搬。
>
> 回想当年春风面，教训淳淳心法传。

造就庸材登道岸，费尽慈悲足十年。

令觅方诸施磨炼，恩同父母等地天。

今日回来师不见，伤心不住泪双悬。

师恩未曾酬半点，叫我如何下此山？

无奈只得将身转，转对空斋四礼参。

权当覆命把师见，细将前事禀一番。

禀罢犹然心恋恋，欲去不去思悄然。

忽然心中转一念，老师不见定有缘。

要识老师踪迹处，何不去问陈复先。

于是身起下坡坎，转瞬就到陈家湾。

不知陈弈见不见，再听下文说详端。

却说定一子，得珠复命，来寻许刚山。正是"以汞养铅"之旨，殊料许公早去，即所谓"抽铅添汞"也。有诗为证：

铅制汞兮汞养铅，谁能此处妙抽添。

当前即是明明道，留向人间万古传。

却说谭定一子，要寻许刚山踪迹，来访陈复先，走到槽门，不敢进去。站在门外，等候有人出来，方好告进。正是：谩云管鲍交情厚，此日谭陈胜古人。

定一来到陈家门，一看门前莫得人。

举目门上细观瞬，黄纸对联新铮铮。

不知死的那一个，要辨香帛搞不赢。

仗是至交同心性，知我远来必原情。

正在思量不敢进，只见出来一后生。

看见一定一声问，可是谭叔转回程？

定一答道回来了，特来亲候你父亲。

那人闻言珠泪滚，答道家父已辞尘。

七七斋期昨日满，送葬山岗作古人。

定一闻言心悲悯，咽喉哽哽难出声。

想道我何遭不幸，师去友亡怎为人。

站在门前多一阵，不知怎样是方针。

忽听少年说请进，父死未必就无情。

请到草堂来安顿，同前一样共晨昏。

定一说道一声好，随同年少到中庭。

焚香一炷三稽首，世兄世兄叫几声。

想我弟兄美情景，虽是异姓胜同亲。

聚首十年如一日，同心同志学长生。

为炼神丹迷本性，刚山老师暗裁成。

命觅方诸上海奔，魔难受尽遇观音。

心即是珠蒙指醒，赶紧回来拜师尊。

与君同修同印证，不枉当年结义深。

不料师去无音信，世兄又复赴幽冥。

师去友亡将我剩，叫我怎样以为情。

忽然想起师前训，林中犬子正今辰。

惟有万里青山在，明指师友杳无形。

看来此事皆前定，今日方知妙入神。

小弟开诚布公论，尊灵想亦得知闻。

世兄世兄休迷性，保守灵明一点根。

小弟若得邀天幸，三年两载道圆成。

无论何时缘相遇，誓愿度尔共成真。

灵前祝告言难尽，嘱咐尊灵谨记心。

小弟从此天涯混，不知何年了此因。

却说定一子，对灵祝告已毕，随了少年到花园，待月楼下，安宿一宵。次日一早，即便辞别而去。有诗为证：

独向天涯访道玄，圆成不识在何年。

灵前泣别情无已，结下知音未了缘。

却说谭定一子，寻师师去，访友友亡。在陈家不便安站，次日一早，便辞别出来。抬头一望，四海茫茫，不知何处可以容身。乃信步云游，暂寄此身于天地之间。正是：四海飘蓬闲日少，一身累赘苦时多。

修道只须一个心，一心之外尽浮云。

炼到真空身亦假，还说富贵与人情。

谭祖当年修大道，抛家割爱访师尊。
及到此时师已杳，友亦云亡只剩身。
此身虽已臻神妙，究竟如瘤累赘真。
当时出得陈家外，抬头一望大乾坤。
信步走来随意往，天空海阔任游行。
走过多少山和水，走过多少市镇城。
何处有缘何处混，何处适意何处停。
上下合中无偏胜，变化气质用工深。
气盛不思烟火味，惟将木实度晨昏。
或在繁华地上走，或在闹热场中行。
混俗和光随所遇，不知岁月不知人。
一十五年苦修炼，苦修苦炼炼此身。
炼得气质尽变化，胎圆止火意温存。
三乘十八登梯喻，工夫已到十二层。
已到不敢生欢喜，不敢矜奇自满盈。
仍若虚无求上进，若有心处又无心。
一日走到巫山岭，十二高峰接白云。
中有一峰幽且雅，深处天生一洞门。
洞内方圆仅一丈，洞外石岩作障屏。
定一走进洞中坐，湛然清静绝红尘。
坐久不知年和月，胎动时而欲化神。
时而神出身形外，虽出仍是不能行。
心法玄微传许祖，六梯妙块助功成。
端拱无为如面壁，九年静极养胎婴。
炼神别自安炉鼎，中心如一合虚灵。
渐渐调神行远近，虽行远近不离身。
神化不测昭感应，忽然来了吕洞宾。
定一一见纯阳子，慌忙跪地叫师尊。
纯阳说道我知晓，快同我去出凡尘。
定一即刻将身起，紧跟纯阳出洞门。

凡身仍在洞中坐，跟随出者是真神。

不防吕祖回身转，向他呀呸叫一声。

定一身忽往后倒，似倒在地又未曾。

觉得身如圆珠样，慌忙用力把身伸。

打破虚空身伸起，恍似无身又有身。

神已还虚臻上品，比脱凡身进一层。

纯阳含笑开言道，恭喜贤徒大道成。

定一回言谈何易，还望师尊大沛恩。

纯阳说道你试定，一定自然悟夙因。

定一一定如梦醒，神境夙命两通灵。

方知前身本姓冷，黄鹤楼头拜师尊。

亲授金书和玉印，逢魔祇说性命倾。

谁知降世红尘奔，九十三年累赘深。

今幸归来将果证，一支铁笛认前身。

纯阳说道休迟钝，快同一路朝玉尊。

朝参上帝覆天命，了却当年一段因。

招来黄鹤双翅稳，并驾高飞上彩云。

却说谭定一子，自甲戌年（1694年），混迹尘寰，温养圣胎，共历二十四年。至康熙戊戌年（1718年），九十三岁矣，始得脱胎出神。九年面壁，乳哺婴孩，别安炉鼎，神化不测，打破虚空，上乘六梯圆满，感动纯阳，引朝金阙，所谓"炼神还虚"也。有诗为证：

谭子当年一俗儒，专心乐道老如初。

试观并驾乘黄鹤，始信刚山法不虚。

## 第二十一章　通明殿三宣诰命，太极仙一扫群魔

却说谭定一子，随同纯阳吕祖，由南天门进到天街。只见八洞金仙、三教圣人，周天列宿，诸佛群神，都来鹤前，欢迎吕祖。吕祖忙携定一，下了鹤背，逐一指示相见。正是：迎送应酬诸礼节，天上人间一样同。

谭定一子大道成，随同吕祖到天门。

身骑黄鹤天门进，群仙列圣都来迎。

吕纯阳慌忙跳下黄鹤背，手携谭子齐到会仙亭。

纯阳一一来指引谁是何仙，谁是何佛谁是何圣神。

定一子上前礼恭敬，挨次拜见认识清。

仙佛圣神个个都夸奖，都夸奖纯阳得个好门生。

西派正宗今有主，将来大道定昌明。

纯阳说大道原来都有分，要大众扶持才得隆兴。

少时见驾覆天命，还望各台共保成。

诸仙佛欢喜同声应，愿同上殿走一巡。

吕纯阳率众把九重进，九重天上现紫云。

巍巍金阙金光灿，拜进金阙到通明。

通明殿毫光如火镜，十七道光明浩荡照乾坤。

仙佛圣神到此齐站定，三呼九叩朝至尊。

朝罢分班排左右，吕纯阳出班下跪口称臣。

臣是吕岩上奏本，奏为冷谦一案情。

冷谦昔日承诏命，转为谭尚苦修真。

今日道成来覆命，引来阙下候天恩。

奏罢俯伏存恭敬，肃然静听丝纶音。

　　却说纯阳，将谭定一得道成真，奏闻上帝。上帝欣喜下诏，敕赐封诰。命首相关圣帝君，捧诏传宣。关圣帝君，捧诏下殿，高声说道："上帝诏下，谭尚跪听宣读。"即开诏读道：

　　玄穹主宰、玉皇上帝诏曰：天律赏功，必赏其实。朕心爱道，并爱其人。咨尔谭尚，前本冷谦。铁笛吹时，誓愿宏开西派。金书授后，特命早降中华。灵根一点，坠红尘未迷本性，孝友两端如赤子。允筑道基，信仰心诚，苦修苦炼，艰难历尽，全受全归。兹封尔谭尚，为"太极真人"，特授"西宗教主"，昌明大道，扫荡群魔。特颁诰命，用赏汝功。汝其钦哉，毋负朕命。右诰敕授太极真人谭尚，准此钦遵。

　　右诏读毕，太极真人，九叩谢恩。关圣帝君，上殿覆旨。纯阳吕祖，又将谭元亨三生好善，谭乜氏守节抚孤，始末事由，奏上一本，请恩褒奖。上帝心喜，恩准褒扬，赐下诰命，即命纯阳捧诰传宣。

纯阳捧诰下殿，高声说道："上帝有敕，殿前接引金童、飞云玉女，分头前往，速将南岳司文谭元亨、一品仙姑谭乜氏，宣召来京，听受天恩。"纯阳说毕，转瞬之间，只见金童、玉女，将南岳司文并一品仙姑，引到殿下，九叩俯伏。纯阳高声说道："上帝诰下，谭元亨、谭乜氏，跪听宣读。"即开诰读道：

玄穹主宰、玉皇上帝诰曰：善为至宝，况积累于三生；德已通天，应赐予以一诰。咨尔太极真人之父谭元亨，虚灵不昧，早种福因，幻梦毓真，完全道果。既南岳以司文，因西宗而赐类。兹封尔谭元亨为"宝善真人"，永作仙僚，用彰大德，钦此。钦遵允兹诰命。右诰敕授宝善真人谭元亨，准此钦遵。

玄穹主宰、玉皇上帝诰曰：天道无私，微长必录；皇仁有象，潜德斯彰。咨尔太极真人之母谭乜氏，善成夫志，德毓仙躬。节操冰霜，扶坤维之正气；魄参炉鼎，脱地府之轮回。功成一品，名达九重。赐兹诰命，用表幽光。兹封尔谭乜氏为"彰德元君"，长安果位，永乐莲邦。朕命维允，其永宝之。右诰敕授彰德元君谭乜氏，钦此钦遵。

右诰读毕，宝善真人、彰德元君，各行九叩，拜谢帝恩。纯阳吕祖，上殿覆旨。上帝大悦，即传口诏以慰之。

诏曰：大道真传，非人不授；天心公允，有德必酬。咨尔吕卿，为三教之宗师，掌一元之道统。开宗演派，授受得人。度脱归真，裁成合法。朕特覃恩，敕赐未天金粟一粒、瑶岛蟠桃一颗、琼浆玉液一瓶，以慰卿劳，卿其钦哉！

纯阳吕祖，忙行九叩谢恩。上帝又传旨，将太极谭仙宣上殿来，面谕道："开宗阐教，原非容易。朕心仁爱，不忍违卿所愿，故照准保成之，但时尚未至，推查道运，当在今后二百年间。道之关系，在卿一人，卿其勉之。"太极谭仙，再拜受命。上帝谕毕，收敛光明。四相夫子，率领太极谭仙，谢恩下殿，同仙佛圣神，来到会仙亭，相辞各散。太极谭仙，得见宝善真人、彰德元君，又重作礼拜见。睽违日久，不免又聚谈一阵，方才分散。此正是得道之乐也。有诗为证：

人生聚散不须愁，且把真宗注意求。

功成自有重逢日，快乐逍遥白玉楼。

却说太极谭仙，在会仙亭分别已后，走出南天门外，往下界一看，云雾茫茫，于是放出方诸光明，如舍利子之相，光之所至，照见海上有岛，思欲一游，于是收敛光明，纵云而往。正是：云程冉冉方生乐，海岛偏偏遇不平。

太极谭仙驾起云，飘飘荡荡往前行。

霎时来到东洋岛，岛中花木各成林。

树大十围高百丈，枝叶交加五色佳。

树外楼台光闪闪，楼下花如锦绣茵。

花间彩蝶双双舞，树里珍禽对对鸣。

禽音缓急如蝶影，蝶飞高下合禽音。

禽音蝶影相交处，许多仙子在游行。

有在高歌和笛韵，有在饮酒对棋枰。

有几独坐观书本，有几斜眠枕树根。

真是不同人世界，越看越好越爱人。

太极真人来到此，按落云头打和声。

东游西转随心玩，却无一个面熟人。

游转一阵无趣味，抛离洋岛到蓬瀛。

蓬瀛更是多美景，看完又往别处行。

三山五岳闲游混，不觉就是四十春。

四十年来无个事，一日来到北幽阴。

细看北幽山险峻，一团阴气裹千层。

放出珠光开朗照，照破阴霾见本真。

不见之时犹自可，一见之时气杀人。

只见无数天魔怪，衣冠楚楚假人形。

共把灵魂谭庚氏，弔在悬岩身缠藤。

这个逗来那个笑，团团调戏不住停。

谭仙一见心火喷，骂声魔孽太强横。

敢把俺妻来调戏，叫你顷刻命难存。

赶忙飞步上前救，群魔一见发怪声。

呼哨一齐都围拢，围住太极定输赢。

太极手中无寸铁，看看难支要被擒。

幸得谭仙心灵敏，借光遁出跳上云。

欲再救妻无有法，回想不如去搬兵。

掉云跑在天门外，大叫玉尊快救人。

叫声未毕抬头看，来了纯阳吕洞宾。

　　却说太极谭仙，在南天门外，大叫求救。忽见纯阳吕祖，跨鹤飞来，阻住说道："此处不可乱叫！倘若惊动帝驾，怎样了得？"太极谭仙闻听此言，乃低声说道："天魔大得无礼，弟子力不能胜，望师尊设法，打救则可。"纯阳道："汝玉印何在？"谭仙道："不知何处，望师尊指示。"纯阳道："俺今传汝真言一句，曰'呵嘘嘻呼呬吹'。此六字念动之时，玉印即刻出现。将玉印抛于空中，又念动真言，自有效验。若不用时，念一'吸'字，即收回矣。"纯阳说毕，进南天门去矣。正是：六字真言传太极，扫尽天人百万魔。

纯阳说毕上南天，太极谭仙心欢喜。

喜欢得见恩师面，指醒玉印授真言。

掉转云头举目看，北山已在眼面前。

群魔犹在嘻嘻笑，逞势作威不怕天。

只说谭仙逃去远，不料须臾又到山。

谭仙暗把真言念，玉印忽现指掌间。

初如一粒珍珠颗，迎风忽长大如拳。

长成一柄大如意，轻如灯草重如山。

擎在手中大了胆，一步跳入群魔圈。

手持如意左右搋，打得群魔金斗翻。

群魔鼓勇一声喊，吆喝一声拥上前。

要把太极真人按，舍命拼骚撒野蛮。

谭仙又把真言念，玉印抛起空中悬。

只见玉印红光闪，犹如烈火焰冲天。

烧得群魔精叫唤，交加乱撞口生烟。

顷刻烧成红火炭，化作灰飞散杳然。

谭仙将印收回转，藏在掌心纹路间。

方说去把庹氏解，庹氏已立在前面。

深施一礼开言叹，恭喜夫婿作神仙。

妻魂奉佛潜修炼，百十余年魂返还。

阴极生阳灵光现，惹动天魔苦逼缠。

群魔将我弔岩坎，要取灵光做鬼丹。

幸遇仙夫垂悯念，扫尽魔氛救我还。

不知公婆在何处，但愿无魔才得安。

谭仙太极开言叹，难得贤妻念老年。

父母已蒙天顾眷，诰封职品列仙班。

我亦亲见玉尊面，降诏封为太极仙。

可恨群魔太大胆，违条犯法罪滔天。

因显法力将他铲，扫荡群魔答苍天。

你我今朝重会面，俗缘了罢结仙缘。

但愿常常相会见，共乐蟠桃岁万千。

正在说时云飞捲，纯阳吕祖降临前。

却说太极谭仙，同庾氏灵魂，正在谈叙前因，忽见纯阳跨鹤飞来，手捧帝旨，说道："上帝有诏，南宫炼魂谭庾氏，跪听宣读。"谭庾氏忙跪山前，纯阳下鹤，向北稽首，开诏读道：

玄穹主宰、玉皇上帝诏曰：人鬼两途，分阴阳而立法；死生一理，各修炼以成仙。脱壳早迟虽异，覃恩封诰无殊。兹尔太极真人之妻谭庾氏，生前敬顺，孝事嬬姑；殁后静贞，善规夫婿。虽是早抛躯壳，只炼灵魂，及今既发幽光，亦堪选拔。兹特诏封尔谭庾氏，为"怡龟仙姑"，度脱性灵，用彰仙眷。钦此。右诏敕怡龟仙姑谭庾氏，准此钦遵。

却说纯阳吕祖，将诰读毕，怡龟仙姑，九叩谢恩。纯阳说道："凡属无罪灵魂，必得南宫法炼，方得天恩拔度。受度之后，又必要转投人世，重修性命，方得上证天仙果位。不然只得为神而已，不得还虚也。灵魂受度者，务必静候奇缘，转世修证。但是转世之后，勿迷本性为要。"怡龟仙姑，唯唯听受而去。

太极谭仙，忽然想起：世兄陈弈，学道未成，死入冥途，不知还在修炼否？乃叩纯阳，请求指示。纯阳道："查汝友陈弈，已投生人世矣。汝须访度之，以践当日誓言，而了夙愿。"太极谭仙闻听此言，动了念头，当即拜毕纯阳，往红尘世界而去。有诗为证：

漫道神仙尽有情，人皆救度出魔城。

无非誓愿难涂抹，百计千方了夙因。

## 第二十二章　二扫魔显法化归德，万寿佛放光度众生

却说太极谭仙，被纯阳点醒，要寻访陈复先，以践前约。乃辞别纯阳，按落云头，下奔红尘，却又遇了意外之事。正是：有意栽花花不发，无心插柳柳成阴。

乾隆二十五年①春，天下丰收享太平。

太极谭仙红尘奔，只为访友一段情。

按落云头到尘境，逐一逐二访根生。

今日南京明北省，朝有东鲁暮西秦。

人海人山无处问，欲返天宫卧白云。

回云路过河南省，忽见冲天火焰腾。

停云仔细观形影，才是火烧归德城。

归德东南城内外，几股火头烈焰焚。

顶上乌云一大饼，火老鸦飞层十层。

风乘火势吹不住，火趁风威发吼声。

飞焰惹燃十几处，街头巷口封了门。

满城男女精叫唤，扶老携幼跑不赢。

可怜困在火城内，呼天喊地出不能。

太极一见心不忍，忙到火中来救人。

睁开慧眼观动静，火中不见有火神。

原是一群妖精怪，逞势作威害好人。

当时一见心大怒，忙把咒语念一声。

玉印忽成玉如意，抛起空中伏火精。

这个玉印真奇怪，千变万化随人心。

风雷水火随心想，想啥有啥如意成。

前番伏魔心想火，即飞烈焰把魔焚。

---

① 乾隆二十五年，即 1760 年。

这回救火心想水，顷刻即降雨倾盆。

雨中忽听雷声震，妖魔影灭气清平。

一时火灭烟销散，满城老幼喜盈盈。

衣服虽然都湿透，却喜逃得性命存。

带水拖泥忙检点，被灾户口三千零。

也有财产烧干净，也有损失二三成。

查有八人丧了命，带伤轻重百余人。

可怜归德人民等，今番遭此大灾临。

太极谭仙心悲悯，悲悯此地世俗情。

都由平素奸贪甚，故才惹动火妖精。

虽然救了眼前命，总之尚未绝祸根。

不如趁此来救正，免使将来又发生。

呀吪一声摇身变，变成一个行脚僧。

手持盂钵高声叫，快来此处领佛恩。

众人一见都围拢，都来听他说元音。

　　却说太极谭仙，意欲开化此方人民，永绝祸根，故先显一显神通，引动众人。遂变成一个行脚和尚，头戴竹斗笠，手持一个空盂钵，对众人说道："俺这钵中有药，见病能医，当面见效，不取分文。"众人听说，半信半疑。有好事者，见他不取钱，遂请他医治火伤，以试真假。

　　太极谭仙将盂钵平放地下，用竹斗笠盖定，叫将病人抬来。众人遂抬来一个手烧肿者，请他医治。太极谭仙口称"善哉善哉"，不慌不忙，轻轻伸手，从竹笠下，向钵中取出一大块药来，如稀泥一团，黄而稍带黑色，拏在手中，向病人患处一抹，清凉爽快，皆成好肉。病者大喜，道："真正好药，莫非神仙？"忙跪地，礼拜不住。

　　众人见了如此效验，忙分头去，把百余个受伤的人，一并抬来请治。太极谭仙，照样用药抹之，顷刻皆愈。众人大喜，皆围绕罗拜。太极谭仙道："你们受灾，不能煮饭，想来肚中，皆已饿了。俺这钵中，有许多饭，请你们饱餐一顿罢。可各自去，拏碗来装。"众人又复大疑。有好事者，遂拏个碗来，交与谭仙。谭仙接碗，从竹笠下，向钵中一舀取出，果然满尖一碗白米饭，热气腾腾的，交与来人。来人食之，香软可口。众人见是真的，都拏碗来。谭仙一手按笠，一手接碗，舀了半日之久，方才清楚。

谭仙又说道："一碗饭，饱得许久？俺这钵中，还有点散碎银子，送你们一人一块。但是，俺有几句佛偈，你们能遵行照办，银子方得出现，不然还是没有。"太极谭仙说毕，将竹笠揭起，戴在头上，盂钵仍是一个空盂钵，捡起要走。众人围住不放，齐声说道："救命的佛祖爷爷，有甚么佛偈，请念出来，我们都愿遵从。望佛祖爷爷，要发慈悲才好。"谭仙道："既然如此，可到一个宽敞地方去。"于是众人，围绕一路，寻到慈泽寺中。谭仙站在殿前高阶之上，对众宣扬佛偈。正是：法力显时皆奥妙，道心无处不慈悲。

太极谭仙在殿前，尊声檀越听根源。

人生在这红尘世，光阴不过数十年。

数十年中衣食住，父母妻儿戚友连。

冠婚丧祭许多事，无有一宗不要钱。

人之初生性本善，因要钱用性乃迁。

智愚各各逞才干，想钱足用昧心田。

为士为农为工匠，为商为贾为兵官。

都在欺心把钱想，决少公平利不贪。

因为贪钱真性变，天理良心丢一边。

人无天良魔出现，酿成劫运在人间。

刀兵才过又干旱，水火为灾疾病缠。

官非口舌长长绊，盗贼死亡不隔年。

欺心弄的财和产，总要一齐消耗完。

钱就耗完都还淡，更要株连性命捐。

这是古今铁板案，无人逃脱这循环。

西方佛祖将教阐，传来宝偈度女男。

只要人能遵实办，管教个个享平安。

几句偈言世稀罕，听俺一一来传宣。

南无西方三世佛，东来曾将世法说。

世上万般千古在，我来世间如借屋。

除我之外非我有，般般原是他人物。

借来我用数十年，我去仍然空手出。

不能夹带一点到阴司，何苦为他奔波而劳碌。

何苦为他昧良心，何苦为他遭堕落。

今传妙法度群生，下手工夫在知足。

随缘随分不贪求，更将他物作我福。

一无罣碍二无梦，心明性见即成佛。

　　太极谭仙说道："这个佛偈，人能朝夕诵念，遵照行持，自然能免诸般劫运，妖魔不敢扰害。"太极谭仙方说到此句，忽见众人，望殿脊上，大叫道："火又燃起来了！"谭仙下阶一看，说道："善哉善哉！魔王又来作怪了。"用手一指玉印，飞去火灭烟消。谭仙又说道："你们不知，你们这次受灾，就是这个魔王，引起群魔作怪，被俺一齐扫尽。惟有这个魔王，当时逃走，怙恶不悛，又来害人。俺誓必追去灭之，以绝后患。俺的银子，在殿上大香炉内，各人自去摸一块罢。你们今后，只管遵行佛戒，自然平安，谨记俺言！俺去也。"谭仙说毕，现出法相，腾空而去。

　　众人一见，大惊道："当真是佛祖爷爷降临，来救了我们。可惜未曾将他留住，度我们上西方去，真正可惜。"只得望空，拜谢一阵。众人拜毕，说道："香炉内银子，不知真假，我们去看看。"于是同到殿内，一齐伸手，争先恐后的向香炉内去摸，一人只摸得一块。有一人私起贪心，已得了一块，重又去摸，摸遍皆无，后来者一摸又有。心中不服，将香炉掀倒，香灰扑地，也不见丝毫银子。有后来未曾去摸者多人，恨其误事，共相骂詈，扭打将死。旁有一人，解劝道："弥天大罪，一悔变消。可将香灰还原，跪地真诚悔过。仙佛怜悯，或有效验。即或无效，人情上亦可恕饶，不然你难保性命也。"

　　那人闻言悔悟，忙照话还原，跪地忏悔毕。未摸者去摸，仍然各得一块。于是众人，深信佛偈，不敢妄起贪心，刊印普传远近，感化以后，买卖公平。故归德府至今，未遭诸般劫运。可见银钱，是妄贪不得的。倘如一起贪心，定要遭报。有诗为证：

钱财不可妄贪求，若妄贪求定惹愁。

要得身心生快乐，随缘随分度春秋。

　　却说太极谭仙，从河南归德府慈泽寺，乘云起在空中。慧目一看，只见魔王，裹着一团黑气，往前奔走。太极谭仙，飞云赶去。看看赶上，谭仙暗暗，念动真言，正要飞起玉印，魔王忽然不见。正是：魔踪幻变虽难测，天律森严岂易逃。

魔王原是害人精，成群结队在红尘。

专探人心寻缝隙，助贪助杀助奢淫。

明是助你暗害你，害你身家徒败倾。

这个魔王来何处，原是先天一气生。

清纯正气生人物，驳杂邪气产魔精。

历代神仙常扫荡，扫荡至今未扫清。

阴山野洞深藏隐，人心感召又来临。

当年曾把冷仙困，欲夺金书惑世人。

却被纯阳破了阵，遂下尘世各投生。

投生为人不务正，奸淫匪盗乱胡行。

大清天子承天命，斩杀剿除一扫平。

身死一灵不改性，仍为魔鬼更凶横。

采阴盗阳来梦境，杀人放火走乡城。

人心若有一不慎，即受其灾把命倾。

昨在归德将凶逞，归德人民尽受惊。

幸遇谭仙心恻隐，大施法力把魔擒。

不料魔王先逃遁，胆敢又来惹真人。

惹得谭仙发了性，飞云追赶不住停。

念动真言祭玉印，吓得魔王胆战兢。

慌忙奔到湖南省，洞庭湖内隐藏身。

谭仙赶到观形影，不知魔在那边存。

四面访查多一阵，毫无踪迹可追寻。

只得去了漫漫等，总要等着方遂心。

却说魔王，近来以洞庭湖为巢穴，穴中还有魔后、魔妃、魔妻、魔妾、魔美人、魔婢仆。引了一群魔子魔孙，联络些魔朋魔友，招募些魔将魔兵，朝日四出，横行天下。今被谭仙追赶，入巢穴，魔美人接住，问道："大王回来了，然何这样狼狈？"魔王将前事，说了一遍。魔美人道："大王既受追逼，请勿出头。待妾率众出去，用一妙法，使人自焚，以泄此恨。"魔王大喜，日在穴中，取乐自娱。魔美人遂带领十二行金钗魔将、三千魔女兵，走出洞庭湖，望广东、广西而来，大布魔风。两广少年，遭此劫者，不计其数。正是：闭门不纳闲花柳，同榻难逃美夜叉。

洞庭湖畔女魔王，统领魔兵下较场。

挑选能征惯战将，遍游天下觅闺房。

闺中妇女原贞静，一受魔风心便慌。

只想观灯听戏曲，又想游春到庙堂。

谁知优伶皆魔类，卖尽妖娆教女娘。

眼睛在看心在想，回家日夜不能忘。

停针不语想模样，转恨今朝天气长。

妖魔暗助添娇态，日施脂粉夜红妆。

缠得丈夫精神丧，还嫌膝下莫儿郎。

这种魔风何处广，惟有两广最猖狂。

两广风俗原朴尚，因魔暗弄变非常。

千百万家都一样，不少青年命丧亡。

任是英雄身体壮，任是石佛铁金刚。

一受闺中魔气焰，也教得个痨病腔。

骨瘦吐红火炎亢，群医束手无药方。

求神问卜无影响，不须半载见阎王。

膝下无儿妻他往，李朗害死害张郎。

魔风越搞越兴旺，看看人种要清汤。

父兄虽是知情况，劝阻无法暗悲伤。

满腹愁肠无处诉，只好仰头喊上苍。

万众冤愁冲天上，感动谭仙降驾忙。

谭仙正在把魔访，应感随声到此方。

到此一看魔风浪，爱河滚滚遍城乡。

站在云头显法相，三头六臂眼生光。

手擎如意长百丈，群魔惊得像筛糠。

忽听雷音霹雳响，千万魔氛尽退藏。

闺人皆现本来相，想起前事面羞惶。

从此依然敦朴素，不娇不艳守家常。

魔将魔兵败了仗，落花流水乱飘扬。

谭仙不肯稍退让，吓得魔王无处藏。

一股黑风朝北往，逃至桂林忽杳茫。

太极谭仙停云望，望见魔王入庙廊。

魔王入庙钟鼓响，率领群妖摆战场。

妖娆撒下风情网，欲捉谭仙配鸳鸯。

谭仙飞印风雷响，群魔逃命散四方。

魔美人败风一晃，借风逃避走沈阳。

谭仙入庙观神相，三霄圣母相严庄。

借此显圣把魔荡，救度两广众愚氓。

托梦寺僧通来往，借口传言示药方。

吐血虚痨两病恙，妙法传来两种汤。

两方抄出粘壁上，依法服之效验彰。

远近闻言皆信仰，牵线不断来烧香。

内有一人他姓蒋，年五十余鬓发苍。

一子被魔将死丧，悲哀祷恳保安康。

谭仙慧目观形状，认得他前身是谭二郎。

弟兄分离数十载，隔世相逢在庙堂。

一仙一凡怎样通来往，只好遣他入梦说端详。

仙风一口吹面上，蒋老昏昏靠粉墙。

身坐蒲团呵欠打，瞌睡沉沉入梦乡。

梦见一个老道长，说是前生共同娘。

恍然顿觉心明亮，记起钜南庹家庄。

己名谭瑞兄谭尚，久别重逢喜气扬。

问兄今欲将何往，问兄近日可安康？

谭仙即便开言讲，说道红尘莫点祥。

入道消除前孽障，灵魂方可步天堂。

我已成仙把天上，伏魔救世到此方。

有缘相会了前帐，学我静坐目回光。

恒诚自有仙师降，度脱轮回入帝乡。

话未说完钟鼓响，惊醒才是梦一场。

梦中言语细思想，必有前因隔世忘。

想来这话定非诳，必当遵办乃为强。

蒋老从此学静养，后来果得寿无疆。

照方医治子强旺，十几孙曾富贵长。

药方原来是一样，效与不效有低昂。

蒋家入道无魔障，药故神效病离床。

或有服药心放荡，魔遂乘机入膏肓。

魔入膏肓居稳当，任随何法不能伤。

白日魔藏病轻减，夜晚魔现又张狂。

把妇送回娘屋去，竟入梦中来盗阳。

十家有九是这样，反怪神仙药不良。

谭仙一见无法想，不如上天奏玉皇。

请得天兵将魔荡，方可世道享平康。

主意已定乘云往，要上凌霄奏表章。

来到天门抬头望，一僧一道在商量。

却说谭仙，来至南天门，正遇着纯阳吕祖，同一位佛祖，从南天门出来。谭仙忙上前，稽首说明前事。纯阳道："这事不须奏闻，只请这位万寿古佛去，就能够普度众生了。"遂转向万寿古佛，道："老道兄，须勉此一行。"万寿古佛亦不推辞，即与纯阳分手，同了谭仙，步云来到桂林三霄庙中。庙中有几个小妖，来寻魔王，却被万寿古佛金光一照，不要命的逃走去了。

自此以后，凡来求神者，焚香叩首，心一真诚，即见有金光一道，从神座中射出，照耀其身，觉即心胸开朗，耳目清明，周身和畅，气静神恬。病人来焚香叩首，心一真诚，即见金光照身，射入膏肓，膏肓中的妖魔，即刻逃出远避。病人即刻，妄念全无，心安意乐，个个回家，服药即效，气血和平，身体强健。但是，不到十日，魔又寻来，旧病复发。慌忙又到庙中，叩得金光一照，魔又退去，回家服药，病又安然。不到十日，依然又病，又到庙中求光。因此庙中，拥挤不通，坐立无地。

谭仙心中想道："似此拥挤，病又反复，岂是长法？"于是恳请万寿古

佛，寻声应感。古佛允许谭仙，乃托梦寺僧，传出偈语，令众人回家，照法
行持，自有效验。

**谭仙保命延生偈：**

何故生灾病死亡，只因睡卧犯魔王。

慈悲指出魔来夜，即便恒诚请佛光。

查得今宵果犯魔，焚香独宿念弥陀。

佛光照体精神爽，保命延生出爱河。

犯魔不请佛光临，便有魔来扰乱心。

堕落爱河伤性命，黄泉路上泣孤魂。

求子须查不犯魔，诗书读罢夜晴和。

迟迟七日天心复，无意欣逢五桂柯。

**每月犯魔王日查照歌诀：**

正法寻源万寿香，仙机活泼演灵章。

佛光淘汰魔消灭，深愿流行海内康。


二十八字日轮流，苦海滔滔驾渡舟。

大法字无三滴水，淫魔滞鬼满床头。


三更意注佛恩波，降伏河沙万派魔。

若动淫心沉苦海，难逃泪下湿红罗。


四海人民陷溺深，甘沉滚滚沸汤心。

风流自诩波罗汉，漏尽终归枉死城。


五丝系粽庆端阳，竞渡江头昧佛光。

空把雄黄消五毒，龙船会上遇魔王。


六月炎天气外浮，金津玉液贵中留。

提防泄漏严涵养，注意金光照玉楼。

七夕风清月渐高，银河驾渡鹊填桥。
相沿污俗休深信，恐惹魔灾泪暗抛。

八月桂湖桂香淳，露浥花浓色洁新。
雨洗深红浮浅淡，风吹冷艳滴轻盈。

九月重阳菊花开，曾约潜沽清酒来。
饮到月明离沧海，浓香淡水冷光陪。

十洲梅渡百花溪，色泛香浮清浅宜。
不淡不浓浓又淡，淡也浓也满南枝。

冬温一病染黄沙，贤淑深闺泪洒花。
食减形消无治法，溺情灭性遇冤家。

腊残岁满享平安，佛法光流浩泽宽。
男女爱河消孽浪，同偕老做洞中仙。

　　每月二十八字，管二十八日。从初一念起，逢无"三点水"的字，便是犯魔日。是夜，定要请佛光临凡，与老幼男女，驱邪伏魔，保安身体。又查是年，逢四立、二分、二至，并各前一日，共十六日。又春社、秋社、庚申、甲子日，并每月二十九、三十两日，皆是犯大魔之日。虽遇有"三点水"之字，是夜，亦当请佛光临凡，降伏大魔，换气接命，消冤解厄。又逢亲祖生日、死日，自己生日，凡祀神前一日，有孝服日，有军事前一日，病初及大病初愈内百日，或烈风暴雨、迅雷日，酷暑严寒日，远行日，初归日，大醉大怒、大恐大哭日。以上日期，不论有无"三点水"，是夜，皆有魔来作祟，皆为犯魔日。

　　并宜依法行持，请佛光临凡，降魔保身，去风除湿，清热散寒，消积聚，调气血，安魂魄，益寿元。凡择婚嫁喜期，若犯以上等等魔日，定主一年之内，夫妇双亡。慎之慎之！

**迎请佛光降魔法：**

照前诀，查得犯魔之日，是夜将睡时，焚香一炷，持在手中，对空三揖。一揖一称，念"南无万寿保命延生佛"。三揖三称毕，持香入室，香插床前，和衣独卧，一心想着香火。佛光感应，即从香火而来，化为一大光明，照临我身一般，自然安安睡去。醒时，又想佛光，至天明而止。

当时佛偈传出，众病人抄写回家，依法行持，果然服药有效，病不再发。但是，此法一行，魔无安身之地，会聚一处，团结起来，都在怀恨谭仙。因寻不见女魔王，便回洞庭报告魔王去了。谭仙与万寿佛，见两广魔风消灭，遂各分手，乘云而去，所传药方，附录于后。

**血证痨证方：**

太极谭仙曰：血证痨证，世多误治，今发慈悲，传此妙法。先用佛光，治其心肾；后用药方，治其肝脾。盖佛光不能治肝脾，而药方亦不能治心肾也。故用药之法，专以肝脾为主。肝脾之热在血分，则见血证；在气分，则见痨证。若见血证，认定肝脾清热，降逆化瘀，而终以补气则愈。若见痨证，认定肝脾清热，开郁破气，而终以补血则愈。

治血证之药，当平肝固脾，白勺、甘草是也。降肝脾之逆，而血自和，香附、法夏是也。化肝脾之瘀，血自顺，茜草、藕节是也。清肝脾之热，而血自平，阿胶、侧柏是也。此为甲己八味汤。服三剂后，加当参、箭蓍，名甲己十味汤。服十剂，而全愈矣。血证以此为主，若有兼证，随证加味。如降逆，而降香、肉桂、焦芥、姜灰，初服，可加入一二味。如化瘀，而淮膝、花蕊、川芎、木通，初服，可加入一二味。如清热，而荷叶、竹茹、麦冬、石斛、茅根、枇杷叶、玉京、火麻仁，初服，可加入二三味。如补气，而陈皮、茯苓，亦可加入。此治血证药方也。

如治痨证之药，则当舒肝醒脾，而以柴胡、茯苓为君，以白芷、防风开郁为臣，以石斛、丹皮清热为佐，以青皮、厚朴破气为使，名柴苓八味汤。加当归、丹参以补血，名柴苓十味汤。痨证以此为主，若有兼证，随证加味。如开郁，可加入升麻、薤白、薄荷、神曲、麦芽之类一二味。如清热，可加入天冬、寸冬、竹茹、竹油、地骨皮、桑白皮一二味。如破气，可加入三棱莪、术香、附枳壳、陈皮、杏仁、木香、槟榔、莱菔子之类一二味。如补血，可加入阿胶、川芎、玄参、龟板之类一二味。此治痨证药方也。[①]

二方，皆忌生熟地黄。依前法加减，服之无不神效，但须遵行佛光偈法，方不再发。佛光最妙，有病者易愈，无病者终身行之，不但永不染病，更有益寿延年、子肖孙贤之妙。有诗为证：

佛在灵山法在心，心真自有佛光临。

倘能夜夜心依佛，光照魔消福寿增。

## 第二十三章　破愁城三次扫魔孽，请佛法一偈度裙钗

却说群妖，奔回洞庭湖，将前事报告魔王。魔王难舍魔美人，遂另自带了群魔，驾起黑风，到各处去，寻魔美人。岂知魔美人，又另惹出一场大事，谭仙反受其困。正是：魔力猖狂随处闹，神仙劫运应时遭。

洞庭湖畔小魔王，心中难舍美魔娘。

带起一群狐狗党，黑风黑雨闯四方。

先由云贵过闽广，陕甘游遍又齐梁。

一十八省都走遍，不知美人何处藏。

寻不见美人珠泪滢，活活气死小魔王。

魔王忧气暂搁放，先把这魔美人说细详。

魔美人当初闹两广，害了多少好儿郎。

遇着佛光魂魄丧，一人逃命到鄱阳。

鄱阳湖有个癞头龟丞相，将他收留进献与孽龙王。

龙王有个将军名叫骚乌棒，把魔美人叼拐到川江。

想游锦水兴波浪，又恐怕惊动了灌州李二郎。

只得在陆地间游荡，大肆魔风布瘟癀。

可怜五省人民方才把川上，刹站田地认丁粮。

百十年辛苦才把脚立稳当，又遇此魔瘟痛死亡。

绥嘉几属魂飘荡，延及成绵更惨伤。

昨日死人犹未葬，今朝人又病连床。

---

① 以上二药方，切忌照方抓药。若须依此处方抓药，请中医师辨证指导。

十家有九悲声放，口口声声喊上苍。

正在束手无方想，忽然来了救命王。

太极谭仙将友访，云游四海走八荒。

来到四川举目望，正遇群魔毒焰张。

看见死亡诸惨状，慈悲一念动心旁。

暗将玉印擎在掌，祭起空中把魔降。

魔美人知道难抵挡，忙同乌棒一路暗逃亡。

人民痛苦忽轻爽，不上三天都起床。

人人都说定有神仙降，不然何以家家屋内有红光。

远近感恩都信仰，捐赀建醮谢虚皇。

从此平安我不讲，再说谭仙赶魔王。

魔王原是骚乌棒，魔美人原是蚌姑娘。

逃入水中水忽涨，洪水横流灌四乡。

波涛高起数十丈，重庆府淹得翻城墙。

可怜人民遭大浪，随波滚滚把头昂。

谭仙一见珠泪滢，骂一声害人妖孽太猖狂。

涌大水把人民淹得成这样，害得俺这阵救度无有方。

事燃眉岂由你慢慢把方想，要救急顾不得细商量。

忙变一个渔翁手摇桨，驾只船儿泛长江。

逢人即便来救上，顷刻男女装满舱。

送到高处又前往，一来一往手忙忙。

救了多少未记帐，大致救了三千双。

一直救到三峡口，方才收桨靠船舡。

正要上坡寻魔障，谭仙一刻未提防。

魔从水底用个翻天网，将谭仙网入鱼子囊。

谭仙忽然身似绑，目昏难睹一丝光。

黑暗如立漆桶样，腥膻气味臭难当。

这正是天数排定谭仙生前帐，原不是魔王的甚么法力强。

神仙遭劫非虚诳，混沌七日自光昌。

却说谭仙然，何要遭这个劫运？因谭仙当年降世，天命早生三甲，故至今一百八十年，当生之时，该受混沌七日，以应前数。此正是谭仙，数该如此，非关魔力强胜也。七日一满，自有神仙来救。正是：遭劫何非前数定，降魔正是有缘来。

谭仙驾渡救群生，一着未防遇蚌精。

蚌精身旁鱼子带，采炼鱼涎有点灵。

能大能小随心意，惯拿世上好淫人。

人入其中旋变化，化作脂膏养性情。

原来是件肮脏物，气放出来臭死人。

无形无影空中布，污秽三光触水神。

谭仙一着未防慎，躲避不及困愁城。

妖魔作恶神天恨，惊动南海观世音。

观音身坐莲花蹬，心血来潮掐算清。

知道谭仙被魔困，忙将紫竹削一根。

化作鱼篮大五寸，甘露瓶儿放中心。

飞云来到巫山岭，峡中邪气雾腾腾。

举瓶忙将甘露洒，霎时三峡浪花清。

鱼篮抛入水中去，将手一放发雷音。

谭仙忽然如梦醒，眼观四面尽光明。

两脚一登离水底，跳出愁城见观音。

腾上云端忙稽首，拜谢菩萨捉魔精。

菩萨即便开言道，尊者太极谭真人。

受困愁城前数定，七日混沌了夙因。

魔怪俺今已捉定，带回南海放他生。

戒他改邪来皈正，免使轮回又害人。

提起鱼篮目观论，乌棒蚌精现原形。

菩萨提篮回海境，谭仙亦各步云程。

这就是鱼篮观音大显圣，降伏鱼妖魔美人。

魔美人已归南海去，魔王尚然不知音。

尚在访来尚在问，又闹出一番怪事情。

却说妖魔，处处皆有，只看人心，善恶如何。人心若善，虽遇妖魔，自有神灵来救。人心若恶，虽遇神灵来救，不是早了，便是迟了，此其间有缘在焉，所谓"有缘遇着，无缘错过"也。有诗为证：

谁该得救谁该灾，暗有奇缘作主裁。

遇合明明分善恶，世人何不早安排？

却说洞庭湖魔王，一心要寻魔美人，率领群魔，东游西荡。一日，走到苏州，看见苏州风景，遂动了一种爱情。正是：爱情惟有妖魔最，罪恶难逃法律诛。

魔王寻访女魔娘，寻访不见意悲伤。

不见美人心发痒，寻花问柳到苏杭。

杭州风景看不上，苏州风景比人强。

男子打扮多漂亮，妇女更是巧梳妆。

几根毛儿覆额上，短短衫儿现裤裆。

雪花粉儿脸放光，白而且嫩又兼香。

虽是端庄心不荡，谁知亦要惹灾殃。

白日门前春色望，黄昏无语坐闺房。

睡梦妖魔来枕上，只为艳妆惹魔王。

千金贵体玉珠样，从此成了破窑缸。

怕对丈夫父母讲，忍辱含羞暗受伤。

久而久之神魂丧，气血亏损见无常。

你死魔王又他往，小妖照样亦逞狂。

群魔布下爱情网，苏州妇女半遭殃。

惨矣奢华妖艳妇，至死昂然不改妆。

风俗害人心放荡，魔王乘势逞颠狂。

可怜不少灵根种，亦教俗染受魔殃。

有个灵根谭骆氏，今世为尼观音堂。

只因气血精神旺，春信氤氲月月当。

未得修持真诀窍，三心萦绕遇魔王。

幸而本性未迷丧，贞烈根根尚未亡。

梦里常闻相怒骂，醒来闷坐在云房。

坐在云房心内想，这事拿来怎下场。

夜夜不敢把床上，怕到梦中去带汤。

夜熬多了阴阳逆，精神亏损面皮黄。

灵根得病无人救，伽蓝土地着了忙。

忙到空中抬头望，远见云内一金光。

忙跪上前将云挡，挡住云头看端详。

云中不是别一个，又是谭仙到此方。

谭仙原要将友访，故未高卧白云乡。

天涯海角时来往，得便遇缘救善良。

今见土地将云挡，问声何事这样忙？

伽蓝土地忙禀上，只为灵根遇魔王。

梦中萦扰命将丧，恳祈法驾把魔降。

谭仙闻言气冲上，骂声魔孽太猖狂。

几次施恩把你放，不去深山野洞藏。

偏要为灾害里党，违犯天条种祸殃。

这回捉住定不放，定剥你皮破肚肠。

把你舂成肉酱酱，方把天律显昭彰。

叫声土地且前往，自有吾仙作主张。

谭仙忽又回头想，单拳只手恐带汤。

不如先把南海上，请个菩萨把我帮。

云头掉转金光晃，谭仙南海请慈航。

　　却说谭仙来到南海，拜见观音大士，禀明前事。大士言道："善哉善哉！这个魔孽，恶贯满盈，应受诛戮。然此事，不须俺去。俺今传你佛偈一章，持往该处，借口传言，令受灾妇女，朝夕诵念，魔自力软筋酥。依法行持，魔自不敢近身。到了此时，任你所为。速去速去！"谭仙领了偈语，辞别菩萨，从南海飞云，来到苏州，拨云一看，果然魔气重重。正在嗟叹，只见观音堂伽蓝土地，前来迎接谭仙，遂同土地，来到观音堂中。忽听女尼，呻吟之声。谭仙已知其情，遂将佛偈，交与土地。敕令土地，假託观音口气，借口传言，将佛偈传到尘世。土地接偈在手，不敢违抗，但不知办法。谭仙对土地，呀呸一声，吹气一口。土地遂附在女尼身上，大声说道："我是观音大士，到此显圣，普度裙钗。仰本庙住持，尼僧了果，速速传知远近，前来听喻。"老尼了果，初犹不信。见女尼，于病苦中，做出声威赫赫的模样，催了几次，不敢不信，只得传知远近。正是：俗眼那知仙佛苦，慈心只为世人忙。

苏州城外观音堂，有个尼姑本姓王。

二百年前谭骆氏，五转轮回变女娘。

今世出家把庙上，拜师了果诵经章。

法名然慧性直憨，三十年华苦自尝。

未曾得法性难养，赤龙月月作灾殃。

未扫三心和四相，梦中夜夜遇魔王。

自己幸能立志向，怕魔缠扰不沾床。

熬夜伤阴神气丧，奄奄一息坐云房。

病中恍惚神飘荡，土地附身作主张。

借口传言将歌唱，自称大士到此方。

来与众生消魔障，度拔有缘上法航。

此言顷刻传乡党，远近闻风个个忙。

四面八方如蚁样，牵线不断来烧香。

然慧端然坐棹上，闭目开言说谕章。

说道人生在世上，全凭真性一点光。

真性无光命即丧，真性有光命延长。

要得真性光明朗，首先化气学温良。

日日行持事几项，三从四德五伦常。

能够实行尽分量，人事完全家道昌。

但是恐防魔风浪，玉石俱焚共死亡。

可怜良善遭冤枉，只因无法保皮囊。

今将妙法传世上，专保善良寿命长。

妙法细对群生讲，就是戒定慧三章。

一章戒法记心上，不可奢华与艳妆。

不可酒色财气想，不可贪嗔痴爱狂。

能戒自得心清爽，心清身自得安康。

二章定法记心上，不可游移乱想方。

扫净三心和四相，一念规中刻不忘。

能定自然心不放，心定久时见性光。

三章慧法记心上，不可昏迷睡梦乡。

静里惺惺常觉照，动时警察省微茫。

能慧自然性光亮，照破妖魔化吉祥。

以上戒定慧三项，即是修持大法王。

幼尽伦常完性量，四十翻关气血尫。

忙里偷闲学静养，快参妙法躲无常。

先将此法记心上，更念降龙宝偈章。

降龙宝偈今传出，度尽裙钗福寿康。

**降龙宝偈：**

南无普陀戒菩萨，南无垢净定菩萨，南无时来慧菩萨。手持钓龙钩，海底潜龙钓出头；手持打龙拐，乱龙不敢乱摇摆；手持降龙木，十月骊龙珠献出；手持蟠龙棍，蟠龙日足自逃遁；手持斩龙剑，老龙飞去不见面。不见面，寻龙蛋，寻得龙蛋献如来。赤龙根斩断，根斩断，赤龙不见如来面。南无戒定慧菩萨摩呵萨。（右宝偈，朝夕各诵三遍，自有无穷法力。）

却说伽蓝土地，将谕传毕，神光退去。然慧忽然昏迷倒地，众人扶持，缓缓醒来，看见多人，大为惊异，病亦全愈。当其说谕之初，便有能写字者，依口抄写一张，到此之人，人人争看。弄不清楚，商量刊板，印刷多张，普行散给。远近妇女，照法行持，果然灵应，夜夜安静，病皆不药而愈。然慧师徒，得高明先觉指示，参透偈中心法，后皆坐化证果。感动远近，凡有能久行不怠者，皆得福寿延长也。又说当日，群魔受掣，无法作恶，都来寻着魔王，欲走他方。太极谭仙，早把金光，布照四面。见魔欲走，忙祭起玉印，风火奔驰，霹雳交加，将魔王及群魔，化作灰飞。苏州从此太平。谭仙收了金光玉印，驾云访友而去。此正是谭仙三扫群魔，普度众生也。有诗为证：

妙法千金一偈传，降魔却病且延年。

慈悲欲把全球度，不识闺中孰有缘。

## 第二十四章　会垂经无意证佛果，难遂愿入定待时机

却说谭仙，三扫群魔，救了无数人民，心犹未已。慈悲之念，更是殷

殷，想到大千世界，芸芸众生，知道者少，昧道者多。又况无时无地，不有妖魔。有其临渴而掘井，不如未雨而绸缪。于是，将保命延生偈、降龙偈，并效验药方，遍传尘世，普度众生。正是：只望群生离患难，何曾顷刻乐逍遥？

太极谭仙费苦辛，三扫群魔度众生。

所有佛光降龙偈，各皆刊印照遵行。

又虑全球难遍及，处处显法使知闻。

走一县来传一县，走一村来传一村。

或是现于新粉壁，或是现于古庙庭。

或是传于妇孺口，或是传于梦寐魂。

见者都皆称奇异，赶忙刊印普传人。

谭仙处处显灵应，不觉就是三十春。

三十余年慈悲胜，功德感动佛祖尊。

如来佛祖传诏命，一封佛旨诏谭真。

诏到西方极乐界，封为古佛号源清。

谭真稽首回言禀，尊声佛祖听原因。

多承恩诏封弟子，弟子应当谢佛恩。

但是弟子宏誓愿，尚未了得二三分。

此时不敢承恩命，还望佛祖谅愚情。

说毕仍往红尘奔，一要访友二度人。

佛祖见他不承认，忙传法柬请观音。

邀同吕祖诸贤圣，联名俯伏奏天庭。

奏道谭仙功德胜，慈悲量已足万分。

应该封授佛果证，谁知他反不领承。

是以同来邀帝命，请恩降诏令遵行。

玉尊闻奏恩批准，下诏谭仙到玉京。

谭仙俯伏上奏本，听臣谭尚奏前因。

当初有誓昌道运，愿开西派度群生。

此刻尚然无影影，怎敢西方极乐登。

玉尊闻言心喜幸，难得谭卿这热心。

但是下民罪孽甚，历劫轮回未了清。

检查图箓推天运，应有红羊浩劫临。

履行淘汰人根种，根正方堪大道闻。

计算三千三百数，时尚未至柱劳神。

不如极乐世界等，等待时至一鼓成。

谭仙闻言又奏本，奏道誓愿扭乾坤。

虽然浩劫由天定，悔罪消愆力在人。

人力或可将天胜，西派宏开早日成。

俯伏龙庭深拜恳，拜恳天恩准此行。

玉尊闻奏传谕谕，谭卿誓愿果真诚。

但是天机前已定，不能改易顺私情。

谭卿汝原是初进，天人经验尚未深。

不然试把汝师问，将来的事自分明。

此日应该佛果证，不须推却错良因。

谕罢收光宫殿扃，退藏于密无臭声。

谭仙依旧持前论，要到尘凡度众生。

纯阳恐怕逆天命，将他劝到会仙亭。

会齐三教诸贤圣，共把天机说与听。

各为隐语联成韵，名为天机预卜经。

未来的事暗藏隐，留传书上到而今。

却说谭仙，愿度凡民，不愿成佛。纯阳吕祖等，恐他违逆天命，反为不美。因把谭仙，劝到会仙亭，都来劝道："事关前定，不可造次。"谭仙道："弟子愚昧，不能远知。恩师及各位老师，既称事已前定，今日可得预闻，以开聋聩否？"纯阳道："前番天命，早有明诏，有何不可？但当隐秘，不能泄漏红尘耳！"谭仙道："弟子愿受教言，请为弟子详言之。"纯阳祖师及三教众圣，乃将未来之事，联合成韵，作为隐语，详记于左。正是：誓愿宏深无止境，天机预卜有来由。

### 天机预卜经

茫茫宇宙万千秋，天机预卜说从头。

中华大地假胡手，道丰同光一统周。

二百四又二十九，旗收八面家山走。

天下人民国运开，男女老幼皆朋友。

大小人家作庙堂，不事农桑事红妆。

财产谁无谁是有，一路斩新一路荒。

船行天上车行云，迢迢万里问知音。

处处山河处处主，一年苦过几年春。

花甲忙忙算未周，伤心白骨已无油。

虽住难防民普变，高低大小一齐收。

一轮红日出扶桑，鬼怪妖魔尽灭亡。

刀兵揖让重叠叠，银钱满库谷盈仓。

木石山中现一人，隔水黄昏唱太平。

天数滔滔无底止，千秋万古一亡存。

到此人人化醇良，克已复礼讲伦常。

家无逆子国无暴，上下同心大道昌。

太极谭仙曰："若得如此，弟子誓愿足矣，但不知此时，得逢吾友否？"

吕祖曰："逢之早已。异地西风折雁行，一沉苦海一仙乡。而今预计相逢日，赤马红羊走善堂。"

太极谭仙曰："吾友莫非在善堂中乎？"

吕祖曰："善堂名号古来稀，真传小字说玄机。囹圄终是囹圄物，枉自奔劳作嫁衣。庆祝炉余一瓣香，旃檀馥郁傍门墙。十载春风千里共，五年化雨润枯杨。西蜀天开大道基，文字坛中桂一枝。借口传心延道脉，仙凡铅汞两相依。八十春光一瞬间，土马坛开蘖浪翻。书成楼阁逢黑犬，西宗有家记三三。火虎年逢八八秋，五花甲第一仙筹。中天一派尊无极，归来玉阁乐悠游。道光戊戌年①，二百一十三。未来先有兆，西宗证宝莲。茫茫事多端，预卜在其间。言言皆有验，留与后人看。

天运戊戌年立夏日群仙会议、纯阳吕洞宾录"

却说纯阳吕祖，及群仙列圣，会议于会仙亭，垂成此《天机预卜经》。经稿既成，群仙说道："此经天机秘密，当藏之何处？"纯阳道："此事，当请之于太上。"遂同到八景宫，言明其事。太上道："经已明言玉阁，待吾造

① 即 1838 年。

一玉阁以藏之。"乃运先天祖炁一口，向清微天吐去，忽然现出光明，化成玉阁一座。群仙欢喜踊跃，叹未曾有。太上乃率群仙，步入王阁中，置经座上，掩退光明。方欲告散，忽见阿难尊者，捧佛旨，持衣钵，从西方飞来，敕命谭仙，证源清佛位。谭仙此时，难再推却，乃化身为佛子身，拜受封敕衣钵。拜受方毕，莲花忽生足下。群仙齐声致贺曰："南无源清佛，天机早预卜。莲花足下生，西方登极乐。"源清佛忙合掌，一一致谢。有诗为证：

先天一性化三尊，曰佛曰仙曰圣真。

功成无可无不可，世人何必妄区分。

　　却说源清佛，致谢群仙，群仙各皆欢喜而散。源清遂同阿难，乘莲往西方而行。见了佛祖，又说出一片心事。正是：虽到无遮三宝地，犹存度世一番心。

谭仙果证源清佛，万古逍遥常快乐。

世人何不快寻真，立志把他学一学。

学他孝顺二双亲，学他兄弟敦和睦。

学他守义不重婚，学他好道抛家屋。

学他守戒遵师训，学他交友爱情笃。

学他上海觅方诸，学他面壁远尘俗。

学他誓愿度众生，学他不愿早成佛。

能够样样学得他，何愁此身不度脱。

你看今日谭真仙，西方证果莲生足。

源清佛往西方行，乐土果然无尘浊。

来到雷音佛寺前，四大天王忙迎出。

八大金刚引进门，来到大雄宝殿脚。

佛旨传宣到殿中，源清上殿两掌合。

五体投地谢佛恩，谢罢佛恩将话说。

右膝跪地禀世尊，说道多承恩宠渥。

不弃尘俗小沙弥，拔登清静无为域。

弟子今虽得佛恩，可怜众生多堕落。

惟望我佛发慈悲，恩准弟子无拘束。

天上人间任去来，普度众生尽成佛。
那时方遂我初心，拜谢佛恩把头磕。
说罢跪地不起来，两眼汪汪珠泪落。
世尊把他没奈何，叫声源清休啼哭。
俺即准你下红尘，看你能够度也不。
源清领旨笑盈盈，拜谢佛恩把殿出。
走出殿来举目观，五百罗汉千千佛。
个个自在乐逍遥，个个欢喜扬眉目。
相逢一笑各走开，各有心思各做各。
源清走出雷音寺，思量度世从何入。
思量下界众群生，皆受六尘四害缚。
沉沦苦海不回头，妄贪名利日征逐。
虽有三教经咒书，奈无心得空诵读。
虽有高明把教开，奈多持一循巅末。
虽有神教降乩沙，奈各分歧无统属。
众生得一便满盈，岂知无益空劳碌。
况又慕名慕势利，我将何以指归宿？
乘莲缓步细寻思，思量无计皱眉目。
南天忽见彩云开，空中来了关壮穆。
源清一见关圣人，前事忽然相感触。
曾记游冥遇帝君，知道神教他掌握。
不如请他开善堂，先行劝化恶风俗。
改恶向善入坛来，逐一细将姓名录。
藉此调度众灵根，我友或亦访得着。
想定主意忙上前，合掌恭敬把话说。
帝君一见是源清，赶忙下马问所欲。
源清一一细说明，帝君允许准如约。
择吉道光庚子年 ①，龙女寺中开善局。

---

① 即 1840 年。

不上几年遍四方，大小章程都一律。

集赀施济救孤贫，念经礼忏诚祷祝。

春祈秋报建斋筵，护国佑民延福禄。

每逢一处开善堂，暗中都有源清佛。

源清暗地选灵根，兼访陈弈真面目。

不觉奔劳满十年，陈弈依然无着落。

心内忧疑没奈何，转到瑶池寻根脚。

谁知王母不在宫，三日前就把宫出。

要知王母去何处，再听下文详细说。

却说源清，来到瑶池，只听守门童子说道："王母不在宫中。前三日，就赴法会去了。"源清又问道："是何处法会？"童子答道："听说是在下界蜀川之东，老阳山八妙堂，传演真道嘞！"源清闻听此言，别了童子，飞莲望川东赤水而来。正是：一念真诚无日已，三生契约有谁知。

源清佛听童子言，掉转云头飞彩莲。

霎时来到赤水县，停云一望果其然。

天兵天将排四面，祥光冉冉徹云间。

正在云头用目看，来了天仙邱状元。

各相问讯将身转，二人同到老阳山。

八妙堂前用目看，万佛千仙众圣贤。

齐聚法坛将道阐，或作谕文或诗篇。

文通古佛三宝论，金光古佛九层传。

道理深深人眼浅，不解其中有妙玄。

欲行注解无人办，无量古佛又派仙。

首派源清掌文案，直解从真切实言。

又派吕伍张仙等，相帮逐一注周全。

源清注罢交书卷，一头想起陈复先。

乃把坛生细检点，详查来历及根源。

古一炼一道根种，清松明镜佛家禅。

贯一续阳宋儒士，清净清心汉代官。

数十坛生难尽叹，都是圣门有志男。

更有一个无孔器，他是牟尼魂下凡。
预卜名为囫囵物，真传一字度作仙。
生众根基都考遍，不有陈弈心慊然。
抛别诸生出坛坫，无心无意上云端。
不知不觉抬头看，瑶池又在眼面前。
走到瑶池宫门站，童儿出来笑开颜。
说道今日开大晏，王母蟠桃晏众仙。
源清闻言忙进见，朝见王母九叩参。
拜罢一同传玉盏，诸佛诸仙大喜欢。
独有源清愁不展，一心念友杯难宽。
王母一见开言叹，说道源清休固然。
仙佛都有宏誓愿，不独于你一人焉。
都有师友和亲眷，都想调度尽归班。
只因缘法有深浅，故尔早迟不一般。
又或他该遭魔难，苦海沉沦不遇缘。
又或他把红尘恋，遇缘不肯上慈船。
种种尘魔缘隔断，有愿无缘见面难。
俺也久有度世念，只因时候尚早焉。
金丹大道虽传演，尚有口诀未曾传。
等待三千劫数满，俺方下世布奇缘。
总理奇缘开方便，方把灵根调度还。
调度灵根登道岸，同归大道炼成仙。
各教门人都受炼，那时方显道中玄。
玄中口诀俺不管，全靠于尔阐教传。
那时尔友自出现，自尔相逢了夙缘。
那时方遂尔前愿，西宗教主坐文坛。
有心无口天人隔，借口传心日往还。
但是此时无由见，要见还须数十年。
王母说毕群仙叹，都说此事半由天。
天命奇缘方得见，无缘对面见亦难。

一心要寻陈弈友，天机预卜有时焉。

时至自然能见面，何必慌忙在此间。

这个说来那个叹，说得源清不开言。

回思数定难强勉，何必奔劳受作难。

不如回转极乐地，大定无为待时还。

想罢辞别诸仙转，步出瑶池到西天。

逍遥高卧莲花界，不知何日再临凡。

谭仙本是冷谦转，到此大道告完全。

三乘十八梯圆满，西祖功成万古传。

《谭仙传》一书，词虽浅俗，理实幽深。然词虽俗，却不伤雅；理虽深，却极详明。后之见者，视此书为演道谈玄，固可。既视为神仙踪迹，亦可。抑既视为劝世俗歌，以之消闲散闷，亦无不可。总之，书无定体，神而明之，存乎其人。有诗为证：

修持不必务幽深，大道分明在一心。

自古神仙踪迹处，无非天理与人情。

天运戊辰年仲冬月望日中一生张恒虚沐手敬书

时年三百八十四甲子，书此以存手泽云